"十四五"职业教育国家规划教材

复旦卓越·21世纪管理学系列

小微企业管理

（第二版）

主　编　杨　波
副主编　刘　洋　何　跃　朱　彪
参　编　谭少柱　项　容　孔　玲　孟　晓

MANAGEMENT

复旦大学出版社

前言

习近平总书记在党的二十大报告中着眼全面建设社会主义现代化国家的目标任务，对增进民生福祉、提高人民生活品质作出重要部署，强调"必须坚持在发展中保障和改善民生，鼓励共同奋斗创造美好生活，不断实现人民对美好生活的向往"。

小微企业是最贴近寻常百姓的市场"细胞"，规模微小，数量众多，作用重大，是民营经济的基石、改善民生的重要途径、社会活力的重要标志。小微企业与大中型企业相比有着较大的差异：一方面，它们规模小，资源有限，竞争力弱，抗风险能力低，存在明显的劣势；另一方面，它们直接面对市场，市场竞争意识较强，市场反应快速、灵活，具有"小、快、灵"的优势。达尔文认为，自然界中能够生存下来的物种，并不是那些最强壮的，也不是那些最聪明的，而是那些最适应环境，能够对环境变化作出快速反应的。

长期以来，无论是政府还是学术界都将小微企业看作中小企业的一部分，没有对小微企业的管理引起足够的重视，大学教育中也缺乏小微企业管理的教材。21世纪是知识经济和网络经济的时代，企业在生存与发展方面都与以往的企业不同。蚂蚁雄兵，小微企业也能打败大型企业，也会成长为大型企业。

本书围绕小微企业的特点，分别介绍了小微企业的商业模式，小微企业的选址，小微企业的团队管理，小微企业的市场营销管理，小微企业的市场竞争策略，小微企业的财务管理以及网店、微店、小超市、小饭店、民宿等具有代表性的小微企业的管理等内容。本书力求通过这些知识的介绍，使读者把握小微企业的特点，熟悉小微企业在生存与发展各阶段的经营管理。

本书具有以下三方面特色。

1. 体系完整，脉络清晰

小微企业管理涉及的知识技能方方面面，十分复杂，又有其独特性，小微企业在实践中遇到的问题也多种多样，极其复杂。本书从小微企业管理实践中抽象出最基本、最实用、最具操作性的知识，设计了12个项目。全书架构合理、内容丰富、实用性强，贴近时代、贴近实践、贴近小微企业主，使学生在较短的时间里学习常规，掌握要领，围绕重点，扎实训练，以便今后自己经营小微企业时也能够知常达变，灵活运用。

2. 务实本土，通俗易懂

本书在编写上针对当代学生的特点，将基本知识介绍与案例分析紧密结合，通过案例讲理论，使学生在学习中寻找到符合自身特点的小微企业管理方案。注意选用案例的时效性、本土性、典型性，使抽象的知识变得更加具体和生动，增加读者阅读的趣味性。通过一个个具体生动的案例，引导学生加深小微企业管理的体验。

3. 结构直观，版式灵活

本书将小微企业管理的基本过程以项目展示，每个项目既可独立成章，组合起来又是一个完整的过程。每个项目以任务驱动激发学生兴趣，使学生带着问题去学习。开篇有项目导航和职业指导，起提纲挈领作用；每个项目导航里加入课程思政元素，加强对学生的思想政治教育，把立德树人放在首位。案例引导提升感性认识，拉近理论与实践的距离，为知识讲解作铺垫；知识讲解深入浅出，辅以适量的图表、案例；结尾有思考案例，启发学生进一步思考，提高分析、解决小微企业管理实践中出现的问题的能力；技能实训题有利于学生拓展实践，提升能力。这样的设计既方便读者理解教材内容，也方便教学。

本书由杨波教授主编，刘洋、何跃、朱彪副主编，谭少柱、项容、孔玲、孟晓参编。杨波负责统筹全书结构设计、内容设计，确定章节目录，撰写前言，审核全书等工作，并编写项目一，合编项目六；刘洋编写了项目三和项目五，何跃编写了项目八和项目九，朱彪编写了项目十和项目十一，谭少柱编写了项目四以及参编项目六，项容编写了项目二，孔玲编写了项目十二，孟晓编写了项目七。本书可作为大专院校开设小微企业管理或相近课程的教材，也可作为社会各行各业管理培训教材。本书第一版获评"全国首届优秀教材"二等奖，与教材配套的在线课程"小微企业管理"获评重庆市在线精品课程，相关配套视频和课件请扫描二维码。在重庆高校在线开放课程平台搜索"小微企业管理"，也可学习课程。

本书在编写过程中走访了 100 多家小微企业，详细了解其经营管理的要点、难点及常用的经营策略。谨向这些接受调查访谈的小微企业经营管理者致以诚挚的感谢。书中参考了大量国内外文献，主要参考资料目录已列在书后。谨向这些文献的编著者和出版单位致以诚挚的感谢。由于本书涉及的内容较广，知识更新较快，编著者水平及教学经验有限，时间仓促，难免存在不足，衷心希望读者提出宝贵意见。

不要小瞧小微企业，经营好了小微企业，你就有可能成为大老板哟！我们一起启航吧！

编者
2022 年 6 月

扫一扫，观看"小微企业管理"课程

目 录

项目一　脚踏实地，走进小微企业 ··· 1
　　任务一　认识小微企业 ··· 3
　　任务二　让小微企业持续健康成长 ·· 12

项目二　模仿创新，制定合适的商业模式 ·· 21
　　任务一　认识商业模式 ·· 22
　　任务二　制定商业模式 ·· 29
　　任务三　创新商业模式 ·· 43

项目三　步步为营，谨慎选址 ··· 51
　　任务一　小微企业选址的影响因素 ··· 52
　　任务二　小微企业选址的步骤 ·· 55
　　任务三　小微零售企业如何选址 ··· 58
　　任务四　小微餐饮业企业如何选址 ··· 68

项目四　构建小而精、强有力的团队 ··· 72
　　任务一　小微企业团队管理的主要特点及问题 ···························· 73
　　任务二　构建小而精的团队 ·· 75
　　任务三　让你的团队充满激情的动起来 ······································· 81
　　任务四　驾驭好你的团队 ··· 86

项目五　找到你自己的市场，占领它 ··· 96
　　任务一　设计产品组合 ·· 98
　　任务二　制定合理的价格 ··· 100
　　任务三　开发和维护客户 ··· 104
　　任务四　选择合适的新媒体营销渠道 ··· 112
　　任务五　制定适宜的促销策略 ··· 118

项目六 亮剑,在市场中搏杀 ... 128
- 任务一 建立自己的竞争优势 ... 129
- 任务二 学会知识管理 ... 131
- 任务三 提升自己的核心竞争力 ... 136
- 任务四 制定灵活有效的竞争策略 ... 139

项目七 合理财税规划,增收节支 ... 154
- 任务一 建立完善的财务管理制度 ... 156
- 任务二 做好税收筹划 ... 160
- 任务三 积极创收、增收 ... 170
- 任务四 加强成本分析与控制 ... 174

项目八 网店的经营管理 ... 182
- 任务一 网店经营管理的主要特点及问题 ... 183
- 任务二 推广你的店铺 ... 185
- 任务三 提升你的销量 ... 201
- 任务四 服务你的客户 ... 205

项目九 微店的经营管理 ... 209
- 任务一 在微店上卖什么 ... 210
- 任务二 如何运营一家微店 ... 218
- 任务三 营销管理,吸引粉丝下单 ... 222

项目十 小饭店的经营管理 ... 231
- 任务一 小饭店经营管理的主要特点及问题 ... 232
- 任务二 小饭店产品管理与创新 ... 236
- 任务三 小饭店的促销策略 ... 240
- 任务四 小饭店的经营模式 ... 247

项目十一 小超市的经营管理 ... 255
- 任务一 小超市的经营管理的主要特点及问题 ... 257
- 任务二 好规划决定好开端 ... 259
- 任务三 好环境让顾客流连忘返 ... 266

　　任务四　好的运营方法才能多盈利 …………………………………… 270

项目十二　民宿的经营管理 ………………………………………………… 277
　　任务一　认识民宿的经营管理 …………………………………………… 278
　　任务二　如何经营一家民宿 ……………………………………………… 282
　　任务三　民宿的数字化转型 ……………………………………………… 291

参考文献 …………………………………………………………………………… 302

项目一
脚踏实地，走进小微企业

 项目导航

◇ 掌握小微企业的概念及界定标准
◇ 了解小微企业的特点
◇ 了解小微企业经营管理的关键环节
◇ 掌握企业成长
◇ 掌握小微企业持续成长的影响因素和成长路径
◇ 引导学生老老实实做人，踏踏实实做事，脚踏实地，经营好小微企业。

 **思维导图**

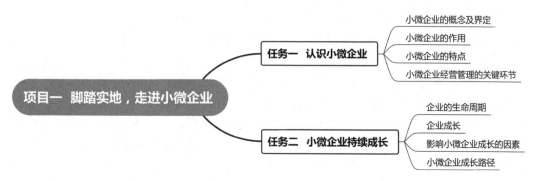

 **职业指导**

发展是党执政兴国的第一要务。没有坚实的物质技术基础，就不可能全面建成社会主义现代化强国。我们要深刻理解发展质量的全局和长远意义，把发展质量摆在更突出的位置。小微企业是民营经济的主力军，遍布于各行各业，成为推动科技创新和促进经济增长的重要力量。要认识小微企业，了解其特点。小微企业规模小，资源有限，但非常适应环境，对外部环境的变化反应迅速，行动灵活。如何实现高质量发展，可持续成长，是小微企业发展中的重点和难点，是理论和实践都要重点关注和研究的。

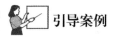

"莱得快"休闲小吃店的成立

"莱得快"的创始人李先生是浙江人，70 后，在重庆读的本科及 MBA，本科学的是电子专业，读书期间靠经营网吧赚了第一桶金约 30 万元。2004 年 MBA 毕业后，李先生卖掉网吧，开始寻找新的创业机会。本着不熟不做的原则，在开始的 1 年多时间里，李先生尝试了两个自己熟悉的电子产品经营项目，但都不尽如人意。遭遇失败的阵痛，李先生没有灰心，不断地寻找新的项目，把目光转向了传统的餐饮行业。重庆餐饮市场非常成熟，传统的中餐、火锅竞争都十分激烈，对于资金少，又没有餐饮经营经验的李先生来说，选择餐饮是一个巨大的挑战。李先生发现重庆人非常喜欢吃串烧小吃，如烤鱿鱼、烤肉肠、烤肉串等。串烧小吃虽然很不起眼，但进入门槛低、投资少、见效快、风险小、产品制作简单、技术含量不高，而且竞争对手实力都很弱，都是个体经营。李先生认为以自己现有的资金和实力，开个串烧小吃店还是一个不错的机会。这样，李先生选择了休闲小吃店，开始了自己的又一次创业。

发现市场机会，确定创业项目以后，李先生马上投入到忙碌的行动中，亲自张罗注册、选址、装修、招聘等诸多事情。李先生认为这种小吃店最关键的就是位置要好，门店一定要选在最繁华的商圈。重庆各大中心商圈寸土寸金，要找到一个合适的门面非常难。沙坪坝区是重庆的科教文化区，小小的三峡广场周围云集了 4 所大学、3 所中学、3 所小学，近 10 万名学生。串烧小吃是学生的最爱，市场潜力巨大。李先生花了 5 万元转让费拿下沙坪坝区三峡广场的一个 15 平方米的门面。关于开业的时机，李先生也做了周密的考虑。考虑到串烧产品一般在天气冷的时候特别好卖，于是决定在冬天开业。

"莱得快"的定位是时尚休闲小吃，档次比一般小吃店要高一些。李先生请装饰公司精心设计装修门店，采用高质量的设备设施，使门店看上去漂亮时尚、干净卫生，整个店面装修花了 5 万元。李先生共招聘了 5 名员工，都是 20 几岁的年轻人，对他们进行相关产品知识的培训、操作技能培训、服务销售培训。员工统一着装，服务热情、快捷、周到。李先生亲自选定进货渠道，确保原材料的质量和新鲜。"莱得快"的产品除了串烧小吃，还有重庆特色的凉粉、酸辣粉。经过周密策划安排，"莱得快"在店面位置、店面形象、员工服务、产品质量等方面均达到了预先的设想，全面优于其他的小吃店。虽然价格略高一点，但消费者一样能够接受。所以开业大吉，一炮打响。红火的生意让李先生心里踏实了很多，证明了"莱得快"的市场进入策略是正确的。小店前三个月每月纯利在 1.5 万元左右，给了李先生足够的信心和经验。"莱得快"休闲小吃店是一个典型的微型企业，15 平方米，8 个人，年销售额约 100 万元。

思考与讨论："莱得快"休闲小吃店为什么能成功，我们从中能得到何种启示？

任务一 认识小微企业

一、小微企业的概念及界定

（一）小微企业的概念

2011年7月工业和信息化部、国家统计局、国家发改委、财政部四部门联合印发的《中小企业划型标准规定》中，首次将微型企业作为企业类别之一，明确小微企业的定义是："小微企业是小型企业、微型企业、家庭作坊式企业的统称，主要指产权和经营权高度统一、产品与服务种类单一，人员规模、资产规模与经营规模都比较小的经济单位。"2012年党的十八大报告提出要"支持小微企业发展"，为进一步加快小微企业发展指明了方向，增添了力量。

（二）小微企业的界定及划分标准

根据四部委联合下发《中小企业划型标准规定》，我国的企业划分为大型、中型、小型、微型等四种类型，具体标准根据企业从业人员、营业收入、资产总额等指标，结合行业特点制定。2017年国家统计局下发了《统计上大中小微型企业划分办法（2017）》，对具体划分标准略加调整（见表1-1）。

表1-1　　　　　　　　统计上大中小微型企业划分标准

行业名称	指标名称	计量单位	大型	中型	小型	微型
农、林、牧、渔业	营业收入(Y)	万元	Y≥20 000	500≤Y<20 000	50≤Y<500	Y<50
工业	从业人员(X)	人	X≥1 000	300≤X<1 000	20≤X<300	X<20
工业	营业收入(Y)	万元	Y≥40 000	2 000≤Y<40 000	300≤Y<2 000	Y<300
建筑业	营业收入(Y)	万元	Y≥80 000	6 000≤Y<80 000	300≤Y<6 000	Y<300
建筑业	资产总额(Z)	万元	Z≥80 000	5 000≤Z<80 000	300≤Z<5 000	Z<300
批发业	从业人员(X)	人	X≥200	20≤X<200	5≤X<20	X<5
批发业	营业收入(Y)	万元	Y≥40 000	5 000≤Y<40 000	1 000≤Y<5 000	Y<1 000
零售业	从业人员(X)	人	X≥300	50≤X<300	10≤X<50	X<10
零售业	营业收入(Y)	万元	Y≥20 000	500≤Y<20 000	100≤Y<500	Y<100
交通运输业	从业人员(X)	人	X≥1 000	300≤X<1 000	20≤X<300	X<20
交通运输业	营业收入(Y)	万元	Y≥30 000	3 000≤Y<30 000	200≤Y<3 000	Y<200
仓储业	从业人员(X)	人	X≥200	100≤X<200	20≤X<100	X<20
仓储业	营业收入(Y)	万元	Y≥30 000	1 000≤Y<30 000	100≤Y<1 000	Y<100

（续表）

行业名称	指标名称	计量单位	大型	中型	小型	微型
邮政业	从业人员(X)	人	X≥1 000	300≤X<1 000	20≤X<300	X<20
邮政业	营业收入(Y)	万元	Y≥30 000	2 000≤Y<30 000	100≤Y<2 000	Y<100
住宿业	从业人员(X)	人	X≥300	100≤X<300	10≤X<100	X<10
住宿业	营业收入(Y)	万元	Y≥10 000	2 000≤Y<10 000	100≤Y<2 000	Y<100
餐饮业	从业人员(X)	人	X≥300	100≤X<300	10≤X<100	X<10
餐饮业	营业收入(Y)	万元	Y≥10 000	2 000≤Y<10 000	100≤Y<2 000	Y<100
信息传输业	从业人员(X)	人	X≥2 000	100≤X<2 000	10≤X<100	X<10
信息传输业	营业收入(Y)	万元	Y≥100 000	1 000≤Y<100 000	100≤Y<1 000	Y<100
软件和信息技术服务业	从业人员(X)	人	X≥300	100≤X<300	10≤X<100	X<10
软件和信息技术服务业	营业收入(Y)	万元	Y≥10 000	1 000≤Y<10 000	50≤Y<1 000	Y<50
房地产开发经营	营业收入(Y)	万元	Y≥200 000	1 000≤Y<200 000	100≤Y<1 000	Y<100
房地产开发经营	资产总额(Z)	万元	Z≥10 000	5 000≤Z<10 000	2 000≤Z<5 000	Z<2 000
物业管理	从业人员(X)	人	X≥1 000	300≤X<1 000	100≤X<300	X<100
物业管理	营业收入(Y)	万元	Y≥5 000	1 000≤Y<5 000	500≤Y<1 000	Y<500
租赁和商务服务业	从业人员(X)	人	X≥300	100≤X<300	10≤X<100	X<10
租赁和商务服务业	资产总额(Z)	万元	Z≥120 000	8 000≤Z<120 000	100≤Z<8 000	Z<100
其他未列明行业	从业人员(X)	人	X≥300	100≤X<300	10≤X<100	X<10

说明：大型、中型和小型企业须同时满足所列指标的下限，否则下划一档；微型企业只须满足所列指标中的一项即可。在企业划分指标中：①从业人员是指期末从业人员数，没有期末从业人员数的，采用全年平均人员数代替。②营业收入，工业、建筑业，限额以上批发和零售业，限额以上住宿和餐饮业以及其他设置主营业务收入指标的行业（表1-1中为"其他未列明行业"），采用主营业务收入；限额以下批发与零售业企业采用商品销售额代替；限额以下住宿与餐饮业企业采用营业额代替；农、林、牧、渔业采用营业总收入代替；其他未设置主营业务收入的行业，采用营业收入指标。③资产总额，采用资产总计代替。

2017年的中小企业划型标准修订是我国历史上的第8次修订，也是涉及面最广、行业面最宽、划型较全的一次。新标准与原标准相比，有以下几点突破。

第一，增加了微型企业标准。在中型和小型企业的基础上，这次标准的修订增加了微型企业标准，这是一大重要突破和亮点。如工业企业标准的细分，不仅有利于对中小企业的分类统计管理，也有利于使我国标准的类型更加完善，与世界主要国家对微型企业标准界定大体一致。

第二，指标的选取注重灵活性。新的标准结合行业的具体情况，突出了以下几个特点。一是简化了指标。从原标准的三个简化为两个或一个，采用了从业人员、营业收入两个指标。建筑业采用营业收入、资产总额两个指标。农、林、牧、渔业采用经营总收入，居民服务、文化、体育等服务行业采用从业人员单个指标。二是不同行业指标有所不同,注意结合行业特点,具有很强的灵活性。例如,建筑业职工人数受项目或季节影响,人员变动起伏较大,新标准取消了原标准采用的职工人数指标,采用能够反映行业实际的营业收入和资产总额指标。三是与现有制度相衔接,便于实际操作。新标准指标由原标准的销售收入按现行财务要求统一为营业收入,同时由原来的三个指标减少到两个或一个指标,有利于标准出台后的实施,有利于对企业规模的认定,实际操作性更强。

第三,将个体工商户纳入参照执行范围。个体工商户具有特殊性,目前在法律上个体工商户适用《城乡个体工商户管理条例》。但考虑到个体工商户按规模应为小型或微型企业范畴,且数量大、就业人数多。为促进个体工商户的发展,发挥其在解决社会就业中的重要作用,新标准将个体工商户纳入标准范围,参照新标准执行。

(三)小微企业与小型微利企业的区别

税收中的小型微利企业的概念和与小微企业略有不同,根据 2019 年 1 月 17 日出台的《关于实施小微企业普惠性税收减免政策的通知》(财税〔2019〕13 号),所谓小型微利企业,是指从事国家非限制和禁止行业,且同时符合年度应纳税所得额不超过 300 万元、从业人数不超过 300 人、资产总额不超过 5 000 万元等三个条件的企业。

二、小微企业的作用

有专家认为小微企业是最贴近寻常百姓的市场"细胞",规模微小,数量众多,作用重大,是民营经济的基石,改善民生的重要途径,社会活力的重要标志。又有专家指出,小微企业是国民经济的生力军,在稳定增长、扩大就业、促进创新、繁荣市场和满足人民群众多需求方面,发挥着重要作用。社会主义市场经济要有活力,不仅需要"顶天"的大中企业,更需要"立地"的小微企业。近年来,国家推出一系列优惠政策支持小微企业的发展,显示出对小微企业无比寻常的重视。

(一)小微企业是促进经济增长的重要力量

改革开放以来,我国小微企业迅速发展,小微企业总量规模不断扩大,产业分布更趋合理,涵盖国民经济大部分行业,成为我国实体经济的重要组成部分。据第四次全国经济普查报告显示,2018 年末,我国中小微企业法人单位共有 1 807 万家,比 2013 年末增长 115%;占全部规模企业法人单位(以下简称全部企业)的 99.8%,比 2013 年末提高了 0.1 个百分点;拥有资产总计达到 402.6 万亿元,占全部企业资产总计的 77.1%;2018 年全年营业收入达到 188.2 万亿元,占全部企业全年营业收入的 68.2%。2018 年末,我国微型企业共有 1 543.9 万家,比 2013 年末增加 929.1 万家,增长 151.1%,是 2013 年末的 2.5 倍;占全部企业的比重为 85.3%,比 2013 年末提高了 12.4 个百分点。中型企业比 2013 年末增长 1.3%,小型企业比 2013 年末增长 18.3%。

(二)小微企业是增加就业、稳定社会的重要力量

随着我国经济结构的调整,农村剩余劳动力的大量增加以及下岗职工的不断增多,社会就业压力前所未有。小微企业因其创办速度快,准入门槛低,成为我国创造就业岗位的主体。2018 年末,中小微企业吸纳就业人员 23 300.4 万人,比 2013 年末增长 5.5%;占全部企业就业人员的比重为 79.4%,比 2013 年末提高了 0.1 个百分点。我们还将面临新生

劳动力和现有劳动力的内外压力,所以,大力发展小微企业不仅是为经济发展出力,也是缓解就业压力的需要。

(三)小微企业是促进经济结构调整的重要载体

小微企业经过多年的发展,已开始从商贸服务、一般加工制造等传统领域向高新技术和现代服务业等新兴产业延伸,目前已涵盖了国民经济大部分行业。在发展过程中,小微企业为增强市场竞争力,依据灵活决策的优势不断引进新技术、新设备和新工艺,不仅促进了自身的快速发展,还带动电子信息、生物科学等高新技术成果实现产业化。2018年末,在我国全部中小微企业中,信息传输、软件和信息技术服务业企业91万家,比2013年末增加69.3万家,增长319.4%,占比为5.0%,比2013年末提高了2.4个百分点;科学研究和技术服务业企业114.1万家,比2013年末增加81.5万家,增长250%,占比6.3%,比2013年末提高了2.4个百分点。目前,我国已涌现出不少成功掌握先进技术的领军企业,它们在促进经济结构调整上发挥着重要的作用。

(四)小微企业是大企业的重要伙伴

大型企业的生产链条由许多小微企业组成,如原材料供应、零部件加工生产等,大企业的发展和生产离不开小微企业的支持。很多大型企业都是由小微企业成长起来的。小微企业更好更快发展,在优化产业结构、加快产出速度等方面对大企业也具有一定支持作用。小微企业与大企业是战略合作伙伴,双方互为发展、互为依托。

三、小微企业的特点

小微企业与已经有较长历史、经营相对稳定的大中型成熟企业有着较大的差异。而此种差异恰恰可以体现出小微企业的基本特点。相比大中型企业,我们认为小微企业有以下特点。

(一)小微企业多扎堆于传统行业,行业竞争激烈,生存压力巨大

小微企业由于自身资金、技术实力有限,所进入的多是一些进入门槛较低的传统行业,如建筑、装饰、餐饮、零售、中介服务等。这些行业相对于IT、通信、医药、房地产、互联网等行业进入门槛较低,对资金、技术要求不高,因此大量的中小微企业扎堆于这些传统行业,使这些行业竞争激烈,利润率较低,生存压力巨大。

案例1-1

白领的蛋糕店

在上海某家媒体做广告工作的张小姐是个典型的白领,由于自己经常加班,所以比较喜欢吃蛋糕甜点等小零食,每月消费都在千元左右。在购买时,张小姐看到蛋糕店总是人潮如织,这使她琢磨要在自己住的公寓小区里面开一家蛋糕店。"小区里住的也都是年轻人,消费量应该很大,每年应该也能挣个几十万元吧。"确定想法后,她赶紧咨询同事、朋友们,他们也都非常肯定,说这个项目百分之百挣钱,这更加坚定了

张小姐的信心。随后她立即着手准备开店,租店面、装修、购置烘烤设备、聘请服务员……经过一番筹备,蛋糕店隆重开业。张小姐还请了媒体的同事做了个小片花在电视上宣传,并开展优惠活动,最初一个月顾客购买甜点全部8折优惠。前两天,小区里来询问的人还挺多,可是买的人很少。每天烘烤的面包和甜点由于只有一天的保质期,张小姐不得不痛心地将大部分甜点扔掉。就这样整整扔了一个月,她开始反思:蛋糕由于每天必须更新,无法储藏,一旦销售不畅资金就会面临巨大压力。虽然张小姐有收入颇丰的职业支撑,但也难以独立面对如此大的资金压力与风险,资金压力最后成为张小姐选择退出的主要原因。最终,她转让掉了蛋糕店。

(资料来源:创业网,http://www.cye.com.cn)

考考你

张小姐的蛋糕店为什么会造成资金不足?她应该如何来解决这个问题?

(二)小微企业规模小,资源有限,技术能力低,竞争力弱,抗风险能力低

小微企业规模微小,体现在资产、销售额、利润、人员等各方面。产品的技术含量和附加值低,知识产权和品牌价值等无形资产也非常欠缺。由于小微企业内部缺少足够的资源和技术力量,外部缺乏信任和社会关系网络,导致小微企业的竞争力较弱。绝大部分小微企业没有形成自己的核心竞争力,无力在激烈的竞争中战胜竞争对手,因此会遭遇更高的失败率。由于小微企业资源有限,抵抗市场风险的能力也较低,遇到宏观环境风险、资金风险、人员流失风险等没有更多办法应对。

(三)小微企业现代化管理水平普遍较低,管理不规范,企业信息化水平低

由于受到资金、技术、人才等方面的影响,小微企业现代化管理水平普遍较低,管理不规范,企业信息化水平低,严重制约了小微企业发展壮大。信息技术飞速发展改变着我国传统经济结构和社会秩序,企业所处的不再是以往物质经济环境,而是以网络为媒介、客户为中心,将企业组织结构、技术研发、生产制造、市场营销、售后服务紧密相连在一起的信息经济环境。信息带动管理的转变对企业成长有着全方位影响,它将彻底改变企业原有经营思想、经营方法、经营模式。小微企业需要提升信息化水平,善于利用信息化工具,促进业务模式创新、产品技术创新、管理制度创新等。

案例1-2

陈强的DIY店

陈强毕业于一家艺术学院,修的是设计学,毕业后没有找到合适工作的他想到了自己创业。当时,济南刮起了一股DIY之风,陈强被同学拉着玩了两三次软陶。也在跟老板的交流中得知,这家只有两三平方米的软陶店,一个月营业额可以达到3万元。

之后陈强考察了市场,在他眼中,只要店面挂出DIY牌子,保准会火。于是,他动心了。"选址是一个痛苦的过程,因为手里没有太多的钱。"陈强告诉记者,当时,长清大学城大学生很多,娱乐场所还很少,市场空间很大;不仅如此,因为商圈处于培养期,商铺租金很便宜。当时,他感觉自己像找到了一块宝地一样,赶紧交了租金,进了设备,总共投资了3万元,开始了自己的DIY创业生涯。

刚刚开业的日子,陈强也尝到赚钱的喜悦。因为附近娱乐项目少,大学生成群结队地来这里过DIY的瘾,尤其是女生,有的在店里一待就是一天。陈强采取的是材料费、设备使用费按小时计费的收费标准,免费为顾客提供技术指导。第一个月,营业额2 000多元,虽然不多,但刨去房租、水电费,收支平衡,让陈强乐呵了一天。他觉得,只要努力提升店面知名度,生意会越来越好。然而,之后的发展轨迹没有按照陈强的规划前行。店面火了大约3个月时间,到了第四个月,生意突然剧减。原来进入12月份,大学生都忙着准备期末考试、各种等级考试,大部分学生开始足不出户地"恶补"功课了。考试结束后,就是一个多月的寒假,大学城一下子空了,陈强店面的营业额也降到了零。

"没想到自己瞄准的大学生这一特定的消费群体,反而成为失败的导火索。"陈强说,寒假期间,大学生都会回家,暑假期间,90%的大学生会离校,再加上每年大学生都要面临的考试以及各种执业证书考试,这些占据了很多时间的"隐性假期"是他没有考虑到的。开业一年,经历了寒暑假,陈强觉得自己的店面没有坚持下去的价值了。他算了一笔账,加上贬值的设备和DIY原材料,赔了近3万元。

(资料来源:创业网,http://www.cye.com.cn)

考考你

陈强的DIY店亏损的原因是什么?小微企业如何提高抗风险能力?

(四)市场竞争意识较强,市场反应快速、灵活

小微企业虽然微小,但也有其优点。小微企业首先要考虑的是生存问题,老板直接面对市场,对外部市场环境变化非常敏感,市场洞察能力较强,更容易发现市场机会,更适应市场。小微企业组织结构和决策模式简单、快捷,一般决策由老板和几个骨干成员讨论后就可以定下来快速行动,而不像大型企业那样组织结构较为完善,层级较多,层层讨论,互相制约,决策和行动缓慢。小微企业富有创业激情,勇于承担风险,积极创新,具有较强的竞争意识,这些都有利于小微企业的市场竞争与价值创造。

案例1-3

小水果商的经营之道

"最开始创业的那两个月,我自己就是一支队伍。"周士衡笑着说,那时他每天在

网上找各种适合做仓库的地址,自己去农产品批发市场采购水果,骑着车在烈日下配送……而现在,他已经拥有了一个10余人的小公司,自己做老板。

越南青芒、白金蜜瓜、智利黑布林、泰国椰皇……约60平方米的小仓库里,摞着各式各样的水果箱。其中一个房间是办公室,有3台电脑,用来负责日常的线上经营,另一个房间放着5台冰箱两台冰柜,用来存储水果。"这些设备都是这3年来一点点添置的,当初这仓库就是个毛坯。"创业之初,最缺的就是钱。最穷的时候,除去批发水果的钱后,周士衡身上就剩下不到两百块钱。他干脆在批发市场买了两箱方便面,连吃了半个多月。

早在大学期间,学广告学的周士衡就颇有想法。他卖过U盘、小商品,参加设计大赛,还曾与同学一起成立了工作室,接一些设计方面的业务,在校内小有名气。2013年下半年,他创立了一个水果营销品牌叫"乐果园"。在考察市场时,他瞄准了南昌市最大的水果批发市场——深圳农产品中心批发市场,他决定把仓库设在离市场附近的黄溪公寓,坚持自己做配送。最初没有客户,他就先从熟人做起,利用微博、微信这些方式,在朋友圈里进行传播。朋友们一传十、十传百,慢慢地,"乐果园"通过口碑传播,一点点建立起了客户群,就这样苦熬了大半年。

2014年4月,他参加了"南昌市青年互联网创业大赛",获得了第二名以及3万元的创业奖金。在比赛中,他认识了现在的合伙人张裕,两人一拍即合,决定联合做同城水果的配送,两人合伙注册了江西省果道贸易有限公司。有了合伙人,有了一笔创业资金,还有了一批新培养起来的年轻消费群体,深圳农产品中心批发市场有最新鲜的货源供应,然而市场推广方面却似乎有些不足。周士衡最初利用微信个人号在朋友圈里营销,尽管客户量极速增长,然而由于个人本身存在的局限性,周士衡发现,常常出现"漏单"的现象。他和张裕开始考虑做微信公众号,既可以被搜索,又能及时推送产品信息。随后,他发现了一个更广阔的平台,那就是微信商城。嗅觉敏锐的周士衡在微商里注册了自己的店铺,取名"果道",依托互联网技术和现代企业管理方式,公司开始初具规模了。

随着业绩越做越好,公司现已发展为10余人的小型企业,3名配送员均为年轻的80后。周士衡自己做线上运营管理和平台把控等,张裕与另外两位员工一起负责采购,还有2名店员为店长及店长助理。公司每个月营业额达到24万元左右,毛利润约为两三万元。下一步,周士衡与张裕想拓宽市场,实现线上线下一起营销。他们初步想在青山湖边上再开一家实体店,利用当地的高校资源,把微商做好做大。

(资料来源:188创业网,http://www.188cyw.com)

考考你

周士衡是怎样灵活地转变,给我们带来了哪些启示?

四、小微企业经营管理的关键环节

企业经营管理的环节主要包括研发、采购、生产、营销、财务管理、人力资源管理等,小微企业规模虽小,但上述主要环节一般都有。小微企业首先考虑的是生存问题,根据其特点,以下几个关键环节是需要把握的(见图1-1)。

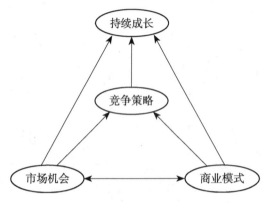

图 1-1　小微企业经营管理的关键环节

(一)市场机会把握

小微企业面临激烈的市场竞争,要想生存下来,就一定要保持对外部环境的警觉性,要善于分析市场环境,把握外部环境提供的市场机会,规避外部环境可能造成的威胁。达尔文的进化论研究表明,自然界能够生存下来的物种,并不是那些最强壮的,也不是那些最聪明的,而是那些最适应环境,能够对环境变化作出快速反应的物种。小微企业把握市场机会,并不仅限于创业之初发现一个机会从而开创自己的企业,在创业以后持续经营的过程当中也要不断分析市场,把握市场机会,顺应环境变化,不断创新产品和服务,满足消费者需求,才能持续经营。

(二)商业模式创新

小微企业由于自身技术、资金的限制,想要在产品、服务方面创新有相当难度,因此要注意商业模式的创新。管理大师彼得·德鲁克认为,当今企业的竞争,不是产品之间的竞争,而是商业模式之间的竞争。泰莫斯定义的商业模式是指一个完整的产品、服务和信息流体系,包括每一个参与者及其起到的作用,以及每一个参与者的潜在利益和相应的收益来源和方式。商业模式主要由四要素构成,这四要素在一起作用能够创造并传递价值。第一是客户价值创造,企业需要想清楚我们为客户创造了什么价值使客户能选择我们。第二是盈利模式,即企业赚钱的方式是什么,是赚取价差还是中介服务费等。第三是关键资源,即进行价值创造所需的人员、资金、技术、设备、社会关系、品牌等。企业经营管理中资源整合是很重要的一环。第四是关键流程,即企业运营和管理流程,包括研发、生产、销售、服务等。四要素中,客户价值创造和盈利模式分别明确了客户价值和公司价值,关键资源和关键流程则说明了如何实现客户价值和公司价值。

(三)市场竞争策略

小微企业非常弱小,所以对于小微企业来说首先要考虑的生存问题,即如何在激烈的市场竞争中生存下来,其次才是发展问题。因此,制定并实施正确的市场竞争策略也是小微企业经营管理的关键一环。一般来讲,小微企业常用的市场竞争策略有价格策略和差异化策略。低成本、低价格竞争是最常用也是最管用的市场竞争策略。除了低价竞争,在产品和服务上的差异化竞争也是企业市场竞争的常见策略。

（四）企业持续成长

小微企业除了生存问题,发展问题是更难更高层次的问题。"逆水行舟,不进则退",小微企业如果不能持续成长,做强做大,就难逃倒闭厄运。小微企业自身弱小,又面临激烈的市场竞争,想发展壮大,持续成长的确不容易。需要认真研究在资源、技术、能力、社会关系、宏观环境等诸多因素中哪些是影响小微企业成长的关键因素,小微企业通过什么样的方式能够实现持续成长。

案例1-4

"莱得快"休闲小吃店的经营管理

"莱得快"创始人李先生并没有被初步胜利冲昏头脑,他认为这种小吃店并不具备核心能力,很容易被竞争对手模仿,只有好的门店位置是稀缺资源,是不可替代的。因此,2006—2007年,"莱得快"大力进行市场开拓,把每月店面回流的和融到的资金全部投入到新店的开设当中,迅速在重庆主城五大商圈开设了10家分店,抢得了先机。到2007年,"莱得快"发展为10家店,80多名员工,年销售额1500万元左右。

"莱得快"的成功引来众多竞争对手的模仿竞争。越来越多的饮品店、甜品店、休闲小吃店也在繁华地带与"莱得快"形成了激烈的门店竞争。

面对市场竞争,李先生认为除了抢先一步占领市场以外还必须进行产品和管理创新,创新是"莱得快"进一步发展的基础。经过认真思考、学习,李先生大力变革,从产品研发、管理机制、激励机制、发展模式、销售渠道等方面采取了五条有力措施,以解决"莱得快"发展中遇到的产品、管理、融资、渠道等难题。

第一,成立自己的研发中心,加大新产品的开发设计力度。研发中心学习、钻研各地特色名小吃及饮品,在原来麻辣口味的串烧产品的基础上,引进吸收了港、台、沪等地的特色名小吃及饮品,并吸取了西式餐饮的部分精华元素,把产品从4个大类20多个品种一下提高到10个大类50多个品种。主要产品覆盖了川渝小吃类麻辣串烧系列、凉粉、酸辣粉系列等;香港的鱼蛋丸系列;台湾、上海的烧仙草、奶茶、奶昔、果茶、咖啡、酸梅汤、刨冰等热饮、冷饮系列。因此,不论季节交替,"莱得快"总能提供给顾客满意的不同口味的产品。

第二,建设管理信息系统,优化管理流程。"莱得快"加大了信息管理的力度,专门花费50万元建设了管理信息系统,把收银管理、实时监控、存货、进货、调货计划等统一到一个集成控制系统,实现了各个门店电子财务、电子供应链、实时监控一体化管理,使管理流程大大优化。

> 第三，建立灵活有效的激励机制，激发员工的积极性、创造性。"莱得快"建立了灵活的店长入股机制，激励有能力的店长投资入股。一个店长通过分红，每月底薪+奖金+分红可拿到8 000~10 000元。一个员工通过底薪+奖金则可拿到2 000~3 000元，这超过重庆本地中餐、火锅、快餐等企业的员工一般是1 000~2 000元每月的收入水平。学习、激励机制使员工有了很强的归属感、积极性和创造性，始终保持饱满的工作精神，团队的凝聚力和战斗力很强。
>
> 第四，开展连锁加盟，吸收外来资金加盟。"莱得快"制定了规范的连锁加盟运行机制，发布了自己的连锁加盟运行手册，鼓励有兴趣并且符合条件的投资者加盟"莱得快"。这样吸引了外来资金，加速了市场开发的力度。
>
> 第五，与大型超市发展战略联盟，拓宽销售渠道。繁华地段门面难寻，价格高昂，"莱得快"另辟蹊径，与家乐福、人人乐、新世纪等大型超市建立了战略合作伙伴关系，把门店开进了这些大型超市，解决了门店难寻的难题，畅通了销售渠道。
>
> 李先生五大举措的制定和实施，使"莱得快"竞争优势更加凸显，把竞争对手远远甩在了身后。到2009年底，"莱得快"已拥有22家门店，一个生产加工中心，200多名员工，年产值3 600多万元。
>
> **考考你**
>
> 如果你是李先生，你该如何经营管理，以应对市场竞争呢？

任务二　让小微企业持续健康成长

一、企业的生命周期理论

Haire(1959)首次提出生命周期观点，他认为组织的成长就像有机体一样符合生物学中的成长曲线，从诞生、成长、成熟、衰退至死亡，存在着明显的周期现象。

Gardner(1965)指出企业生命周期与生物生命周期相比有其特殊性，主要表现在三个方面。第一，企业的发展具有不可预期性。一个企业由年轻迈向年老可能会经历20~30年时间，也可能会经历上百年的时间。第二，企业的发展过程中可能会出现一个既不明显上升也不明显下降的停滞阶段，这是生物生命周期所没有的。第三，企业的消亡也并非是不可避免的，企业可以通过变革实现再生，从而开始一个新的生命周期。

研究人员认为企业从出生、成长、成熟、衰退直至死亡有一个明显的周期。目前，较多的学者根据企业销售额的变化将生命周期划分为初创期、成长期、成熟期、衰退期四个时期，呈现一个钟形的抛物线形状（见图1-2）。

企业的每一时期在市场机会、资源配置和能力培育上都有不同的特点。初创期的企业存在一个可开拓的市场机会,但其内部资源有限,能力培育不足,产品品质不稳定,销售额不大。在企业成长期,市场需求迅速增长,有较多的市场机会,但同时竞争加剧。经过初创期的积累,企业发展迅速,规模不断扩大,急需各种资源;企业能力经过初期的培育得到加强,对各类资源的整合能力增强,并显著地表现为生产技术和产品品质的提升。在企业成熟期,外部市场容量趋于饱和,供需基本平衡,市场机会逐渐减少;企业资源丰富、能力增强,产品品质成熟。在企业衰退期,市场产能过剩,过度竞争,市场机会大幅减少;企业能力由于存在刚性而难以对资源有效整合,生产技术落伍,产品老化,企业逐渐衰退。

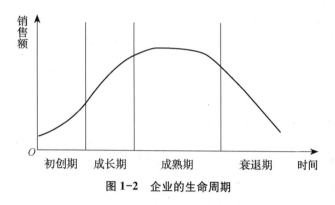

图 1-2　企业的生命周期

二、企业成长

企业成长是经济繁荣的重要基础,是国家竞争优势的主要源泉。企业在激烈竞争中,需要健康地成长,否则就时时面临生存危机,难以长久。因此,企业成长问题受到各级政府和工商人士的日益关注,企业成长理论也成为国内外学界竞相探索的理论前沿。

企业成长是指企业在一个相当长的时间内,保持企业整体绩效水平平衡、稳定增长的势头,或持续实现企业整体绩效的大幅度提升和企业发展质量与水平的阶段性跨越的发展过程。目前,普遍认为企业成长包括量的扩大和质的提高两个方面。

量的扩大是指的企业规模的扩张,这是企业成长最直观的表现,可能体现在收入、资产、雇员人数等方面。但企业某一时刻的规模只是企业之前某一时刻内在成长能力的外在表现,并不代表企业未来成长的可能趋势。

质的提高是企业成长能力的变化,即在生产能力、研发能力、销售能力、管理能力等方面的提升,是企业成长的内在源泉和动力,决定了企业未来成长的可能性,并通过未来某一时刻企业的外在规模及变化加以体现。

企业成长的量和质并不是相互独立的,而是存在着密切的联系。企业成长所表现的规模的变化(量的变化)是以企业内在的成长能力的变化(质的变化)为基础的,企业规模的扩大是企业内在的成长能力提高的外在表现。同时,企业成长是一个动态过程,表现为企业从某一状态向另一状态不断改变和演化的轨迹,包括成长规模的不断演化(量变过程)和成长能力的不断演化(质变过程)。企业的健康成长需要量与质的有机结合。

三、影响小微企业成长的因素

企业的成长受内外部因素影响。

（一）外部因素

在我国，对于小微企业成长影响较大的外部因素主要有以下几点。

1. 政策支持

政策支持主要包括政府政策颁布、相关优惠政策宣传、法律保障支持等方面。党的二十大提出新时代新征程中国共产党的使命任务就是以中国式现代化全面推进中华民族伟大复兴。中国式现代化是人口规模巨大的现代化，是全体人民共同富裕的现代化。近年来，政府大力支持小微企业创业，明确了小微企业的地位，制定了一系列工商、税收等优惠政策，对扶持小微企业成长，起到了积极的作用。

2. 社会环境

社会环境支持服务包括社会教育培训机构、创办企业咨询服务、企业信息网络服务、相关企业协会等配套基础设施支持以及社会治安、社会法律服务保障、社会诚信意识等方面。

3. 融资环境

对于小微企业特别是初创期的小微企业来说，融资环境即融资方式是否多样、融资渠道是否畅通、融资成本是否合适、融资体系是否健全等，是小微企业生存和发展的关键核心外部条件。这两年我国对小微企业的重点扶持政策上也可以看出，政府希望通过相关政策支持，缓解小微企业融资问题，保证小微企业的资金运作，减轻小微企业的税负负担。虽然一般的小微企业前期运作资本需要的并不多，但后期发展需要更多的资金。

案例 1-5

杭州营造小微企业成长良好氛围

2015年5月8日，杭州市市场监管局正式启动"千名市场监管干部服务小微企业成长"行动，市场监管部门将发扬"店小二"热情服务、贴心服务、精细服务的精神，走进企业，排摸情况，发现问题，精准对接，服务成长，着力畅通市场监管服务小微企业通道，搭建市场监管助推平台，努力营造服务小微企业成长的良好氛围，切实助推小微企业发展壮大。

据统计，杭州现有小微企业30余万家，占到市场主体的90%以上。2015年初，浙江省委、省政府提出在全省实施"小微企业三年成长计划"，与"五水共治""三改一拆""四换三名"等举措一起，打响浙江转型升级的组合拳，杭州的"小微企业三年成长计划"也随后启动。

据悉，此次行动将重点走访、排摸和服务以下三类企业，其中包括信息、环保、健康、旅游、时尚、金融、高端装备制造七大产业的小微企业；当地重点扶持发展的特色小镇、众创基地、科技孵化园区等重点区域内的小微企业、跨境电子商务园区中的跨境电商企业；2013年以来的"个转企"企业，2014年商事制度改革后新设的小微企业。

市场监管部门在5、6月份集中走访6 000家以上的小微企业。走访中,不仅摸清全市小微企业的发展情况,将政策和服务送上门,将困难和问题带回来,更为"小微企业三年成长计划"选好苗、育好苗;还根据这些小微企业的走访情况,按照2∶1比例先确定3 000家跟踪对接和服务对象,建立起全市小微企业重点培育对象的动态名录,为其建立一户一册的企业成长档案,努力帮助小微企业生得快、活得好、做得强。

(资料来源:《市场导报》,http://www.kaixian.tv/gd/2015/0610/242536.html)

(二)内部因素

影响小微企业成长的内部因素主要包括以下三个。

1. 资源与知识

资源基础理论认为资源是企业成长的基础,然而小微企业很难积累丰富的资源与大中型企业竞争。小微企业必须集中力量积累那些对其成长最为重要的关键资源,"知识"就是一种无形的、独特的、不易复制的、难以模仿的关键资源。企业知识理论认为企业本质上是一个获取、吸收、利用、共享、保持、转移和创造知识的学习性系统。企业作为学习性系统所拥有的知识存量与知识结构,尤其是关于如何协调不同的生产技能并有机结合多种技术流的学识和积累性知识,是企业绩效与长期竞争优势最深层的决定性因素。

2. 能力

企业积累、创新的知识要能有效转化为企业能力才能获得竞争优势,促进企业成长。企业的能力分为静态能力和动态能力。静态能力主要表现为市场层面的营销能力、社会网络关系能力以及产品层面的研发能力和生产能力。研发层面的能力有利于企业关注客户的需求且科学地预测需求变化,不断地提供顾客所需要的产品和服务,从而不断地抓住和创造新的市场机会。生产层面的能力有利于企业提高生产效率、降低生产成本和增强柔性生产能力。营销层面的能力有利于企业准确地把握顾客的具体要求,提高市场占有率,扩大企业影响,树立企业形象。网络关系层面的能力有利于企业取得外部的帮助、认可及经营的合法性。当静态能力到了独特、不可模仿和难以替代的时候就成为企业的核心能力。

企业动态能力是企业应付各种变化的能力,强调企业必须努力应对不断变化的环境,更新发展自己的能力。针对小微企业的特点,动态能力包括:①环境洞察能力。在动态、复杂的不确定环境中分析环境、分析竞争对手,识别机会的能力,这对于小微企业来说显得尤为重要。②组织学习能力。组织必须持续的学习并吸收最新的技术、市场、顾客等相关的知识,来适应环境的快速变化,并借以维持组织的竞争优势。③变革更新能力。变革更新能力,从本质上讲就是企业为了克服学习陷阱以及能力刚性的一种持续的更新动力和能力。当外界环境变动时,新市场的开拓,新技术、新产品的开发,新的消费者需求的满足都需要不断地变革创新。④资源配置能力。资源是新创企业创建、成长、扩张的基础,资源配置能力包括企业对内外部资源的调动能力和配置能力。新创企业对有限的资源进行良好的配置直接关系到企业对创业机会的把握和创业战略的实施。

3. 战略

在激烈的市场竞争中,制定和实施正确的战略是必需的,尤其是传统成熟行业。在小微企业的初创期,创业者面临的首要问题是如何将产品与服务推向市场,被顾客所接纳从而换回投入以维持生存和成长。具体就是要决定采用什么产品、进入哪个市场、何时进入以及如何进入等战略问题。因此,市场进入战略的选择是新企业初始战略中最主要且最先面临选择的一个。市场进入以后,接下来面临市场竞争的问题,即如何在所进入的市场与现有企业竞争,这就需要制定相应的市场竞争战略。一般新创企业常用的市场竞争战略有低成本战略和差异化战略。

四、小微企业持续成长路径

从影响小微企业的内外部因素来分析,外部因素对小微企业的成长有一定的帮扶、促进作用,但主要还是内部自身因素的影响。因为宏观因素对每个小微企业都是一样起作用,然而在同样的宏观因素下有的小微企业能够持续成长,有的则快速倒闭,这就表明主要是企业自身内部因素的影响。如前分析,物质资源不是促进小微企业持续成长的内部主要因素,知识、能力和战略是影响小微企业持续成长的主要内部因素。知识的获取、利用和创新体现在技术、营销、生产等各方面的能力,并在企业竞争行为中起到作用。知识和能力是战略的动力和源泉,帮助战略正确地制定和实施,促使新创企业在动态、复杂的环境下保持足够的开放性、预见性和灵活性,快速反应,灵活行动。

"知识→能力→战略→竞争优势→企业成长"是小微企业持续成长的有效路径。小微企业在实践中可以运用"知识管理→能力演进→战略竞争→竞争优势→企业成长"这一模式争取竞争优势,获得持续成长(见图1-3)。应建立学习机制,加强知识管理,通过知识获取不断丰富自身专业及相关知识,在知识利用的过程中不断模仿、创新,使丰富的知识不断演变成较强的能力,并促使一般能力提升为不可模仿、不易替代的核心能力。知识的丰富和能力的提升是小微企业行动的基础和保证,小微企业可以充分发挥其市场洞察能力强,决策反应速度快,行动灵活的特点,制定和实施适宜的动态竞争战略,从而在市场竞争中获得差异化优势或者低成本优势,实现持续成长。

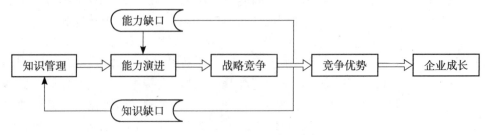

图1-3 小微企业持续成长路径

案例1-6

"莱得快"休闲小吃店的持续成长

经过四年的发展,"莱得快"从无到有,步入快速发展轨道,在重庆五大商圈都有4~5家店,成为重庆休闲小吃行业的领头羊。李先生意识到目前需要对"莱得快"进行企业文化建设、企业形象包装和企业品牌打造,使"莱得快"更像一个企业而不仅是一个小吃店。为此,创始人李先生专门认真学习品牌管理方面的知识,到上海、杭州、广州、深圳、台湾等发达地区考察快餐店的运营情况,专门请了上海的公司对企业形象进行包装、设计、策划,要使"莱得快"具有更高的品牌知名度。

"莱得快"重点围绕企业文化建设、企业形象包装和企业品牌打造进行企业改造。第一,大力建设企业文化,塑造企业活力。李先生亲自领衔管理团队针对"莱得快"的特点精心打造"莱得快"的企业文化。提出"莱得快"的经营使命,即传承并发扬中华大众休闲小食文化;经营目标,即致力于成为快速时尚休闲餐饮行业的领先者;经营理念,即美味就要"莱得快";管理理念,即人才至上,效益领先;服务准则,即成为顾客的朋友;职业操守,即诚实守信,互相尊重。提出以上企业文化后,李先生花大力气对公司员工进行了专门的企业文化培训,力争在经营中贯彻落实。第二,创新开店模式,树立企业形象。为配合企业形象包装、品牌打造的部署,"莱得快"在具体开店模式上又进行了大胆创新。"莱得快"不再开10~20平方米的小店,改开100平方米左右、有快餐式桌椅、可以容纳顾客堂吃的大型旗舰店。小店容量有限,没法让顾客坐着堂吃,只能在店外站着吃,不仅影响顾客个人形象而且吃完后一次性的竹签、纸盒、纸杯、塑料袋会污染街道,对城市形象也是一种破坏。旗舰店可以容纳顾客堂吃,使顾客更加休闲、舒适的享受美食,既解决了环境污染问题,也树立了良好的企业形象。旗舰店装修设计的更加时尚漂亮,光灯箱图片就3 000元一张,使休闲小吃看上去更加诱人。设备设施全是大酒店用的豪华不锈钢设备,操作台设计非常漂亮、合理,7个服务员在里面也能转的开。十几套快餐式桌椅干净漂亮,能同时容纳20~40人就餐。所有一次性纸杯、纸碗、餐巾纸、包装袋都统一打上"莱得快"的标志。员工服装也根据季节变换,有三套服装,设计得更加漂亮、时尚。整个店面有服务员专门打扫卫生,时刻保持清洁。开这样一个旗舰店大概需要100万元左右,虽然投入较大,但收益回报也大。旗舰店有较大的空间充足的时间留给顾客坐下来慢慢品尝更多的小吃,人均消费提高到10~20元。第三,放弃加盟,只做直营。为更好地配合企业形象包装、品牌打造的策略,"莱得快"从2010年起放弃加盟,只做直营。因为直营店更好管理,盈利能力更强,更有品质保障,更容易树立企业良好形象。随着品牌战略的深入实施,"莱得快"的竞争优势也越发明显,与竞争对手明显不在一个层次了。休闲美食文化企业的形象得到了确认,消费者的认知度越来越高。六年时间里,"莱得快"从一个小吃店发展成为拥有一个加工厂、一个研发中心、30家门店、300多名员工、年产值6 000万元的一家重庆知名的休闲美食文化企业。

在图 1-4 中,我们总结出了"莱得快"持续成长的路径。

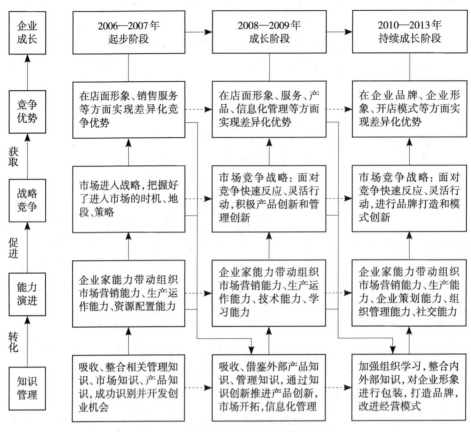

图 1-4 "莱得快"持续成长的形成路径

项目小结

小微企业是小型企业、微型企业、家庭作坊式企业、个体工商户等的统称,主要指产权和经营权高度统一、产品与服务种类单一、人员规模、资产规模与经营规模都比较小的经济单位。小微企业是最贴近寻常百姓的市场"细胞",规模微小,数量众多,作用重大,是民营经济的基石,改善民生的重要途径,社会活力的重要标志。相比大中型企业,小微企业有其自身的特点,主要表现在规模小、资源有限、技术能力低、竞争力弱、抗风险能力低、管理不规范;但同时小微企业市场竞争意识较强,市场反应快速、灵活。在小微企业经营管理诸多环节中,市场机会把握、商业模式创新、市场竞争策略、企业持续成长是四个关键环节。小微企业面临激烈的市场竞争,首先要解决生存问题,其次要解决可持续成长问题。企业成长是指企业在一个相当长的时间内,保持企业整体绩效水平平衡、稳定增长的势头,或持续实现企业整体绩效的提升和企业发展质量与水平的阶段性跨越的发展过程。企业成长包括量的扩大和质的提高两个方面。量的扩大是指的企业规模的扩张,质的提高表现在企业各项能力的提升。影响小微企业成长的因素有外部因素和内部因素。外部因素主要包括国家政策支持、社会环境、融资环境；内部因素包括资源、知识、能力、战略。知识、能力和战略是影响小微企业持续成长的主要内部因素，"知识→能力→战略→竞争优势→企业成长"是小微企业持续成长的有效路径。小微企业在实践中可以运用"知识管理→能力演进→战略竞争→竞争优势→企业成长"这一模式争取竞争优势，获得持续成长。

复习思考题

1. 什么是小微企业，小微企业在社会经济发展中起到哪些作用？
2. 小微企业的特点有哪些？
3. 小微企业经营管理的关键环节有哪些？
4. 什么是企业成长？
5. 影响小微企业成长的因素有哪些？
6. 小微企业如何实现持续成长？

思考案例

我国加大对小微企业支持力度，"十三五"新办小微企业近 5 200 万户

央视网消息：近年来，我国加大了对小微企业的支持力度，在金融、财税等政策的帮扶下，"十三五"期间，我国新办小微企业占比超九成，数量近 5 200 万户。

据了解，为了支持小微企业发展，"十三五"期间，我国将增值税小规模纳税人起征点由月销售额 3 万元提升至 10 万元，小型微利企业减半征收所得税的年应纳税所得额上限从 30 万元分步提高到 100 万元、300 万元，并进一步加大优惠力度；2020 年又实施了小型微利和个体工商户延缓缴纳 2020 年所得税、阶段性减免小规模纳税人增值税等定向帮扶措施，积极助力小微企业应对疫情影响，渡过难关。

数据显示，2016—2019 年，享受小型微利企业所得税优惠政策的企业累计达 2 369 万户、减税 4 067 亿元，2019 年受惠企业达 749.1 万户、减税 2 517 亿元，比 2016 年分别增长 290.7 万户、2 230.7 亿元，有效助力稳定就业基本盘。

国家税务总局总审计师饶立新："十三五"期间，我国新办涉税市场主体持续快速增长，这与国家不断出台新的政策营造公平、透明、法治的环境，刺激市场主体活力密不可分。下一步，税务部门将继续推动税制改革，进一步优化执法方式，优化税收营商环境，为市场主体发展保驾护航。

（资料来源：央视网，news.cctv.com，2021 年 1 月 6 日）

请思考并回答：
除了税收以外，小微企业成长还有哪些难题？

实训项目

走访你身边的小微企业，与小微企业主进行交流，了解他们的经营状况，了解他们在经营管理中的困难，提出对策。形成分析报告，以 PPT 形式完成。

项目二

模仿创新,制定合适的商业模式

 项目导航

◇ 掌握商业模式包含的内容
◇ 了解商业模式分析对小微企业的作用
◇ 掌握制定商业模式的过程
◇ 了解商业模式的风险控制
◇ 了解商业模式的衡量标准
◇ 熟悉商业模式的创新方法
◇ 认真阅读德胜洋楼案例,体会在企业经营过程中讲仁爱、重民本、守诚信、崇正义

 思维导图

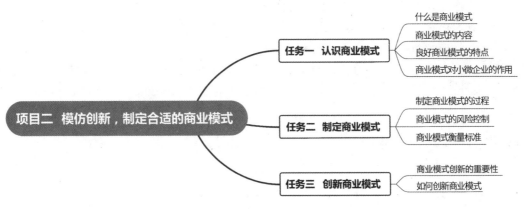

 职业指导

商业模式是一个企业整体运作体系的核心部分,透过商业模式,便可以大致掌握整个企业是如何赚钱并实现盈利,明确企业成功的关键点,并预测未来发展中可能会遇到的挑战。因此,要了解其他企业的成功秘诀和失败教训,要了解自己企业的现状并进行创新,

都需要进行商业模式分析。

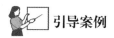 引导案例

开猫咖是赚钱,还是亏钱?

"你想开一家什么店?""我想开一家猫咖,又能撸猫,又能喝甜品,还能赚钱,多好啊。"但是,现实果真如此吗?

小青在2015年开了一家猫咖,主要是卖简餐,坚持了几年,最终放弃猫咖,转型做中餐馆了。究其原因,小青总结了四点,一是客户群体太局限,并不是所有的人都喜欢猫。二是即使有客人喜欢猫,他也不会每天都来。因为店里的食物价格比一般的门店要高,主要是门店需要承担猫粮、猫砂、免疫、日常清洁等成本,有时还会遇到有的调皮孩子被抓伤,不得不帮他打疫苗的情况。所以客人平时会选择一般的餐饮店,只是偶尔来猫咖放松娱乐一下。三是人多的时候,猫会很紧张,反而不愿意亲近人,有的顾客因此就不愿意来了。四是竞争对手越来越多,抢走了客人。客人又喜欢新鲜感,喜欢去不同的猫咖拍照打卡。

阿松的店是所在城市开的第一家猫咖,装修得富丽堂皇,宛如猫咪的皇宫,是年轻人都要来"打卡"的网红店。在线上,阿松和专业团队合作,给店里的猫咪拍摄一些有趣的、好看的视频,打造猫中的公主,放在抖音、小红书上引流。此外,也会定期请专业人士讲解猫咪的养护技巧,拍摄短视频上传引流。在线下,阿松请专业的设计师对门店进行了时尚、创意设计,方便顾客拍照打卡。为了避免熊孩子胡闹,店里规定不接待小朋友。门店分成几个区域,有的顾客对猫毛过敏,可以选择在玻璃屋外观赏猫咪,享受美食。有的顾客喜欢和猫亲密接触,就可以在手脚消毒后进入逗猫区,买猫咖提供的猫罐头、猫粮喂食。阿松的生意蒸蒸日上,也在不断拓张开分店。

小林在大学附近开了一家猫咖,以卖奶茶为主。由于所在城市的消费水平低,所以小林选择成本低的奶茶。为了减少成本,选了比较偏的门面,定价只比外面的奶茶贵一点点。大部分顾客都是学生,学生喜欢包间,所以小林隔出来几个包间,人多的时候包间都是满的。除此以外,学生寒暑假会回家,小林会为学生提供猫咪寄养服务,生意还不错。

(资料来源:知乎,https://www.zhihu.com/)

思考与讨论:同样都是开猫咖,为什么有的人赚,有的人亏?他们的商业模式有怎样的不同?给了我们哪些启示?

任务一 认识商业模式

一、什么是商业模式

商业模式,是企业向顾客传递价值、诱使顾客进行购买并实现利润的方式。用通俗的话来讲,即公司通过什么途径赚钱。有调查表明,在创业企业中,因为战略原因失败的只有23%,因为执行原因而夭折的只有28%,但因为没有找到盈利模式而走上绝路的高达

49%。小微企业在创办初期,往往需要找到一个商机,并将人力、物力投入其中,最终获得利润。但并不是所有的商机都能带来成功,一些商机看似诱人,却无法结合自身情况形成较好的商业模式,创业者贸然投入人力物力,容易冒较大的风险。如果能在投入之前,设计一个合适的商业模式,成功的概率更大。对于一些运营稳定成熟的小微企业,也需要根据变化的市场需求与竞争格局,调整自己的商业模式,通过商业模式创新获得持续的生存与成长。因此,商业模式对于小微企业的生存与发展至关重要。

案例 2-1

开家射箭馆让我绝处逢生

在一个国家射击、射箭互动管理中心下属的一个"京城射箭俱乐部",以会员制的形式,吸引了大批射箭爱好者去健身、锻炼。射箭是一项综合性运动项目,不仅锻炼人的身体,还能锻炼人的心智。讲究心态、耐心,培养人的果敢精神。我赶紧写了一份可行性论证计划。我的理由有以下四个方面。

(1)青少年不方便去网吧、酒吧等娱乐场所,却可以进行健康的射箭运动。市场定位面向广大青少年,甚至是事业有成的中年人,消费潜力很大。

(2)射箭在当地还是空白市场。

(3)店址无须在繁华地段,故房租费相对较低。

(4)一次投资、长期受益,无须重复投资,不占用大量的流动资金,也不需要准备后续资金。

终于,射箭馆隆重开业了。我印了数千张宣传单沿街散发,尤其是商店、学校等公共场所。我把射箭馆起名叫"角斗士大型室内射箭馆",而"角斗士"是好莱坞动作大片,这本身就是一个宣传。

在具体经营中,人们边喝茶,边射箭,边等待。射箭馆按支消费,根据器械的档次高低,以0.5~1元为1支、10支1组,也就是说每人一次最低消费5元钱。其时,每个人都不是射了10支箭就走的,平均每天30人次,再加茶水、饮料小食品的收入,我的射箭馆每天最低收入都在200元以上。为鼓励消费,我不断推出各种各样的奖励活动,如10支箭打到80环奖励雪碧、美年达等。每周每月都要举行定期比赛,根据器械种类和积分评出周擂主、月擂主。年底的时候,还要举行总决赛,奖品更为丰厚。这些活动极大地调动了参与者的热情,也使我的钱袋鼓了起来。

投资一家射箭馆,不必承受过大的资金压力,钱赚了,身体也锻炼了,朋友也更多了,心态自然也好了,这难道不是人生的一种境界吗?

(资料来源:王军,《开家射箭馆让我绝处逢生》,《现代营销(创富信息版)》2004年第8期)

考考你

请根据自己的理解,阐释这家射箭馆的商业模式。

二、商业模式包含内容

要简明扼要地说明一个商业模式,可以从以下三个问题入手。

(1) 第一个问题:卖的是什么?

这包括商业模式独特的价值、客户价值是什么,跟其他同行相比卖的东西区别在哪里,主要瞄准哪种潜在而巨大的需求,企业能抓到其中哪部分需求。有顾客才会有收入,商业模式是否有足够的市场,顾客是否对提供的商品或服务感兴趣并愿意购买,是商业模式能否成功需要考虑的第一个问题。

(2) 第二个问题:如何防止别人使用同一商业模式竞争?

面对这块大蛋糕,其他企业也可能会模仿这一商业模式,导致企业从先驱变成先烈。所以必须找到独自擅长的能力和独享的资源,否则可能只是帮助后面的企业培育市场、启迪智慧,尽管有一定的社会价值,但没有创造出应有的商业价值。

(3) 第三个问题:如何从这种客户价值创造中寻找到一种盈利模式?

就像修建了一条高速公路,如果不建收费口,这条高速公路只是一项公益事业,而不是商业。如果盈利模式没有建立起来,商业模式是不成功的。

瑞士的商业模式管理咨询顾问亚历山大·奥斯特瓦德将商业模式的构成进行了细化,分为九大要素。奥斯特瓦德认为,企业需要通过市场细分、提供价值、建立分销渠道、管理客户关系赢得顾客,确保收益;还需要分析近期和未来的收益与成本,确保利润的获得;更重要的是,企业需要找到自己的核心资源与能力、关键业务、重要合作伙伴,将想进入这一细分市场分一杯羹的竞争对手挡在门外,起到基业长青的效果。

事实上,有关商业模式的三个简要问题和奥斯特瓦德的九要素相互间是有对应关系的。当需要简要地描述商业模式内容时,可以从三个简要问题入手;当需要详细地描述商业模式内容时,可以按照九要素的框架进行。以案例 2-1 为例,按照九要素的框架对射箭馆的商业模式内容进行说明,详见表 2-1。

表 2-1 奥斯特瓦德商业模式九要素分析表

简要问题	九要素	具体内容	射箭馆的分析
卖的是什么	目标消费群体	公司瞄准的消费者群体	喜好射箭的中青年人
	价值主张	公司通过产品和服务向消费者提供的价值,满足客户的需求	提供射箭场地,举办竞技大赛,以满足人们运动休闲竞技需要
	渠道通路	公司用来接触消费者的途径	商店、学校、沿街分发传单
	客户关系	如何获取、保持客户,提高客户收益	会员制,定期擂台赛
如何防止别人模仿	核心资源	公司执行商业模式所需的核心资源和能力	会员制、器械
如何防止别人模仿	关键业务	公司为了让商业模式运转所必须从事的活动	会员保持
	重要合作伙伴	如供应商、商业联盟合作伙伴	无

(续表)

简要问题	九要素	具体内容	射箭馆的分析
盈利模式	成本结构	运营该商业模式所需要的所有成本	一次性器械投资、场地租金、奖品、器械维护
	收入来源	收入流与定价方法	按枝收费、茶水饮料小食品

小贴士

互联网的十大主要运营模式

1. 搜索引擎+百科知识

代表企业：百度

百度公司，2000年1月成立，立足于"超链分析"技术专利，发展成为了全球最大的中文搜索引擎。

盈利模式：竞价排名、广告、点击。

百度为客户投放与网页内容相关的广告，从而实现盈利。立足于搜索引擎，建立了一个全面完善的百科知识库。

2. 即时通信+游戏+门户新闻+邮箱

代表企业：腾讯

腾讯成立于1998年11月，立足于即时通信，打造了一个庞大的亲友互动交际圈，形成了一种在线交流模式，在这个交际圈内推行网游、建立门户。

盈利模式：会员制、游戏、广告。

3. 安全+浏览器+搜索引擎

代表企业：奇虎360

2005年创立，以免费的互联网安全服务风靡全国，一举奠定中国互联网安全市场的老大地位。

立足于网络安全，占据浏览器近30%的市场，建构了杀毒、防火墙等系列产品。

盈利模式：免费+有偿增值服务。

公司主要依靠在线广告及互联网增值业务创收。

4. 门户新闻+微博

代表企业：新浪

成立于1998年的新浪，立足于门户，微博通讯及相关增值资讯服务。

盈利模式：广告。

公司收入大部分来自网络广告，少部分来自移动增值服务。

5. 邮箱+新闻

代表企业：网易

1997年6月成立的网易公司,立足于电子邮件,继以门户新闻、游戏。
盈利模式:邮箱、游戏、广告。
绝大部分收入来自网络游戏。

6. 下载+游戏+视频

代表企业:迅雷
2003年1月成立,立足于下载。
盈利模式:会员制、游戏、广告。

7. 输入法+地图搜索+游戏

代表企业:搜狐
搜狐成立于1998年2月,广为人知的是搜狗地图和搜狗输入法。
盈利模式:主要由品牌广告、在线游戏、无线增值三部分组成。

8. 视频

代表企业:优酷土豆
优酷网与土豆网宣布以100%换股的方式合并,2012年8月20日,优酷土豆合并方案获批准通过,优酷土豆股份有限公司成立。
盈利模式:主要收入来源于广告。

9. 电子商城、平台

代表企业:阿里巴巴
阿里巴巴立足于网上贸易平台,1999年创立,2003年5月,建立淘宝网;2004年10月,阿里巴巴投资成立支付宝公司。
盈利模式:为网上企业对企业(B2B)交易市场提供软件、技术及其他服务(B2B服务),并获取报酬。

10. 网络文学+游戏+影视

代表企业:盛大
盛大立足于网络文学、游戏和影视,1999年11月成立。
盈利模式:游戏、文学平台、广告。

(资料来源:钛媒体,http://www.tmtpost.com)

三、良好商业模式的特点

(一)让客户发自内心的满意并得到实惠

商业模式如果能真正帮助顾客解决问题、提供便利、满足需求,顾客会自发留在企业身边,继续购买商品或服务,商业模式的价值会随着时间的推移而日渐显明。相反,如果商业模式只是以一个漂亮的噱头短期内吸引顾客的眼球,却并没有为顾客带来真正的帮助,是无法长久经营的。

(二)让企业持续健康地挣钱

二十大报告指出,中国式现代化是物质文明的现代化,高质量发展是全面建设社会主义现代化国家的首要任务。我国未来五年主要目标任务是:经济高质量发展取得新突破。到二〇三五年,我国发展的总体目标是:经济实力、科技实力、综合国力大幅跃升,人均国内生产总值迈上新的大台阶。企业是经济建设的重要力量,如果大部分的企业能持续盈利,这对我国的物质文明现代化建设会很有帮助。良好的商业模式让企业的经营考虑了眼前利益和将来利益,让企业得到持续健康的发展。相反,只是打政策的擦边球,或靠短暂的人口红利,可能会导致未来需要商业模式转型,会影响企业的持续盈利。

(三)以"为更多的人谋利"作为发展的重要动力

二十大报告指出,江山就是人民,人民就是江山。治国有常,利民为本。我们要实现好、维护好、发展好最广大人民根本利益。在企业经营中,商业模式决定了企业究竟要做什么,要为谁而做。如果一个企业的商业模式是为更多的人谋利,那么,该企业的发展是顺应历史发展潮流的,企业会得到政府、消费者、员工和股东的支持,获得更好的发展。例如,在各种灾难中,一些民族企业慷慨解囊,支援灾民,该企业的声望就会提高,产品销量大涨。再如,一些企业长期把盈利中的一部分捐赠给公益组织,这有助于树立良好的品牌形象,提升品牌价值。

案例 2-2

德胜洋楼:"高尚"成长

德胜洋楼专门从事美式木制别墅建造,年销售额 4 亿~5 亿元,员工不到 1 000 人。目前,它占据了国内木结构别墅 70% 以上的市场份额。尽管在建筑行业,常常出现工作条件恶劣、民工讨薪难、房价高等问题,在德胜公司,却是另一番景象。10 多年来,德胜对客户的报价一直是 4 950 元/平方米,纹丝不动;员工们也过着有尊严、整洁有序的生活。

1. 不搞商业贿赂:用质量建立口碑营销,一个销售员搞定所有业务

德胜对商业贿赂进行了严苛的监管。在德胜,公司规定,公司员工不得接受供应商和客户 20 支以上的香烟、100 克以上酒类礼品,以及 20 元以上的工作餐,违者属于谋取非法收入,一经查实立即开除。杜绝商业贿赂,如何保证业务与销量呢?德胜在营销上从不主动出击,主要是靠质量建立起来口碑营销。质量过硬,使这家在木结构领域报价最高的公司常年订单不断,以至于不需要主动推销,公司常年只有一个销售员的传统维持了下来。

2. 诚信管理系统:报销不用领导签字,可以开公司的车办私事

在德胜,报销不需要领导签字,员工直接去财务部门报销即可。创始人聂圣哲认为:报销费用是真实还是作假,这纯属个人信用问题,应该由个人承担责任。报销让上级签字,实际上是委托上级来担保下级的个人信用,这是不合理的。德胜公司专门就报销问题建立了一套"个人信用分析系统",可以从员工的报销单据中分析出真实性以及费用发生的必要性。同时,员工的信用情况都会记录在系统中,会影响员工在公司的借款额度等福利。

员工珍视自己的信用,因而德胜公司也给员工更多的自由,例如,员工可以打免费长途电话,可以免费领取药品,可以开公司的车去办私事,但一定要登记。员工在工作时间内必须满负荷工作。如果你累了,可以在咖啡馆里喝杯咖啡,或者走到室外抽根烟,但绝不允许"磨洋工"。此外,德胜公司经常发布公告,表彰那些不作假的员工。

3. 建筑工人自豪感的培育

感恩节,德胜停工半天,让工人们召开茶话会。他们表演节目,互致感谢,互赠礼物,歌声不加修饰,甚至有些跑调,但每个人脸上的笑容却十分灿烂。公司还为每个人准备了一份礼物,大家可以赠送给自己想感谢的人。圣诞节,公司专门在喜来登酒店举行圣诞晚宴,款待所有工人。一开始,喜来登的工作人员担心"这么多民工拥进酒店会不会造成混乱",但后来他们发现,这家公司的农民工"都穿着西服,打着领带,举止文明,很有教养"。不久前,德胜公司和安徽休宁县第一高级职业中学合办了一所木工学校,所有毕业生都被冠以"匠士"的头衔。除了精神层面的肯定,在德胜,普通木工一年的收入能达到6万~7万元。除此之外,工人们吃住的花费很少,也不用担心催讨工资,还能够体会到在其他公司享受不到的尊严感。他们很满足。

4. 对员工的真正关怀,暖到心窝

公司规定,职工发现身体不适必须马上请假,否则将被罚款50~100元;连续工作一年以上的员工,每年可以代表公司招待家庭成员一次,费用不超过600元;每年可以代表公司向正在上学的孩子赠送一件价格在200元之内的礼物。2006年,一位工人因为煤气泄漏爆炸,全身90%的皮肤被烧伤,医院认为已经没必要抢救了。但公司坚持对他进行救治,并让这位工人奇迹般地活了下来,为此付出了400万元的医疗费。如今,德胜公司每个月都给受伤工人的母亲支付工资,帮助她照料儿子生活。

(资料来源:中欧商业评论,http://www.eceibs.com)

四、商业模式分析对小微企业的作用

(一)有助于掌握学习对象成功的关键

小微企业在发展中,可以寻找行业中的领先企业,或者其他行业的值得学习的对象,通过标杆管理来提升自己。而商业模式是学习内容中的核心部分。在分析标杆学习对象时,需要把握住其成功的核心要素和框架。这便需要准确精要地把握住对方的商业模式。商业模式分析为分析学习对象提供一种思路框架,当企业掌握对方的目标顾客群、渠道、客户管理方式、提供的价值、核心资源和能力、核心业务、合作伙伴、收入来源和成本结构后,也大致了解了对方得以生存并长期盈利的本质原因,更容易学习到精华。

(二)有助于规避不良商业模式带来的风险

正如前文中提到的"猫咖"案例,如果在创业前理清商业模式的具体内容,并根据自身情况进行分析和选择,就可以避免不良的商业模式带来的风险,预先通过调整进行弥补。商业模式的转换成本很高,一旦将商业模式运营起来,要转换为另外一种商业模式,有可能需要不得不放弃之前做的准备,固定资产、人员、战略可能都需要重新洗牌,带来巨大的转换成本。

(三)良好的商业模式有助于说服融资对象

企业的发展需要资金。资金可能来自自我的缓慢积累,也可能来自亲友间的借贷、天使投资人的投资、风险投资公司的投资、银行的贷款等。除了自我积累,其他融资渠道都需要对方认可企业的商业模式,确保未来有足够的利润、足够的现金流。有一个良好的商业模式,就能讲一个好故事,能让对方更愿意注入资金到企业中。

(四)有助于对竞争对手制定出针对性策略

有时,突然出现一个新的竞争对手,经营得热火朝天,也需要对掌握的对方资料进行分析。商业模式分析有助于把握住对方竞争优势的本质,更能针对性地制定竞争策略。

(五)商业模式创新有助于帮助企业脱离困境

市场总是在不断变化,可能去年市场萎缩,今年便开始繁荣。因此,企业需要根据消费者变化的需求进行商业模式创新,以持续更新获利机制。

任务二 制定商业模式

一、制定商业模式的过程

奥斯特瓦德在理论研究和实践运用中,开发出帮助管理者理清商业模式思路的工具,即商业模式画布,其立体沙盘如图 2-1 所示。画布右上角为商业模式瞄准的目标消费者群体,左边是企业具有的资本,如核心资源、重要合作伙伴、关键业务。企业与消费者之间为企业为消费者提供的价值主张,以及维系顾客的客户关系管理、渠道管理。在搭建好企业和消费者之间的关系后,还需要考虑整个商业模式涉及哪些成本,能带来哪些收益,确保收益大于成本,获得预期利润。

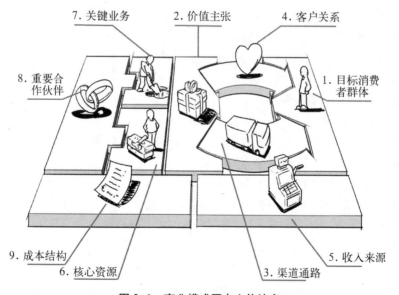

图 2-1 商业模式画布立体沙盘

在实际操作中,这一画布也可以设计成平面的规则型表格,用投影仪、白板、海报纸等工具呈现出来,供决策人员进行头脑风暴,随时在相应模块写上分析内容。商业模式画布平面图如图 2-2 所示。

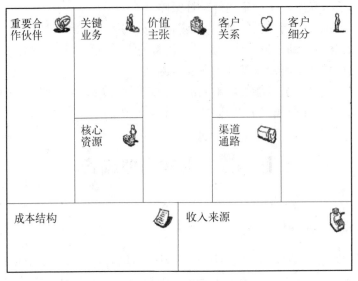

图 2-2　商业模式画布平面图

制定商业模式可以按照商业模式九要素分为 9 步。

(一) 锁定目标顾客群

持续利润的产生需要客户对产品或服务的认可与购买,因此细分市场,锁定目标顾客群是商业模式的重要步骤。企业可以把客户细分为不同群体,以便选择某一群体,集中自身优势,针对性地提供优质商品和服务,更加精确地满足该客户群体的需求。小微企业拥有的资源有限,更需要找准适合自己的客户群。

在进行客户细分时,需要问自己两个问题。

(1) 我们正在或将要为谁创造价值?

(2) 谁是我们最重要的客户?

如果客户群体具有以下特征,则可以考虑继续细分。

(1) 需要提供明显不同的商品或服务来满足客户群体的需求。

(2) 客户群体需要不同类型的客户关系。

(3) 客户群体的盈利能力有本质区别。

(4) 客户群体愿意为产品或服务的不同方面付费。

 小贴士

酒店的不同客户群体

家庭型:这种类型多以一家三口为主,他们讲求住店经济实惠。这种类型的客人,可以免费赠送早餐。如果主要顾客是家庭型,可以开设可以容纳三人的家庭亲子套房。

团体型:这种类型的客户使用酒店主要是为了举行会议、培训、大型活动、婚宴生日宴等,追求高端大气上档次的装潢风格,可以接受较高的价格。有时,顾客可能更看重会议室、舞台的装潢布置。酒店也可以和主持人、艺术团队长期合作。

临时商务型:这类顾客因为工作原因需要到外地出差,对他们而言,时间非常紧迫,而且享受公司报销,所以不希望花太多精力挑选价格优惠的客房,希望享受高标准的商务服务,周边有便利店、餐馆、药店等便民设施。有时需要提供提醒服务。

旅游度假型:如果地处旅游城市,那些第一次来此旅游的客人,对吃、住、玩等各方面都不太了解,酒店可向这类客人推荐当地的各种套票消费,吃、住、玩全包。应当注意的是,一定要注意调查套票质量,以免影响酒店的服务质量声誉。

新鲜猎奇型:有的顾客喜欢去与众不同的酒店,拍照打卡发朋友圈。酒店可以围绕某些主题进行装潢,如经典电影主题、图书馆文艺主题、北欧简约主题、海洋水族馆主题、田园农艺主题、日式怀旧主题、童话主题等,设置适合拍摄的场景,打造网红酒店。

(资料来源:搜狐网,https://www.sohu.com/)

(二) 明确价值主张

在确定了目标客户群体后,企业还需要进行这些思考。

(1) 我们该向客户传递什么样的价值?

(2) 我们正在或将要帮助我们的客户解决哪一类难题?

(3) 我们正在或将要满足客户的哪些需求?这样的需求是否是刚需,究竟有多强?频率有多高?

(4) 我们正在提供给客户哪些系列的产品和服务?

这些思考有助于从顾客的需要推出产品和服务的定位,并明确企业的使命。主要的价值主张有以下几点。

1. 新颖性

产品或服务的新颖性有助于满足消费者的猎奇心理,"吸睛"的同时"吸金"。

案例 2-3

破寨农庄的"星光泡泡屋"

破寨农庄地处福州工商学院附近,除了可进行大部分农庄都有的采摘、垂钓、烧烤等活动,针对大学生这一年轻群体,农庄还推出了"星光泡泡屋"的网红装饰。"星光泡泡屋"是在户外用无毒无味、透明、防紫外线、隔音的塑料做成像肥皂泡泡一样的小包间,泡泡外面再装饰浪漫唯美的灯饰。下午,顾客只要花20~50元,就可以坐在泡泡屋里,一边享受户外的美景,一边享受下午茶、惬意的聊天。晚上,灯饰在黑夜里闪闪发光,顾客可以享受浪漫的烛光晚餐,甚至住宿。

(资料来源:今日头条,www.toutiao.com)

2. 性能

一些顾客是实用主义者,注重产品的性能,包括高质量水平、参数更佳、功能多样化等等。例如,一些为汽车装配厂提供配件的小型工厂,为客户提供的价值是性能满足要求的配件。

3. 定制化

定制化产品有助于满足消费者的个性需求,迎合不同口味。定制化是 C2B 模式的表现之一。C2B 模式,即消费者对企业,也就是先有消费者提出需求,后有生产企业按消费者的需求组织生产。相对于传统的 B2C 模式,所有的环节都由厂家驱动,C2B 的核心区别就在于由消费者驱动,以消费者的需求为起点,实现消费者需求和产品服务设计的零距离结合,商品产销对路,更符合消费者的需求,库存大幅度减少。

案例 2-4

卡当网 C2B,个性定制平台

卡当网成立于 2006 年,定位于提供个性化定制服务平台。目前,卡当网个性化定制的产品线已经囊括时尚饰品、杯子餐具、Zippo 打火机、家居饰品、时尚文具、印刷品、T 恤、照片冲印等 9 大类超千款单品,均可实现一件起订,全国配送。卡当网一方面联络优质的个性礼品定制电商商家,另一方面通过电子邮件、网络广告等方式让消费者知晓卡当网是专业的高品质个性礼品定制网站。卡当网的历史销售数据也有助于商家更好地了解消费者的需求动向。

(资料来源:中国经营网,http://www.cb.com.cn)

4. 身份地位

在一些消费领域,顾客买这件商品或服务是为了彰显自己的身份和地位。例如,北京喜上妆的专业化妆师是平时给明星和艺人化妆的专业级别,其口号"让你和明星拥有同一位造型师"则让人觉得喜上妆所提供的服务时尚高档,享用这样的服务也不会让自己掉价。

5. 价格/成本

在大部分顾客对价格敏感度较高的今天,同样质量和性能的产品如果有更低的价格,对于顾客而言也是一种价值,因为这样的产品或服务帮助顾客降低了生活成本或者运营成本。例如,一些公司把核心业务留给自己继续做,把非核心业务外包出去,原因就是外包公司既花钱少,又干得好。

案例 2-5

讯鸟:呼叫中心外包的性价比优势

优幼母婴用品在发展初期,采用"电子商务+400电话"的市场营销和服务模式。400号码具有的对外统一公司形象,这让起步期的优幼非常满意。但随着业务的发展,庞大的业务咨询量让优幼的400电话不堪重负。所有来电客户都拥挤到400电话,但400电话在单位时间内只能接听一位用户的电话,更多用户的电话打不进来,出现占线,白白流失掉客户。而且电信的400电话语音导航功能需要额外增加费用,让优幼觉得非常不合算。

经过一番市场搜索,优幼发现了北京讯鸟软件有限公司的"启通宝"托管呼叫中心运营服务,优幼客服中心的负责人巴小姐说:"通过比较电信的400电话和讯鸟启通宝,我们发现启通宝功能全面,且价格合理,是一款价廉物美、高性价比的产品。"于是,优幼转用了讯鸟的外包服务。

(资料来源:中国软件网,http://www.soft6.com)

6. 健康环保

一些企业的产品和服务吸引人的,是其健康环保的效果。例如,有机农场提供的蔬果不受农药、激素的影响,对人体更健康,因此人们愿意付更高的价格去购买。

7. 便利性

随着人们用于工作的时间日益增多,人们更希望能够从烦琐的日常事务中抽身出来,让自己得以放松和休息。因此,简单便捷的生活也是消费者的需求之一。同样质量的情况下,消费者更愿意用简单快捷的方法获得商品或服务。

案例 2-6

考拉社区 APP:你可以更"懒"一点

考拉社区 APP 是在2014年11月上线的一款社区电商 APP,主攻"最后一公里"的社区服务,为追求品质的懒友带来全面的生活便利,包括优选蔬果、餐饮上门、周边便利店、家政保洁、干洗等服务,邻里二手交易、社区活动等平台。运营初期,考拉社区 APP 在成都、重庆、无锡、上海举办"全国发呆大赛",受到了火热的关注。首站"发呆大赛"一开始,当天 APP 的下载数量就超过10万次,11月和12月的新增用户均超过100万个,1月份以来,APP 的用户量也呈每日10%左右的平稳增幅。

(资料来源:大学生创业网,http://www.studentboss.com)

(三) 设计渠道通路

渠道是联通客户和企业的途径,良好的渠道通路有助于扩大客户对产品和服务的接触面,并促使顾客对其产生良好的评价,进而购买产品和服务,甚至提升顾客对品牌的好感,培养顾客忠诚。渠道包括自有渠道与合作伙伴渠道。常见的自有渠道包括面对面的销售团队、在线销售、自有门店销售,合作伙伴渠道有合作伙伴店铺、批发商。在考虑渠道通路时,应当思考以下问题。

(1) 通过哪些渠道可以接触我们的客户细分群体?
(2) 我们现在如何接触他们?我们的渠道如何整合?
(3) 哪些渠道最有效?哪些渠道成本效益最好?
(4) 如何把我们的渠道与客户的例行程序进行整合?

案例 2-7

多利农庄:缩短"食物链"

多利农庄绕开菜场和沃尔玛这些中间渠道,自建车队、引入以冷链配送见长的合作伙伴,形成了一套较为成熟的"从田间到餐桌"的直销模式。

按照常规,最为"省心"的做法,便是蔬菜自田间收获后,交给蔬菜经纪人,经由一级代理、二级代理、零售商等四五个环节,到达消费者的餐桌。但中间物流环节层层传递会带来高损耗,这个数字一般在30%~40%。同时,产业链上大量利润被渠道商占据,甚至会占到终端价格80%以上。

有机产品的营销渠道主要有三类:常规超市、直销以及天然(有机)食品专卖。在国内,目前还没有成熟的有机食品专卖渠道。与沃尔玛、家乐福等超市的合作,存在中间环节损耗和品牌辨识度不高的问题,而且由于大型超市都"比较强势",在进场费、返点以及账期等方面的苛刻条件对企业快速扩张也带来现金流上的压力。因此,多利确定了"压缩中间环节"的渠道经营原则,选择了直销的方式,并且采取了会员预售的模式,即会员以月、半年或年度为周期预先付费,打包购买。

但是,直销对物流配送的依存度相当高。多利农庄的解决方法是,在初期产量较少时,由农庄自己组织车队进行"田间到餐桌"的配送,而随着产量的增加,多利引入了以冷链配送见长的日本黑猫雅玛多宅急便物流为合作伙伴,配送半径已可覆盖整个上海市区。一般而言,多利农庄的蔬菜从采摘到包装到最后配送至会员家中,中间过程不超过24小时。

多利农庄目前的销售渠道主要集中于三个方向:一是大型的团购会员单位;二是以礼品卡或者礼券的方式面向普通市民,通过在高端小区举办互动活动等形式来吸纳新的个体和家庭客户;除此之外,还利用官网的电子商务渠道进行直销。目前,在多利的销售总额中,三类渠道分别占据了 4:4:2 的比例。

与此同时,为了提升用户体验,增加用户黏度,多利农庄正在做出多种尝试。比如,定期邀请一些会员或潜在客户参观农场,在除草、钓鱼的同时增加与消费者的互动。未来的多利农庄还会增加更多用户体验的功能,比如建设一些可供游客留宿的旅社,或者打造一些与"偷菜"相关的旅游项目。

(资料来源:21世纪商评网,http://www.21cbr.com)

(四)建立客户关系

企业确定了目标顾客群后,还要思考如何获取客户、维系顾客和企业之间的感情并提升销售额。在设计客户关系管理时,可以考虑以下问题。

(1) 我们每个客户细分群体希望我们与之建立和保持怎样的关系?
(2) 哪些关系我们已经建立了?这些关系成本如何?
(3) 如何把它们与商业模式的其余部分进行整合?

案例2-8

丽芙家居:陪你生活一辈子

丽芙家居(Life VC),是一个以欧洲灵感发起的家居品牌,主营家居、家纺等产品,同时根据厨房、宝贝成长、办公等为项目,衍生并经营多种产品。

在获取客户方面,丽芙家居并未在媒体上大肆炒作,更多在网络上采用兴趣定向广告的方式,在顾客看过丽芙家居的网站之后,各种广告就会精准地向顾客展示广告,提供转入官网的链接,这种获取客户方法低调又实惠。

当顾客点击进入官方网站后,便能直观感受到丽芙家居树立的形象:真诚、温情、简洁、健康舒适。网站以浅绿色为主色调,"天然""陶瓷""柯木"等文字、干净整洁的图片营造出健康舒适的氛围。周围出现的文字也容易让人产生共鸣,心生暖意与信任。例如,其经营口号"Life VC,陪你生活一辈子"、广告语"累了,就回家,对自己好一点,因为一辈子很短,对家人好一点,因为下辈子不一定还遇见"等更符合目标顾客群年轻女性的心理需求。

在维系顾客与企业之间的感情方面,丽芙家居不仅仅是写这些温情文字,还提供良好的服务措施,包括"15天促销差价补偿""质量退换货无时限""30天无理由退换货""8小时快速退款"等。在产品质量上,往往销售的产品质量处于中上水平,即使出现瑕疵品,客服人员也会为顾客提供便捷的退换货通道,并诚恳地向顾客致歉。

在提升顾客的购买量方面,丽芙家居采用会员晋级制,累计消费额越高,会员级别越高,享受的折扣力度越大。丽芙家居还会针对不同级别的会员,开展不同的活动。例如,向玛瑙会员推荐其他玛瑙会员常买的产品,向注册了但长期未购买的顾客赠送高额的抵用券等。此外,消费额会产生积分,积分能抵扣货款。在特殊的节日和换季时节，丽芙家居还会通过免费赠送产品的方式，促使消费者为了包邮凑单，增大购买量。

（资料来源：中关村在线，http://www.zol.com.cn）

（五）设置收费方式

如果客户是商业模式的心脏，那么收入来源就是动脉。收费方式要设置巧妙，一方面力求让顾客花钱花得满意，另一方面要便于企业计费。在考虑收入来源的设计时，可以思考以下问题。

（1）什么样的价值能让客户愿意付费？

（2）他们现在付费买什么？他们是如何支付费用的？他们更愿意如何支付费用？

（3）每个收入来源占总收入的比例是多少？

一个商业模式可以包含不同类型的收入来源。

（1）实体产品销售，如饭店的食物、书店的书籍等。

（2）使用收费。顾客使用的服务越多，付费越多。例如，客栈可以按顾客入住天数计费。

（3）会员收费，如健身房的按月会员制、手机游戏的包月会员制。

（4）授权收费，如开特许经营加盟店时，加盟店需要向总店支付加盟费。

（5）广告收费。很多手机APP、视频网站（如优酷网、土豆网）对用户而言是免费的，收入主要来源于在软件上做广告的商家。

案例2-9

世纪佳缘的巧妙收费方法

世纪佳缘成立于2003年，以严肃的择偶平台为主要定位。用户可以免费注册，登录之后可以浏览到众多异性的数据。该网站收费方法的巧妙在于，当你点击进入某位异性的数据页，对方的重点信息——包括实际年龄、星座、身高、学历、职业甚至月薪与购车状况等一览无遗，不须花一分钱。但是，当你在五花八门的选择条件中找到自己心仪的对象，想要与对方联系的那一刻，你就必须付费了。

世纪佳缘盈利模式的关键就是控制会员之间的沟通渠道。当你希望跟心仪的对象进行即时聊天、打声招呼或写封充满诗意的信时，都必须通过付费机制才能如愿。同样，如果你收到陌生的异性寄来的电子信，想打开信件阅读，也需要付费。此外，一些顾客希望提高异性回信的概率，还可以选择为对方付费，对方便能免费开启信封、回复邮件。

（资料来源：陈威如、余卓轩，《平台战略》，中信出版社2013年版）

计价方式包括一次性收费、按次收费、按时长收费、按价值收费等。这与开车的收费方式是相似的,如表2-2所示。

表 2-2　　　　　　　　　　　商业模式的计价方式

类　别	计价方式	范例
进场费	消费资格	会员费、订阅费用、自助餐、一次性销售
过路费	消费次数	按点击数收费的广告、健身卡、投币洗衣机
停车费	消费时长	网络游戏按在线时长收费、手机通话按时长收费
油　费	消费价值	按成本定价、网络游戏销售道具、计件定价
分享费	价值创造	加盟费、投资基金、EMC

小贴士

如何选择"付费方"

一些商业模式会面临不同类型的顾客,可以选择将一些顾客作为"被补贴方",只需要付少量的费用甚至免费获得服务,另一些顾客作为"付费方",需要付出主要的费用。免费获得商品和服务有助于提升人气,扩大影响,吸引"付费方","付费方"则是养活企业和"被补贴方"的源头。判断哪方作为"付费方",可以参考以下技巧。

(1) 选择价格弹性低的一方作为"付费方"。收入水平较低的用户,如果面对涨价,会比收入水平较高的用户更容易拒绝购买该服务,因此,往往选择收入水平高的用户作为付费方。例如,在女性玩家中颇受欢迎的在线手游"暖暖环游世界"中,玩家可以免费玩游戏。收入水平较低的玩家可以通过花大量时间通关来免费收集精美的服饰和游戏道具,是被补贴方;但收入较高的人可以选择不用辛苦通关直接花钱购买,是付费方。

(2) 让最需要服务的一方付费。例如,婚恋网站让更急于结婚的用户付费相亲,也是考虑的这一点。

(3) 让利给有助于扩大平台影响范围的一方。只要使用平台的用户众多,平台的知名度较高,影响范围广,就能撑起平台运作。

(六) 确定核心资源

核心资源是撑起商业模式持续运作的力量,也是将竞争对手阻挡在细分市场之外的力量,甚至是获得顾客垂青的重要原因。在思考时,可以从整个商业模式的各个环节出发,写出所需资源,并挖掘出核心资源。例如,在创意产业中,人力资源是核心资源,新东方学校比其他培训学校更有优势的原因在于其拥有的优秀教师;快消品企业中,品牌是核心资源;物流企业中,实体资产是核心资源。

案例 2-10

喜上妆美妆的与众不同

在都市里,大大小小的朋友聚会、酒会和其他需要盛装出席的场景已经成为非常普通的生活组成。2014年,主持人汪聪开始筹办喜上妆APP。喜上妆致力于将专业造型师和爱美的女孩连接在一起,其口号是"让你和明星拥有同一位造型师"。喜上妆产品采用用户微信端下单、造型师在APP端接单的方式。在营利模式方面,喜上妆在造型师方面完全不抽成,收入主要来源于与化妆品品牌的合作,以及服务报告生成的数据。服务报告是指每一个客户在造型结束后得到的来自造型师的私人定制的服务报告,报告中会详细列出造型师对于妆容、造型和化妆品的建议,如为什么化妆师为她选择了这款口红,为什么出席某场合时这个色号是最适合的。这些数据对顾客和化妆品品牌都很有价值。

但当喜上妆正式上线的时候,汪聪就发现市场上非常快速地出现了至少6家做上门造型服务的项目。不过,喜上妆有自己的核心资源和优势。

第一,创业者汪聪近十年的主持人生涯,为她积累了大量为明星和艺人服务的专业造型师的人脉资源,这种级别的服务,其他团队是无法提供的。尽管艺人专属的造型师往往接单都是3 000元以上,但很多造型师一个月大概只有一半的时间在工作,剩下的一半在休息。艺人市场只有那么大,但造型师的规模正在不断地扩大,因此专业造型师为平凡人接单是可行的。喜上妆平台定位为398元和998元两档价位。

第二,喜上妆对造型师的筛选十分严格。所有报名喜上妆的造型师都需要经过公司的面试,筛选造型师的专门人员首先从底部筛掉了刚从美容学校出来的造型师,其次在顶端也放弃了一些顶级的但不合适的造型师,如价格要求过高、档期无法错开等。汪聪希望通过初期对于造型师的严格筛选,将喜上妆造型师打造成一个品牌名片。

喜上妆上线不到十天已经接到了不少个人订单和团体订单。在自己的东家——优酷3 000多人的年会上,喜上妆造型师基本接下了所有的造型需求,为200多人提供了造型服务。

(资料来源:青年创业网,http://www.qncye.com)

(七)确定关键业务

企业往往需要开展许多活动,但关键的业务需要重点拓展和深入。在思考时,企业可以考虑商业模式中的价值主张、渠道通路、客户关系、收入来源等要素需要开展哪些业务,并进行比较分析,找出关键业务。

关键业务,可能是使自己区别于其他企业、对提供给客户的价值贡献最大的业务,也可能是风险最高、同行最容易死的短板环节。例如,做O2O商业模式,除了所有的商业模式都看重的顾客数量以外,还需要关注物流成本与速度。一些商业模式在前期为了吸引用户降低收费甚至免费,长期处于亏损状态,要在后期才能盈利,就必须明确融资是自己的关键业务,同行竞争能否生存很大程度上取决于烧钱能否坚持到最后。

(八)寻找重要合作伙伴

有时,有一些重要的资源或能力企业并不具备,却可以通过合作的方法获得。可能是共同开发一项难啃的技术,可能是购买对方的专利,可能是使用对方已有的销售渠道。在设计这一要素时,可以考虑以下问题。

(1)我们有哪些供应商/合作伙伴?谁是我们最重要的合作伙伴?

(2)我们正在从伙伴那里获得哪些资源?哪些是核心资源?哪些与我们的关键业务相关?

(3)我们的合作方法还能在哪些方面深入?

案例2-11

有机农庄:土地的来源

开办有机农场,不得不面对的问题是土地问题。为了解决这一重要问题,业内的企业都各辟蹊径。譬如,为了拿到上游生产基地,上海一亩田的几位创始人驱车在老家崇明岛挨家挨户谈租地,这不仅需要本乡本土的人脉基础,而且也需要付出大量时间成本。北京正谷等企业则放弃了自建生产基地的想法,异地发展合作社,与种菜的农户或者其他已有土地的农场合作。这虽然能够解决上游产能不足的问题,但也有一定的弊端,一来品类缺乏规划,二来质量管理上具有一定的挑战。总之,对合作伙伴的不同选择,可能会产生不同的经营结果。

(资料来源:21世纪商评网,http://www.21cbr.com

(九)明确成本结构

当八大要素都确定了,每个要素所需要花费的成本也能计算出来。只有估算出成本,才能估算出利润。在估算成本的同时,也可以尽可能想办法减少成本,或者选择成本更低、收益更大的商业模式。获得成本项和具体费用后,可以分析以下问题。

(1)什么是我们商业模式中最重要的固有成本?哪些是可以省去的?

(2)哪些核心资源花费最多?

(3)哪些关键业务花费最多?

需要注意的是,许多小微企业经营者在创业开始之前,在预算上考虑的项目不够全面,没有做充分的物价调查,导致预算成本过低,进入两难的境地。例如,创业前,预计投入20万元,结果投入20万元后,发现还需要继续投入30万元才能成功开店。但由于前期对成本的估算不充分,没有预备好充足的资金。此时放弃,前面的20万元如同打水漂有去无回。但如果不放弃,要继续经营,又需要筹资。但筹资又要面对较大的还款压力。因此,经营者应当尽可能考虑全面、详细,并在自己的预算的基础上,再往上升一些,留一些余地给意外事件,做好充分的资金准备。

案例 2-12

开一家奶茶店，究竟要花多少成本？

小许加盟了一家奶茶店，计算了开店初期的成本，如表 2-3 所示。

表 2-3　　　　　　　　　　奶茶店成本项目及相应费用

项目	费用（元）	项目	费用（元）
设备+物料	101 581	保证金	16 000
品牌管理费	6 000	公关费	5 000
加盟费	48 000	房租	130 000
道具	12 747	房租押金	50 000
广告用具	18 261	员工租房	7 900
卷帘门	3 500	培训支出+前期交通费	10 000
装修费	47 634	网购物流	4 000
运费	2 220	超市采购	500
展示柜	2 540	冰柜	1 560
点评充值	6 000		
总计		473 443 元	

（1）设备+物料费用：加盟前总部说 4 万元以内的设备费用，实际发来的设备清单是 8 万多元的设备表。其实如果自己买二手设备，可以省很多钱。

（2）品牌管理费、加盟费、保证金：使用总店的招牌，就需要按年交品牌管理费。

（3）道具和广告用具：这是使用品牌门头必须购买的灯箱、装饰等各种，看起来就一点点东西，实际花了大笔的钱。

（4）装修费：当时花的 4 万元，其实如果时间充裕，可以多找几个装修队比较，2 万~3 万元可以搞定。

（5）房租及押金：门面在黄金地段，26 万元一年，半年起付。

（6）员工租房：由于现在人不好招，所以提供包吃包住的福利。

（7）培训支出+前期交通费：前期去总部考察项目的交通费，还有员工去总部培训的费用。有时员工辞职了，这些培训费就白花了。

（8）网购+超市购物：杂七杂八的根本想不到的工具，但又是必需的。

（9）点评充值：大众点评邀请商家充值，然后帮助在网上建店、投放广告、引流。

（资料来源：知乎，https://www.zhihu.com/）

小贴士

使用商业模式画布的技巧

（1）商业模式画布最好的用法是在大的背景上投影出来，一群人便可以用便利贴、马克笔共同绘制、讨论商业模式的不同组成部分，促进多人相互的讨论、理解、分享创意和分析。

（2）一张便利贴上只写一个观点，并用足够粗的马克笔写，粗的马克笔会让字足够大，让所有人能看清，并能保证字数少而简洁。

（3）可以用简单的图画来表达，更生动，利于相互理解。

二、商业模式的风险控制

（一）确定顾客的需求足够强烈

有的细分市场虽然有商业机会，但也要看需求是否是刚需，消费是否是高频次。一个强需求胜过一个好产品。比如地板打蜡，一个家庭一年最多给地板打一次蜡。用户群基数小，消费频次低这样的项目就不适合做单独的项目，应当放在整个家政平台上。

（二）警惕进入壁垒低的行业

如果商业模式瞄准的是高进入壁垒，低退出壁垒的行业，而自己又有能够进入这一行业的资本，当然非常好。如果进军的领域进入壁垒较低，一方面有利于自己进驻，另一方面也可能引来更多的企业进驻，甚至是大型企业，导致细分市场利润被摊薄，甚至被挤出市场。因此，要通过自己的商业模式不可复制性来保护好自己的领地，尤其是拥有核心资源。如果商业模式容易被复制，则可以通过速度迅速树立起品牌知名度，进而融钱聚人整合资源，持续打造品牌势能。

（三）预防合作伙伴离开形成的损失

在与合作伙伴合作时，还需要注意对一些关键资源的控制，以免合作伙伴人去财空。合作伙伴可能会因为各种原因而无法继续合作，因此，基于合作伙伴的商业模式最好为自己设置好退路。

案例2-13

某连锁店总店与加盟店的合作

在开连锁店时，有的企业自买物业，有的企业签长租合同。某企业的做法却独辟蹊径。每当看好一个店铺，就跟店面谈好，由企业和业主签好租约，加盟店长入驻，店长向业主缴纳租金,但场地的合同是掌握在企业手里的。零售店面的销售额在很大程度上取决于区位,如果店长退出,企业仍可以通过租约控制店面,保护销售额。企业通过做"二房东"降低了交易风险,提升了控制力。

(资料来源:魏炜等,《商业模式的经济解释:深度解构商业模式密码》,机械工业出版社2012年版)

(四)财务规划充足,防止资金断链

小微企业的资金实力不如大企业雄厚,融资往往也面临一些困难。因此,在前期的规划和后期的经营中,一定要注意现金流的持续稳定。否则,即使小微企业拥有良好的盈利模式,也可能因为资金链断裂的原因而倒闭。

案例2-14

资金链断裂,蛋壳公寓"暴雷"了

现在,许多年轻人工作后都需要租房,但自己找租房又会遇到一些问题。例如,房东说让搬走就必须搬走、家电家具坏了彼此扯皮、租金过高、押金不退、装修陈旧难看。面对这一商机,蛋壳公寓成立了。一方面,蛋壳公寓为房东解决空房烦恼,让房东的收入稳定;另一方面,将住房进行全新的改造和设计,提供优质的服务,提升租户的租住体验。此外,蛋壳公寓通过大数据技术,让租金更加透明,受到了广大年轻人的青睐。

蛋壳公寓发展迅速,2015年成立之初,运营着2 000多间公寓,到了2020年,增长约170倍,运营超过40万间公寓。但是随着扩张越来越快,蛋壳公寓的资金越来越短缺。2017—2019年,蛋壳的亏损加起来超过50亿元,每一年都是翻倍式亏损。最后,在2020年初,由于疫情的影响,蛋壳公寓的资金短缺问题被放大,租户把一年的租金交给了蛋壳,蛋壳却没有钱交给房东,导致房东把租户赶出门外,投诉四起,蛋壳公寓奄奄一息。

为什么会出现这样的问题呢?一方面,长租公寓往往采取"包租模式",即从房东手里收房子,之后进行装修改造,一套房子的改造成本约几万元,会花费大量资金。另一方面,长租公寓通过租金贷一次性回收租户半年或一年的租金,再把这笔钱进行投资获得收益,这意味着蛋壳公寓在房东和租户两方都有负债。这个商业模式本身没什么问题,关键问题在于蛋壳公寓过于激进,过快地加大规模,前期大量囤房,甚至陷入恶性竞争,高价收房,低价出租,但却没有形成与之相匹配的管理能力。

在此基础上,2020年初受疫情影响,蛋壳公寓续租率有所下滑,现金流入较少。此时,很多已经付款的租户退租,需要大量的现金流出,加剧了资金短缺的问题。

(资料来源:今日头条,https://www.toutiao.com/)

三、商业模式衡量标准

（一）盈利性

小微企业毕竟是以盈利为目的，一个商业模式能够带来多少利润，是衡量商业模式的重要指标。这需要经过预算，通过收入预算、成本预算来得出精确的数据。

（二）可持续性

可持续性，也就是说小微企业按照这样的商业模式，在未来能存活并盈利多久。第一，可持续性体现在收入能否持续，而收入一般会受到市场需求、顾客购买力的影响，也会受到竞争对手争夺市场的影响，因此，商业模式在设计时就应当预想到未来竞争对手加入的可能性，并制定出相应的对策。第二，可持续性还和企业自身的实力有关。市场可能前景很好，但自己的核心资源或核心能力是否足够，比如资金或融资能力、人力资源、企业的外部形象等。第三，成本会否上涨，如油价、员工工资等。

（三）退出难易程度

一些小微企业在一定时期后，可能会因为各种原因需要撤出资金，如重新创业、企业转产。那么，这个商业模式里有没有无法撤出的限制因素，如一次性购买的长期使用权、昂贵的设备等。这些设备、使用权能否转让变现？会损失多少？这些是需要考虑的因素。

任务三　创新商业模式

一、商业模式创新的重要性

中共二十大报告指出，创新是第一动力。我们要深入实施创新驱动发展战略，开辟发展新领域新赛道，不断塑造发展新动能新优势。培育创新文化，营造创新氛围，形成具有全球竞争力的开放创新生态。如果说商业模式是指企业为顾客为自己创造价值的基本逻辑，商业模式创新则是指企业价值创造基本逻辑的创新变化。商业模式是企业整体运作的方式，但商业模式的实践意义并不是让企业进行全面到位的优化和流程改造，即便是优秀的企业，如戴尔、麦当劳、联邦快递等也只是在商业模式的某个环节做得比较出色和独特，形成了自己的核心能力或是核心流程，从而胜出的。因此企业应该从分析商业模式的过程中学会趋利避害，取长补短。商业模式任何一个要素的优化，都能给企业带来更好的效益。

案例 2-15

传统花店的商业模式创新与转型

小可开了一家花店，但发现销量很少。不少年轻人习惯于在网上买花，附近也开了更多的花店，竞争激烈。困境之下，小可开始摸索花店的转型。小可发现，许多年轻人喜欢鲜花，但不知道如何搭配。小可决定将重心放在插花培训班上。开业当天，她将精致的插花作品摆放在店铺最显眼的位置,吸引路过的客人。除此以外,小可把插花作品拍成精致的照片,再配上清新的文案,通过线上展示,吸引顾客来店里学习插花。如今,小可的插花班每期都有二三十个学员,顾客在尝试插花后,习惯性在她店里购买鲜花。小可说:"基本上每个月都能卖出四五万元的鲜花,扣去人工和成本,也能赚到两万元。"

另一家花店老板小菲则将鲜花与咖啡结合起来,在花店门口摆放几张咖啡桌。"在花丛中享用咖啡,这是很多年轻人所向往的下午茶时光。"小菲说,"当客人沉浸其中,也会对店铺产生好感,临走时愿意掏钱购买鲜花。还有不少情侣、闺蜜特意进店打卡拍照,感受被鲜花拥簇的氛围。"

小静尝试和社区团购进行合作。她计划着通过这种模式推出更多的营销活动以及产品定制,为自己的品牌拉拢更多的顾客。

(资料来源:百家号,https://baijiahao.baidu.com)

二、如何创新商业模式

(一) 不断靠近高价值顾客,为顾客提供更好的价值主张

在商业模式瞄准的目标顾客中,区分出能够给自己现在和未来带来高价值的顾客群,并通过市场调研了解其需求,再结合自身的优势,充分利用自己与顾客多年来的交易中树立的信誉和形象,改善自己提供的产品和服务,为顾客提供更好的价值和主张。

案例2-16

小而美的农庄:我的庄园一定要有气质

千秀谷农庄并不大,只有300亩,但开业不到3年,年营业额高达1 200多万元,年盈利超100万元,她是怎么做到的?

法宝一 精准定位:我只服务我想服务的顾客

很多农场不收门票,但可能会遇到一个问题,节假日闹哄哄的一群人蜂拥而来,走一圈转一转,吃顿农家餐就走了,没有留下深刻的美好印象。更糟糕的是,一些游客攀花折枝、践踏草坪,对农庄的破坏很大。

千秀谷会对游客收取20元的门票。当然,如果在农庄消费满50元,即可赠送门票。这样做的目的并不是要靠门票盈利,只是通过门票的筛选,吸引真正想来享受优质服务的群体,这部分人才是目标客户。除此之外,千秀谷采用预约制,一天只限300人,餐厅的主打菜竹笋黄焖鸡、四季鸡汤,同样都是需要预约,因为一道汤可能就要熬制四五个小时。

法宝二　自然教育：让农庄周一至周五客源不断

对于三四线城市近郊的农庄来讲，同质化的采摘和农事体验很难长期持续下去，而随着研学旅行纳入中小学课程，这无疑给农庄带来一个绝佳的"引爆点"。千秀谷选择与湖北滋农合作，引入自然教育课程。

以采摘为例，来千秀谷的孩子不是简单地采摘水果，而是每个孩子认养一棵果树，农庄里的樱桃树、山楂树、梨树、杨梅树都找到了自己的小主人。他们很乐意来千秀谷给小树施农家肥、浇水，来一次，往往待上一整天，能够产生不少的消费。

而千秀谷的农家肥也很有特色，他们采用的是日本技术，给农场的鸡定制一个特殊的发酵床，用锯末、苞壳加上益生菌搅拌而成，农场的鸡服用益生菌，排泄物拥有大量的菌食蛋白，再由发酵床转化为生物有机肥。把孩子们领到鸡舍，告诉他们何为有机肥，活性益生菌在土壤中的作用是什么，用这些有机肥灌溉小树会给小树怎样的营养？把农业知识融入自然教育之中，让孩子不仅付出劳动，更明白其中的道理。

（资料来源：今日头条，https://www.toutiao.com/）

（二）以技术升级为核心能力，开发出符合新需求的产品

对于一些技术性强的产品和服务，进行产品或服务的技术升级与创新，并持有专利等限制他人的资源，更容易提升核心资源和能力，稳固商业模式。不过，要注意产品或服务创新能够为顾客带来更大的价值。

案例 2-17

云鲸扫地机器人的技术升级

云鲸主要研发、生产扫地机器人，在行业的高端品牌中占据一席之位。2016年成立于广东，2020年获得美国爱迪生发明奖金奖，并上榜《时代周刊》年度百大最佳发明榜单。

当初在设计"小白鲸"时，是走大众性价比之路，还是直面行业痛点、走更艰难的差异化之路？研发团队内部有过多次争论，最终决定在自动清洗、有效清洁、多任务管理方面重点突破。

技术的突破是基于对用户体验的了解。研发团队在设计"小白鲸"时，让自己成为用户，亲身体验做家务过程中遇到的困难，以此帮助设计团队做取舍。有时候遇到有用户不满意的情况，研发团队会亲自打电话过去了解情况、解答问题。

云鲸的研发理念是：不要急于求成，在还没有把产品完全打磨干净时，要心无旁骛地坚持把它做完美。例如，团队曾经因为圆形拖布在拖地时中间会产生一条缝隙，

将设计推倒重来改为三角形拖布,这也直接导致产品上市时间延后三个月。而这些对初创公司而言都需要耗费巨大的资金与时间成本,但云鲸依旧坚持改到满意为止。

(资料来源:搜狐网,https://www.sohu.com)

(三)形式多样化,资源衍生式创新

一般而言,小微企业的资金、技术、人力、设备、商标、企业和品牌影响力、销售网络等企业资源相对不足,因此,小微企业必须比大企业更加注重对资源的有效利用。资源衍生式创新是指企业为了降低成本、提高产品的顾客价值,通过内部业务拓展或与其他企业合作的方式,从不同角度对企业的资源进行开发性地应用。对于一些特别的产品,可以通过不同的形式面向顾客,获得更多途径的收益。例如,网络小说,可以出版成纸版小说,可以拍成电影或电视连续剧;网络漫画,可以出版纸质漫画,发展为视频类动漫,也可以发展为网游,还可以和动漫周边的实体商品合作,如手办、玩具、文具、礼品等。同一个产品,内容一样,以不同的形式呈现,或许能得到不同途径偏好者的欢迎。

案例 2-18

剧本杀与剧本杀的周边发展

线下"剧本杀",是玩家到实景场馆,体验推理性质的游戏,在年轻人群体中备受欢迎。叁千世界自 2017 年开业以来,仅用 9 个月的时间就成立了自己的发行工作室,签约作者突破 90 人,全国授权加盟 148 家,获 600 万元天使轮投资。与此同时,剧本杀线下店竞争激烈,每天都有倒闭的店。剧本杀线下店如何在竞争中脱颖而出呢?

首先,要有优质剧本。剧本杀商业模式的核心驱动力是内容,好的剧本经过传播有成为 IP 的可能性,能得到更多的曝光,带来粉丝效应并且变现。所以,各大门店都在通过展会等渠道获得优质剧本。

在有优质剧本的基础上,可以打造 IP,生产相应的影视项目。例如,早前帮助编剧实现百万收益的爆火剧本《年轮》,已经开始制作影视项目。

除此以外,也可以开发 VR+剧本杀的游戏体验,开发沉浸式文旅项目。千羽介绍,目前已经开始在"剧本杀+沉浸式文旅项目"上发力,在山西、青海、甘肃等地与政府合作打造了五个沉浸式文旅项目,未来,这将作为企业非常重要的一笔收入来源。

(资料来源:搜狐网,https://www.sohu.com/)

(四)渠道多元化,更广泛地接触顾客

如果能够以低成本的方式,增添能够接触到目标顾客群的渠道,便有可能获得更多

的顾客,进而提升营业收益。在渠道设计中,有一个大方向是线上和线下的结合,也就是O2O(online to offline)模式。一般而言,线上的电子商务通过电脑和手机可以接触到更加广泛的顾客,信息传播更加及时而广泛,尤其是对于年轻的消费群体。而线下的实体店可以展示品牌和商品的形象,同时线下的物流可以将商品和服务传递到顾客手中。

案例2-19

"小仙炖"燕窝的O2O模式

小仙炖是一个以北京当地市场为核心,销售"鲜炖燕窝"为主,提供上门配送服务的细分垂直O2O品牌。小仙炖致力于全程把控供应链,保证燕窝品质。小仙炖主要在线上以各大电商平台订购为主,线下提供同城配送服务,让顾客享用到最便捷、最新鲜的鲜炖燕窝。个性化的定制,供用户自主选择配送周期,以满足孕妈、潮姐、生理期女性保养等不同需求,既可以是自己购买犒劳一下自己,也可以是赠送亲友表达心意。

(资料来源:创业邦,http://www.cyzone.cn)

(五)思考是否能获得更多或更好的合作伙伴

要实现商业模式的创新,还可以寻求外部力量的支持。在现有情况下,是否还可以寻找到更多更有价值的合作伙伴?经过怎样的利益共享,能巩固这样的合作关系?无论是供应商、顾客,还是竞争对手,都有可能在某些领域成为合作伙伴。

案例2-20

小微企业的"合纵连横"

有些事情,单个小微企业很难办成,众多小微企业"抱团"却可以变得很强大。2012年10月份,位于胶东的鸿光食品联合七八家规模不大的小公司赴辣椒产地联合采购,通过"合纵连横"减少中间环节,不但把原料收购价格压低了7%,更保证了原料质量,小企业们"一个声音说话",把主动权牢牢地掌握在自己手中。杜村镇是胶州市实木家具和板式家具的主要生产地区,出口家具企业"抱团"开展联合采购、联合熏蒸、联合送检,形成了原料采购集群优势,节省采购成本近400万元,仅一次联合商检就节约费用42万元。

(资料来源:张璠,"小微企业的'过冬'之道",《会计之友》2013年第32期)

项目小结

商业模式是一个企业整体运作体系的核心部分,简要地讲,商业模式阐释的是企业的目标顾客群是什么,为顾客提供的价值是什么,用什么样的渠道去接触顾客,用什么样的方法建立良好的顾客关系,能赚哪几笔钱,需要做哪些事拥有哪些资源,其中哪些是核心资源关键业务,需要有哪些合作伙伴,需要付出多少成本。在制定商业模式过程中,可以借鉴商业模式画布的工具进行分析,同时要考虑潜在的风险,例如,顾客需求是否强劲、进入壁垒高低、合作伙伴的合作关系是否稳固等。商业模式需要根据变化的环境进行创新,创新时,可以从商业模式的各个要素出发,例如,提供的价值更贴近顾客需求、产品形式多样化、产品技术升级、渠道多元化、合作伙伴优化等。

 复习思考题

1. 商业模式包含哪些内容?
2. 如何制定商业模式?
3. 制定商业模式时需要考虑哪些风险?
4. 商业模式的衡量标准是什么?
5. 简述商业模式创新的技巧。

 **思考案例**

韵达快递 JY 公司的成长史

韵达快递 JY 公司于 2010 年筹建成立,是韵达快递公司在 D 市的西城区商圈新设立的公司。该商圈目前尚无快递公司,设立 JY 公司,是希望抢在其他快递公司入驻之前,迅速开展业务,以占领西城区巨大的市场。

JY 公司创立者之所以选择加盟韵达快递,主要是基于四个方面考虑。第一,市场需求旺盛,发展空间较大。第二,采用加盟方式,可以与总公司共用品牌、网络等。第三,行业准入门槛低。无论技术、人员、管理还是资金都只有极低的要求。第四,资金回笼周期短,回报率高。与总公司结算周期为一个月,因此一个月内的运营资金基本可以保证。由于与客户直接接触,所以每天有业务,就有现金流,盈利的计算可以精确到天。业务的支撑加上总公司的品牌号召力,总体收益情况可以得到保证,对于前期投入的资金可以迅速回笼。

快递的盈利模式有以下三个方面。

(1) 收件。当客户发出发货信号后,快递员会在约定时间门取货,根据快件重量和需要到达的目标城市收取快递费,快件到达公司后在每天固定时间集中送至中转中心,在录入信息后货物发往目的地。向客户收取的费用减去向中转中心缴纳的费用,就是单件的毛利。

（2）派件。一般总公司会给加盟者按派件件数给费用，不过盈利空间并不大，需要自己承担通信费、本地区的运输费等成本。

（3）增值服务，如代收货款、签回单、保险费用等。尽管增值服务毛利高，但发生的频率较小。

在客户群体定位方面，由于韵达快递公司在国内的货物配送方式以汽运为主，速度不如空运快，但比空运费用低，且货物可配送的种类更多。因此，JY公司将客户定位为对服务要求高、价格敏感高、对货物配送要求时效性中等的公司或个人，以及能够专门开辟空运通道的、有货物量保证的大型公司。在开拓市场方面，主要采取三种方式。

（1）在派送快件的同时，JY公司以统一的着装，标准化的签收流程进行服务，并奉上联络名片。客户在接收快件的同时，体验服务，并获得与公司联络的快速渠道，为以后的收取快件打下基础。

（2）通过拜访的方式，JY公司对区域内所有大型商场、购物中心、企业单位、写字楼、街边商铺进行逐一拜访，分发联络名片，并介绍服务。通过优惠的方式，JY公司和大型商家取得战略性合作关系，以获得稳定的客源，保持业务的持久性。

（3）JY公司与居民区附近的小型食杂店展开合作，让出部分利润，将其设立为公司下属的据点，并悬挂醒目牌匾，以引起小区居民的注意，小区居民可以自行到据点收发快件，为公司节约人力资源和服务资源，并实现区域的扩张。

JY公司运营第二个月，在全网开通的威力已经逐渐显现出来，运营第三个月，快件的到货量已经达到新高，收取量也在增加，市场开拓的成果初步显现。但与此同时，公司的人力成本和企业运营成本不断升高，利润增加却有限，由于每日快件的到货量不断升高，公司已经陷入快件派送和收取的巨大工作量之中，碍于成本压力无法继续增加人员，市场开拓基本停止。同时，还产生了两个问题：第一，快件派送的速度要求使快件派送员工作压力很大，所以无法保证基本的服务质量。第二，快件派送员开始出现丢件现象。由于人手不够，JY公司负责人需要顶替业务员跑业务，无暇思考解决这些问题。

运营的第四个月，其他快递公司涉足这一地区，竞争越来越激烈。由于韵达快递公司JY公司未解决之前的内部问题，再加上竞争的加剧，工作绩效不理想。运营第六个月，由于油价上涨造成的全国物流行业成本上升，也辐射到快递行业，致使总公司不断将压力释放到各加盟公司，但加盟公司短期内无法在客户上释放成本压力，业务量小的加盟公司开始出现运营危机。总公司不得不宣布，LN区业务开拓失败，JY公司的负责人将手中的业务和运营权转让，退出快递行业。

（资料来源：白俊宇，《小微企业发展战略探讨——以韵达快递公司JY公司为例》，武汉科技大学硕士学位论文，2012年）

请思考并回答：
1. 请用商业模式画布，分析JY公司商业模式的具体内容。
2. 如果你是JY公司老板，你会如何完善商业模式？

实训项目

实训项目1:绘制已有企业的商业模式画布

目的:通过绘制商业模式画布,分析商业模式。

工具:海报纸1张/组,水彩笔1套/组,橡皮擦1个/组,铅笔1支/组,白板套装1套/组,A4纸2张/人。

步骤:

(1)学生组队,每个团队选择一个不同的行业,在行业中选取1~2个典型的企业。

(2)组内成员分工合作,分头收集资料,在A4纸上绘制商业模式画布草图。

(3)小组汇总每个人搜集到的信息,在白板上讨论、绘制商业模式画布草图。

(4)小组用海报纸与水彩笔在海报纸上,图文并茂地绘制精致的商业模式画布的彩图。为了避免失误,可以先用铅笔先绘制框线,再用水彩笔上色。

(5)将彩色的商业模式画布展示给全班看,并进行讲解。

(6)小组成员与商业模式画布合影留念,拍照上传系统。

实训项目2:用商业模式画布创建自己的商业模式

目的:通过绘制商业模式画布,为小组即将创立的小微企业,创建良好的商业模式。

工具:海报纸1张/组,水彩笔1套/组,橡皮擦1个/组,铅笔1支/组,白板套装1套/组,A4纸2张/人。

步骤:

(1)学生组队,每个团队选择一个不同的行业,创建自己的小微企业。

(2)组内成员分工合作,分头收集资料,在A4纸上绘制商业模式画布草图。

(3)小组汇总每个人搜集到的信息,在白板上讨论、绘制商业模式画布草图。

(4)小组用海报纸与水彩笔在海报纸上,图文并茂地绘制精致的商业模式画布的彩图。为了避免失误,可以先用铅笔先绘制框线,再用水彩笔上色。

(5)将彩色的商业模式画布展示给全班看,并进行讲解。

(6)小组成员与商业模式画布合影留念,拍照上传系统。

项目三 步步为营，谨慎选址

 项目导航

◇ 掌握影响企业经营选址的主要因素
◇ 掌握企业经营选址的步骤
◇ 熟悉线上小微零售店铺网店和微店的选址方法
◇ 熟悉线下小微零售企业和餐饮企业选址的方法
◇ 能结合实际进行不同行业的小微企业的经营选址
◇ 树立科学发展观，用发展眼光来选址

 思维导图

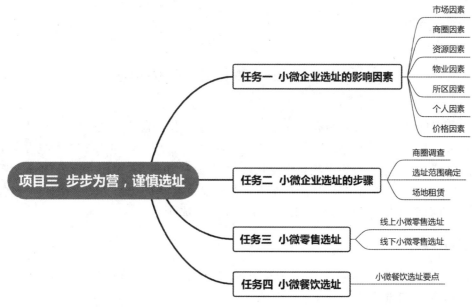

 职业指导

经营选址是一项重要的基础工作。是企业制定经营战略及目标的重要依据,直接关系到企业未来的盈利状况。而对小微企业而言,它在某种程度上决定了企业的生死,所以不可马虎。企业经营选址不仅包括选择街区和具体建筑物,而且包括选址国家、地区和城市。影响选址的因素很多,选址也需遵循一定的步骤,不同行业方法也不尽相同。

 引导案例

选址失败的模仿者

小李有个朋友在广州火车站附近的服装城里做服装生意。这里一个很小的铺面月租金就要几万元,可朋友看起来对这么高的租金一点也不在乎,几年下来已经赚了上百万元。小李决定也学着朋友找个铺面做服装。由于手头没有足够的资金,他决定退而求其次,选中了天河区客运站附近的一个门面,每月仅四千多元租金,而且比朋友的铺面大得多。

小李觉得挺适合,一来天河客运站是广州市内比较大的客运站,虽然比不上广州火车站的人流量,但平均每天也有几万人;二来店面租金便宜,大大降低了成本;三来广州火车站到天河客运站有直达的公交车,交通非常方便。把省下来的房租用来降低售价吸引火车站附近的批发客户,完全可以扩大客源……有了这些优势,小李相信自己在这里开个服装零售兼批发店一定能做火。

然而,生意开张几个月后,一直没有起色。曾试过请人去广州火车站附近的服装城拉客人前来,但没有一个愿意来,生怕上当受骗。苦撑半年,仍然没有好转。

(资料来源:创业第一步网,http://www.cyone.com.cn)

思考与讨论:小李创业失败的主要原因是什么?

任务一 小微企业选址的影响因素

经营选址是创业者在创业初期面临的一大难题,选择经营地点应该注意市场因素、商圈因素、资源因素、物业因素、所区因素、个人因素和价格因素等。正如二十大报告指出我们必须坚持系统观念。万事万物是相互联系、相互依存的。只有用普遍联系的、全面系统的、发展变化的观点观察事物,才能把握事物发展规律。所以选址时我们需综合考虑各项因素,用全面系统发展变化的观点来进行小微企业的选址。

一、市场因素

市场因素要从两个角度考虑:一个是顾客因素,另一个是竞争对手因素。

(一)顾客因素

对于一些行业,特别是对于零售业和服务业来说,客流量和客流的购买力决定着企业的业务量。所以经营场地是否接通顾客,周围的顾客是否有足够的购买力是选址的一个决定性因素。

（二）竞争对手因素

（1）选择同行聚集林立的地方，同行成群有利于人气聚合与上升，如服饰一条街、建材市场、家电市场、小商品市场等。

（2）"别人淘金我卖水"，别人都蜂拥到某地去"淘金"，成功者固然腰缠万贯，失败者也要维持生存。如果到他们中间去做好相关的服务工作，也是不错的、有利可图的选择。

二、商圈因素

商圈因素就是指要对特定商圈进行特定分析。

（1）车站附近是往来旅客集中的地区，适合发展餐饮、食品、生活用品。

（2）商业区是居民购物、聊天、休闲的理想场所，适宜开设大型综合商场和特色鲜明的专卖店。

（3）影剧院、公园名胜附近，适合经营餐饮、食品、娱乐、生活用品等；在居民区，凡能给家庭生活提供独特服务的生意，都能获得较好的发展。

（4）在市郊地段，不妨考虑向驾车者提供生活、休息、娱乐和维修车辆等服务。

（5）在繁华街区，客流一般以购物为目的，停留的时间相对较长，应经营一些可比较、挑选的商品。

（6）在机关、学校、工厂附近，客流主要是路过，相对停留时间短，应经营一些选择性不强，可以直观鉴别质量、携带方便的商品。

案例3-1

"香格里拉"酒楼的落败

"香格里拉"酒楼开在一个三线城市的高新开发区与主城区的结合部，仿古罗马建筑风格，走中高端消费路线，主营中式简餐、西餐、咖啡等，营业面积2 000多平方米。酒楼自开业伊始，生意一直十分清淡，每天上门的消费者屈指可数，几乎天天都要赔钱。酒楼运营一段时间之后，几位股东坐不住了，开始反复查找生意不好的原因，包括酒楼的前厅服务、后厨出品、出品定价、客人反映、市场宣传等各个方面，然而大家把能够想到的地方查找了一个遍，依然找不出来酒楼无人喝彩的真正原因，众人为此头疼不已。

"香格里拉"酒楼的几个股东没有人从事过餐饮行业，项目的起因是他们结伴到其他中心城市旅游的时候，发现并喜欢上这种高雅的餐饮形式。凭直觉他们感到中西简餐、咖啡茶饮之类出品的利润一定非常可观，他们相信这样的餐饮形式肯定拥有较大的市场空间，几个人便一拍即合，决定投资"香格里拉"酒楼。然而在选定酒楼地址的关键问题上，他们犯下了一个令人无法原谅的错误，即他们把未来酒楼的位置选定在人流稀少的高新开发区，而非在客流人流稠密、商业氛围旺盛的闹市区。

目前在国内的不少城市，中式简餐、西餐咖啡、茶餐厅等的主流消费群体仍为二十多岁、三十多岁的年轻人,他们的餐饮消费特点就是围着闹市区转,宁肯闹中取静,也不愿到相对清静的区域去就餐。"香格里拉"酒楼在进行经营地段选择的时候显然没有考虑到这一点,只是一厢情愿地相信只要一家酒楼有了大的资金投资,门脸做得恢宏大气、与众不同,就会有人进门消费捧场,而赚大钱则是水到渠成的事。在开业不到两个月的时间,一直惨淡经营的"香格里拉"酒楼最终还是选择了关门。在一年之后,酒楼才转让了出去,几个股东为此蒙受重大经济损失。

考考你

"香格里拉"酒楼的选址失败带给你的启示有哪些?

三、资源因素

在某些企业特别是生产性企业选址的时候,要考虑与经营有关的资源,如原材料、土地、劳动力、运输和通信设施等。

四、物业因素

在置地建房或租用店铺前,创业者应首先了解以下一些物业因素。
(1) 该地段或房屋的规划用途与自己的经营项目是否相符。
(2) 该物业是否有合法权证。
(3) 该物业的历史以及空置待租的原因、坐落地段的声誉与形象等。
(4) 有无环境污染和治安问题等。

五、所区因素

所区因素指的是经营业务最好能得到当地所区和政府的支持,至少不能与当地的政策背道而驰。

案例3-2

"洗刷刷"校园自助洗衣店入驻创业孵化基地

李明是一名在读大学生,一心想创业,闯出一片自我天地。他读大二时,学校为鼓励在校大学生创业,开展校级创业项目申报。学校政策规定:凡申报立项成功的项目,学校将据项目实际情况给以3 000~5 000元不等的项目启动资金,对于评审优秀的项目,学校不但给以资金支持,还将提供免费场地等一系列政策扶持。于是,大二下学期,李明便向学校提出"'洗刷刷'校园自助洗衣店"校级大学生项目申报表。项目经过专家评审定为重点项目,获 5 000 元项目启动资金,顺利入驻校级大学生创业孵化基地。项目经过半年经营,收回初期全部投资,月平均盈利达 3 000 元,项目运营基本进入正规。

六、个人因素

有人喜欢选择自己家乡的社区、离自己的亲朋好友近些或自己比较熟悉的地区,这种做法是有利有弊的。其优势是:一方面,熟悉周边环境,了解其交通状况及其他设施,熟悉周围的消费群及其购买力、品位和爱好;另一方面,创业者与周边的环境有良好的关系资源,更容易得到信任和支持。但这也有弊端,可能会令创业者丧失更好的机会或因经营受到局限,购买力无法突破。

七、价格因素

创业者在购买商铺或租赁商铺时,要充分考虑价格因素,包括资金、业务性质、创业结果应对、物业市场的供求情况、利率趋势等,以免做出错误决定,对企业的业务经营造成不良影响。例如,工厂配送经营则不必考虑在租金较高的路边,可选择租金较便宜的地方;前店后厂的则要选择方便人们购买和显眼的地方,铺面租金最好控制在月营业额的 10% 左右,否则将影响到投资回报。

任务二 小微企业选址的步骤

经营选址一般需经过以下步骤:商圈调查—确定选址范围和目标—取得合适的经营场所。

一、商圈调查

商圈就是指店铺以其所在地点为中心,沿着一定的方向和距离扩展,那些优先选择到该店来消费的顾客所分布的地区范围,即顾客所在的地理范围。

店铺通常有相对稳定的商圈,但由于经营商品、交通因素、地理位置、经营规模等方面的不同,不同店的商圈规模、商圈形态存在很大差别。即使是同一个店,在不同时间也可能会因为不同因素的影响,而引致商圈的变化,如出现了竞争者,吸引了一部分的顾客。

但是对一家大型店而言,其商圈范围除了周围的地区之外,对于交通网分布的情形变化必须列入考虑,顾客利用各种交通工具即可很容易来店的地区也应被纳入商圈。

案例 3-3

药店开在哪里？

某市某公共汽车站,每天人潮如涌。一家连锁药店看中了这里。租用车站边上一处 70 平方米的商铺,开了一家药店,月租金 3 万元。药店开张后,尽管车站每天人潮依旧,企业也进行了多次促销宣传活动,但是进店买药的人却很少,日均销售额只有一两千元。开店两年后,亏损严重,不得不关门撤退。

关店后企业对开店失败原因进行总结,得出了如下的结论:企业在开店前没有对药店的商圈进行细致的调查分析,错误地认为客流就是市场,因此在选址上犯了错误。这是失败的根本原因。因为选址错误,所以此后企业的其他努力,如多次进行促销宣传活动,都显得那么无奈和无力。

此次失败的经历,使这家连锁药店认识到了药店商圈分析的重要性,为以后的商店选址确定了以下规则:在选择店址之前,一定要按照表 3-1 给出的分析框架从人口、竞争品牌和基本费用等方面进行商圈调查和分析。

表 3-1　　　　　　　　　某连锁药店商圈调查表

调查项目	资料与数据	备注
人口数量 人口结构 经济收入 购买习惯 流动人口		
竞争商店 数量 规模 业态 商品结构 经营方式		
基本费用 转让费 租金 物业管理费 国税与地税 水电费 店员工资水平		

考考你

　　小微企业该如何进行商圈的调查与分析?

二、确定选址范围和目标

（一）搜寻目标场地

在商圈调查的基础上，可以初步确定合适的地段、街道、小区或楼宇，然后需要实地去找到经营场所。搜索的途径很多，可以通过房屋中介公司、相关楼宇的物业公司或租赁处、各种商用房和写字楼等的招租广告以及实地查找。

一般说来，物廉价美的好商铺通常非常紧俏，一般房东不会交给中介公司代理出租。这时搜索的方法可以是在你感觉满意的地段逐个搜索，或者从房东直接发布招租信息的渠道搜索。目前，这种信息的渠道主要有：房屋租赁网站，专业服务公司的信息平台，房东在报刊上登载的招租广告，房东在打算出租的房屋门窗上或附近醒目处张贴的招租告示等。

（二）选址时应考虑的因素

（1）不同的企业和不同的业务对选址会有不同的要求，但也不乏共性的地方。

（2）一般性原则。这是指离目标客户近，方便客户上门，客流量大，符合企业的形象，配套设施完备，进货无障碍，租金可承受。

（3）针对产品的性质和客户特点选址，并非所有零售或服务都应在繁华闹市或人流量大的地方。

（4）注重目标地址未来的成长性，可以酌情考虑目前不引人注目，但是将来发展前景较好的地点。

好的地址不要在意租金高，只要能尽快赢利，哪怕少赚也值得。

小贴士

如何撰写选址报告

选址分析报告的内容如下：
（1）新店具体位置及周围地理特征表述（附图说明）；
（2）新店开业后预计能辐射的商圈范围；
（3）新店交通条件评估及物业特征；
（4）新店商圈内商业环境评估和竞争店分析；
（5）新店商圈内居民及流动人口特征、收入和消费结构分析；
（6）新店的市场定位和经营特色及经营策略建议；
（7）新店的经营风险和效益预估；
（8）新店未来前景分析。

选址报告不仅要详细分析新店址的基本情况、商圈特征和投资效益，而且还要对日后门店经营的风险进行分析，对日后的经营策略提出建议。

三、取得合适的经营场所

（一）可以租赁的场地

要取得合适的经营场所，首先要了解可租赁场地的情况，这些场地一般包括商铺、摊位、专柜、办公室、厂房、仓库等。

（二）租赁谈判

租赁谈判内容主要包括以下几个方面。

（1）租赁期、租金、押金/违约金和支付条件。租赁期一般可争取在3年以上，如果租赁期太短则不利于稳定经营。租金是关键性因素，应争取以租金为杠杆拿到理想的商址，或争取优惠租金；违约金或押金应在自己可承受的能力范围内；应争取优惠的支付条件。

（2）装修、物业、供暖、水电等费用。除了水电、煤气等费用以外，装修、物业、供暖等费用都可要求业主承担。

（3）审核业主的产权文件。需仔细审核，以确保对方拥有合法的使用权，房屋的用途与企业的性质一致。

签订租赁合同。应签订书面的合同，载明一切租赁条件。不可轻信口头上的任何承诺。

（三）租赁陷阱

考考你

小微企业主与业主进行租赁谈判时应注意哪些方面的问题？

租赁陷阱主要包括：房屋是违章建筑或用途不符、无合法产权、二手房东转租未获得业主同意以及中介欺诈等。

（四）取得经营场地的其他选择

（1）购房。适用于经济条件比较好的投资者。多数情况下，只要支付首期付款，就可以买下。

（2）利用现有住房。临街的平房，若符合城市规划和工商局许可，可以改造成经营场所；其他住宅能否登记为经营场所，取决于企业的性质和当地工商部门的登记管理办法。

任务三　小微零售企业如何选址

一、线上小微零售店铺选址

（一）网店的选址

很多才开始在网上开店的卖家抱怨："网上开店到底能不能赚钱，所谓的能赚钱是不是网上开店平台自己在炒作？"其实这要取决于很多方面，比如你选择的行业是否饱和、你的产品有没有特色、你的服务态度是否热情、你做的宣传力度大不大，一个很重要的因素就是你选择在哪里开店。网上开店有很多地方可以选择，如淘宝网、拼多多的百货商城；也可以自己在网上申请空间（一块地皮），然后自己装修。不过我们建议新手遵循下面的流程。

1. 网上开店创业的形式

目前，网上开店创业有两种模式：一是，自立门户，即建立一个自己的商品销售网站。这种模式需要一定的前期投入，而且要求懂得一定的网络技术，经营过程中的宣传推广成本较高，因为前期的信用度是很低的，对刚开始涉足网络创业的朋友，建议刚开始不要去建立网站，同时要注意这种形式的开店需要到工商局去注册申请执照的，否则会受到法律的制裁；二是，入驻大型网上商城电子商务平台。它们就像超市、大卖场一样，如C2C电子商务平台淘宝网（3年内免费）平台，不需要多大的前期投入，但经营必须符合平台的统一管理；还有越来越多的虚拟主机提供商（一些提供网络接入的公司）也开始涉足这一领域，它们有一个共同的特点：提供的都是收费的模板，所以建立自己的网站很容易。

然而C2C平台相较于其他方式而言，不但人气高，有很高的浏览量，相关成交率也很高，同时卖家资信还可以得到第三方认证，这对初期在网上经营起着至关重要的作用。如果打算自己也实践一把，第一个问题将是：选择哪个电子商务平台才合适呢？因为具有网上商店功能的电子商务平台可能很多，不仅有淘宝网这样拍卖性质的电子商务平台，京东功能类似的网上商城，而且还不断看到一些社交类平台，如快手、抖音、微博等全面升级电商产品功能，正式推出"快手小店""抖店"及"微博小店"，这样网店不仅能获得官方额外曝光和吸粉机会，同时也提供了便捷商品管理及售卖功能。

2. 选择网上开店平台的标准

不同的企业对网上销售有不同的特殊要求，选择适合本企业产品特性的电子商务平台就需费不少精力，完成对电子商务平台的选择确认过程大概需要几小时甚至几天时间。不过这点前期调研的时间投入是值得的，可以最大可能地减小盲目性，增加成功的可能性。

一般来说，性能卓越的电子商务平台具有类似的基本特征：良好的品牌形象、稳定的后台技术、快速周到的顾客服务、完善的支付和配送体系、有网站自身发展经济实力以及尽可能高的访问量，最重要的是具备完善的建店功能，并且用户管理方便。此外，网上商店的租金费用水平也是一个重要的判断因素。对于固定收费方式，如果你是第一次开店，还是选择租金相对低一点的网站好一些，因为经营成果的好坏，除了网站流量等基本条件之外，还有许多其他因素，比如你的店面布置是否有吸引力、产品或服务是否合适网上销售、网站的访客中是否有潜在顾客，以及在网站上是否占据显著的位置等。如果其他条件跟不上，为此支付高额租金，岂不是浪费？因此，是否可以提供多种收费模式对企业也是一个判断标准。如可能的话，也可以对几个有意向的网站进行试用再做最后的决定。

小贴士

电商创业选择淘宝、京东、拼多多哪个平台好

电商创业,选择哪个平台好,关键看你自身的优势。

做拼多多最难的是,必须你要保证第一手货源,且要绝对价格优势。理论上来说,你是什么牌子不太重要,重要的是你卖多少钱。你不要强调你的品质有多么好,拼多多小二只要求你的价格能有多么低。别人9块钱的位置,你得低于8块5才有机会上活动。别说没有给你机会,拼多多至少给你上活动的机会了。这一点不像淘宝和天猫,你的订单数量、价格优势、订单积累、网店销售额层级、只要这些数据任一不达标,你就没有机会上活动。如果这些活动都要达标的话,你得至少准备大量广告费烧掉、准备大量笔订单销售记录、准备把网店弄到第五层级以上,才有可能上活动,而这个时候,至少距离你新店开业3个月以上吧,这个还要看你操作的手法和效率,以及花了多少钱。最后再谈谈京东,京东的本质就是一个自营店,80%的京东流量,都是要留给京东自营派系的店铺,也就是入仓由京东全运营托管的店铺,如果你是京东第三方店铺,那么你只能等流量分配。

以上分析了三个平台的特点。简单一点说,如果货源新、奇、特,有绝对价格优势,那拼多多更适合,只要有爆款潜力,拼多多不吝啬流量赠予,给予促销补贴,为你准备了足够的活动位置。如果你有绝对的品牌优势,善长推广营销,就去淘宝吧,但是你的把广告费准备得足足的。如果你有绝对的实力和资金优势,美工客服物流没短板,在京东可以卖出更好的价钱,毛利高一些,某些类目如果能完成季度目标,小二还会给返点。

考考你

如果你想开家网店,哪个平台比较适合初次创业的你?

(二) 微店的选址

现在开微店方便得很,电脑都可以不要,有一部能上网的智能手机就行。如果你几年前错过了淘宝,现在千万不要再错过微店了。

对于初始创业的人来说,选择一个好的微店平台无疑非常重要。去哪儿开微店?目前已有的微店平台主要有京东微店、有赞商城、中兴微品会、微信小店及口袋购物微店等。这些微店平台做的时间最长的恐怕也不过一两年时间,大多数只有几个月。下面简单介绍下常见的微店平台。

1. 有赞商城

有赞应该是目前对微店理解最透彻的(见图3-1)。它不仅是帮助商家搭建一个移动端的店铺,而且还帮助商家管理各个平台上的粉丝。有赞商城还免费,不过有一些限制,首先,你需要是正规商家;其次,你的微信公众号必须是服务号(目前一个月能发布四条信息)。这对一般个人来说,无疑是个很高的门槛。

图 3-1　口袋通页面截图

2. 京东微店

优购、森马、骆驼、特步、达芙妮、华文天下、读库等都已经开通了京东微店(wei.jd.com,原"拍拍微店",见图 3-2)。这是腾讯自己做的"微店",被戏称为"国家队微店"。腾讯入股京东,拍拍微店被并入京东,改为京东微店,所以它想象空间巨大。京东微店店铺开通速度快,平台提供店铺装修、货品上架、卖场生成、订单管理等技术服务支持;提供千万级的独家无线流量分发入口(微信、手Q等)和无线广点通自主引流渠道;接入多种移动支付能力(微信支付、财付通等),并根据用户场景提供最便捷的支付体验;借助微信服务号、QQ等在移动端与用户发起一对一沟通,提供完成的售后服务能力;此外,京东微店还提供的入驻商户资质审核,中介支付担保,诚信保证等独家服务体系,但入驻门槛较高。

图 3-2　京东微店页面截图

3. 中兴微品会

对于想做中兴产品分销代理的人来说,可以选择中兴微品会(见图3-3)。中兴微品会是一个基于手机终端的电子商务交易软件,由中国最大的通信设备上市公司中兴通讯股份有限公司子公司深圳微品致远信息科技有限公司注册并运营,展示与交易的商品为合法的自主研发手机,软件正规,运营主体资信优良。软件轻便、简洁,方便用户快速使用,能迅速积累用户群,为合作方及消费者积极创造价值。该软件已登陆各大安卓市场以及苹果应用商店,用关键词"中兴微品会"在应用商店即可搜索到,安装完"中兴微品会"软件后,注册即可成为店家。从2014年4月份开始,已向所有人免费开放注册。登陆后,可以上架商品开店,然后,通过社交渠道进行销售中兴通讯的任何一款产品,由中兴通讯负责发货、售后服务等。你也可以把中兴通讯的产品有选择地添加到自己的微店。添加方法也超级简单,中兴通讯把所有的商品都列出来了,你可以选择其中的一部分,然后,点击"添加"按钮,被选择的产品就会呈现在你的微店里。每卖出一件产品,据说都可以获得5%~10%的佣金。

图3-3 中兴微品会页面截图

4. 微店网

微店网的模式其实不错,主要解决了货源难的问题(见图3-4)。微店网主要有两个

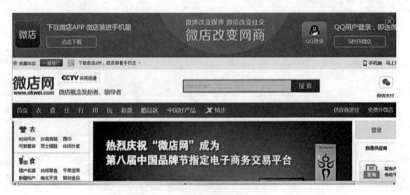

图3-4 微店网页面截图

群体在使用,一个是供应商,一个是微店主。供应商在微店网上提供货源、物流和售后服务,而微店主则负责推广。也就是说,如果你在微店网注册了一个微店,就拥有了所有入驻微店网的供应商提供的产品的销售权。消费者进入你的微店产生了购买,你就可以获得推广佣金。但是,它也有两大问题:一是,它有传销的嫌疑;二是,它无法很好地控制货源,不能保证都是正品,价格也没有优势。

5. 微信小店

2014年5月29日,微信发布官方消息:"微信公众平台本次更新增加了微信小店功能,微信小店基于微信支付,包括添加商品、商品管理、订单管理、货架管理、维权等功能,开发者可使用接口批量添加商品,快速开店。必须是已微信认证、已接入微信支付的服务号,才可在服务中心中申请开通微信小店功能。"(见图3-5)但它的入门门槛高,必须是做了微信认证而且接入微信支付的服务号。也就是说,微信小店只能用微信进行支付,而不能使用支付宝、信用卡等。这对一般个人和小商家来说无疑是一个门槛,因为个人和小商家要靠自己的微信公众号来发展粉丝,有了粉丝才有买卖,而服务号一个月只能推送四次。

图3-5 微信小店页面截图

口袋通的创始人白鸦分析说:"更深入的会员、折扣、积分、优惠、秒杀、抢购、团购、代付、送礼等,这些互动中做交易的东西需要有能力的第三方来提供。特别是订单统一管理、打印、发货处理及物流跟踪、售后管理等,比商家商品开卖要复杂几百倍。"但不管怎么说,微信小店提供了电商的基础设施,凭借目前微信的火爆,势必会推动商家数量的急速增长,确实非常值得关注。

2020年,伴随着直播带货的兴起,微信小商店正式上线,并开放内测申请通道。目前,小商店包含商品信息发布、商品交易、订单和物流管理、营销、资金结算、客服与售后等电商经营基础功能模块,并内嵌直播功能。微信小商店支持企业、个体工商户、个人三类主体开店。但目前仅向企业、个体工商户两种资质的商家开放内测申请,个人开店后续将逐步放开。

小贴士

几步教你玩转微信小店直播功能

微信小商店在上线之后就获得了很多商家的关注,作为微信内的一个电商功能,可以帮助不少微信商家争取到更多的客源,其中直播功能就是非常重要的功能,这里我们来详细介绍如何使用直播。

(1) 怎么开通直播功能。成功开通的小商店(企业/个体店)自带直播能力,商家只需同时满足已开张、且商品库中有成功发布的商品,后台的直播页面将会自动开通直播功能,商家点击管理直播跳转到直播管理后台,可创建直播间、指定主播、设定直播开播时间。

(2) 建议商家在直播间选货之前,先在小商店上传好商品,直播间选品时会自动同步小商店已经上传并且发布成功的商品,提高直播的效率。

(3) 怎么让用户看到商家直播。商家可直接以直播间小程序码的形式进行分享,也可以把商家的小商店主动分享给用户,凡是设定了直播的商家,小商店主页都会看到直播入口,用户点击可进入直播间观看或订阅直播。

(4) 在直播将开始时,直播间会自动给预约的用户发消息提醒,为商户提供定时召回用户的功能。直播间还会完整展示主播推荐的商品、讲解和抽奖能力,并设有直播浮窗的功能,保证用户边看边买的流畅体验。

6. 口袋购物的微店

如果你是淘宝店主,口袋购物的微店(www.vdian.com)是一个很好的选择,因为你可以一键把自己的淘宝店搬到这个微店平台上,也可以一键把自己的淘宝店搬到更多人的微店上。这样的话,你就相当于有了很多加盟店,只是都由你发货而已(见图 3-6)。而且它没有任何门槛,不收取任何费用,而且发展势头很好。口袋购物这个公司也比较值得信赖,他们做的"口袋购物"已经有几千万人在使用。如今他们也非常重视微店,对微店不断进行迭代,使其功能日趋完善,而且他们已经通过口袋购物为微店导流。

图 3-6 口袋购物页面截图

考考你
你觉得哪个微店平台比较适合初次创业的你?

二、线下小微零售店铺的选址

一个商店的建立应充分考虑其选址问题,因为只有结合其店的自身特点考虑的选址,成功的机会才会更大。小微零售店应属于邻里商业区,满足周边顾客的需求,应最接近顾客,能保持良好的顾客关系。所以在选址时应考虑以下因素。

(一)人口因素

1. 客流性质

小微零售店选址应靠近居民区更接近顾客方便消费者购买,满足消费者的需求和就近购买的要求,保证有足够的顾客来源,也避免了与大中型超市进行正面竞争。

2. 潜在顾客

零售店应满足更多不同消费群体的需求,以自身的特色来吸引更多的潜在顾客。

3. 过往行人的特点

开店之前应观察过往行人的年龄结构和了解其停留的原因来决定开设怎样的店铺才能更好地满足消费者。

(二)地理因素

1. 城市规划

应了解城市规划的方向和特点,要考虑如果要在这里建立零售店是否可在这里长期的经营,因为如果没开多久周边环境改变,又得重新选址,而且又得重新建立和消费者的关系。

2. 位置

小微零售店经营所在区域适宜选择在住宅聚集区内,因为小微零售店开设目标就是为了方便顾客就近购买。

3. 交通地理条件

选址应选交通便利的地方,有利于货物的合理运送,保证货物的及时供应,也能保证客流量,具有设店的价值。

4. 周围环境

选址是一个考虑其周围的环境是否舒适,干净才能有利于网店的扩充,也要考虑周边消费群体的需求,将其需求作为参考设立店面,这样才会有群众基础的支持获得市场竞争力。

(三)市场因素

1. 竞争状况

应尽力降低成本,为顾客省更多的钱,所以要考虑店面租金和进货成本,须调查周边顾客和潜在顾客的需求,并结合顾客需求开设店面,这样的零售店有其市场,加强其市场竞争优势。

2. 规模与外观

规模与外观的设计应考虑周边的消费群体，应以独特和适合你销售产品的特点设计模型和外观吸引你消费群体，激发购买欲。

（四）经济成本

1. 土地价格

应货比三家，找到适合并便宜的场地，这样有利于降低成本，获得价格优势，提高市场竞争力。

2. 货源价格及价格水平

应尽力降低货源价格成本，不断优惠顾客，吸引顾客。

小贴士

社区零售小店开店三看原则

一看社区周边

周边同类小店的数量、高峰人流量、销售情况，这些会影响社区门店的经营情况，2个还可以接受，如果是4个以上，那这个小区的市场就已经处于饱和状态。

品牌店的存在，如全家、罗森这类店商品一般价格昂贵，反观社区门店价格相对便宜，这样更能体现社区门店的优势。周围有沃尔玛、永辉这样的大型超市，它们消费模式是属于周期性消费，用户一般是一周进行一次大采购，大超市在选址上，不会选在紧贴小区的位置，一般都选在距离小区有一定路程的繁华地段，没有人会为了一瓶饮料而去大超市买东西，大超市的存在可以打压一部分小型家用超市，更利于社区门店的发展。

二看社区内部

顾客在社区门店选购商品，图的就是省事，所以采用小区一楼为店面，门店招牌引人注目，进出、进货方便，离用户更近，直接面对中庭最好。分析小区用户经常行走的路线，上下班高峰期最易体现，从而占据有利位置，摸清顾客购物习惯，留住精准用户。

年轻人的消费高，那分析小区住户类型很有必要，根据网购频次、入住率判断小区住户年轻人的占比，如晚上11点以后还没有熄灯的楼层，基本属于年轻群体，楼层体现较多的情况下，门店位置就可以随之靠拢。根据小区面积大小，规划出小区中心点，这个点是各栋楼距离都相等的存在，能更全面的覆盖小区。

三看门店门口

门口外面是否有阻碍存在，这关系到顾客是否愿意进来购买商品，比如阶梯，虽是很小的因素，但3阶以上就会给人高高在上的感觉，迎客难度也会相应增加，亲民才是社区门店的第一准则。门口的面积是否够大，能否提供一些娱乐性服务，从运营的角度来考虑，肯定是希望社区门店元素、功能多样化。

项目三 步步为营,谨慎选址

门店的通透性,晚上打开店铺灯光,看光源可以透出去多少,一般通透性越好的店铺,越容易吸引人。

判断一个门店的实际消费情况,找一家门店蹲在门口,从早到晚数进店人数。只要是进店消费,不管买多还是买少,统一算一个人头费,同时关注主要进出的人群类型。人头费根据实际情况来定,一般按5~20块不等。这样的好处是,基本可以判断出一天的营业额、销售高峰时段以及客户类型。

案例 3-4

宅居甜点店铺选址案例分析

这家名为"弌六"的甜品店是一家位于居民住宅区的店铺,这家小店不在沿街地段,如果你想进去,需要先在社区大门按下门牌号"2120",老板娘会为你开门,进去后上二楼,才能到达。

是不是像去别人家做客一样。其实这里正是老板娘的家,老板娘因为房租太贵的原因,将自己家改建成了甜品店,与外面社区的环境不同,内部清爽简单,除了墙上和桌上的一些干花之外,没有过多装饰,充满着小清新的感觉。这个小绿桌最受客人欢迎,大家都喜欢在这里拍下好看的甜点照片。

店内的座位不多,每张桌子都不同,充满着几何感,也让这间在居民区里的甜点店多了生动活泼的气息。听说这些座椅是老板娘的爸爸亲手为女儿设计和制作的,满满都是爱。弌六主打甜点是乳酪蛋糕,除了固定几款人气产品,还会时常推出各种新口味,不断更新的新鲜感,加上手作的健康美味,即使地段优势不强,依然吸引不少甜点爱好者特意前来。老板娘开发出的组合甜品,可以作为伴手礼送给朋友。

弌六甜品店也有配送服务,喜欢的蛋糕可以进行预订,老板娘做好就可以请配送公司送货上门,这样的服务很大的弥补了店铺选址竞争力较低这一缺憾,甚至网络订单是这类店铺位置不佳的主营收入之一。在遇上节日的时候,店家还研制了主题定制蛋糕。

情人节的甜品-莓果带来宛如初恋般的酸甜与象征幸福甜蜜的淡淡粉色,融入的玫瑰花香气,完全是为情人节而生的一款浪漫滋味。

除了配送服务来方便客户,同时消减地段劣势,弌六也会定时参加市集活动,不但能让更多甜品爱好者品尝甜点店和其他餐饮店还是有些区别的,甜点不是正餐,客人们来甜点店不是以解决三餐为目的,不少喜爱甜品的人也是愿意为了好的味道而专程前往,像这样的宣传活动能给不是热门地址的店铺带来更多的人气。到她们家的美味,而且这一带有宣传的活动也能将选址不佳的问题再次弥补。可见即使店铺位置地段不是最优,也能通过优质的产品和营销带来高人气。

考考你

"互联网+"时代下,影响小微零售企业选址因素有那些变化?

任务四 小微餐饮业企业如何选址

一项事业的成功往往离不开天时、地利、人和。小微餐饮企业一旦决定开店,必须对所选地点作全面的考察,了解该区人口密度、人缘等。开小微餐饮企业选址是很讲究的,一般应该掌握十个细节。

一、交通便利

在主要车站的附近,或者在顾客步行不超过20分钟的路程内的街道设店。选择哪一边较有利于经营,需要观察马路两边行人流量,以行人较多的一边为好。

二、接近人们聚集的场所

剧院、电影院、公园等娱乐场所附近,或者大工厂、机关附近,这一方面可吸引出入行人,另一方面易于使顾客记住该店铺的地点,来过的顾客向别人宣传介绍,会比较容易指引人光顾。

三、选择人口增加较快的地方

企业、居民区和市政的发展,会给店铺带来更多的顾客,并使其在经营上更具发展潜力。

四、选择较少横街或障碍物的一边

许多时候,行人为了要过马路,因而集中精力去躲避车辆或其他来往行人,而忽略了一旁的店铺。

五、选取自发形成某类市场的地段

在长期的经营中,某街某市场会自发形成销售某类商品的"集中市场",事实证明,对那些经营耐用品的店铺来说,若能集中在某一个地段或街区,则更能招徕顾客。因为人们一想到购买某商品就会自然而然地想起这个地方。

六、根据经营内容来选择地址

店铺销售的商品种类不同,其对店址的要求也不同。有的店铺要求开在人流量大的地方,比如服装店、小超市,但并不是所有的店铺都适合开在人山人海的地方,比如保健用品商店和老人服务中心,就适宜开在偏僻、安静一些的地方。

七、要有"傍大款"意识

把店铺开在著名连锁店或品牌店附近,甚至可以开在它的旁边。与超市、商厦、饭店、药店、咖啡店、茶艺馆、酒吧、学校、银行、邮局、洗衣店、冲印店、社区服务中心、社区文化体育活动中心等集客力较强的品牌门店和公共场所相邻。例如,你想经营吃的,那你就将店铺开在"麦当劳""肯德基"的周围。因为,这些著名的洋快餐在选择店址前已做过大量细致的市场调查,挨着它们开店,不仅可省去考察场地的时间和精力,还可以借助它们的品牌效应"捡"些顾客。

八、位于商业中心街道

东西走向街道最好坐北朝南;南北走向街道最好坐西朝东,尽可能位于十字路口的西北拐角。另外,三岔路口是好地方;在坡路上开店不可取;路面与店铺地面高低不能太悬殊。

九、选择有广告空间的店面

有的店面没有独立门面,店门前自然就失去独立的广告空间,也就使你失去了在店前"发挥"营销智慧的空间。

十、选择由冷变热的区位

与其选择现在被商家看好的店铺经营位置,不如选择不远的将来由冷变热目前未被看好的街道或市区。

小贴士

小微餐饮企业选址应注意的问题

小微餐饮企业主在选址中,需注意以下几个方面。

一、了解相关政策的变化

面对市场上推出的各种商铺,投资者首先需要有一定的法律与政策意识。因为不少人由于忽视餐饮业相关政策而栽了跟头。例如,一位姓王的先生,两年前,他购买了北京CBD区域一个很有名气的楼盘底商打算长期用于餐饮店铺出租。商铺所在楼盘是住宅立项,但因该底商全部处于整栋住宅楼正投影以外,所以据当时政策,还是可以经环保部门审批后,到工商机关领取营业执照的。然而,不久对住宅商用下达了禁令,禁止在以住宅立项的楼盘内进行商业经营活动。而后餐饮公司不愿续租主要是因为王先生购买的商铺是住宅立项。

选址关键:通过王先生选择购买商铺的例子,我们发现,对于致力于投资餐饮店铺的"房东"在选择购买商铺时,了解相关的政策变化至关重要。

二、硬件一定要过硬

或许人们会发现这样的现象:很多居民楼下面的餐厅将烟和气没有经过任何处理便直接向空气中排放,使餐厅周围油烟味浓厚,严重影响了楼上居民的生活。实际上这种类型的商铺根本不具备开设餐饮的条件,随时都面临被查封的危险。除了排烟管道的特殊设计,是否具备燃气、电力供应的具体指标、上下水的位置如何设计等方面也是投资餐饮商铺必须考虑的因素。

选址关键：无论投资什么物业，投资者应该以"求证"的心态，去充分了解项目的全部信息，包括项目立项及整体楼宇和房屋的结构等。硬件一定要"过硬"其中涉及商铺排烟、排气管道的走向和管径是否达到经营餐饮的标准。

三、看碟下菜　不同地段选不同项目

如果经营者选择在车站附近经营，其主要顾客群便是来往的乘客，包括上班职工、学生等。在此地段最适合开设快餐店，并慎重处理的是定价问题，要分不同对象而有所不同，如成都小吃、丽华快餐等。如果商铺开在公司集中区，最主要的顾客为上班职工，其光临的目的不外乎洽谈生意或聊天。因此，开在此处的餐饮商铺如何应付午餐高峰时期的顾客以及如何处理假日及周末生意清淡时的局面成为选择该地段要考虑的重点。如果选择在商业闹市区经营餐饮，此地段是约会、聊天、逛街、休息的场所，当然是开店最适当的地点。如果选择在住宅区开餐饮店，必须明确体现亲切温暖感及提供新鲜美味的餐饮性。

选址关键：不同的地段经营的方式大不相同。考虑到消费者需要才是盈利关键。

考考你
小微餐饮企业选址的关键要素有哪些？

项目小结

经营选址是一项重要的基础工作。选择经营地点应该注意市场、商圈、资源、物业、所区因素等。经营选址一般需要经过以下步骤：商圈调查、确定选址范围和目标、取得合适的经营场所。不同行业企业的选址关注点各不相同。若是开设网店选址市就需要关注平台是否具有：良好的品牌形象、稳定的后台技术、快速周到的顾客服务、完善的支付和配送体系、有网站自身发展经济实力以及尽可能高的访问量、完善的建店功能，且用户管理方便、租金是否合适等特征；若是开设零售小店则要关注人口、地理、市场因素及经济成本。若是开设餐饮小店则需综合考虑交通、人流量、区域政策、周边商业环境等因素。

复习思考题

1. 影响企业经营选址的主要因素有哪些？
2. 企业选址的步骤有哪些？
3. 小微餐饮企业选址主要考虑因素有哪些？
4. "互联网+"时代下，小微零售企业选址考虑的因素有哪些？
5. 考察学校附近的几家小店，说明那家的选址最好？

 **思考案例**

面馆选址失败案例分析

有一家面馆的老板第一次搞餐饮,他租赁了一家临街正在营业的门面餐馆,此餐馆无论从餐厅营业面积、地理位置以及租金等都非常理想。而且店面前离马路尚有20米宽的路面,不仅有足够的停车位,也可搞夜市经营。事情谈妥后老板花了大量资金搞装修,增添设备。但此店经营还不到半年,因在国家规定的拆迁范围之内,老板受到比较大的经济损失。

请思考并回答:
1. 面馆老板选址失败的主要原因是什么?
2. 如果你是面馆老板,在互联网高速发展的今天,你会如何进行店址选择?

 实训项目

学生分组组成项目团队,调查学校周围商圈,然后对学校周边开设的小微零售或餐饮店铺进行走访,选出自己认为选址最好的店铺,并据此编写说报告明理由,以抖音小视频的形式参加最佳选址明星店铺评选,项目组的最后成绩由其组收到的点赞和有效评论数多少依次排序。

项目四
构建小而精、强有力的团队

 项目导航

◇ 认识小微企业团队管理的特点及问题
◇ 认识合伙人及团队建设的重要性
◇ 掌握合伙人的选择标准和方法
◇ 熟悉团队建设的方法
◇ 掌握团队激励的理论和方法
◇ 掌握团队管理的方法
◇ 树立团队意识,建立风清气正、团结协作、互助共赢的企业文化

 思维导图

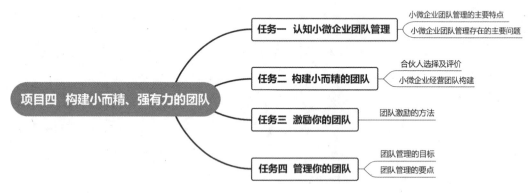

 职业指导

　　组建团队是创立和运营一个企业的前提和基础,团队组建主要包括寻找合伙人和组建经营团队。其中,寻找合伙人又是重中之重,原因是,合伙人的调整难度较大,而且合伙人的选择和调整对企业的发展会产生巨大影响。

　　团队组建之后的建设与管理,是小微企业经营管理的重要内容。企业的本质是通过资源的整合利用,为消费者创造价值,在满足客户需求的前提下,实现自身的盈利和发展。

项目四 构建小而精、强有力的团队

在企业的经营资源中,人是最重要的资源,是最活跃的资源,同时也是对其他资源整合利用的实践者。

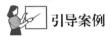

阴晋之战 以一敌十

周安王十三年(公元前389年),秦惠公见河西难下,下令举全国之力调集超过五十万秦人参军,大举进攻秦国东进道路上的重要城邑阴晋,秦军在阴晋城外布下营垒。西河郡守吴起率领五万魏军发动阴晋之战,以一敌十,大败五十万秦军,书写了以少胜多的典型历史。

阴晋之战不得不让人赞叹魏军的战斗力,也不得不赞叹吴起的军事才能。那么吴起是如何构建这样一支拥有极强战斗力的队伍的呢?原因大致有以下三点。

第一,选精兵。春秋战国时期,各国采用的都是动员兵制,士兵平时在家,战时参军作战。而吴起在魏国推行了"兵农分离"的募兵制,打造职业化的军队,用严格的军事考核选拔职业军人。考核的标准是怎样的呢?士兵要身穿上、中、下三副护甲,头戴重盔,腰间佩剑,肩扛长矛、带50支箭,背3天干粮,半天之内行军百里(相当于今天的41千米),到达后还必须能够立即投入战斗,双手还要能够拉开12石(330千克)的硬弓,这样才能进入军队。可见,想成为魏国武卒不是件容易的事。

第二,重练兵。吴起曾评价魏秦战争中的魏国军队为"如乳犬之犯虎,虽有斗心,随之死矣"。即未经训练的魏军士兵与秦军作战,就像小狗与老虎搏斗一般,再怎么有斗志、再怎么勇敢,也只能是以失败和死亡告终。而经过吴起严格训练的魏军则大变样。

第三,善激励。魏国武卒有着相当优越的待遇:吃穿由国家供给,全家赋税可免,自己还有工资可拿,一旦战场上立功,还能分得田地,甚至可以当官成为贵族。为了激励魏武卒,他请国君魏武侯举行庆功宴会,让立上功者坐前排,使用金、银、铜等贵重餐具,猪、牛、羊三牲皆全;立次功者坐中排,贵重餐具适当减少;无功者坐后排,不得用贵重餐具。宴会结束后,还要在大门外论功赏赐有功者家属。对死难将士家属,每年都派使者慰问,赏赐他们的父母,以示不忘。此法施行了三年,秦军一进攻河西,魏军立即有数万士兵不待命令自行穿戴甲胄,要求作战。

(资料来源:刘南飞,《兵家亚圣吴起的练兵之道》,中国军网)

思考与讨论:从吴起的强军思想中,我们可以得到哪些可以用于企业管理的启示?你还可以想到哪些打造强有力团队的方法?

任务一 小微企业团队管理的主要特点及问题

清楚地认识管理对象的特点是有效管理的前提。小微企业的员工数量较少,员工组成结构具有一定的特殊性,因此,小微企业团队管理也表现出一些特点。当然,由于观念、能力、发展阶段等多方面的原因,小微企业团队管理中也存在着一些问题。

一、小微企业团队管理的主要特点

(一) 人治为主

小微企业以初创企业和家庭企业为主,受观念和资源的限制,在制度建设方面比较欠缺,管理主要靠"人治"。"人治"较"法治"来说,具有较强的灵活性,而且对管理人员的素质要求较高。"人治"适应了小微企业特定阶段的需要,但也是小微企业进一步发展壮大的瓶颈。

(二) 管理松散

因为缺乏完善的制度体系,小微企业管理比较松散,灵活性强,缺乏规范性。小微企业管理主要是工作导向型,只要完成工作,其他方面的要求比较宽松,比如,员工的日常行为规范、考勤等。

(三) 权力集中

小微企业主要是小微企业主管理,较少聘请职业经理人,不管是纵向的核心业务,还是横向的职能工作,大部分都是一把抓。一人统管可以降低人力资源成本,但一个人的精力总是有限的,因此,管理的精益程度不够,往往顾此失彼,影响企业发展。

(四) 情感管理

小微企业主要是人管人的管理方式,"人治"的理念和风格主要看小微企业主的理念和风格,"人治"偏感性。小微企业员工数量较少、人际关系简单使情感管理成为可能,另外,小微企业员工的特点也使通过情感管理来激励人、管理人、凝聚人成为最有效的管理手段之一。

二、小微企业团队管理存在的主要问题

(一) 员工流动性大

与大型企业相比,小微企业的工作环境、薪酬、发展空间、个人成长等诸多方面都缺乏吸引人才的优势。小微企业普遍存在对员工重视程度不够、留人意识不强、留人机制不完善的现象。再加之企业"用工荒"现象越来越普遍,员工有更大的选择空间,致使小微企业员工流失现象明显。

(二) 组织规范性弱

如前所述,小微企业的制度体系不健全,缺乏监督,团队约束性差,主要靠小微企业主进行管理的方式,盲区较多。受限于观念、能力及以工作为导向的管理方式,使一些小微企业主不想管、不愿管,甚至也管不了。因此造成团队个体行为和业务操作缺少规范性。

(三) 团队活力缺乏

团队活力来源于文化和激励。小微企业团队相对松散,凝聚力不强,团队文化建设不到位,员工荣誉感不高,激励体系不完善,使小微企业团队缺乏活力。

（四）忽视员工成长

员工成长是员工的重要需求。员工成长包括两个方面，一是能力提升，一是职业发展。首先，受制于资源不足和对员工成长的重视不够，小微企业对员工能力提升的贡献是有限的，不利于员工职业生涯发展。其次，小微企业的岗位数量有限，其中重要岗位大多由企业主及其亲属担任，留给员工的晋升机会和发展空间非常有限。

任务二　构建小而精的团队

企业团队，主要包括合伙人团队和经营团队。构建小微企业团队，需要选好合伙人，也需要搭建好小微企业的经营管理团队。选择合伙人主要是为了解决资源的问题，但是有了资源，还需要人去运营和管理，使资源的效率得到最大的发挥，为企业创造更大的价值，这就需要搭建一支小而精的经营管理团队。合伙人可以作为经营管理团队的成员，也可以不参与企业的经营管理。

一、选好你的合伙人

选好合伙人是企业成功的一半。纵观各大知名企业，其中大部分企业家在创业初期都有自己的合伙人。不管企业创办成功之后，合伙人的合作状态如何，都不能否定合伙人在企业发展中，尤其是初创期的重要作用。

合伙人可以从狭义和广义两个视角进行定义，广义的合伙人是指投资组成合伙企业，参与合伙经营的组织和个人，狭义的合伙人指《中华人民共和国合伙企业法》界定的范围。本章所指合伙人为广义的概念。

从宏观来看，任何一个人的资源和能力都是有限的，不可能拥有一切所需的资源和完成所有任务的能力；从微观来看，创办一个企业，能够具备所有企业创建和运营条件的人也是极少的，大多数人都需要寻找自己的合伙人，实现资源和能力的互补，来达到创建和运营企业的全部条件。另外，合伙企业较独资企业，有利于风险分担，降低创办人的心理压力，同时，群体决策较单一决策更趋于合理、稳健。

合伙人可以是一个自然人，也可以是一个组织，包括风投或基金公司等。本书所指合伙人为自然人。

（一）选择合伙人的标准

创业是一个美妙而艰辛的过程，在这个过程中会遇到各种意想不到的困难。你需要有人与你一同面对，共同克服。创业的成败受多种因素的影响，如市场、项目、销售、技术、管理等，但最为重要的还是人的因素。

要成功选择合伙人，首先要确定合伙人的选择标准。选择合伙人并没有统一规范的标准可循，不同的人有不同的标准，就像不同的人对"美"的看法是不同的一样。本书也只是归纳总结了一些合伙人选择时需要考虑的因素，并没有具体的指标。

1. 资源和能力因素

（1）资源因素。大部分创业者之所以要寻找合伙人，其中一个非常重要的原因就是希望合伙人可以弥补自己资源上的不足。怀揣创业梦想的人有很多，但要把梦想变成现实，需要的不光是梦想，还需要有资源去实现。因此，在选择合作伙伴时，一定要充分了解对方的资源状况，并进行评估。

首先，对方所拥有的资源是不是你所需要的。资源包括的内容很多，如资金、技术、信息、知识、人力、机器设备、厂房等有形资源和无形资源。如果你现在缺少资金，就应该选择资金比较雄厚的合作伙伴；如果你缺少的是技术和经验，那应该选择技术型人才作为合作伙伴，而不需要他投入很多的资金，采取技术折价入股也是一种合伙的方式。其次，对方的资源状况是否符合你的要求，即资源的数量和质量情况。为了搞清楚对方的资源状况，需要进行调查了解和评估，有必要的情况下还需要第三方权威部门的评估认定。

（2）能力因素。合伙人作为企业的投资方，持有企业的股份，对企业的经营决策具有话语权。即使实行"两权分离"，所有权和经营权分离，合伙人不参与企业的经营，聘请职业经理人进行管理，合伙人依然可以行使他的话语权对企业经营进行干预。特别是对于小微企业来说，合伙人一般都会参与企业的经营活动，这就要求合伙人必须具备企业经营的能力，一个拥有资源的合伙人，如果不懂经营管理，风险是非常大的。

2. 个人情感因素

（1）理想信念。1加1能不能大于2，除了合伙人之间的资源是否能优化整合以外，更重要的是合伙人是否有统一的理想信念。《周易·系辞上》说："二人同心，其利断金；同心之言，其臭（xiù）如兰。"正所谓"人心齐，泰山移"，只有合伙人之间统一思想，才能形成强大的作战能力。理想信念的冲突是一切冲突的根源，所以，在选择合伙人时务必注意选择志同道合的合伙人。

案例 4-1

小故事：动物拉车

梭子鱼、虾和天鹅三个不知什么时候成了好朋友，一天，他们同时发现了一辆车，车上有许多好吃的东西。

于是就想把车子从路上拖下来，三个家伙一齐负起沉重的担子，铆足了狠劲，身上青筋暴起，可是，无论他们怎样拖呀、拉呀、推呀，小车还是在老地方，一步也动不了。原来，天鹅使劲往天上提，虾一步步向后倒拖，梭子鱼又朝着前面拉去。究竟谁对谁错？反正，他们都使劲了。

（2）性格特点。人的性格具有多样性，即使拥有相同的世界观、人生观和价值观，人的性格表现也是千差万别的。选择合伙人之所以要考虑对方的性格特点，是因为性格不合会导致合伙人之间的沟通障碍，而沟通障碍又会导致矛盾冲突，最终导致合伙人关系破裂。

(3) 道德品质。道德品质是选择合伙人时需要考虑的首要因素。一个人的道德品质决定了一个人的价值观念和行为方式,进而影响着企业的经营理念和文化氛围。一个工作能力越强的人,如果品德修养不好,他的破坏力就越强,带来的伤害将是致命的。遵纪守法是对合伙人道德品质的最基本要求,也是最低要求。合伙人的道德品质还要求有较好的人格修养和职业素养。

(二) 合伙人选择途径及评价

1. 选择途径

(1) 朋友圈。通过朋友圈寻找合伙人是一个重要且便捷的途径。这种方式具有很多优势:第一,彼此了解,信息充分。朋友之间的沟通交流比较多,因此,相互之间的了解比较深入,合作风险大大降低。第二,价值信念比较接近。志趣相投是朋友关系得以建立的基础,在朋友关系上建立起来的合作关系,在一定程度上可以降低经营上的分歧。

当然,通过朋友圈寻找合伙人也有一些劣势:首先,朋友之间所拥有的资源可能相对一致,缺乏互补性;其次,朋友圈之间合伙,缺乏新鲜的创意和理念,对企业发展不利;再次,朋友之间的情感,可能会影响企业的经营管理活动;最后,朋友之间合伙存在朋友关系破裂的风险。

案例 4-2

挚友联手 造就科创神话

1968年,与盖茨在湖滨中学相遇时,比盖茨年长两岁的艾伦以其丰富的知识折服了盖茨,而盖茨的计算机天分,又使艾伦倾慕不已。就是这样,两人成了好朋友,随后一同迈进了计算机王国。艾伦是一个喜欢技术的人,所以,他专注于微软新技术和新理念。盖茨则以商业为主,销售员、技术负责人、律师、商务谈判员及总裁一人全揽。微软两位创始人就这样默契地配合,掀起了一场至今未息的软件革命。

惠普公司由比尔·休利特和戴维·帕卡德于1939年创建。1934年,刚从斯坦福大学电气工程系毕业的戴维·帕卡德和比尔·休利特去科罗拉多山脉进行了一次为期两周的垂钓野外露营,由于彼此对很多事情的看法一致,而结成一对挚友。此后,比尔在斯坦福大学和麻省理工学院继续研究生学业,而戴维则在通用电气公司找到一份工作。由于得到了斯坦福大学教授的鼓励和支持,二人决定开办公司并自己经营。1938年,戴维夫妇迁居至加利福尼亚州帕罗奥多市艾迪森大街376号,比尔·休利特就在这栋房子后面租了一间小屋。比尔和戴维用538美元作为流动资金,并利用业余时间在车库里开展工作。比尔利用其研究课题研制成功了惠普第一台产品:阻容式声频振荡器(HP200A),这是一种用于测试音响设备的电子仪器。此后,又相继生产出另外几项惠普早期的产品,诸如谐波分析仪及多种失真分析仪。

(2) 亲戚圈。亲戚之间合伙创业是最原始的方法和途径。与亲属之间建立合伙关系具有以下优势:第一,合伙关系相对稳定,亲属之间的合伙关系不仅受法律、制度和企业章程的约束,同时,还受血缘关系的伦理约束,因此,亲戚合伙时,合伙人之间比较团结一致,尽职尽责,损坏合伙关系的事件发生概率小;第二,彼此了解,信息充分,合作风险小。

与亲戚建立合伙关系也具有一些劣势,与以上关于朋友圈的论述相似,更甚的是,夹杂在合伙关系之中的伦理关系,对企业经营管理的影响更大。而且,亲属之间的利益纠葛比朋友圈要多,使得越来越多的人选择朋友而非亲属进行合伙经营。

案例 4-3

魏氏四兄弟

"康师傅"的创始人是魏氏四兄弟:魏应州、魏应交、魏应充和魏应行。四兄弟的父亲魏德和 1958 年在彰化乡村办起了一个小油坊,起名"鼎新"。1978 年"鼎新"更名为"顶新",也就是如今顶新国际集团的前身。1978 年,魏德和去世后,公司由四兄弟接管。经过魏氏四兄弟的努力,而今,"康师傅"品牌产品已家喻户晓。

(资料来源:中证网,http://www.cs.com.cn)

(3) 媒体。新兴媒体的出现,特别是网络和移动终端的迅速发展,使信息传播越来越快,越来越便捷,大大缩短了人与人之间的距离,为寻找合伙人,提供了更为广阔的空间。目前,已经出现了众多专门为创业提供支持而开发的网站,可以通过发布项目来吸引合伙人。

(4) 创业孵化平台。在国家"双创"引领的大背景下,各地都设立有创业孵化平台,为创新创业提供全方位的支持,创业者可以通过该平台,寻找志同道合的伙伴。

2. 合伙人评价

选择合伙人也是一件困难且至关重要的事情。对合伙人进行充分的了解、分析和评价,谨慎决策,会大大降低合伙关系破裂及合伙企业经营的风险。

合伙人评价与选择的程序如下几方面。

(1) 信息收集。信息是评价和决策的基础,要对合伙人做出客观的评价,必须对合伙人的信息进行充分的了解、收集和分析。信息收集的渠道有很多种,可以采用面谈法,双方进行面对面的沟通和交流,也可以查阅公开的信息资料,还可以了解关联人员对其做出的评价。如果确有需要,也可以委托专业的第三方机构进行调查和评估。信息收集过程中,最关键的环节是确保信息的准确性和真实性,如果信息失真再怎么分析也无济于事。

(2) 设置标准。关于合伙人的选择标准在上文已有所提及,这里需要特别指出的是,合伙人选择评价标准没有统一的、绝对的指标体系,每个人有每个人的选择评价标准,仁者见仁,智者见智。比如,面对同一个对象 C,A 可能认为 C 不合适,B 可能认为 C 很合适。

(3) 评价与选择。将收集到的信息进行分析,并将分析结果与设定的标准进行比对,来评价对方是否适合作为你的合伙人。最理想的状态当然是对方所有的条件都达到标准要求,但现实往往不是这样的。一个资金雄厚的人,可能性格与你不和,能力很强的人,可能手无分文。这种情况下,如何做出选择呢？我们的建议是先设定关键指标,并为这些关键指标设定"可以接受的下限"或"可以接受的上限"。所谓关键指标就是对方必须具备的条件,如果不具备其中任何一条都将不予考虑。其他指标作为非关键性指标,如果非关键性指标没有达到标准要求,需要考虑以下几个问题。

第一,这些未达到标准的因素是否可以在合伙过程中得到改善(如能力问题)？

第二,这些未达到标准的因素是否会给以后的合伙关系造成重大影响？

第三,你是否可以重新审视你的标准,并降低要求？

第四,你是否有改进的可能来合适对方(如性格特点)？

小贴士

诸葛亮《心书》之"知人性"

夫知人之性,莫难察焉。美恶既殊,情貌不一,有温良而为诈者,有外恭而内欺者,有外勇而内怯者,有尽力而不忠者。然知人之道有七焉:一曰,问之以是非而观其志;二曰,穷之以辞辩而观其变;三曰,咨之以计谋而观其识;四曰,告之以祸难而观其勇;五曰,醉之以酒而观其性;六曰,临之以利而观其廉;七曰,期之以事而观其信。

考考你

你对人的洞察能力如何呢？你是不是经常会判断错误呢？

二、小微企业经营团队构建

团队构建并没有固定的模式,不同的企业以及在企业不同的发展阶段,团队构建的要求和思路都是不一样的,团队结构需要不断适应企业内外部环境的变化。评价一个团队的好坏,关键要看这个团队在特定环境下的效率、效益,以及团队成员的自我成长。小微企业由于其自身的特点,适合构建小而精的柔性团队。

(一)"小"

(1) 渐进性构建"小"团队。构建"小"团队,是一个相对的概念。小微企业相对来说,规模较小,工作量较少,人力资源需求数量少,因此,小团队构建是可行的。关键的问题是掌握团队"小"到什么程度,"小"到什么程度是适宜的,也就是团队紧缩的下限。任何一个企业都不可能一次性把人力资源配置到最佳状态,而且,这个最佳状态只是一个理想中的状态。企业经营活动是动态的,业务量也是动态的,员工的能力和效率也是动态的。因此,小微企业不可能一次性将团队成员数量控制在一个最优的状态,需要不断地动态调节,最终的理想目标是:工作任务高效完成、人力资源得到充分利用、员工收获满意的回报。

尽管,不同的行业、不同的企业,关于团队人数配置的要求不相同,但精简团队成员数量时,一般需要考虑以下几个问题:一是员工的生理承受能力;二是员工的心理承受能力;三是员工付出与回报的匹配度;四是精简后团队成员的薪酬设计与人力开发;五是员工精简是否会影响工作质量。

(2) 小团队的优势。构建小团队,具有以下几个方面的优势。

第一,人力成本低。小微企业一般处于创业初期,或是分割大中型企业的边缘市场,利润率比较低,且企业实力较弱,因此成本控制是小微企业重点关注的管理方向。构建小而精的柔性团队,避免机构臃肿,人员冗杂,可以为小微企业节约人力成本支出。

第二,便于管理。小微企业的管理能力相对比较弱,这是由小微企业的特质决定的,大部分小微企业的管理靠"人治",管理体系不健全,制度建设及监督机制不完善,不适合大规模团队的管理。小团队的管理相对容易,管理难度小,在管理体系不健全的情况下,靠人治也可以达到良好的效率。

第三,信息传递快,工作效率高,灵活机动。团队规模小则管理层级比较少,业务流程短,审批手续简单,决策速度快,因此,运营效率相对较高。

(二)"精"

"小"与"精"是两个密切相关的概念,"精"是"小"的前提和基础,正如《新编五代史平话·周史》中所说:"凡兵在乎精,不在乎多。"

(1) 选拔和培养精兵强将。"精兵强将"也是一个相对的概念,"精兵强将"是与小微企业发展相适应的优质人力资源。小微企业选择团队成员时应放弃"最优"原则,采用"适宜"原则,结合小微企业自身的岗位要求和资源条件,选拔最匹配、最适宜的成员。

小微企业经营团队核心成员的来源途径主要有三个方面。

第一,合伙人。小微企业合伙人成为经营团队成员是比较普遍的现象。合伙人作为企业的投资方,参与企业经营管理活动,主动性、积极性和忠诚度方面都会比较高,是打造小微企业精英队伍的重要来源途径。

第二,招聘。招聘的渠道有很多,既可以公开招聘,也可以举贤推荐,还可以精准定向"挖"人。公开招聘是目前比较主流的方式,具有信息量大,选择面宽的优点。但考虑到小微企业公开招聘"精兵强将"过程中存在的劣势,建议关注后两种选拔方式。

举贤推荐包括亲戚推荐、朋友推荐、员工推荐等,推荐的好处在于,推荐人对双方都比较了解,被推荐人与招聘岗位的匹配度会比较高,另外,推荐人也充当了担保人的角色,对被推荐人也是一种鞭策。当然,推荐这种方式对推荐人也是有要求的。《吕氏春秋·去私》中写道:"晋平公问于祁黄羊曰:'南阳无令,其谁可而为之?'祁黄羊对曰:'解狐可。'平公曰:'解狐非子之仇邪?'对曰:'君问可,非问臣之仇也。'平公曰:'善。'遂用之。国人称善焉。居有间,平公又问祁黄羊曰:'国无尉,其谁可为之?'对曰:'午可。'平公曰:'午非子之子邪?'对曰:'君问可,非问臣之子也。'平公曰:'善。'又遂用之。国人称善焉。孔子闻之曰:'善哉!祁黄羊之论也。外举不避仇,内举不避子,祁黄羊可谓公矣。'"

精准定向"挖"人,是指企业合伙人或高层管理者在工作生活接触的人群中,发现有适合某个职位的人员,而主动向其发出的加盟邀请。这种方式相比公开招聘来说,更加精准。

第三，培养。人的能力是可以通过培养和锻炼得到提升的，即人力资源开发。小微企业在招聘"即招即用"型精兵强将时相比大中型企业处于劣势。另外，较高的人力成本也让很多小微企业望而却步。内部培养是小微企业构建小而精团队的重要方式。小微企业主可以从招聘入手，选拔一些有发展潜力的种子成员，后期进行有计划的培训和锻炼，使其成长为企业的中坚力量。这些从企业成长起来的员工，业务精通，忠诚度高，人力成本也比较低，实现了企业与员工的双赢。

考考你
如何留住这些精兵强将？

（2）构建"一专多能、一人多岗、协调合作"的柔性团队。小微企业与其他类型的企业一样，是由多个职能联动运转的，这些职能不能因为企业规模小而舍弃，都需要有人去完成，但又不必要为每个职能任务设置专门的人员，这样会增加企业的人力成本负担。而构建一支"一专多能、一人多岗、协调合作"的柔性团队，可以解决这个问题。这种柔性团队建设可以加强团队成员之间的协作，充分挖掘员工潜力，提高工作效率，降低人力成本。

团队成员具有"一专多能"的素质是构建小而精柔性团队的前提和基础。这种素质除了通过招聘复合型人才来解决以外，更多的还是需要企业有计划地培养和锻炼。小微企业不像大型企业一样，分工精细，各司其职，是培养复合型人才的良好平台。

任务三　让你的团队充满激情的动起来

一、速度与激情

小微企业要想在激烈的市场竞争中生存和发展，需要付出加倍的努力，创造更大的价值。而我们已经论述过小微企业适合构建小而精的团队，换句话说，小微企业要用更少的人力，创造更大的价值。要实现这个目标，有三个途径：延长劳动时间、技术升级、提高效率（在现有技术水平下）。延长劳动时间受法律限制，也违背企业"人本管理"的理念，作为有社会责任的企业应该遵守法律并维护团队成员的身心健康。技术升级由于成本太高，也不是小微企业提高效率最经济的方法。而要在现有技术水平下提高效率，努力方向有两个：提高团队成员的能力和让他们充满激情地动起来，即速度。

例如，有一个人的工作是搬运铁块，搬动路线是从 A 至 B，距离 20 米，每个铁块的重量是 5 公斤，现在，这名工人，每次搬一个铁块，一小时可以搬 60 次，共计 300 公斤。如果我们要提高这名工人的产出，使搬运量每小时大于 300 公斤，有什么方法呢？假设：每次搬运铁块的重量 = "能力"每次搬运往返的时间 = "速度"。

方法一：在速度不改变的情况下，提升能力，提高每次搬运铁块的重量。

方法二:在能力不改变的情况下,提高速度,增加单位时间内往返的次数。

由于提升能力的问题,不是本节需要讨论的内容,所以,我们重点阐述"如何提速",提高速度,就是提高效率。要想提高速度,当然与一个人的生理条件和工作方法相关,但与一个人的心态和激情之间的关系更加紧密,心态是提速的基础,激情是提速的推进剂。

心态是指员工对待工作及组织的态度。不同的员工有不同的心态,同一个员工在不同的时点,也有不同的心态。人非圣贤,总有杂念。人心在变,环境在变,心态在变。如果这种变化是积极的,必将激发员工的"正能量",提高工作效率;反之,如果这种变化是消极的,也必将降低员工的工作热情,影响工作效率。

把握人的心理,是一个世界难题,也是一个管理困境。到底是什么影响着员工的心态?原因可能是多方面的,其中,人际关系是影响员工心态的重要因素。实际上,早在1933年,人际关系学说代表人物梅奥,通过霍森实验,就证明了人是由社会需求而引起工作动机的,并且通过同事的关系而获得认同感,员工的工作效率随着上司能满足他们社会需求的程度而改变。人际关系包括与领导、同事、下属的360度人际关系网。

除了人与人之间的关系会影响员工心态以外,人与组织之间的关系,也会对员工的心态产生极大的影响。人与组织之间的关系,主要受影响于对组织的认同感和自身的获得感。俗话说,人心齐,泰山移,只有员工认同公司的价值理念、制度文化、行为方式,才会融入其中;也只有员工切身体会到了现实的或未来可能的收获,才会为之努力工作、敬业付出,从而产生较高的工作效率。如果缺乏认同和获得感,员工凝聚力下降,人心松散,工作效率是可想而知的。

员工需要不断调整自己的心态,来适应公司的发展,公司也需要营造良好的工作氛围,为员工形成良好的心态创造条件。同时,对于员工的心理问题,要及时发现,及时疏导,避免问题沉积。目前,有部分大公司建立有专门的员工心理咨询机构。当然,建立这样一个专门的机构对每个企业来说未必都是必需的,但关注和关心员工的心理动态是必需的。

公司管理层是员工心态的第一影响者,也是调节员工心态的第一责任人。"管理者"不光是要"管"人,还需要"理"人。

考考你

你是否认为"心情"影响效率?
你是否认为"有目标"的时候更有效率?

二、如何让你的团队充满激情的动起来

要让你的团队充满激情地动起来,最主要的手段就是激励。一些比较有影响力的激励理论,主要回答了"用什么来激励"和"怎么来激励"的问题,归纳起来可分为两大类,即内容型激励理论和过程型激励理论。内容型激励理论主要包括马斯洛需求层次理论、赫茨伯格双因素理论和麦克米兰成就需求理论;过程型激励理论主要包括弗鲁姆期望值理论、亚当斯公平理论、洛克目标设置理论。

在激励理论的指引下衍生出了很多激励方法和手段。不同的管理对象适用的激励方

法也不相同,只要是可以对人的积极性起到激发作用的方法都可以称为激励方法。以下重点介绍几种适合小微企业的激励方法。

(一) 领导作用

要让你的团体充满激情,首先领导必须充满激情,必须做好表率。激情是领导者必须具备的素质,是影响组织氛围的重要因素。领导者要用自身的感染力去带动身边的团队成员,领导者就像战场上的一名将领,唯有信心满满、身先士兵,才能提振士气。领导者的激情主要体现在以下几个方面:第一,对目标充满信心;第二,敢于面对困难;第三,勇于承担责任;第四,决策果断;第五,保持良好的精神状态;第六,反应迅速。

(二) 物质激励法

物质激励是最基础的激励方法,也是小微企业最行之有效的激励方法之一,这是由小微企业自身状况和从业人员状况决定的。以下介绍三种物质激励的方式。

(1) 薪酬体系。薪酬体系对员工的激励作用主要体现在两个方面:一是薪酬水平的激励,一般来说,薪酬水平越高,激励越大,薪酬水平越低,激励效果越差;二是薪酬结构的激励,通过弹性薪酬,或称浮动薪酬结构设计,鼓励多劳多得,激励员工努力工作,以获得更高的薪酬。

(2) 物质奖励。企业通过评先、评优活动,对先进典型进行表彰和物质奖励,对工作中表现突出的员工进行临时物质奖励。这不仅是对被奖励人的激励,同时,通过树立榜样和营造竞争氛围,也是对其他员工的一种鞭策和激励。

(3) 员工持股计划(employee stock option plan,ESOP)。这是指通过让员工持有本公司股票或期权而使其获得激励的一种长期绩效奖励计划。员工持有企业股份,使员工从"为企业工作"转变为"为自己工作",能增加主人翁意识,把更多的能力、精力和热情投入到企业的生产经营活动中去。另外,员工持股也表现了企业对员工的重视和尊重,也为员工实现自身价值提供了机会,从马斯洛五个需要层次可以看出,员工持股计划是对人多种需要的满足,对员工具有激励作用。

(三) 环境激励法

员工在企业中工作,除了获得物质报酬以外,还期望有一个良好的工作软环境。一个人花在工作上的时间占到了整个人生的大约三分之一,工作中的心情不仅影响着工作效率、效果,也影响着一个人的幸福。

情绪是一个人能否充满激情开展工作的条件。组织采取适当措施让员工保持良好状态,既可以降低员工抱怨,帮助改进工作绩效,从人本管理的角度来说,也是对员工的关心。以下介绍一些营造良好环境的方法。

第一,建立风清气正、团结协作、互助共赢的企业文化,不拉帮结伙,不相互中伤;第二,奖罚分明,注重公平;第三,开展丰富多彩的文化活动,缓解团队成员工作压力;第四,正确处理团队成员之间的分歧或冲突;第五,管理适度,批评与表扬并用,就事论事,不夹杂个人情绪;第六,为团队成员下达任务的同时,要为其提供资源和支持,助力员工成长。

(四) 情感激励法

自古以来,我们都是非常重视感情的,人们重视亲情、友情、同学情、战友情、同乡情等等。这种情感让彼此之间更加亲近,更加信任,更加凝聚。党的二十大报告指出,要深化人才发展体制机制改革,真心爱才、悉心育才、倾心引才、精心用才。在企业管理过程中,领导应该与员工之间建立良好的情感,要关心员工、相信员工、尊重员工、发展员工。正所谓"士为知己者死,女为悦己者容""人敬我一尺,我敬人一丈",情感付出必将感化员工和激励员工。当然,情感需要纯正的动机和自然的表达,刻意和做作必将带来相反的效果。

案例 4-4

《孙子兵法》之"地形篇"

《孙子兵法》之"地形篇"中写道:"视卒如婴儿,故可与之赴深溪;视卒如爱子,故可与之俱死。厚而不能使,爱而不能令,乱而不能治,譬若骄子,不可用也。"意思是,领导如能像对待自己的爱子一样对待团队成员,对下属在思想、工作、生活等方面给予关怀和照顾,使下属感到组织的温暖,增强对组织的感情,满足团队成员的尊重需要、社交需要,必将产生极大的激励作用和忠诚度。但是,对团队成员如果过分厚养而不能使用,一味溺爱而不能驱使,违犯了纪律也不能严肃处理,这样的组织,就好比"骄子"一样,也是不能用来"打仗"的。

小贴士

如何运用情感激励法?

如何营造良好的工作氛围,如何保持员工良好的心理感受,是运用情感激励的关键。以下介绍几种做法。

第一,关心员工。关心员工的心身健康,关心员工的工作、家庭和生活,解决员工实际困难,帮助员工成长。

第二,相信员工。信任是情感建立的基础。"疑人不用,用人不疑",只有相信员工,员工才会有归属感。

第三,尊重员工。尊重员工的人格和尊严,同时,也要尊重员工的权利,鼓励职工参与企业的民主管理,通过参与管理,使职工由旁观者变为当事人。

第四,就事论事,不搞恶意中伤。

第五,正确处理与员工之间的矛盾。处理与员工之间的矛盾要客观公正,不可夹杂私心杂念。

第六,认可员工。对于员工的付出和成绩,要及时给予认可和激励。

(五)平台激励法

马斯洛需求层次理论指出,"自我实现需要"是人的最高需要。每个人都期望发挥自己的潜力,表现自己的才能,实现自己的理想和目标,体现自己的人生价值。因此,通过对人的分析和评价,合理配置人力资源,相信员工,为团队成员提供发挥才能的机会和平台,实现团队成员的提升和成长,是一种重要的激励手段。从小微企业管理的现实来看,这也正是小微企业非常欠缺的。

(六) 目标激励法

目标激励既涉及内容型激励理论,也涉及过程型激励理论。首先,目标的实现一定是为了满足人们的某种需要,因此,属于"用什么激励"的问题;其次,通过设定目标使人为了实现目标而努力奋斗,又属于过程型激励理论的范畴。要使目标激励法达到预期的目的,要合理设计目标,目标科学合理是能否达到激励效果的关键,设置企业目标时,要认真研究企业的内、外部环境及员工能力,将目标设在经过艰苦努力能够达到的水平上,目标设得过高或过低都不能起到理想的激励作用;科学设计目标考核体系,包括考核过程及考核结果的应用。

(七) 榜样激励法

榜样的力量是无穷的。通过竞赛、评比或对先进事迹的挖掘,将团队优秀成员树立为团队的榜样和标杆,并采取有力措施营造追赶先进的浓厚氛围,使职工自觉向先进看齐,从而起到激励作用。在这个明星偶像层出不穷的时代,优秀员工同样也可以成为被追捧的明星偶像,因为他们同样充满魅力。

小贴士

榜样不应该只是一个花瓶

树立榜样或标杆,无疑是对优秀成员的一种激励,但树立标杆更重要的作用是激励其他成员向这些标杆学习,使团队获得成长。因此,榜样不应该只是一个人的荣誉,不应该只是给予一个人或几个人的奖励,不应该只是一个花瓶。当然,更不应该是一个被批判的对象,有些标杆不能得到大家的认可,被树立成先进典型以后,反而成了被批判的对象,如果出现这种情况,既达不到预期的效果,反而起到相反的作用。为了杜绝以上现象的发生,有以下几方面建议。

第一,确定榜样的过程要合理。评先评优的过程要充分体现民主,不能领导一言堂,更不能指定。在评选过程中,企业员工应该广泛参与,充分发表意见,选出大家公认的榜样。

第二,榜样的标准要科学。树立的榜样一定要能体现先进性,确实值得别人学习,否则,将事与愿违,不仅达不到激励的效果,还会引起员工的不满情绪。

第三,要注重先进事迹的宣传。树立榜样的目的是号召其他员工向其学习,这就需要加强先进事迹的宣传,一是为了明确学习的方向,二是为了激发学习的热情。

第四,评优评先要持续、动态,不能一成不变。

(八)竞争激励法

现在的企业都处于激烈的市场竞争环境中,为了"御敌",企业必须"强身"。企业内部也应该建立竞争机制,各个岗位靠能力、靠水平展开公平竞争,能者上,庸者让。打破墨守成规、缺乏斗智的一潭死水,通过竞争对"在其位者"产生压力,促使其不断作为,给"不在其位者"带来希望,从而产生较大的激励效果。

案例 4-5

赛马不相马

"人人是人才,赛马不相马"是海尔的人力资源管理理念。海尔创始人曾说:"给你比赛的场地,帮你明确比赛的目标,比赛的规则公开化,谁能跑在前面,就看你自己的了。"海尔集团实行"三工并存、动态转换"制度。三工,即在全员合同制基础上把员工的身份分为优秀员工、合格员工、试用员工(临时工)三种,根据工作态度和效果,三种身份之间可以进行动态转化。"今天工作不努力,明天努力找工作"。"三工动态转换"与物质待遇挂钩,在这种用工制度下,工作努力的员工,可及时地被转换为合格员工或优秀员工,同时也意味着工作不努力,就会由优秀员工被转换为合格员工或试用员工,甚至丢掉岗位。

(九)奖罚激励法

对团队成员付出的额外劳动或优秀表现,企业应该及时进行奖励,以激发其继续发奋工作,奖励包括物质奖励和精神奖励。同时,对有缺点和错误的成员进行批评或处分,抑制他们的不良行为。奖励和惩罚的方式方法要运用得当,不能千篇一律。特别要注意的是惩罚手段的运用,要根据不同的人、不同的情况,区别对待,要以事实为根据,以改进为目的,并辅以耐心的思想教育,切忌简单粗暴,以免使职工产生抵触情绪或丧失振作起来奋起直追的信心。

考考你

还有哪些做法可以提高团队成员的激情?

任务四 驾驭好你的团队

运营一个企业,带领一个团队,就像掌舵一艘航行在大海中的船,企业就是这艘船,船员就是这个企业的经营团队。一个优秀的船长就是要带领自己的团队,驾驶船只完成任务,达成目标。

一、团队驾驭的目标

（一）企业满意——企业目标是否实现

人是企业最重要的资源，以人力资源构成的团队是企业目标能否实现的决定因素。作为掌舵人，肩负着带领团队成员同心同德、攻坚克难，为企业创造价值，实现企业目标的责任。评价一个掌舵者是否合格，团队带得好不好，企业目标是否达成是首要的指标，就像航行中的船，方向不能偏离，要向目的地前进，并最终抵达目的地。

（二）成员满意——成员目标是否实现

人本管理的思想告诉我们，企业要重视人、依靠人、关心人、发展人。从企业经营的目标来看，也无非是为了满足社会需要、企业需要和员工需要。因此，让员工满意，既是企业经营的目标之一，也是领导者带领团队的目标之一。没有成员满意的团队是不可持续的，没有员工满意的企业也是不可持续的，让员工满意也是企业的社会责任。成员是否满意，决定着团队是否有凝聚力，是否有战斗力。如果团队驾驭不好，军心涣散，流失率上升，企业目标也很难实现。

（三）第三方满意——社会目标是否实现

企业是社会的一个细胞，是社会大家庭中的一员，企业生存靠的是为社会创造价值，而创造价值和实现价值的过程中都需要与社会进行交互。

第三方包括的范围很广，只要与企业相关的人或组织，都可以称为第三方，如政府、顾客、供方等。团队行为就代表了企业行为，在与第三方交互过程中，应该体现一个企业的责任和团队的素质，赢得社会的认可，同时为社会贡献应有的价值。

二、如何驾驭好你的团队

（一）打造凝聚力——向共同的目标前进

凝聚产生力量。有凝聚力的团队会产生协同效应，达到"1+1>2"的效果。团队具有凝聚力可以降低团队内耗，提高团队效率，而且，凝聚力强的团队一般都是一支和谐的团队，在这样的团队里，成员关系融洽，心理满足感强，也是对成员的一种激励。

形成团队凝聚力的关键是团队成员具有某种"共识"。共识包括：共同的信念、共同的理念、共同的价值观、共同的目标、共同的认识等。这种共识，可能是成员的本质特性使然，也可能是通过彼此交流的结果。小微企业应该重视在团队组建和团队建设过程中，建立和形成一种共识，并通过一些激励手段来凝聚这种共识。

（二）团队控制——按标准完成目标

控制的目的不是为了管人，更不是为了约束人，而是为了使团队能按预期完成目标。控制是一个系统的管理活动，包括控制标准、控制实施和后续处理。任何团队都需要控制，不管这个团队有多么自觉、多么和谐、多么有凝聚力。一个自觉的团队可以适当放宽控制过程，但不可以不制定行动标准，否则，团队就没有自觉行动的方向。控制的方法有许多，以下重点介绍三个。

1. 制度控制

制度是一种有效和科学的控制手段,企业通过制度建设,设计团队的行动标准,并对制度进行宣贯和监督执行,对违反制度规定的要按制度进行及时处理。小微企业在制度建设方面是薄弱点,但对于一些约定俗成的非文字化标准,也应遵守执行。

2. 法律约束

法律是有强制力的硬性约束,规定人们应该和不应该的行为,包括规范市场主体的法律、规范市场行为和市场秩序的法律、规范劳资关系的法律和有关宏观调控的法律等。企业管理层和企业每一位员工都必须遵守各类法律法规。

3. 道德约束

任何的法律和制度都有"盲区",这就需要道德约束来弥补。道德对企业管理层和企业员工来说是无形的软制约,道德约束对于减少现代企业中的道德风险十分重要。道德约束的关键是如何在团队发挥道德的约束作用,小微企业首先要加强员工道德建设。党的二十大报告提出,要实施公民道德建设工程,弘扬中华传统美德,加强家庭家教家风建设,加强和改进未成年人思想道德建设,推动明大德、守公德、严私德,提高人民道德水准和文明素养。另一方面要树立榜样,及时奖罚。

当然,要对团队进行控制,仅有制度、法律和道德标准是不够的,还需要严格的监督和执行,以及后续的纠正、预防、改进和奖惩措施。

(三)正确处理团队冲突

团队成员之间发生冲突是常见现象,对于这种冲突,应该科学地去看待。20世纪40年代之前,大部分的学者认为冲突是非常有害的,是管理失效的结果,应该尽量消除。70年代末,学者们强调冲突是无法避免的,是与生俱来的,应该接受冲突,因为存在即是合理的。现代冲突理论认为和谐、平静的组织对于变革是不利的,管理者应该维持一定程度的冲突,使团队保持旺盛的生命力和创新能力。由此可以看出,团队冲突是一把双刃剑。作为管理者应该充分发挥冲突带来的好处,而抑制团队冲突带来的害处。

维持一定的矛盾冲突限度,首先要看,这种冲突是利大于弊,还是弊大于利,企业是否能够充分掌控这种冲突,使"利"得到充分发挥,而又能很好地控制"弊"的范围。

团队冲突的最大利好是由冲突激发出来的团队激情,形成冲突双方的竞争格局,通过这种内部竞争,提升团队成员的战斗力和创造力。团队冲突的弊端主要是冲突会造成双方的心理隔阂,不利团队思想稳定,也不利团队合作,而且,冲突可能会造成恶性竞争,损坏企业的整体利益。

要正确应对团队冲突,需要对冲突的类型进行分析,并在此基础上,采取有效措施解决。以下,我们从不同角度对不同类型的冲突分别进行讨论。

1. 处理因私引起的冲突

团队成员在工作或交往中,难免会发生私人冲突。这种冲突虽然看似与企业无关,但因为冲突对于团队成员的影响,会转移到工作情绪中来,从而对团队绩效产生影响。因此,企业对于私人冲突也需要进行管理。特别是对于一些严重的冲突,企业需要及时采取措施,对冲突原因进行了解,及时教育和纠正,对于冲突中有明显过错的一方,企业需要表明立场,起到仲裁的作用,这是对一方的正激励,同时也是对另一方的负激励。对于轻微的冲突,企业不必强行介入，但需要观察冲突双方的工作状况是否受到影响，再决定是否采取措施。

案例 4-6

工作中的"看不惯"

一个企业在成立之初，在当地招聘了一批员工作为后备管理人员培养。随着企业不断发展，团队不断壮大，这些首批招聘的员工基本都走上了管理岗位。起初的几年，团队成员关系融洽，彼此相互合作，具有较强的凝聚力。但在接下来的时间里，情况发生了变化，一是团队成员中出现了一些小团体，另外，这些管理人员的职业发展状况出现了不平衡，有些职位高，有些职位低。在这些因素的影响下，工作氛围大不如前，成员之间相互"看不惯"的现象越来越明显，甚至出现言语上的激烈冲突，团队凝聚力大大下降。企业高层领导没有意识到这种问题，也没有采取相应的措施，企业的快速发展掩盖了这些隐秘的问题，最终导致 3 名管理人员陆续离职。

2. 处理因公引起的冲突

工作冲突可能是企业本身的体制机制问题引起的，可能是成员观点、理念不同引起的，也可能是相互合作或配合不顺畅引起的。

正确处理团队冲突，必须要杜绝因企业本身体制机制问题而引发的没有任何意义的冲突，如责任不清、信息沟通障碍、分配不合理等原因引起的冲突。企业需要通过提升管理水平来厘清责任分工、界定权限、畅通沟通渠道、营造和谐氛围、科学设计分配方案等，从而解决这些冲突的根源。

团队成员因观点、理念不同引起的冲突，是最常见的冲突形式。这种冲突是有利于企业发展的，通过各种观点的碰撞，激发团队成员的热情和创造力，并使团队成员之间形成一种竞争意识。但这种冲突也是比较难解决的，企业需要评价不同的观点，并做出选择和决策。

对于合作不顺畅引发的冲突，最重要的是分析原因、厘清责任、监督改进，引导双方走向同一个目标，以企业利益为重，重新走上合作的轨道。

案例 4-7

采购与生产的矛盾

某食品加工企业在生产过程中需要原材料、辅助材料和包装物，采购是供应部门，生产是使用部门。采购和生产分别由两名主管负责，在两人的合作过程中不时发生矛盾，原因是材料未能按计划时间送达，打乱了生产计划，生产负责人经常指责采购人员，采购人员也拿出各种理由予以反驳，希望生产方面理解并在可能的情况下调整生产计划,降低影响。久而久之,两人合作起来越来越困难。有时,生产临时需要采购一些材料,采购人员会故意拖延,以示"报复"。企业老板发现问题后,分别与两人进行沟通,了解情况,采取了以下解决方案,使采购与生产的关系得到了一定程度的改善。

第一,不对任何一方进行批评,但强调双方都要以企业总体利益为重,不管采购物资因何原因延期到达,生产部门应该尽可能进行计划调整,降低影响;另外,在生产部门临时提出采购要求时,采购人员应尽可能采购到位,配合搞好生产工作。

第二,因采购物资未按期到达,造成生产计划不能完成的,不考核生产部门,不追责生产部门。

第三,因客观原因造成采购物资不能按期到达的,不考核采购部门,但采购部门应及时通知生产部门,并提出解决方案,与生产部门共同协商做好生产调整工作。因主观原因造成采购物资不能按期到达的,要严格执行考核及惩罚制度。

3. 处理上下级的冲突

上下级的冲突主要源于上下级之间的相互不认同,如理念不认同、观点不认同、行为方式不认同、能力不认同、工作结果不认同等。这种不认同既包括上级对下级的不认同,也包括下级对上级的不认同。冲突可能是显性的,也可能是隐性的。企业需要格外关注隐性的冲突,通过观察、了解、沟通和交流对成员之间的隐性冲突进行识别、分析和处理。

解决团队冲突最好的方法是预防。对于上下级之间的冲突,应从上下级同时入手,方法简要介绍如下几方面。

第一,提高管理者的领导艺术,提升人际关系管理和沟通能力;第二,提高管理者的领导能力,树立领导权威;第三,提高管理者的素质修养,树立领导形象;第四,合理配置人力资源,避免上下级之间的性格和观念冲突;第五,提升团队成员能力,真正成为领导的得力助手;第六,培养团队成员的执行力,即使在观点有冲突的情况下;第七,转变官僚作风,畅通沟通渠道;第八,转变工作方式,不作"只要求结果的甩手领导",要指导下属、培养下属,为下属提供完成任务所需要的资源。

对于已发生的冲突,处理时应注意以下几个原则。

第一,不当场处理。

第二,维护领导权威与员工思想疏导并重。

第三,注重客观事实,公正解决,避免由点及面,引起更大范围的冲突,影响更多成员的情绪,造成更坏的影响。

第四,对于隐性的冲突,企业应该及早发现,及时解决,避免日积月累,对企业绩效、团队成长和个人发展造成长期不良影响。

4. 处理成员与组织的冲突

成员与组织的冲突主要表现为成员对组织文化的不认同,特别是新进成员。这种冲突,一方面有利于企业文化的不断创新和改进,避免一潭死水,但另一方面,文化是企业发展过程中长期沉淀的结果,具有一定的稳定性,加之,这种文化冲突不意味着企业文化一定存在问题,也可能是员工的问题。如果员工不能适应这种文化,可能会造成员工抱怨、绩效下降,甚至流失。处理这种冲突,可以从以下三方面着手:一是源头控制,在招聘过程中加强对应聘者思想理念的考察,选拔与企业文化相一致的员工;二是加强团队成员的企业文化培训,使其尽快融入团队,接受企业文化;三是推动企业文化不断完善、发展和变革,以适应企业内、外部环境的变化和要求。

小贴士

公 私 转 换

你可能可以将公事和私事严格地区分开来,但任何一个人都不可能将情绪在公事和私事之间分开,使私人情感不影响工作,工作不影响私人情感。因此,企业需要同时重视因私冲突和因公冲突,及时化解矛盾,否则,因公因私产生的冲突会形成恶性循环,影响团队成员情绪,进而影响工作绩效。

(四) 降低员工流失率

小微企业员工流失问题是制约小微企业发展的重要因素。如何解决这个问题是驾驭团队的重要课题。降低员工流失率的方法和措施,大部分都可以借鉴本书中关于团队激励的方法论述。以下针对小微企业员工流失的主要原因,介绍降低流失率的五个主要措施。

1. 完善薪资体系

薪酬是造成小微企业员工流失的重要因素,薪酬体系设计既要重视公平,也要重视效率。公平体现在员工薪酬对比上,员工对薪酬的关注,不仅在于绝对数,也在于相对数,也就是说员工既关注自己的收入,也关注别人的收入,既关注当前的收入,也关注与历史收入水平的比较。因此,小微企业在确定员工薪酬时,一定要注意不同员工之间的公平,和员工薪酬水平的合理增长。公平不是平均,公平的薪酬是与员工能力、付出和绩效相匹配的薪酬,企业要实施"同工同酬",而不是"同岗同酬"。另外,小微企业可以通过完善工资结构,增加工资弹性,鼓励多劳多得,提高薪酬的激励效果。

2. 聘请咨询团队,解决高层次人才的需求问题

小微企业在吸引高层次人才方面的劣势是比较明显的,缺乏高层次人才,也是制约小微企业发展的瓶颈。为了降低小微企业高层次人才的引进难、留住难的问题,企业可以考虑聘任兼职的咨询团队替代全职聘任的方法予以解决。

3. 情感留人

薪资虽然是造成小微企业员工流失的重要因素,但并不是唯一,小微企业的工作氛围,即人文环境,也是重要原因之一。由于小微企业缺乏企业文化建设的意识,同时也缺乏企业文化建设的人才,小微企业文化建设相对滞后。这就导致小微企业的凝聚力较差,员工流失率较高。小微企业需要营造一种团结、和谐的"家文化",小微企业主除了对企业倾注精力以外,还需要对员工加强情感投入,以人为本,切实关心员工、重视员工和发展员工。

4. 招聘适合的人

对于小微企业来说,应理性认识影响企业成功的因素是多元的,避免过度迷信某个人的力量。采取人岗匹配、能力优先、学历适度的原则进行人才选聘,不能一味追求高学历和顶尖人才。

5. 重视人才的内部培养

培养员工,既是对员工负责,也是对企业负责。培训员工,既是员工的福利,也是企业的红利。小微企业通过人才的内部培养,既可以调动员工的积极性,提高稳定性,又可以解决企业外聘人才难度大、流失率高的问题。当然,这需要小微企业主转变观念,能够接受并愿意为员工培训支付相应的成本。

案例 4-8

情感留人——海底捞的实践

怎样才能让员工把海底捞当家?海底捞创始人——张勇觉得这简单得不能再简单:把员工当成家里人。

如果员工是你的家人,你会让他们住城里人不住的地下室吗?不会。可是很多北京餐馆的服务员就是住地下室,老板住楼上。海底捞的员工住的都是正规住宅,空调暖气,电视电话一应俱全,还可以免费上网。公司还雇人给员工宿舍打扫卫生,换洗被单。公司给员工租房的标准是步行 20 分钟到工作地点,因为北京交通太复杂,服务员工作时间太长。如果你的姐妹从乡村初次来北京打工,你一定担心他们路不熟,会走丢,不懂规矩,会遭城里人的白眼。于是,海底捞的员工培训不仅仅有工作内容,还包括怎么看北京地图,怎么用冲水马桶,怎么坐地铁,怎么过红绿灯……

海底捞员工经常骄傲地说:"我们的工装是 100 元一套的好衣服,鞋子也是名牌——李宁!"做过服务员的张勇知道,服务员的工作表面看起来不累,可是工作量相当于每天走 10 千米的路。

你的姐妹千里迢迢来打工,外甥和侄子的教育怎么办?不把这个也安排好,她们不可能一门心思扑在工作上。于是,海底捞在四川简阳建了寄宿学校,因为海底捞三分之一的员工来自四川。

(资料来源:"海底捞的管理智慧",前瞻网,http://www.qianzhan.com)

(五)正确处理合伙人关系

不管合伙人是退居幕后只做一个单纯的投资人,还是走向前台,既作为出资人,又作为经营团队的成员,他们都是企业团队的重要组成部分。合伙人关系是一种特殊的关系,合伙人具有较大的话语权,对企业发展影响重大,处理合伙人之间的关系需要更高的智慧。

处理合伙人关系最重要的是解决合伙人之间的意见冲突问题。合伙人团队的背景、经历不同,文化修养、人生观、价值观也存在差异,从而容易造成意见冲突。当对企业经营发展的想法不同时,就会产生合作过程中的矛盾,甚至导致合作关系破裂。与经营团队不同的是,在出现意见分歧时,不能采取行政命令的方式解决,因为,大家都有决策权。在处理合伙人意见冲突时时,可以采取以下方式解决:第一,合伙人全体表决,而不是一人专断;第二,多交流、多论证,形成共识;第三,退让,适当运用妥协的方式,可以维持合伙人关系的稳定;第四,建立合伙人团队的领导核心,树立和巩固权威,减少分歧的产生。

案例 4-9

"三驾马车"的解散

新东方创始人俞敏洪在事业风生水起,坐拥千万身家的时候,邀请曾经的两个好朋友一起创业,一个是徐小平,一个是王强,他们三个日后被称为新东方的三驾马车。起初,三个人各自负责各自的业务,谁赚的钱就归谁,俞敏洪做出国英文培训,徐小平做留学咨询,王强负责口语培训。

但随着公司发展越来越大,矛盾冲突也随之而来。西方留学归来的王强,一切以规则为准,而包括俞敏洪在内的新东方早期管理团队陆续将亲戚引入公司,出现了家族化的趋势。王强要求公司必须改革,走现代化管理的路子,而改革先要从俞敏洪开始。俞敏洪需要让他的母亲和亲戚从新东方离开,俞敏洪的母亲骂他不留情面。王强帮助俞敏洪开除犯规的员工,要求俞敏洪在开会时必须关掉手机,要求员工不能在公众场合吸烟。

徐小平在公司一次董事会上因为如何开会的问题,和俞敏洪吵了起来,最后俞敏洪拍了一下桌子,摔门而去。徐小平公开说,他在新东方的使命就是指导俞敏洪、批判俞敏洪、改造俞敏洪。这样使俞敏洪下不来台的时候,还有很多次。

由于观点冲突越来越多,矛盾越来越尖锐,最后终于爆发了,徐小平和王强选择了离开新东方。

(资料来源:根据《柴静访新东方三驾马车》视频资料整理)

(六)正确处理家族关系

家庭成员参与小微企业投资和经营,在小微企业发展过程中不可否认地起到一定程度的积极作用。家庭成员具有忠诚度高、可靠性强的优势。但企业中家族关系又是非常微妙的,对于领导者来说处理家族关系是一种考验,需要智慧和勇气。家族关系处理不好,这种关系可能会成为企业发展的障碍。

家族关系涉及两种：一是自己的亲属，二是合伙人的亲属。"如何处理与自己亲属的关系""如何处理与合伙人亲属的关系"是企业主必须去面对的。处理家族关系的核心原则是公平，即家族成员与其他员工之间的公平和个人利益与组织利益之间的公平，不能偏袒家族成员，也不能为了维护家族成员利益，而损害组织利益。

考考你

评价一下，自己处理冲突的能力如何？

项目小结

一个企业的诞生，首先是要有一个通过评估的、可行的项目和方案，接下来要做的事，就是要组建团队。团队是企业经营成败的关键，组建和管理团队是领导的重要工作。

组建团队首先要寻找合伙人，确定投资人团队。寻找合伙人的过程可能是顺利的，也可能是困难的，这取决于发起人之前的人脉积累，也取决于项目本身的吸引力等。但不管怎么样，选择合伙人都不能草率进行，因为，合伙人的选择就像一场婚姻，是企业一辈子的大事。

合伙人团队确定以后，项目运作具备了基本的资源，下一步的工作就是运用这些资源开展实质性的经营，这时就需要组建经营团队。经营团队成员既可以是合伙人团队的成员，也可以是对外聘任的员工。目前，大部分小微企业的合伙人都或多或少地参与企业的经营活动，并承担主要管理者的角色，而企业的中基层员工大多为外聘。

团队管理和控制是企业领导的重要工作。小微企业团队管理具有自身的特点，结合实际情况，对小微企业进行控制，保持团队的方向性，提升团体凝聚力，通过各种激励手段，让团队成员充满激情和战斗力，才能提高小微企业的竞争力，降低企业经营风险。

复习思考题

1. 小微企业团队管理的特点有哪些？
2. 选择合伙人的标准有哪些？
3. 小微企业如何构建小而精的团队？
4. 小微企业团队激励的方法和手段有哪些？
5. 团队冲突的类型有哪些？
6. 冲突化解的方法有哪些？

 **思考案例**

放不下的权力

某小型家族企业是一家塑料包装生产厂,主要客户是一些食品生产企业。紧跟我国经济快速发展的大潮,企业也得到了一定的成长。但近年来,随着市场竞争加剧、企业要求和行业规范不断提升,该企业面临的经营压力越来越大。为了改变现状,企业主希望能通过引进人才,来提升企业的管理水平和市场竞争力,于是从一家大型软包装生产企业挖来了一位技术和管理专业人才担任总经理,全权负责企业经营。上任之初的总经理,也心怀振兴企业的雄心壮志,力图通过改革推动企业发展壮大。但很快他的理想就受到了现实的沉重打击,原因是企业创造人放不下心、放不下权,总是插手企业经营,他的理念得不到企业主的认可,而且企业中的家族关系交错其中,改革根本推行不下去。最终,这位新任总经理在入职不到三个月的时间,就匆匆离场。

请思考并回答:
1. 你认为在小微企业中实现所有权和经营权分离存在哪些阻碍?
2. 你认为如何解决小微企业主与职业经理人团队之间的委托代理问题?

 实训项目

以班级为单位,在班级中确定6~8名同学(视班级总人数灵活掌握)作为发起人,发起人的确定方式可以是自荐、指定或是抽签。每个发起人依次(1个发起人一次只能选择1人,第1位选择完毕后,第2位开始选择,以此类推)在全班范围内选择2名合伙人及3~7名同学作为经营团队成员,选择顺序可通过抽签方式产生。选择完毕后,形成6~8个经营团队。

任务:
1. 发起人说明选择每一位团队成员的理由。
2. 确定组织结构和每个经营团队成员的分工(发起人、合作伙伴可以参与经营,也可以不参与经营),并说明理由。

项目五
找到你自己的市场，占领它

 项目导航

◇ 理解产品组合的含义以及产品组合优化策略
◇ 掌握各种因素对产品价格的影响及定价方法
◇ 熟悉开发及维护客户的方法
◇ 能熟练运用小微企业常用的新媒体营销渠道进行营销推广
◇ 熟练运用小微企业常用的促销技巧
◇ 能根据小微企业自身特点因地制宜地制定企业营销策略
◇ 营销需要有创意创新，但也要实事求是，不能夸大其辞

 思维导图

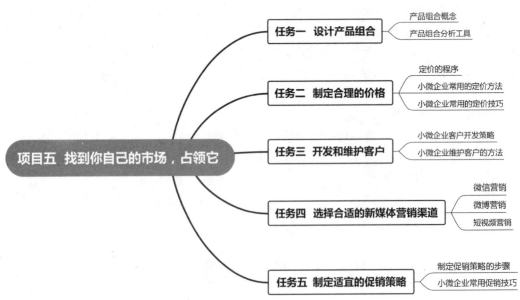

职业指导

随着市场竞争的激烈,企业的生存压力越来越大。小微企业受规模限制,其在生存环境更加恶劣,因此,小微企业为了生存,就要强化营销管理。但现阶段我国小微企业的营销管理还存在以下几方面的问题。

(1) 由于资金有限,营销投入不足。

(2) 营销手段单一,绝大部分企业主不能有效利用新媒体营销手段主动吸引流量,而囿于被动的守店等客。

(3) 缺乏产品分析的数据思维及能力,更多的是凭经验。

(4) 很大程度上依靠熟客、回头客,但对这些客户的维护和管理缺乏意识和手段。

营销是把握当前或可预见的未来时间内的社会需要,并把这些发展和趋势转化为企业盈利机会的活动过程。不管企业的规模、实力、影响力如何,营销都是企业成功的关键。对小微企业来说,展开迎合市场需求的营销活动更是保持其盈利的生命力的奥秘。

一条酸菜鱼,一年凭啥卖到 5.4 亿元?

2015 年,太二酸菜鱼门店仅有 4 家,到 2016 年底达到 13 家,2017 年扩张到 28 家,2018 年底门店已经达到 65 家。2016 年其收入为 6 780 万元,到 2018 年收入增长到 5.4 亿元,2019 年上半年,太二酸菜鱼贡献营收 5.38 亿元,那太二酸菜鱼成功的秘诀在哪呢?

其一,太二酸菜鱼为给人们提供最好吃的酸菜,据了解,太二家的酸菜还原了重庆当地的地窖特征,并选用天然的好泉水制作盐水,这样的酸菜口感脆爽、酸味达标,且带有乳酸味,80%的食客都是冲着酸菜去的。此外,不同于别家的酸菜鱼,太二用的是 1~1.3 斤左右的鲈鱼,鱼片厚度维持在 0.2 厘米,长度控制在 7 厘米左右,这样的鱼片吃起来口感最佳。

其二,数据显示酸菜鱼的消费者多为年轻女性。因此"太二"将目标客群定位为 25~35 岁的女性,主攻年轻女性的市场。基于精准的品牌战略定位,太二酸菜鱼每家餐厅,均以抢眼的标语、规则引人关注。整个店,哪儿都能让你感受到太二的气场。明明是卖鱼,却写着酸菜比鱼好吃,似乎喧宾夺主又合情合理,酸菜究竟有多好吃,比鱼好吃,让好奇心促使消费者想一探究竟,给了客户一种欲罢不能的体验感,激发消费者购买。

其三,对于一家餐厅而言,除了美味的菜品、准确的市场定位,有效的营销推广也是成功的关键。"太二"不定期举办推广活动。2017 年在太二成立两周年时,其在广州的餐厅内还举办了一场"酸菜博物馆节",大量观众观看展览、自拍、用餐并绘制陶罐作为纪念品。太二酸菜鱼官方微信公众号上,餐厅还发布由员工创作的以其标志性人物作为主角的漫画来传播新菜肴及活动信息。通过线上与粉丝的互动,形成强大的品牌口碑势能,每个帖子的平均阅读次数超过10万次。据官方透露太二酸菜鱼的微信公众号已经拥有了430万的粉丝。

（资料来源：圣美咨询博客：http://blog.sina.com.cn/s/blog_5f7eecfd0102yhs4.html）

思考与讨论："太二酸菜鱼"成功的秘诀是什么？

任务一 设计产品组合

不少小微企业同时生产、经营多种产品，而这些产品的利润有高有低。小微企业也会在决定生产何种新产品的时候遇到这样的问题：企业可以生产多种新产品，但是并不清楚生产哪几种更好，也不知道预测这些新产品的市场前景。小微企业主应当生产何种产品，设计什么样的产品组合才能增加企业利润，正是小微企业产品策略的核心也是小微企业市场营销活动的支柱和基石。

一、产品组合

产品组合具体便是企业生产经营的全部产品线、产品项目的组合方式，即产品组合的宽度、深度、长度和关联度：宽度是企业生产经营的产品线的多少；长度是企业所有产品线中产品项目的总和；深度是指产品线中每一产品有多少品种；产品的关联度是各产品线在最终用途、生产条件、分销渠道和其他方面相互关联的程度。产品组合的四个维度为企业制定产品战略提供了依据。例如，小王开了个小餐馆，主要经营中餐，产品主要分为营养早餐、小食饮品、美味套餐三类，这表明产品的宽度为3；其中小食饮品中包括香芋地瓜丸、蜜辣烤翅、脆皮鸡腿、珍珠奶茶、可乐及橙汁，小食饮品的深度是6。

二、产品组合分析工具

评价和选择最佳产品组合的评价标准有许多选择。这里主要从市场营销的角度出发常用的方法有ABC分析法、波士顿矩阵法、产品梳理矩阵法及临界收益评价法。以下对产品梳理矩阵法做一些简单介绍。

当小微企业生产多种产品或经营多种业务时，一般会遇到有的产品利润高，有的产品利润低，有的产品卖得多，有的产品卖得少的情况。这时，企业主可以运用"产品梳理矩阵"进行产品分析与决策。

产品梳理矩阵是将不同产品按利润高低、销量多少进行分类，选出鸡肋产品、问题产品、利润产品、现金产品、金牛产品五种不同的产品类型，如图5-1所示。

在图5-1中，横轴代表利润高低，纵轴代表销量多少。小微企业主可以大致计算一下企业产品的平均利润和平均销量，并在图5-1中相应位置画出虚线。通过产品梳理矩阵我们可以看出，销量低于平均销量、利润低于平均利润的产品属于"鸡肋产品"，是企业可以考虑放弃的产品。而销量低于平均销量，利润却高于平均利润的产品则属于"利润产品"或"问题产品"。企业可以从这两种产品中获取利润，但需要进一步提高这两种产品

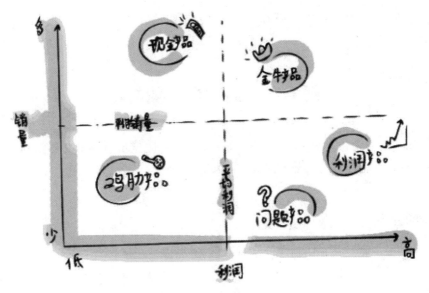

图 5-1　产品梳理矩阵

的销量,防止"问题产品"成为"鸡肋产品"。销量高于平均销量,利润却低于平均利润的产品属于"现金产品"。此类产品可以为企业提供大量的现金收入,增强企业的现金流动性,但不能为企业带来高额利润。企业应保持"现金产品",在提高其利润的同时,防止其转变为"鸡肋产品"。那些销量高于平均销量、利润高于平均利润的产品无疑是最好的产品,我们称之为"金牛产品"。企业大部分的利润和现金来自这类产品,所以企业应当重点维护、保持"金牛产品"的持续存在和发展,并努力促使其他产品转变为"金牛产品"。

 案例 5-1

快送快餐店的饭菜组合调整

李某大学毕业后,在写字楼林立的数据智慧谷附近开了家快送快餐店,主要负责周边写字楼的订餐及配送。经过一段时间的经营,李某发现,公司提供的众多套餐里,如杏鲍菇肉丝套餐组合,饭菜单位利润高销量少,酸菜肉沫套餐组合,饭菜单位利润低但销量多,又如尖椒鸡套餐组合,饭菜不仅单位利润高,销量也多。面对这种情况,李某停止了一些诸如肉沫豆腐套餐组合利润低、销量少的饭菜生产,增加了一些如尖椒鸡套餐利润高、销量多的饭菜组合,此后,该公司利润一直不断上升。

考考你:
　　小微企业主应如何设计产品组合,才能最大限度地增加企业利润?

产品梳理矩阵同样适用于非产品生产类型的小微企业。以住宿餐饮、教育服务为主要业务的小微企业，只需将销量改为相关业务的指标，就可以通过矩阵找出自身企业中不同业务的所属类型了。

任务二　制定合理的价格

产品的定价非常重要，是企业经营决策的重要一环，定价过高会吓跑消费者，产品卖不出去；定价过低企业该有的盈利又无法获取。如何合理定价成为企业经营决策中最重要的决策之一。

一、定价的程序

一般来说，企业经营者在制定价格时，可以遵循以下步骤。

（一）确定定价目标

企业的定价目标是以满足市场需要和实现企业盈利为基础的，是实现企业经营总目标保证和手段；同时，它又是企业选择定价策略和方法的依据。一个公司的目标越明确，它定价就越容易。

（二）预测市场需求

价格是影响需求的重要因素，一种产品的定价目标确定之后，必须首先对这种目标下的市场需求进行预测。

（三）估计成本

一般来说，市场的需求为企业定价确定了一个上限，而企业产品成本规定了价格的下限。某种产品的价格应当包括所有的生产、分销和推销该产品的成本，还应包括生产经营和承担投资风险应该获取的正常利润。

（四）分析竞争者的反应

竞争者的价格对企业定价的影响也极大，特别是那些容易经营、利润可观的产品及新产品，潜在的竞争威胁最大。企业在定价时，应该根据竞争对手所提供的价格和产品特点采取相应的对策。如果竞争对手的产品和本企业的产品差别不大，那么二者价格也应大体一致。如果竞争对手的产品优于本企业产品，那么价格应定得比竞争对手低一些；如果竞争对手产品比本企业的差，那么产品价格可以定得较高。

（五）选择定价策略、方法和技巧

在对市场需求、产品成本和竞争状况进行分析和预测之后，企业定价过程便进入了定价、方法和技巧的选择来制定最终价格阶段。

（六）充分考虑与各种政策的协调

制定最终价格前还必须综合、全面地考虑企业整个生产经营计划，使定价政策同其他政策协调一致，如企业的产品政策、营销渠道选择策略、推销计划等。

（七）制定最终价格

企业根据定价目标的要求，通过分析成本、需求和竞争因素，选择具体的定价策略、方法和技巧，然后根据与其他政策的协调要求对价格进行修订之后，就可以制定出产品的最终价格。

二、小微企业常用的产品定价方法

企业的产品价格高低受成本费用、市场需求和竞争情况三个方面因素的影响和制约。但小微企业常用的有两种定价导向方法，即成本导向定价法和竞争导向定价法。

（一）成本定价法

基于成本的定价方法是最基本的定价方法，也是企业最常用的定价方法。这种方法以产品的成本为基础，再加上产品的目标利润来确定产品的价格。在这种方法下，产品的销售价格为产品成本和利润的总和。比如，一种产品的成本为10元，希望每卖出一件产品可以收益5元（目标利润），那么这种产品的价格就可以定为15元。这种定价方法比较简单，但是并不能全面反映市场需求状况和竞争情况，它只是反映了企业自身的获利愿望，而没有结合市场的具体情况。如果市场竞争激烈、市场需求变动大，那么采用这种定价方法会影响企业的产品销售与利润。

（二）竞争定价法

在竞争比较激烈的市场中，许多企业不能仅仅根据成本或者消费者的需求来决定其产品价格，而是需要以市场中竞争者的价格水平为参考来定价。

基于竞争的产品定价方法又叫作市场定价法，是指通过研究竞争对手同类产品的价格、生产条件、服务状况等，结合企业自身的发展需求，以竞争对手的价格为基础进行产品定价的一种方法。企业采用低于竞争对手的产品定价，可以维持或扩大市场占有率，增加产品销量，但有可能减少产品利润；以高于竞争对手的价格进行产品定价，可以提高单位产品的利润，但产品的销量可能会减少。在不同的定价目标的驱动下，企业可以采用不同的市场定价方法。所以，基于竞争的产品定价方法是一种既简单易行、又较为实用的方法。

以上方法都是小微企业日常产品定价过程中常用的方法，也适用于大多数产品。

案例 5-2

蒋小鱼的川藏礼特产小店的产品定价

蒋小鱼大学毕业后回藏区创业，开设川藏礼特产小店，主要在藏区从事冬虫夏草、松茸、羊肚菌及藏红花的收购及线上推广与销售。在虫草、松茸的网络销售中，顾客不仅要货比三家，且更怕花钱买到假货，为了建立信誉，打开销路，蒋小鱼不仅通过微信朋友圈将每季藏区特产的收购场景进行直播，教大家如何辨识和食用虫草、藏红花等产品，更是通过网络询价了解其竞争对手产品的定价从而依据自己的收购成本进行定价，比如西藏那曲头期虫草的网络零售定价是5~6根折后价188元，平均37.6元/根，而他定价为35元/根。这一低于平均价格的定价帮助他迅速打开了市场销路。

考考你

小微企业如要迅速打开市场销量的话，该如何进行产品定价？

三、常用的定价技巧

小微企业采用适当的定价方法确定基本价格后,还必须考虑运用一定的技巧,确定最终的价格,即针对不同的消费心理、销售条件、销售数量及销售方式,运用灵活定价技巧对基本价格进行调整,最终实现促进销售的目的。主要的促销定价技巧包括心理定价、折扣定价及组合定价等。

(一) 心理定价

心理定价指企业依据顾客购物时的心理而确定商品价格。小微企业常用的具体方法包括以下三种。

1. 尾数定价

尾数定价指以零数为结尾的非整数定价。例如,商品的定价为9.98元,而不是10元;或者以199元而不是200元来标价;尾数定价适用于一般生活消费品。对于这种价格,消费者往往认为是一种经过精确计算得出的价格,从而产生信任感。同时,由于没有达到整数价格,又给消费者便宜、合算的感觉。

2. 吉祥数字定价

在各个国家的风俗习惯中,都存在对一些事物赋予特定的寓意的现象,数字也不例外。企业利用消费者追求吉祥、幸运的心理,以包含这类寓意的数字来标示商品价格。例如,在我国传统文化中,6、8、9都是吉祥数字,包含这些数字的标价的商品通常更容易被消费者所接受。

3. 招徕定价

招徕定价指企业利用消费者对低价商品的兴趣,有意将若干商品的价格定在市场通行价格之下,甚至低于进货成本,以此来招徕顾客,目的是吸引顾客在购买降价商品的同时,也即兴购买其他商品,以此扩大总体销售额,增加企业总利润。

案例 5-3

柳三妹社区生鲜小超市开业优惠

柳三妹社区生鲜小超市最近开业,为招徕顾客,迅速打开销路,该店在社区派发的传单写着开业三天内,铜梁土鸡蛋一盒15枚只需9.9元,鲜活基围虾(40~50只)33.23元/500克等店内销售商品的各类优惠信息。开业期间,顾客盈门,店内商品销售一空。该超市使用招徕定价以低廉的商品增大客流量,带动了整个店铺的销售额上升。这里需要说明的是,应用此术所选择的降价商品,必须是顾客都需要且市价为人们所熟悉的才行。

考考你

何种商品何时适合使用该类定价方式?

（二）折扣定价

折扣定价是指根据不同交易方式、数量、时间及条件,在基本价格的基础上给予顾客适当的折扣而形成的实际售价。此种方法容易让消费者打消对价格表示怀疑而不愿购买的顾虑。企业给予顾客的折扣形式主要有现金折扣、数量折扣、交易折扣、季节折扣和促销折扣。

1. 现金折扣

现金折扣指对按约定日期付款或提前付款的顾客给予一定的价格折扣,目的在于鼓励企业的老顾客及分期付款的顾客按期或提前支付货款,减少企业的利率风险,加快资金周转速度。折扣大小一般根据付款期间的利息和风险成本等因素确定。

2. 数量折扣

数量折扣是根据购买数量或金额的差异给予不同的价格折扣,包括非累计数量折扣和累计数量折扣两种形式。前者是对一次购买超过规定数量或金额给予的价格优惠,目的在于鼓励顾客增大每份订单的购买量,便于企业组织大批量进货。后者是对一定时期内累计购买超过规定数量或金额给予的价格优惠,目的在于鼓励顾客与企业建立长期固定的关系。

3. 季节折扣

季节折扣是指对在非消费旺季购买商品的顾客提供的价格优惠,目的在于鼓励顾客在淡季购买,减少企业的货物积压,以利于商品的均衡流通。

4. 促销折扣

促销折扣是指对企业主为商品推广所进行的各种促销活动而采用的折扣,如对快讯商品、印花促销等给予的一定折扣。

考考你

商场打折,有以下几种情况:①满200元省100元;②满100元省50元;③打5折;④100元现金换200元券。请问哪一种打折力度最大,消费者最划算?

（三）组合定价策略

商品组合定价策略,是指根据商品的关联性对组合中的商品制定合适的价格结构的定价策略。小微企业常用的商品组合定价策略为捆绑定价策略。

捆绑定价策略,是指将一些原本并没有多大联系的产品组合成一个整体,按一个统一的价格销售的定价策略。实施捆绑定价策略的各个产品的需求具有一定的负相关性。如果消费者对各个产品的需求是正相关的,捆绑销售并不能带来更多的收入。

案例5-4

80后美女开早餐店利用一招"组合定价"一天卖出600份

80后杨女士为了让孩子享受更好的教育资源,于是进城在自己租住的旧小区楼下开了家早餐店。由于自己的店开在了100米就有5家早餐店的街上，竞争比较激烈，生意一直不大好。为了把早餐店生意弄好，杨女士摸底调研多天，发现店铺生意要好不外乎就是要吸引并能锁定顾客天天到店内消费。因此苦思数天后，终于想出了两招妙计：一是，对早餐进行组合式定价，如原定一杯豆浆4元、一根油条2元，而杨女士推出5元套餐，顾客只需要花5元就购买到一根油条和一杯豆浆，这么划算的事肯定可以让顾客以后都来你店里消费；二是，推出只要顾客一个月在店里消费达22次就返还顾客这个月消费金额的20%活动，就是说一个顾客每天消费10元，一个月300元，店内消费次数达到22次后向杨老板申请，就可以退回60元。最后，杨老板就凭借一招"组合定价"在短短一天时间内就卖出了600多份早餐，并且生意天天都能这么好。

考考你

请问杨女士的组合式定价妙在哪？

任务三　开发和维护客户

一、客户开发策略

开发客户就是企业将目标客户和潜在客户转化为现实客户的过程。对小微企业来说，要想在激烈的竞争中站稳脚跟，首要任务就是吸引新客户；此外，还要在努力培养客户忠诚度的同时，不断加强新的优质客户的开发。这样，一方面可以弥补客户流失的缺口，另一方面可以壮大客户队伍，增强企业的盈利能力，实现可持续性发展。

（一）寻找目标客户的主要方法

客户关系开发的一种策略就是企业主动出击，自己想办法寻找目标客户，并最终说服他们成为现实客户。其中，首要任务是先要能够寻找到目标客户。在寻找目标客户的过程中，企业要掌握和运用一些基本方法，小微企业常用的方法如下几点。

1. 人际关系网寻找法

该方法是指将自己接触过的亲戚、朋友列出清单，然后拜访，争取在其中寻找自己的客户。每个人都有一个关系网，如同学、同乡、同事等，因此可以依靠人际关系网进行客户开发。

小贴士

几种快速接近客户的方法

如何更有效地接近客户呢？下面介绍四种常用方法。

(1) 馈赠接近法。它是指通过赠送礼物来接近客户的方法,此法比较容易博得客户的欢心,取得他们的好感,从而拉近推销员与客户的关系,而且客户也比较乐于合作。

(2) 赞美接近法。它是指利用客户的虚荣心,以称赞的语言博得客户的好感,从而接近客户的方法。需要注意的是,推销人员称赞客户时要真诚、要恰如其分,切忌虚情假意,否则会引起客户的反感。

(3) 服务接近法。它是指通过为客户提供有效的并符合需要的服务,如维修服务、信息服务、免费试用服务、咨询服务等来博得客户的好感,赢得客户的信任,从而接近客户的方法。

(4) 求教接近法。它是指利用对方好为人师的特点,通过请客户帮忙解答问题,从而接近客户。但是要提对方擅长的问题,而不要考问对方。在求教后要及时、自然地将话题导入有利于促成交易的谈话中。

推销员采用人际关系网寻找法能比较容易接近客户,不需要过多地寒暄和客套即可切入主题,较易成功;但因是亲朋好友,可能会害怕遭拒绝、丢面子而不敢提出,进行价格交涉时,患得患失,难以开口。所以在采用这种方法时,推销员要本着为亲友负责的态度,绝不欺骗、隐瞒,努力为其提供最优质的服务,而绝不强迫营销。

2. 资料查询法

该方法是指通过查询与目标客户相关的资料来寻找目标客户,可供查询的资料如表 5-1 所示。

表 5-1　　　　　　　　　资料查询法寻找客户的主要来源

资料名称	备注说明
电话号码黄页	记录了部分个人、公司或机构的名称、地址和电话号码
团体会员名册	如刊物订阅者名册、协会会员名册、股份公司的股东名册、行业内公司名册等
证照核发机构	如工商企业名录、企业经营许可证、烟酒专卖证、驾驶执照等
税收缴纳名册	此名册有助于确定一定财力范围的人员名单,可向他们营销诸如汽车、楼房一类的高档品
报纸杂志	利用报纸杂志上包含新公司成立、新商店开业、新工程修建以及一些公开招标信息等,找到此类公司,他们往往需要多种产品和配套服务,企业可以主动上门,有可能会将他们发展成为企业客户
信息服务报告	利用信息服务机构、管理咨询公司、数据调查公司所提供的有偿报告来寻找目标客户

资料查询法的优点在于可以较快地了解市场需求量和目标客户情况,且成本较低。但其也有缺点,那就是时效性较差,有些最新的目标客户数据资料,可能无法实时查到。

3. 介绍寻找法

该方法是指企业通过老客户的介绍来寻找有目标客户的一种方法。人与人之间有着普遍的交往与联系,消费需求和购买动机常常互相影响,同一个社交圈内的人可能具有某种共同的消费需求。只要取得现有客户的信任,给以他们一定的好处(给予优惠待遇和一定比例提成),就可以通过现有客户的自愿介绍,向其亲朋好友进行产品推荐,寻找到目标客户。

案例 5-5

愿瑾瑜伽周年庆大促

7月15日—8月15日经老会员介绍新办卡用户预存100元抵扣2 000元，即可享受7月15日—8月15日大课无限上，老客户带新福利优惠特享，即可享受会员卡有效期顺延一个月。

考考你

阅读此案例并思考介绍寻找法适合何种情况下的客户开发？

这种方法可减少客户开发的盲目性，由于是经熟人介绍，容易取得客户的信任，成功率较高。但这种方法介绍的客户数量多，但质量不一，所以需要进行严格筛选和甄别。这种方法一般只适用于寻找具有相同消费特点的客户，或在销售群体性较强的产品时采用，不适合开发新型客户。

4. 电话寻找法

该方法是指以打电话给目标客户的形式来寻找客户的方法。这种方法的优点是成本较低，节约人力。但是电话寻找法也有缺点，那就是无法从客户的表情、举止判断他的反应。

5. 网络寻找法

该方法是指借助互联网宣传、介绍自己的产品从而寻找客户的方法。随着上网人数的日渐增多，企业很容易在网络上找到客户，因此该方法前景广阔，网络寻找法的优点是方便、快捷、信息量大、成本低；但其缺点是容易受到网络普及、上网条件以及网络诚信的影响，不过这些因素正随着我国电子商务的发展在逐步改善。其实施方式如图5-2所示。

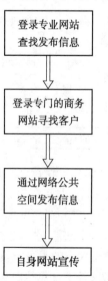

登录专业网站查找发布信息	根据自己的经营范围登录专业网站，浏览国内外的需求信息，并与这些有需求的客户联系，还可以在网上发布供应信息，吸引客户，进而积累客户资源
登录专门的商务网站寻找客户	登录专门的电子商务交易网站，如阿里巴巴的商务通、贸易通，去寻找客户并与之即时沟通，从而挖掘和开发客户；也可以在这些网站上发布产品供应信息
通过网络公共空间发布信息	通过多种网络交流渠道，例如，可以进入聊天室，以及一些专业BBS、论坛、博客，广交海内外的朋友，从中寻找客户，或者请结交的朋友帮忙介绍客户
自身网站宣传	企业在自己的公司网站上，设计产品宣传页，吸引潜在的客户来与自己联系

图5-2 网络寻找法的实施步骤

（二）不同类型客户的说服策略

寻找到客户不等于开发成功，还需要一个说服客户的过程，由于客户的学识、修养、个性、习惯、兴趣及信仰等的不同，自然对于各种人、事、物的反应及感受有相当大的差异，因此必须区别对待不同类型的客户，才能事半功倍。下面的表 5-2 介绍了常见的十种不同类型客户的主要特点，以及相对应的说服策略。

表 5-2　　　　　　　　　　　　不同类型客户的特点及说服策略

类型名称	客户特点	说服策略
客观理智型	考虑周详，决策谨慎，客观理性	按部就班，不投机取巧，而要规规矩矩、不卑不亢、坦诚细心地向他们介绍产品的情况，耐心解答疑点，并尽可能提供有关证据
个性冲动型	情绪不稳定，易激动，且反复无常，对自己的决策易反悔	对待这类客户一开始就应该大力强调所推销产品的特色和实惠，促使其尽快购买，但是要注意把握对方的情绪变动，要有足够的耐心，不能急躁，要顺其自然
思想顽固型	具有特别的消费偏好，对新产品往往不乐意轻易接受	对这类客户不要试图在短时间内改变他，否则容易引起对方强烈的反应以及抵触情绪和逆反心理，要善于利用权威、有力的资料和数据来说服对方
争强好斗型	比较专横，征服欲强，喜欢将自己的想法强加于别人	对待这类客户要做好被他步步紧逼的心理准备，切不可意气用事，贪图一时痛快与之争斗；相反，以柔克刚，必要时丢点面子，适当做些让步也许会使事情好办得多
优柔寡断型	缺乏决策能力，没主见，胆小怯懦	应以忠实的态度，主动、热情、耐心介绍并解答提出的问题，要让这类客户觉得你是可信赖的人，然后帮助他们作出决策
孤芳自赏型	喜欢表现自己不喜欢听别人劝说，任性且嫉妒心较重	首先，在维护其自尊的前提下向其客观地介绍情况；其次，要讲他感兴趣的话题，为他提供发表高见的机会，不轻易反驳他；最后，推销人员不能表现太突出，不要给对方造成对他极力劝说的印象
盛气凌人型	常摆出一副趾高气扬的样子，不通情达理，表现非常高傲，常自以为是	不卑不亢，用低姿态的方式充当他的忠实听众，给予附和，表现出诚恳、羡慕及钦佩，并提出一些问题，向对方请教，让其尽情畅谈，以满足其发表欲。例如，仍遭受对方刻薄、恶劣地拒绝时，可用激将法，寻找突破口，但也不能言词激烈，以免刺激对方，引起冲突
生性多疑型	不相信别人，无论是对产品还是销售人员都会疑心重重	要充满信心，以端庄外表与谨慎态度说明产品特点和客户将获得的实惠。某些专业数据、专家评论对建立这类客户的信任有帮助，但切记不要轻易在价格上让步，否则会使对方对你的产品产生疑虑
沉默寡言型	性格比较内向，对外界事物表现冷淡	对待这类客户应主动向其介绍情况，态度要热情、亲切，要设法了解其对产品的真正需求，注意投其所好，耐心引导
斤斤计较型	精打细算，精明能干，讨价还价，爱贪便宜且不知足	应避免与其计较，一方面要强调产品的优惠和好处，且事先提高一些价格，让客户有讨价还价的余地；另一方面可先赠予小礼物，让他觉得占了便宜，一旦他有了兴趣，接下来就会跟定你了

（三）吸引目标客户的主要措施

客户关系开发的另一种策略，就是企业通过采取多种不同手段，依靠企业本身的产品、价格、渠道和促销等特色，积极吸引目标客户和潜在客户，使其最终成为现实客户。

1. 提供适当的产品与服务

适当的产品或服务是指企业提供给客户的产品或服务，不仅要确实能满足客户的实际需要,还要有合理的价格。

2. 紧跟潮流积极创新

对于相似的产品或者服务来说,有足够特色的产品和服务才能吸引顾客的光顾。

案例 5-6

张三花店的微信预约服务

张三今年大二,在学校西门开了家校园花店,由于大二课程比较多,张三不能时时在店,为避免因上课而错过订单,张三用自己的店名注册了微信号,并生成了二维码,张贴在店门口,对于通过微信提前预约送花的客户,附赠小礼品,并送 5 元代金券。开展此项服务后,张三的小店第一月的朋友圈从 10 人激增至 98 人。

考考你

张三花店的微信预约服务为何能吸引到客户?

3. 产品或服务的质量是根本

质量在吸引客户上起着重要的作用。一个质量有问题的产品或者服务,即使非常便宜也没有人愿意购买。相反,对于高质量的产品,即使价格高一些人们往往也愿意接受。

4. 适当的商品和服务分销

适当的分销就是通过适当的渠道,使客户很容易、很方便地购买到企业的产品或服务。例如,商店、电影院、餐厅等能够位于人口密集、人流量大、人均收入高、交通便利的地段,就能够吸引和方便客户的消费,其营业收入和利润也会比较高。

5. 适当的商品和服务促销

适当的促销是指企业利用各种适当的信息载体,将企业及其产品的信息传递给目标客户,并与目标客户进行沟通的传播活动,旨在引起客户注意,刺激客户的购买欲望。主要手段以及实例如表 5-3 所示。

表 5-3　　　　　　　　　　销售促进的主要手段以及实例

手段	实例
免费试用	很多化妆品专柜都有彩妆试用装,如果顾客对产品比较感兴趣但对其性能不了解时,都可以在柜台里免费试用小样,一试效果
免费服务	很多酒店看准每年国庆期间有很多新人办喜事,而竞相推出针对婚宴的附加优质服务——有的降价供应啤酒,有的免费代送宾客,有的免费提供新婚礼服、化妆品、花车及结婚蛋糕等
赠送礼品	某汽车 4S 店推出的购买一辆汽车可获赠一台 DVD;某酒厂承诺凭若干个酒瓶盖就可换得若干奖金或者一瓶酒

(续表)

手段	实 例
优惠券	一家公司为了把它的咖啡打入匹兹堡市场,向潜在客户邮寄了一种代价券,客户每购一听咖啡凭代价券可享受35%的折扣,每听中又附有一张折价20美分的代价券。这样,客户就会不断增加
会员制	很多美发店或洗车店,新店开业都会开展会员制促销活动,即充卡享受折扣优惠或是办理次卡等。例如,充200元打9折或充200元可洗18次

6. 新媒体营销

对小微企业来说,新媒体营销多用于向个体消费者以及个体商户宣传企业品牌及产品。应用广泛、效果突出的新媒体营销手段包括:微博营销、微信公众号与朋友圈营销及短视频营销,具备一定资金实力的小微企业可以采用"社交网站植入式推广"以及"线下活动赞助"等方式宣传企业网站和产品。

二、维护客户

客户是企业生存和发展的基础,市场竞争的实质其实就是争夺客户资源。但是争取新客户的成本显然要比保持老客户昂贵得多,从客户营利性的角度考虑是非常不经济的。因此,小微企业应维持老客户,把营销重点放在获利较为丰厚的客户群上,即使不在新客户上投资,企业也能够实现大部分营利目标。

(一) 实现客户保持的主要方法

1. 提高客户保持率

提高客户保持率的关键是通过确定客户愿意与企业建立关系的本质和内容,加强客户与企业关系中认为重要的方面。

案例 5-7

小小的大码女装店的个人专属服务

小小认为光顾大码女装店的客户比较在乎的是特殊赞赏与对待,而对价格根本就没什么敏感性。于是她推出个人专属服务,即采用指定店员为其服务,店员知道顾客的尺寸和品位,当有新品到货时定期与其联系。经过一段时间的试运营,她发现这种活动比"在特定日子里全场给予8.5折优惠"更能维持与顾客的关系。

考考你

个人专属服务为何能比全场8.5折优惠更能维持客户?

2. 分析客户的转换成本

首先,分析如果客户转到竞争对手那里购买,她必须放弃什么。其次,评估忠诚回报活动是否对优秀客户十分重要。如果重要,那么企业就需要开发这种活动,从而降低优秀客户受到竞争对手诱惑的可能性,并能提高客户维持的可能性和提高企业的营利能力,反之,则放弃。

3. 实施特殊的赞赏活动

如果客户希望受到关心和赞赏,那么特殊赞赏活动就能提升客户保持率。不过,奖励活动通常蜕化成价格折扣或返回的一种替代形式(如旅客回报活动中的回程票)。因此,现实生活中,企业的优秀客户通常认为其他形式的利益比金钱回报更有价值。例如,给予客户"铂金"等级的待遇(如可提前登机、检票时直呼客户姓名),客户认为这样的特殊赞赏和特殊对待活动比奖励飞行里程券和升级至头等舱等回报方式要有价值得多。

4. 加强与客户的情感联系

首先要了解客户的爱好,加强与客户的情感联系,并真正领会这种情感联系的重要价值;然后通过这种情感联系,以及口碑推荐所带来的附加利益,来提升客户的保持率。

5. 组织团体活动

为实施客户保持,企业可组织一些团体活动。实施团体活动前,先要确定客户是否认为团体活动有意义,分析企业是否有明显的"品牌个性"。若有,可考虑组织团体活动。成功的团体活动能提高转换成本,客户会认为整个团体必须成为保护团体利益的组织。

6. 开展知识学习活动

建立学习关系也是维持客户的重要策略。实现知识学习活动前,应确认客户同意使用客户信息来建立个性化的关系;利用获得的客户信息,建立学习关系,向客户提供个性化利益。当客户发现与其他企业建立学习关系的成本很高时,学习活动通常能提升客户粘性。

(二)做好大客户管理

根据"二八法则",一个企业80%的利润来源于其20%的客户,这些客户往往被企业主视为重点客户、关键客户、优质客户、主要客户。其实这些客户都可以用一个词来概括,即大客户。大客户的特点就是对企业产品或服务的消费量大、消费频率高、利润贡献率大,所以对企业的经营业绩能产生相当大的影响。作为小微企业,了解并维护大客户是企业生存发展的重中之重。

企业要防止大客户"跳槽",最根本的方法是提升其满意度,进而形成忠诚度。常用方法如下七种。

(1)在企业内建立大客户管理部门。大客户的服务及业务管理尽可能由专门的大客户管理部来处理,而其他客户的管理工作则由一般的销售队伍完成。

(2)采取最恰当的销售模式。大客户与企业的合作具有一定的特殊性,主要体现在模式创新性、价格特殊性、服务紧密性等方面。这就要求企业最大化接触大客户并掌握顾客需求,由此产生很多销售模式,诸如以直销为基本特征的俱乐部营销、顾问式销售、定制营销等。

（3）建立销售激励体系。企业必须给大客户建立销售激励政策，通过激励使其深刻感受到合作的"甜头"。其实，很多企业把客户划分为关键客户、重点客户、一般客户等几个级别加以管理，根据不同级别制定不同的管理政策，目的就在于为对企业贡献度高的客户提供激励，包括物质激励（如资金、实物等）和精神激励（荣誉证书、牌匾等）。

（4）建立信息管理系统。优秀企业通常都有大客户管理系统，以大客户的信息资料为基础，围绕大客户进行大客户发展分析、价值分析、行为分析、代理商贡献分析、满意度分析、一对一大客户分析等工作，使决策层及时准确地把握大客户的发展趋势、价值取向、行为倾向，并能对重点大客户进行一对一分析与营销。

（5）建立全方位沟通体系。大客户管理部门中的大客户营销人员、客户经理及主管要定期或不定期地主动上门沟通，客户经理要能随时与大客户会面，发掘大客户的潜在需求并及时予以满足。要加强与大客户的感情交流，根据企业实际定期组织企业高层领导。

（6）不断分析、研究大客户。管理大客户要坚持"动态分析、动态管理"原则，既要把握大客户的动态，也要不断创新大客户管理。大客户分析包括大客户发展分析、大客户服务分析、大客户流失分析、大客户费用分析、大客户价值分析、大客户经理分析等方面，这是制定大客户管理决策的基础，即"防患于未然"。

（7）提升整合服务能力。提升整合服务能力应以客户需求为导向，主要包括以下内容：量身打造服务模式（如顾问服务、驻扎服务等），建立服务沟通平台（如网络、电话等），开通大客户"绿色通道"（为大客户提供便利措施），强化基本服务（基本服务项目保障），提供增值服务（不断为客户创造产品之外的新价值），建设企业服务文化（企业内部文化传播和对客户传播），提供完善的服务解决方案等。

案例 5-8

王经理的 VVIP 年卡不续了

王经理就职于一家美容院，由于年年业绩第一，最近被升任为店长，可就在前两天，每年都在这消费六位数的姚阿姨，居然跟她说，年卡用完就不再续了，更糟糕的是如果姚阿姨不续卡，跟她一起的那几个好姐妹也可能会选择不续卡，这样店里的业绩一下就可能下降 30%，让王经理百思不得其解的是，因为店里这几年的服务越来越好，价格也没什么变化，与同行业竞争者相比，没有什么差距。为何姚阿姨突然就不续卡了呢？

考考你

　　如何预防大客户跳槽？

任务四　选择合适的新媒体营销渠道

新媒体营销是指利用新媒体平台进行营销的方式。在营销方式上注重于沟通性、差异性、创造性、关联性及体验性，是企业软性渗透的商业策略在新媒体（如微信、微博）形式上的实现，通常借助新媒体表达与舆论传播使消费者认同某种概念、观点和分析思路，从而达到企业品牌宣传、产品销售的目的。其与传统营销的区别在于新媒体营销成本要更低，同时传播方式灵活，更加注重传播的精准度，传播的方式多样化，注重与用户的互动体验。这些优势极为适合小微企业的发展。小微企业在制定新媒体营销策略时，要坚持马克思主义在意识形态领域指导地位的根本制度，坚持为人民服务、为社会主义服务。要坚持百花齐放、百家争鸣，坚持创造性转化、创新性发展。要以社会主义核心价值观为引领，发展社会主义先进文化，传承中华优秀传统文化，满足人民日益增长的精神文化需求，巩固全党全国各族人民团结奋斗的共同思想基础，不断提升国家文化软实力和中华文化影响力，加强全媒体传播体系建设，塑造主流舆论新格局。其常用渠道主要有以下三种。

 小贴士

新媒体营销该如何做

一、确定你的新媒体传播渠道

新媒体的传播渠道众多：公众号、视频平台、论坛平台、微博平台等，要根据你的优势及目标客户群画像特征确定你要营销的主要的传播渠道，然后进行精准营销。

二、进行自身的定位

针对目标客户有了明确的定位，你就会有方向性的吸引你的大批潜在客户。如你是做美妆的，那么你就可以打造美妆类的内容，吸引大众的眼光。

三、确定有吸引力的标题

标题要让读者一见钟情，这样才能有良好的点击率，文章的标题首先要与你要表达的主题内容契合，同时又能够提纲挈领的抓住重点，而且标题要符合读者的好奇心理，看到这个标题能引起大众想要继续浏览的欲望。

四、有品质的内容

读者点击进来，如果文章了无生趣，读者也没有阅读下来的心理，所以文章必须要有血有肉，让读者看了有继续浏览的心理。文章需要为读者提供价值，让大家通过文章学习到了新的观点，不一样的思路或者对于某项事物有个更深的了解，总之就是让读者有了收获，这样才会让你的目标客户长期的浏览并且关注你的内容，并和你建立了良好的友谊，有着比较密切的互动。文章我们首先需要调理清晰，同时层次分明，在排版方面一般每个段落长度尽量不要超过四行，否则会造成读者的阅读压力。同时要有图片做搭配，形成良好的阅读体验。

（资料来源：周道传播，https://www.sohu.com/a/213276006_516030）

一、微信营销

（一）微信营销概述

微信营销主要在以安卓系统、苹果系统的手机或者平板电脑中的移动客户端进行的区域定位营销，商家通过微信公众平台，结合转介率微信会员管理系统展示商家微官网、微会员、微推送、微支付、微活动，已经形成了一种主流的线上线下微信互动营销方式。相较于其他，微信营销具有用户量大且粘性强、互动及时、广告系统成熟等优势，方便进行点对点的精准营销。

（二）微信营销中常用的四大模式分析

（1）品牌活动式——漂流瓶。漂流瓶有两个简单功能：①"扔一个"，用户可以选择发布语音或者文字然后投入大海中；②"捡一个"，"捞"大海中无数个用户投放的漂流瓶，"捞"到后也可以和对方展开对话，但每个用户每天只有20次机会。微信官方可以对漂流瓶的参数进行更改，使得合作商家推广的活动在某一时间段内抛出的"漂流瓶"数量大增，普通用户"捞"到的频率也会增加。加上"漂流瓶"模式本身可以发送不同的文字内容甚至语音小游戏等，如果营销得当，也能产生不错的营销效果。而这种语音的模式，也让用户觉得更加真实。但是如果只是纯粹的广告语，是会引起用户反感的。

案例 5-9

招商银行——爱心漂流瓶

招商银行发起了一个微信"爱心漂流瓶的活动"：微信用户用"漂流瓶"功能捡到招商银行漂流瓶，回复之后招商银行便会通过"小积分，微慈善"平台为自闭症儿童提供帮助。在此活动期间，有媒体统计，用户每捡十次漂流瓶便基本上有一次会捡到招行的爱心漂流瓶。

（资料来源：知乎，https://www.zhihu.com/question/24180280）

考考你

招商银行爱心漂流瓶给你的启示？

（2）O2O折扣式——扫一扫二维码。将二维码图案置于取景框内，然后你将可以获得成员折扣、商家优惠亦或是一些新闻资讯。

（3）互动营销式——微信公众平台。对企业而言，如果微信开放平台+朋友圈的社交分享功能的开放，已经使微信作为一种移动互联网上不可忽视的营销渠道，那么微信公众平台的上线，则使这种营销渠道更加细化和直接。

>
>
> **案例 5-10**
>
> ### 华图教育微信营销成功的秘诀
>
> 　　华图教育是一家集面试培训、图书策划、网络教学等项目于一体的教育机构。用户只要关注其微信公众号，就能获得国考最新资讯，还能获得一对一的疑问解答。此外，华图还为用户提供备考方式、资料、公益讲座等优质服务。这些信息和服务使华图教育受到大批用户的关注，获得了良好的口碑。华图的成功得益于准确的定位、对有价值信息的推广及对用户忠诚度的培养。
>
> 　　（资料来源：杜一凡，《新媒体营销完全攻略》，人民邮电出版社 2017 年版）
>
> **考考你**
> 　　华图教育微信公众号营销成功的秘诀是？

　　(4) 微信开店——由商户申请获得微信支付权限并开设微信店铺的平台，公众号要申请微信支付权限需要具备两个条件：第一，必须是服务号；第二，还需要申请微信认证，以获得微信高级接口权限。商户申请了微信支付后，才能进一步利用微信的开放资源搭建微信店铺。

（三）微信营销策略

　　(1) 意见领袖型营销策略。微信营销可以有效地综合运用意见领袖型的影响力和微信自身强大的影响力刺激需求，激发购买欲望。

　　(2) "病毒式"营销策略。微信平台的群发功能可以有效地将企业拍的视频，制作的图片，或是宣传的文字群发到微信好友。企业更是可以利于二维码的形式发送优惠信息，这是一个即经济又实惠，更有效的促销好模式。使顾客主动为企业做宣传，激发口碑效应，将产品和服务信息传播到互联网还有生活中的每个角落。

　　(3) "视频,图片"营销策略。运用"视频、图片"营销策略开展微信营销，首先要在与微友的互动和对话中寻找利用市场，发现利于市场。为特定利于市场为潜在客户提供个性化、差异化服务。其次，善于供助各种技术，将企业产品、服务的信息传送到潜在客户的大脑中，为企业赢得竞争的优势，打造出优质的品牌服务。让我们的微信营销更加"可口化、可乐化、软性化"，更加地吸引消费者的眼球。

>
>
> **案例 5-11**
>
> ### 母亲节——百雀羚一镜到底长图广告
>
> 　　一张长长的老上海图，主角是漫步在老上海的摩登女郎，看似平静实则拥有暗杀任务，最后反转到百雀羚广告，脑洞大开，创意十足，非常符合当代人品位。

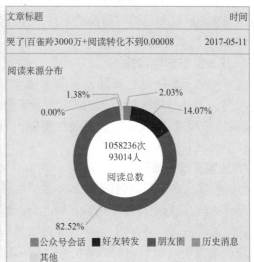

(资料来源：96 新媒体，https：//www.96weixin.com/detail/100027857.html)

考考你

在微信营销中运用图片+文字的形式宣传产品或品牌有哪些好处？

二、微博营销

（一）微博营销概述

微博营销是以微博作为营销平台，每一个听众（粉丝）都是潜在的营销对象，企业利用更新自己的微型博客向网友传播企业信息、产品信息，树立良好的企业形象和产品形象。每天更新内容就可以跟大家交流互动，或者发布大家感兴趣的话题，这样来达到营销的目的。

该营销方式注重价值的传递、内容的互动、系统的布局、准确的定位。相较其他方式，其发布门槛低，成本远小于广告，且支持各种平台，包括手机，电脑与其他传统媒体，利用名人效应能够使事件的传播量呈几何级放大，覆盖面广，传播速度快。同时，几乎是什么话题都可以进行探讨，且可利用文字，图片，视频等多种展现形式进行传播，能与粉丝即时沟通，及时获得用户反馈。

（二）微博营销的技巧

1. 注重价值的传递

企业微博是一个给予平台。只有那些能对浏览者创造价值的微博自身才有价值，此时企业微博才可能达到期望的商业目的。

2. 注重微博个性化

微博的特点是"关系""互动"，因此，虽是企业微博，但切记微博不仅仅是一个官方发布消息的窗口那种冷冰冰的模式。要给人感觉像一个人，有感情，有思考，有回应，有自己的特点与个性。一个浏览者觉得你的微博和其他微博差不多,或是有别的微博可以替代,都是不成功的。这和品牌与商品的定位一样,必须塑造个性。这样的微博具有很高的黏性,可以持续积累粉丝与专注。

3. 注重发布的连续性

微博就像一本随时更新的电子杂志,要注重定时、定量、定向发布内容,让大家养成观看习惯。当其登陆微博后,能够想着看看你的微博有什么新动态,这无疑是成功的最高境界,虽很难达到,但我们需要尽可能出现在他们面前,先成为他们思想中的一个习惯。

4. 注重互动性加强

微博的魅力在于互动,拥有一群不说话的粉丝是很危险的,因为他们慢慢会变成不看你内容的粉丝,最后更可能是离开。因此,互动性是使微博持续发展的关键。第一个应该注意的问题就是,企业宣传信息不能超过微博信息的10%,最佳比例是3%~5%。更多的信息应该融入粉丝感兴趣的内容之中。"活动内容+奖品+关注(转发/评论)"的活动形式一直是微博互动的主要方式,但实质上奖品比你那个企业所想宣传的内容更吸引粉丝的眼球,相较于赠送奖品,你的微博能认真回复留言,用心感受粉丝的思想,才能换取情感的认同。如果情感与"利益"(奖品)共存,那就更完美了。

5. 注重准确的定位

微博粉丝众多当然是好事儿,但是,对于企业微博来说,粉丝质量更重要。因为企业微博最终的商业价值,或许就需要这些有价值的粉丝。这涉及微博定位的问题,很多企业抱怨:微博人数都过万了,可转载、留言的人很少,宣传效果不明显。这其中一个很重要的原因就是定位不准确。假设自己为玩具行业,那么就围绕一些你产品目标顾客关注的相关信息来发布,吸引目标顾客的关注,而非是只考虑吸引眼球,导致吸引来的都不是潜在消费群体。

案例 5-12

雕爷牛腩用微博引爆流量

雕爷牛腩是一家定位为"白领小资类"人群的轻奢餐饮品牌,主营新中式创意料理,以牛腩料理为特色,其中烹饪牛腩的秘方是雕爷花了500万元从"食神"戴龙那购买而得。餐厅开业后进行了为期半年的封测期,封测期内,通过抽奖活动积累粉丝,邀请各路明星、微博大V、美食达人免费试吃,受到邀请的,往往会发微博或者微信说说自己的消费体验,于是,各路明星、美食达人、微博大V纷纷在微博上帮着宣传,最初的传播效果就有了。开业前夕,雕爷牛腩又利用微博玩了把大的。比如邀请明星到店,被微博大V"偶遇"并发微博。该明星在微博上证实之后又引发了网友4.5万次转发,极大地提高了店铺的关注度。短短一年,以开设五家分店,总体估值高达4亿元。

(资料来源:顶级酒店,http://www.DingjiJiudian.com/wenhua/jdqt/22692.html)

考考你
　　雕爷牛腩是如何利用微博营销达到引流的效果?

三、短视频营销

(一) 短视频营销概述

　　短视频营销主要借助短视频,通过选择目标受众人群,并向他们传播有价值的内容,这样吸引用户了解企业品牌产品和服务,最终形成交易。做短视频营销,最重要的就是找到目标受众人群和创造有价值的内容。

　　相较于其他营销方式,短视频的优势在于它"短"且符合现代快节奏的生活;运营门槛低,拍摄制作成本低;优质的内容易引起大量的转发分享,在短时间内实现病毒性增长。此外,短视频一经发布就能得到用户的反馈,点赞评论数清楚可见,双向互动让目标客户从围观到参与,帮品牌打造口碑,也可利用这种优势调整并及时优化短视频内容,从而达到更好的营销效果。

(二) 短视频营销策略

1. 内容垂直,定位准确

　　想要拍出优质的内容作品,前期需要有一个账号的垂直定位,短视频营销的核心就是互动。所以,首先要找到一个能够抓到目标受众关注点。后续的作品需要围绕着这个点逐渐延伸、展开,形成自己独特的风格。然后找准切入点,适当地加入符合场景的广告软植入。

2. 借势热门话题

　　为了使作品能迅速引发关注、引起共鸣,撰写剧本的时候就需要一个话题来支撑,这个话题可以是社会热点事件、娱乐头条,也可以是受众切实关心的问题,然后借助短视频的丰富表现力予以呈现,将品牌、产品等进行巧妙的宣传,来让作品达到一个迅速传播的目的。

3. 故事动人引人共鸣

　　所有的人都不喜欢广告,但是如果让这个广告变成一个故事巧妙地表达出来的话,能引起用户的共鸣,这就是一个成功的广告作品。大家都知道泰国有许多好的广告,拍的很多广告都深入人心,能引发群众的情感,就是因为他们拍的广告呈现出来的都是一个个故事。

案例 5-13

网红奶茶:答案茶的抖音爆红史

　　答案茶在还没有实体店的时候,就已经是抖音上的一枚"小红人"了。2018 年

> 1月,一条主角是一杯会"占卜"的答案奶茶的短视频,在抖音上大为流行,这一条视频收获了883万的播放量,获赞24万次,不少抖友都喊话要加盟。而在当时,答案茶联合创始人秋涵和她的合伙人还未运营实体店,在看到抖音上答案茶的火爆时,迅速决定开店。如今答案茶已有249家加盟店。
>
> **考考你**
>   答案茶为何能在抖音爆红?

4. 借助网红带货

在短视频领域,网红就是一个个产品的形象代言人,用户对他们说的话就有一种无形的信任感。有些网红在短视频领域的影响力都超过了一些明星。所以,若是好的产品经过网红的加持推荐,那就是"如虎添翼"。

任务五 制定适宜的促销策略

在激烈而复杂的市场竞争中,促销以其独特的魅力,在促进企业销售、获得消费信赖、建树知名品牌的过程中扮演着重要的角色。促销就像企业的一把利刃,它可以直击市场的要害,刺激消费需求,形成消费拉力,迅速实现销售额的增长。同时,成功的促销活动也能快速而有效地推动品牌成长。那么,小微企业该如何制定有效的促销策略呢?

一、制定促销策略的步骤

(一)确定促销目标

促销目标包括长期目标和短期目标,总的来说就是提高业绩,增加销售量,增强企业的竞争力。具体来看,促销目标又包括增加某一时期的销售额、刺激顾客购买欲望、增加客流量、增强顾客忠诚度、提升企业形象、提高企业知名度等,促销目标不同,促销方式也不同。因此,企业主在开展具体的一次促销活动之前,必须首先确定这次促销活动应该达到的具体目标,而在确定促销目标时,应注意促销目标要尽可能准确地阐述,该目标最好是定量的、可衡量的,这样企业才能精确地评估以后各步骤是否成功。

(二)确定主题和选择与主题相关联的商品、赠品

促销商品是否对顾客有吸引力,价格是否有震撼力,都将直接导致促销活动的成败。一般地,企业选择促销商品时,既要选择一些敏感性的商品,又要选择一些不太敏感的商品组成促销商品组合。这就需要考虑季节的变化、商品销售排行榜、竞争对手的状况等来加以衡量,选择最适合的促销商品。

(三)决定促销预算

不同的企业在确定促销费用问题上差异很大,小微企业常用的确定促销预算的方法

具体如下。

1. 量力而行法

这是指企业在自身财力允许的范围内确定预算。企业用这种方法确定促销预算,首先要预测周期内的销售额,计算各种支出和利润;然后,确定拿出多少钱来作为促销费用。这是最保守的预算方法,完全不考虑促销作为一种投资以及促销对销量的直接影响。如果企业的销售额不理想,那么促销就会被视为可有可无。这种方法导致年度预算的不确定性,从而使长期的促销目标难以实现。小型、保守的企业主要使用这种方法。

2. 销售百分比法

这是以年度预测的销售额为基础,固定一个比例来计算一年总的促销预算,然后再根据一年中计划举办多少次促销活动进行分摊。其中的比率可能是过去使用的比率,也可能是参考了同行业中其他零售商的预算比率,或者是根据经验确定的。

案例 5-14

李明的超市元旦促销费用预算

元旦临近,作为老板的李明想在新年年初有个好的开始,以达到本年销售 100 万元的目标。于是,李明决定拿出销售额的 10% 来用作促销活动费用,并在 1 月 1—3 日开展第一次促销活动。考虑到全年的大型节假日共有 5 次,平时周末间隔开展的诸如店展、抽奖等常规性小型促销活动,因此,预留 2 万元用于常规性小型促销活动,而将余下 8 万元平均分配,则本次超市元旦促销的费用为 1.6 万元。

考考你

李明用哪种方法进行的促销预算?为什么?

这种方法容易确定,容易控制,可以调整,将促销与销售额联系起来;能激发管理层努力协调促销成本、销售价格和单位利润这三者之间的关系,在此基础上考虑企业的运作;还能在一定程度上能增强竞争的稳定性,但这种方法视促销为销售额的结果,不由市场机会去确定预算,而没有考虑每次促销活动的实际需要。

(四)选择促销组合

企业可以选用的具体促销方式有很多,如降价、品尝、举办竞赛活动抽奖现场示范、优惠券等。企业主在拟订一次具体的促销计划时,要根据这一促销活动的具体目标选择一定的促销方式并组合起来,才能增强效果,达到促销目的。促销手段各有其特点和适用范围。在选择销售工具时要考虑如下因素。

1. 促销目标

企业根据目标顾客所处购买决策过程的具体情况来确定特定的促销目标,而不同的促销手段由于具备不同的优势和劣势,对于实现不同的促销目标有着不同的作用。例如,介绍性广告和公共关系对于顾客进入认识和了解阶段影响较大,而进入喜爱阶段后影响较小;竞争性广告、服务人员的态度和商店气氛对于建立顾客的喜爱和偏好有较大影响;而销售促进对顾客的直接购买影响较大。

2. 企业类型及竞争环境

不同类型的企业满足的是不同层次消费者或同一层次消费者不同方面的需要,消费者对不同产品的购买心理会有所区别。于是,企业便投其所好,常用的促销方式也不一样。例如,食品和日用品,最常使用免费试吃试用、降价促销、奖券及连续性购买计划等;而像汽车这样的耐用品则更多使用形象广告、公关宣传和人员促销。竞争条件和环境也影响着促销工具的选择,这包括企业本身在竞争中所具有的实力、条件,优势与劣势及企业外部环境中竞争者的数量、实力、竞争策略等因素的影响。如果经济条件和市场环境发生变化,促销策划也需要根据变化作适应性调整。例如,不同的产品生命周期,竞争环境不一样,企业进行促销的方式也会不一样。

小贴士

不同生命周期不同的促销组合

	阶段	引用期	成长期	成熟期	衰退期
特征	销售额	低	快速增长	缓慢增长	衰退
	利润	易变动	顶峰	下降	低或无
特征	现金流量	负数	适度	高	低
	顾客	创新使用者	大多数人	大多数人	落后者
	竞争者	稀少	渐多	最多	渐少
策略	策略重心	扩张市场	渗透市场	保持市场占有率	提高生产率
	营销重点	产品知晓	品牌偏好	品牌忠诚度	选择性
	营销目的	提高产品知名度及产品试用	追求最大市场占有率	追求最大利润及保持市场占有率	减少支出增加利润回收
	渠道策略	选择性分销	密集式	更加密集式	排除不合适效率差的渠道
	价格策略	成本加成策略	渗透性价格策略	竞争性价格策略	削价策略
	产品策略	基本型为主	改进品,增加产品种类及服务保证	差异化、多样化的产品及品牌	删除弱势产品项目
	广告策略	争取早期使用者,建立品牌知名度	大量营销	建立品牌差异及利益	维持品牌忠诚度
	销售促进策略	大量促销及产品试用	利用消费者需求增加	鼓励改变采用公司品牌	将支出降至最低

3. 费用预算

促销费用需要在各种促销方式中进行分配,如广告、销售促进和公共关系,往往会对促销工具的选择形成一个硬约束。此外,同一特定的促销目标可以采用多种促销工具来实现,这里就有一个促销工具的比较选择和优化组合的问题,企业希望以较低的促销成本来实现最优的促销效益。

二、常用的促销技巧

(一)价格促销

在所有促销技巧中,价格促销是最直接、最有效、消费者最敏感的促销方式之一,也最易于实施执行,但价格促销方式一般很容易因竞争对手的调价而演变成为价格战,易使消费者养成只有价格促销活动时才购买的习惯。同时,大幅的价格调整也会使消费对商品的定价和质量产生怀疑,而不利于品牌的健康成长。价格促销主要有以下两种方式,具体如下两方面。

1. 直接折扣

直接折扣是指在购买过程中或购买后给予消费者的现金折扣。一般人比较喜欢物美价廉的商品,特别是现场捡到的这种实实在在的便宜,给几乎 90% 以上的顾客强有力的刺激,以至于消费者有 70% 甚至更多的购买决策都是在超市临时做出决定的。直接折扣包括以下四种。

(1)现场折扣。根据不同的时段,规定优惠的折扣度,如全场 6 折优惠、部分商品 3 折起等。时间的有无相当关键,结果也是大不一样。也可以采取在一段时间内逐天递降的折扣方式,如第一天 9 折,第二天 8 折,第三天 7 折,以此类推。折扣一般要和促销主题配合,使消费者明确这是阶段性促销。

(2)减价优惠。原价多少,现价多少。减价优惠一般需要 POP 的强力配合,如"原 100 元,现价 40 元,您省 60 元或您节省 60%",再在原价格上打上醒目的叉,以此来吸引消费者;或是在产品包装上标上零售价,再用 POP 标签写上减免后价格,如"仅售 8 元"等。

(3)现金回馈。为了鼓励消费者大量购买,可以规定,消费者只要购买产品达到规定数量,或是一整套系列产品,就可以凭购买凭证现场获得一定金额的现金回馈。例如,购买"格力一柜一挂"就可以现场获得 1 000 元的现金回馈等。

(4)统一价。采用取长补短的方式,定出一个比所有商品零售价格都要低的价格,统一销售。在价格上不给消费者以任何选择余地,但在款式档次上给顾客充分的选择空间。

案例 5-15

欣欣婴儿坊"十一"特大优惠活动

欣欣婴儿坊"十一"特大优惠,婴儿奶瓶 10 月 1 日大减价,全系列产品 8.8 折起,美素奶粉原价228元,活动当天价208元;服饰类产品清仓大甩卖,全场夏装全部只售60元。顾客当天购买满188元商品还可获赠10元现金回馈,购买满288元商品可获赠20元现金回馈。

考考你

店家在十一大促中都用到哪些直接折扣方式?

2. 变相折扣

不以现金的方式回馈消费者,而是以各种变相折扣的手段来吸引消费者,或买赠或捆绑,或加量或回购等,变通法则让利消费者。与现金折扣不同的是,变相折扣具有更大的操作空间,无论是买赠还是加量,都是以产品作为载体实现优惠,商家的成本相对更低,也更有利于操作。变相折扣有以下四种。

(1) 多件数购买赠送活动。比如买二赠一、买三赠二、买大赠小等,消费者支付一件商品的价格可以获得两件以上的商品,实质是变相为消费者打折,以此来吸引消费者批量购买。一般来讲,接受度高、需求量大的商品运用这种方式效果最好。

(2) 组合销售。两件或多件同一产品或不同产品组合在一起让消费者一次性购买,消费者支付的总价值要比单件购买之和优惠得多,以此来吸引顾客成套购买。

案例5-16

"俏佳人"店庆大酬宾

"俏佳人"是一家经营化妆品的小店,今年是它成立五周年,老板为回馈老顾客,推出店庆大酬宾活动:第一,雅顿绿茶香水买二赠一;第二,化妆套装(含口红、眼线笔、指甲油等),单件价256元,套装价仅需88元。

考考你

店家在店庆大酬宾中都用到了哪些变相折扣方式?

(3) 加量不加价。制造商在商品包装上标注加量不加价优惠细节,如用"500克的价格买800克商品"和"本商品35%产品为免费赠送"等。商品价格不变,而产品的数量增加了,即消费者用同样的价钱,可以买到更多的产品。因此,为企业带来更多的消费者,获得更大的市场份额。

(4) 回购。承诺在购买该商品若干年后,厂商以同样或稍低的价格回购该产品,或者可以以旧换新。这种方式可以形成顾客的高忠诚度。

（二）优惠券、代金券促销

优惠券一般被看成是减价的替代品,消费者可以免费获得,凭优惠券购买该商品可以享受一定的优惠。代金券是现金替代品,只在一定范围和时间内使用,它可以用较少的资金购买到面额较大的代金券。无论哪种方式,都无非是向消费者提供即时折扣或延迟折扣。

1. 优惠券促销

优惠券一般需要通过各种媒介送达消费者手中,其优惠内容如果能够引起消费兴趣,消费者则会收集保留,以至于在下次消费时使用;如果优惠较小或不是消费者即时需求商品,则不能引起消费者兴趣。

小贴士

常见的五种分发优惠券的方式

1. 定点送发

不同的产品一定具有不同的目标群,先让这些目标群体显化,再有针对性地定点发送优惠券。这种方式针对性强,效果非常明显,但成本较高。

2. 夹带

夹带是指企业印刷好优惠券,随同报纸或杂志一同送达消费者手中。它是利用报纸或杂志的渠道而又不需要支付广告费用传送优惠券的方式。夹带成本低,普及率高,效果好。

3. 卖场分发

在商品分布的卖场分发,针对性最强,优惠券的使用率最高。

4. 附于包装

附于包装主要是增加老顾客的重复购买,这种方式能够给忠实消费者以回报,对于新用户效果不明显。附于包装的优惠券一般比普通的优惠券价值要大,顾客期望值要高,因为它是以购买产品为前提才能获得。使用包装优惠券一般不使用其他渠道发放,主要用于给忠实顾客的回馈。

5. 即买即赠

即买即赠同附于包装一样,只有购买产品才能获得优惠券;优惠券不是附于包装,而是由促销人员赠送。

---

2. 代金券促销

（1）购买式代金券。企业为了吸引消费者,往往采取用现金购买代金券的方式,如花"100买150,花200买400,买100送100"等,代金券仅限一定时间内本商场内限制使用。代金券对消费者具有一定的吸引力,但不能限制过多,如时间限制、商品限制等,只要不虚抬价格、确实让利给消费者,代金券促销方式还是具有很好的效果。

案例 5-17

布兰登洗衣店开业酬宾活动

布兰登洗衣店情人节期间新店开业,为了扩大知名度,提升销量特推出情人节新店开业大酬宾活动。即 2 月 13—15 日,凡在会员卡充值 214 元获赠 100 元代金券,充值 520 元获赠 400 元代金券。

考考你

开业使用购买式代金券的好处在哪?

（2）赠送式代金券。有时候,企业也赠送小额代金券作为现金使用,但也是有使用限制的,如消费 500 元可以使用 50 元代金券等。

案例 5-18

米琪时装"双十一"促销

米琪时装为提升女装的网络销量特推出"双十一"促销活动。即 11 月 1—15 日,凡在网店消费 168 元获赠 10 元代金券,消费 288 元获赠 20 元代金券,消费 478 元获赠 50 元代金券。

考考你

小微企业主采用优惠券促销和代金券促销应注意什么问题?

（三）赠品促销

赠品促销就是消费者在购物时,以"赠品"赠送的形式向消费者提供优惠,吸引其参与该品牌或该产品的购买,是一种既能短时间增加销量,又能起到长时间建树品牌的极佳促销方式。赠品可以是各种不同的东西,可以是销售的产品样品,也可以是一种标准或特殊产品;可以是一件具有纪念意义的礼物,也可以是一种极具实用价值的生活用品;可以是自己的品牌,也可以是其他品牌。也就是说,只要适合你的促销目标的东西,都是你赠品促销物的选择范围。

随着信息化的发展,赠品出现了新的形式——数字赠品。数字赠品与传统实体赠品的主要区别在于形式上,它是以数字的方式存在于硬盘、光盘等存储介质上的赠品,如音视频、图片、文档、软件和电子书等。数字赠品的最主要作用有两个：①增强促销效果和深入营销；②数字赠品最大的特点就是无复制和运输成本，可反复使用，而且深入营销的功能非常强大。

案例 5-19

Miumi 雨伞圣诞赠品促销

为提升销量，Miumi 雨伞淘宝旗舰店特推出圣诞赠品促销。12 月 20—28 日，登陆 Miumi 雨伞淘宝旗舰店购买 Miumi 雨伞的前 100 名消费者，获赠伞包一个，送完即止。

考考你

小微企业主在赠品的选择上应注意什么？

（四）有奖促销

有奖促销在所有促销方式中具有独特的魅力，已成为消费者都十分欢迎的促销方式。与价格促销高招不同的是，有奖促销方式是给予每一位参与者实实在在的优惠，前提是参与购买才能得到实惠。

由于参与的门槛较低，所以能吸引大量的人气，对后续在人气中找到商机提供了足够的可能。有奖促销只要不是恶意欺骗消费者的行为，一般都比较容易操作成功，只是国家对涉及有奖促销的规定较多，操作中要特别注意，触犯法律或使消费者失去信任不但会使销售受到极大的影响，而且会使品牌夭折。

案例 5-20

社区邻家超市的新年促销

2020 年春节适逢新冠肺炎疫情暴发，社区邻家超市为提高销量，开展新年促销活动。活动期间，线上下单货品享受 8.8 折，送货到家，活动当天还推出了抽奖活动。凡活动期间，消费满 50 元的消费者可获抽奖机会一次，消费满 100 元可获抽奖机会两次，活动设一、二、三、四等奖，一等奖 50 元超市代金券，二等奖暖手抱枕一个，三等奖可乐一瓶，四等奖纸巾一包。

考考你

小微企业主常用的促销技巧有哪些？

 **项目小结**

产品组合是指消费者售予购买者的一组产品,它包括所有的产品线和产品项目,好的产品组合不仅能最大化企业的利润还能使企业获得可持续的发展。产品梳理矩阵和波士顿矩阵能很好地为小微企业主解决应当生产何种产品,设计什么样的产品组合才能增加企业利润的产品分析和决策。

如何合理定价成为企业经营决策中最重要的决策之一。企业必须依照确定定价目标、预测市场需求、估计成本、分析竞争者防御、选择定价策略、方法和技巧,充分考虑与各种政策的协调的程序制定最终价格,在制定初始价格时,企业可以采用成本导向定价法及竞争导向定价法,为了赢得竞争,企业也可以采用心理定价、组合定价等一系列定价策略。

客户是企业生存和发展的基础,市场竞争的实质其实就是争夺客户资源。在客户开发中,小微企业主可以采用资料查询及介绍寻找等方法来找寻目标顾客,对于不同的顾客采用不同的说服策略,但总的来说,为了吸引顾客,企业必须做到提供适合的产品和服务、采用适当的产品分销渠道和营销策略等;客户关系管理的策略主要在于维持现有客户,而不是一味地争取新客户。所以小微企业主可以用实施特殊的赞赏活动等方法来提高顾客的保持率,对于不同的客户采用不同的维护策略,尤其要做好大客户的开发和维护。

新媒体营销是指利用新媒体平台进行营销的方式。它是企业软性渗透的商业策略在新媒体形式上的实现,通常借助新媒体表达与舆论传播使消费者认同某种概念、观点和分析思路,从而达到企业品牌宣传、产品销售的目的。小微企业常用的新媒体营销渠道主要有微信、微博及短视频营销三种。

促销是企业通过人员推销或非人员推销的方式,向目标顾客传递商品或劳务的存在及性能、特征等信息,帮助消费者认识商品或劳务所带给购买者的利益,从而引起消费者的兴趣,激发消费者的购买欲望及购买行为的活动。常用的促销方式包括:价格促销、变相折扣、优惠券/代金券促销、赠品促销、有奖促销、活动促销、赞助促销等。

 复习思考题

1. 小微企业该如何优化产品组合?
2. 产品定价的步骤?
3. 小微企业如何防止大客户流失的方法?
4. 小微企业应怎样选择适宜的新媒体营销渠道进行产品推广?

 **思考案例**

辉记理发店生意暴涨的秘密

理发店生意深受季节变化的影响,旺季顾客盈门,淡季门口罗雀,如何让理发店生意持续地火起来？

辉记的老板阿辉开始仔细研究来店的顾客信息，他发现 70% 的顾客都是新顾客，老顾客的回头率很低，于是，他决定首先是对没有重复消费的顾客提供一次免费的理发服务，通过微信联系顾客，有 50% 的顾客回应；其次，每周给老客户发送选择性提醒信息，提醒老客户他们的理发周期。例如，"距您上次理发时间已经超过 30 天，为保持您的完美形象，建议本周来本店"，发送这样的短信之后，有 60% 左右的顾客回头持续消费；然后，阿辉给顾客发送转介绍优惠卷，即老带新的话，老顾客可以得到 10% 的折扣，新人凭券首次消费打五折，顾客满意的话，可以续费会员卡，充值 1 500 元，享受烫染 8.8 折。经过此番操作后，辉记理发店不仅挽回了流失的大部分顾客，也通过会员卡进一步锁定了老客户，理发店生意也因此持续火了起来。

请思考并回答：
这个案例的启示是什么？

 实训项目

小王在大学城附近租了家店铺，打算开一家自助洗衣店，但苦于不知怎样让更多的人知道小店开业的消息，请你为他策划一个开业的新媒体营销方案。

项目六
亮剑，在市场中搏杀

  项目导航

◇ 理解竞争优势的来源
◇ 认识知识管理的重要性
◇ 掌握小微企业知识管理的方法
◇ 理解企业核心竞争力的内涵
◇ 掌握波特三大竞争战略
◇ 掌握市场竞争的策略和方法
◇ 合理合法的参与企业竞争，不能不择手段地去竞争

  思维导图

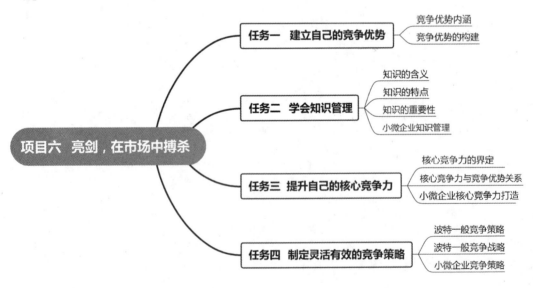

  职业指导

市场是一个"试金石"，企业的好与差，成与败，都需要放到市场中进行检验。竞争是

残酷的,也是公平的。

企业要想在激烈的市场竞争中生存和发展,必须有与其他对手竞争的本钱和策略,必须形成自己的竞争优势。市场如战场,市场竞争就像是一场战争,打赢的关键无非是两点:一是有实力,二是战术得当。实力是本,是基础。尽管通过战术运用得当,以少胜多的案例也很多,但如果没有实力,战术运用再好,也很难取胜,更很难保持长胜。

引导案例

什么是你的"杀手锏"?
——江小白的差异化竞争定位

重庆江小白,以青春的名义创新,以青春的名义创意,以青春的名义颠覆,致力于引领和践行中国酒业的年轻化、时尚化、国际化。

以青春创意吸引消费者,以品质口感留住消费者。江小白采用单一高粱小曲酒酿造工艺,工艺标准化,品质稳定。强调单纯、纯净、柔和、甜润的国际化口感,突出单一高粱酿造的独特口感特征。

"江小白"团队并不是传统意义上的酒企,而更像是一家文化创意公司。"江小白"卖的也不是酒,而是一种有表达的青春态度。颠覆传统,创造符合当代消费者喜爱的品牌和品质精良的产品,带动和实现中国酒业的年轻化、时尚化、国际化是江小白团队的奋斗愿景。

江小白是对传统白酒的一次重大颠覆,它打破了传统观念中白酒就是商务酒、宴会酒的刻板形象,它的消费人群定位在80后、90后的年轻人,年轻人时尚、活跃、不拘束的生活态度,与江小白的形象定位一拍即合。

单一高粱酿造的单纯酒体和稳定品质,使江小白具备了作为调味基础酒的先天优势,任意加冰降度不浑浊,也可根据个人喜好,与瓶装冰红茶、绿茶、红牛、王老吉、柠檬、橙汁、苏打水等混合调制充满个性与创意的"小白鸡尾酒",全新口感体验,全新时尚感觉。

(资料来源:江小白酒业公司网站)

思考与讨论:江小白是如何在激烈的白酒市场竞争中一鸣惊人的?

任务一 建立自己的竞争优势

竞争优势是消费者选择你的理由,是在市场中搏杀的利器,是决定企业生存命运的关键。企业是否能够生存和发展,除了政治、经济、技术等宏观环境影响以外,从微观来看,主要是看竞争对手和消费者两个因素,但最终的决定因素还是消费者。因此,企业的竞争优势最终要体现在满足顾客需求上,竞争优势一定是为顾客创造价值的。

一、竞争优势的内涵

所谓企业竞争优势是指企业在市场竞争中,所具有的超越其竞争对手的能力,这种能力可以使企业在这个市场中得以生存和发展,这种能力通常表现为更强的盈利能力和更高的市场占有率。

20世纪80年代以来,竞争优势成为西方管理理论研究的热点。目前,这一理论体系大体上可以分为竞争优势的外生理论与竞争优势的内生理论。外生理论认为,企业的竞争优势是企业在复杂的市场竞争环境中,通过企业与其他竞争对手的比较中形成的,企业可以通过竞争策略确立自己的比较优势。内生理论则认为企业内部因素是企业竞争优势的来源,企业内部知识、资源、能力的形成、积累和更新是企业获取和保持竞争优势的关键。外生理论强调企业竞争优势源于比较,内生理论强调企业竞争优势源于企业能力的不可模仿性(见图6-1)。

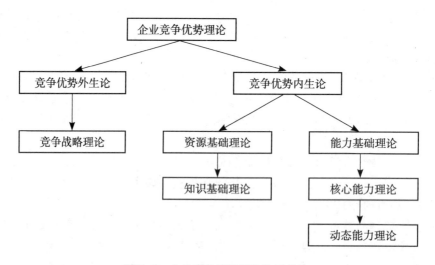

图6-1 企业竞争优势理论体系结构

二、建立自己的竞争优势

企业无论大小都需要建立自己的竞争优势,企业无论大小也都可以建立自己的竞争优势。没有竞争优势的企业终将会被市场所淘汰。

(一)小微企业建立竞争优势的方向

企业的竞争优势主要体现在资源、知识、能力和竞争策略上,换句话说,企业需要从资源、知识、能力和竞争策略方面入手,建立自己的竞争优势。小微企业在资源方面存在劣势,因此,小微企业需要着力解决知识、能力和竞争策略的问题,通过知识管理、核心能力建设和竞争策略来建立自己的竞争优势,本章任务二、任务三、任务四就是对这三个方面进行分析。

(二)竞争优势需要识别

如前所述,竞争优势是在市场竞争中通过比较显现出来的。到底在竞争中企业有没有表现出竞争优势,显示出了哪些竞争优势,都需要企业去发现,去识别。发现竞争优势,同样需要站在企业和消费者两个角度。站在企业的角度看与竞争对手相比,自己具有哪些优势;站在消费者的角度,看在满足消费者需求方面,在吸引消费者方面,企业与其他竞争对手相比具有哪些优势,即消费者为什么会选择你,而不选择其他。

(三)竞争优势需要不断优化

市场在变,对手在变,任何优势都是相对的,今天的优势,明天可能就不复存在了。小微企业需要了解市场,了解对手,不断创新,不断调整,使竞争优势不断完善、调整和强化。只有这样,企业才能保持持久的生命力。

任务二 学会知识管理

知识管理是指对知识本身的管理,包括对知识的获取、加工、存储、应用和创造的管理。知识管理的目的是知识利用和知识创造,是要让知识发挥作用,并使知识得到积累和再创造,持续保持生命力,促进企业持续发展。时代在变,身处这个时代的企业必须顺应时代的变迁,与时俱进,用符合时代要求的思想和理念进行运营,才能不被时代所淘汰。这个时代需要知识,知识就是生产力,知识就是竞争力。

一、知识的含义

知识一词最早来源于哲学领域,培根认为"知识就是力量",康德认为"经验是知识的基础"。《辞海》(第七版)对知识的定义为:"人类认识的成果或结晶。"现代"知识"一词被经济学、管理学、信息学等广泛使用,从经济学的角度来说,知识是一种资本。从信息化的角度来讲,知识是浓缩了的系统化的信息。国外有专家认为,知识包括一切人类认为是正确且真实的洞察力、经验和程序等,它可以用来指导人类的思考、行为与沟通;又有专家认为,知识是人类对数据及信息的一种逻辑推理,它可以提升人类的工作、决策、问题解决及学习的绩效。中国国家科技领导小组办公室给出的知识定义是,经过人的思维整理过的信息、数据、形象、意象、价值标准以及社会的其他符号化产物,不仅包括科学技术知识,还包括人文社会科学知识,商业活动、日常生活和工作中的经验和知识,人们获取、运用和创造知识的知识,以及面临问题作出判断和提出解决方法的知识。

知识、消息、信息、数据等有着密切的联系,知识是一种起作用的信息,就像信息是从数据中演化来的一样,知识是从信息中演化来的。信息资源管理是为了实现企业的目标,满足企业的需求而对信息资源进行开发、规划、控制、集成、利用的一种信息管理。从信息到隐性知识这一过程主要通过个人学习实现,个人通过对信息的获取和理解,提炼出有价值信息,并以知识的形态固化在个人身上。从隐性知识转化为显性知识是知识管理体系中最为复杂、同时也是最为关键和核心的部分。由于有价值的隐性知识被固化在组织成员的身上,使之得以共享必须通过有效的学习机制完成(见图6-2)。

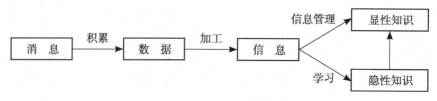

图 6-2　消息、数据、信息与知识

二、知识的特点

根据资源的不同表现形态,可以将资源分为知识资源和物质资源。物质资源指的是资金、设备、原材料、厂房、土地等实物性的生产要素。知识资源是指企业拥有的可以反复利用的、有价值的信息资源。与物质资源相比,知识资源具有以下五个特点。

第一,物质资源具有稀缺性,用一点少一点。即便不是绝对稀缺,起码也是相对稀缺。知识资源则具有再生性,知识在应用过程中,会实现不断的创新和增值。

第二,物质形态的资源具有强烈的排它性,难以共享;但绝大部分知识资源不排它,可在一定范围和程度内进行共享。

第三,物质资源在运动、交换、变化的过程中,通常只发生价值形态的转移,如从实物形态变成货币形态。而知识资源不仅有价值形态的转移,更重要的是会产生增量,发生价值增值。

第四,物质资源的投入产出关系是清晰的、确定的、可以预见的,而知识资源投入产出关系不清晰,具有高度的模糊性和不确定性。可能高投入带来高产出,也可能高投入低产出。一些高科技产业和企业之所以有较大风险就在于此。

第五,物质资源随着使用次数的增加会发生损耗、折旧、效用递减,且在使用过程中或多或少会对自然环境和生态造成伤害甚至破坏。知识资源不会损耗,可以多次使用,重复交易,且知识资源随使用频率的增加其效用随之增加。知识资源不会自行消亡,可以长期存储和使用,在使用时也不会伤害自然环境和生态。

对于小微企业来说,其所拥有的物质资源有限,更加需要重视并有效利用知识资源来获取竞争优势。

三、知识的重要性

(一) 知识是企业的无形资产

知识是企业一种重要资产。随着经济社会不断向前发展,知识的价值和重要程度越来越大。企业要想在未来的市场竞争中生存和发展,必须把知识作为一种关键性的战略资产进行保护和管理。

(二) 知识是企业竞争优势的来源

企业所拥有的专有知识被广泛认为是企业竞争优势的唯一来源。资源基础观认为资源是企业获得并保持竞争优势的基础,企业的可持续竞争优势来源于其稀缺、有价值、不可模仿与替代的资源。彼得·德鲁克认为,当代甚至是未来的社会中,最重要的经济资源是知识,有效地掌握与管理知识,将是企业能否维持创造力与继续生存的关键。企业从知识的投资中可以获得巨大的回报,这些回报将逐渐成为企业的竞争优势。企业作为学习性系统所拥有的知识存量与知识结构,以及所拥有的难以被竞争对手模仿的隐性知识,是企业竞争优势最深层的决定性因素。

(三) 知识是企业生存之根本

企业可以被看作是人运用知识资源对物质资源进行配置,并获得绩效的组织。在企业的经营活动中,知识资源起着支配和主导作用。面对相同的物质资源,应用不同的知识去经营,结果会大相径庭。例如,大家都经营饭店,有些生意红火,有些生意惨淡;同样都是服装销售,有些盈利,有些亏损;同是一家企业,不同的人来经营,结果也是天壤之别。究其原因,还是不同企业所拥有的知识不同。由此可以看出,知识是决定企业生存成败的根本。

案例 6-1

一个学徒工成功的秘密

一个小伙子没有读过什么书,但非常善于钻研。早年在一个小店打工,兼学制作卤肉的技术。由于当地人很喜欢吃卤制品,因此,卖卤制品的小店开了很多。出师之后,他也开了一家小店卖卤肉。他不断学习、试验和改进,最终形成了规范化的制作工艺,并配制了独特的调味料。稳定的质量和独特的口感受到了消费者广泛欢迎,生意越做越大,分店遍布全城,并开始向外扩张。为了打造品牌效应,他申请了注册商标,并设计统一的视觉标志,制定统一的作业规范,不断研发新产品。经过多年的打拼,企业在技术、无形资产、管理水平、产品创新等方面不断积累和提升,使其与其他小店相比,具有明显的竞争力和竞争优势。

(四) 企业知识有助于更好地识别、开发与利用市场机会

机会广泛地存在于市场环境中,对每个企业、每个人来说,都是公平的,是一视同仁的,但并不是每个人、每个企业都可以发现并利用机会。机会的发现需要以一定的信息为基础,同时,还需要对信息进行分析、判断,从而获得有价值的信息。这种有价值的信息本身就是一种知识资源,而识别、获取和利用这些信息的过程,也需要知识。

综上所述,知识对企业来说意义重大。知识是企业的无形资产,是企业生存之根本,企业的竞争优势与知识密切相关,有助于更好地识识别、开发与利用市场机会,促进了竞争优势的形成。

案例 6-2

啤酒与尿布

在一家超市,有个有趣的现象:尿布和啤酒赫然摆在一起出售,但是这个"奇怪的

举措"却使尿布和啤酒的销量双双增加了。

　　这是发生在美国沃尔玛连锁超市的真实案例,并一直为商家津津乐道。

　　是什么让沃尔玛发现了尿布和啤酒之间的关系？商家通过对超市一年多原始交易数字进行详细的分析,才发现了这对神奇的组合。

　　总部位于美国阿肯色州的世界著名商业零售连锁企业沃尔玛拥有世界上最大的数据仓库系统,为了能够准确了解顾客在其门店的购买习惯,沃尔玛对顾客的购物行为进行购物篮分析。一个意外的发现是:"跟尿布一起购买最多的商品竟是啤酒！"

　　这是数据挖掘技术对历史数据进行分析的结果,反映数据内在的规律。那么这个结果符合现实情况吗？是否是一个有用的知识？是否有利用价值？于是,沃尔玛派出市场调查人员和分析师对这一数据挖掘结果进行调查分析。经过大量实际调查和分析,揭示了隐藏在"尿布与啤酒"背后的美国人的一种行为模式:在美国,一些年轻父亲下班后经常要到超市去买婴儿尿布,而他们中有30%~40%的人同时也为自己买一些啤酒。产生这一现象的原因是:美国的太太们常叮嘱她们的丈夫下班后为小孩买尿布,而丈夫们在买尿布后又随手带回了他们喜欢的啤酒。

　　既然尿布与啤酒一起被购买的机会很多,于是沃尔玛就在其一个个门店将尿布与啤酒摆放在一起,结果,尿布与啤酒的销售量双双增长。

　　啤酒与尿布,可谓风马牛不相及,然而沃尔玛从顾客购物习惯入手并将两者巧妙加以组合,却收到了意想不到的好效果。由此联想到,在当今日趋激烈的市场竞争中,我们的商家和个体经营者不妨多学点顾客心理学,适时研究和分析顾客心理,从细微处入手,便能找到理想的销售方式,从而把生意做大做活。

（资料来源：新浪财经网,http://finance.sina.com.cn）

纸牌屋：依靠大数据分析进行营销

　　一部《纸牌屋》,让全世界的文化产业界都意识到了大数据的力量。《纸牌屋》的出品方兼播放平台 Netflix 在播出季度新增超 300 万流媒体用户,季度财报公布后股价狂飙 26%,达到每股 217 美元。这一切,都源于《纸牌屋》的诞生是从 3 000 万个付费用户的数据中总结收视习惯,并根据对用户喜好的精准分析进行创作。

　　《纸牌屋》的数据库包含了 3 000 万个用户的收视选择、400 万条评论、300 万次主题搜索。最终,拍什么、谁来拍、谁来演、怎么播,都由数千万观众的客观喜好统计决定。从受众洞察、受众定位、受众接触到受众转化,每一步都由精准、细致、高效、经济的数据引导,从而实现大众创造的 C2B,即由用户需求决定生产。

　　如今,互联网以及社交媒体的发展让人们在网络上留下的数据越来越多,海量数据再通过多维度的信息重组使得企业都在谋求各平台间的内容、用户、广告投放的全面打通,以期通过用户关系链的融合,网络媒体的社会化重构,在大数据时代下为广告用户带来更好的精准社会化营销效果。

（资料来源：中国大数据网,http://www.thebigdata.cn）

四、小微企业知识管理

以上已经分析了知识的概念、特点和知识的重要性,也提到了小微企业需要对知识进行管理。那么,什么是知识管理呢?不同的人,不同的流派有不同的定义。本书认为,知识管理是指对知识本身的管理,包括对知识的获取、加工、存储、应用和创造的管理。

(一)知识获取

小微企业进行知识管理,首先应该认识知识及知识管理的重要性,加强知识获取。知识获取的渠道有很多,包括组织学习、人力资源招聘、调查、交流沟通、知识资源购买、经营管理记录等。

(二)知识加工

对于获取的知识,应该对其进行筛选、整理、分析和重构,使知识系统化、规范化,便于应用,同时,转化为适合企业应用的资源。

(三)知识存储

知识存储不是要把知识束之高阁,而是把知识固化、制度化、文字化、流程化,是知识积累的过程,以便知识的共享、复制、传播和延续。知识存储是为知识更多更好的应用和再创造。

(四)知识应用

知识应用是知识管理的最终目的。小微企业应该尊重知识,相信知识的力量。摒弃"知识无用论""学习无用论"的思想。激发知识的主宰者——人的潜力,充分发挥他们的聪明才智,并激励他们不断学习和应用知识。

(五)知识创造

时代在变,要求在变,知识也不能墨守成规,一成不变。小微企业需要适应内外部环境的变化,不断进行知识创新。为了做好知识创造,企业需要做好以下三点:一是要确定知识创造的方向,引导知识创新;二是要营造知识创造的机制和氛围;三是要进行知识创新的评价;四是要支持知识创新成果的应用。

案例 6-3

不断学习的理发师

原本一个名不见经传的理发师,在一个城市经营十年后,将自己的理发店发展成为当地有名的美发中心,开有多家分店,与其他竞争对手相比,环境、技术、服务等方面优势明显,当然价格也比较高。

十年之前,大家站在同一个起跑线上,十年之后,差距如此之大,我们不禁要问:他是如何做到的呢?答案也许有些老套,但事实如此,知识改变命运。他做了一些看似简单,却是很多人没有意识到应该去做,或者是没有做好的事。

第一,多渠道学习,不断提升美发技能;第二,高薪招人、留人;第三,进修培训,学习管理知识;第四,组织员工外出培训,提高技术;第五,制定标准化操作流程和管理制度;第六,注册商标,注重无形资产保护。

任务三　提升自己的核心竞争力

一、核心竞争力

核心竞争力,又称核心竞争能力,最初由普拉哈拉德和哈默于1990年在《哈佛管理评论》中提出。核心竞争力是企业生存和发展的法宝,企业不管大小都可以,也都需要打造自己的核心竞争力,并不断完善、强化和提升它。

(一) 核心竞争力的内涵

自从核心竞争力一词被提出以后,便受到了人们的普遍关注,研究众多,目前对于核心竞争力的内涵,存在多种不同看法,归纳起来主要有如下四种。

1. 基于技术或技能的定义

它是从技术或技能角度来定义核心竞争力,认为技术和技能是企业发展的最终动力,也是企业核心竞争力的根本来源,只有不断进行技术或技能创新才能保持企业产品的领先性、难以模仿性和可持续竞争优势。例如,普拉哈拉德和哈默最先提出:"核心竞争力是组织中的累积性学识,特别是关于如何协调不同的生产技能和有机结合多种技术流派的学识。"勃格纳和托马斯指出:"核心竞争力是那些与竞争对手相比可以获得最大程度用户满意的公司专门技能。"

2. 基于资源观的定义

它是从企业以独特方式运用和配置资源来获得竞争优势角度来定义核心竞争力,认为企业获取和配置资源及能力的"异质性"决定了其竞争地位,资源成为保证企业持续获得超常规利润的最基本条件。例如,将核心竞争力定义为企业依据自己独特的资源(资本资源、技术资源或其他方面的资源以及各种资源的综合),培育创造本企业不同于其他企业的最关键的竞争能量与优势。

3. 基于能力观的定义

它是从企业能力及其组合出发定义核心竞争力,认为核心竞争力是企业一系列能力的综合。例如,有观点认为"核心竞争力是企业能力的一个特定组合,是使企业、市场与技术相互作用的特定经验、技术、组织能力的积累"。

4. 基于整合观的定义

它是从企业技术、技能、知识、资源的整合或组合角度来定义核心竞争力,认为核心竞争力是由企业技术、技能、知识、资源两者或两者以上组合而成。例如,"核心竞争力是那些完全独特的、可重新使用的各种技能与知识的内在综合体"。或者说,"核心竞争力是公司在市场中拥有的独特的技术、知识与技能的组合"。

不管对于核心竞争力的定义如何,核心竞争力应该是一种综合的能力。核心竞争力可以表现为：一是与市场进入相关的竞争力,如价格、商标、营销、服务等,所有这些技能将帮助企业更好地接近客户；二是与内部整合相关的竞争力,如质量、产品周转周期管理、及时库存管理等使本企业与竞争对手相比做得更快、更灵活而又富有更高可靠性的管理活动；三是与功能相关的竞争力,如使一个公司的服务或产品具有独特功能和显著客户价值。

(二) 核心竞争力界定标准

辨别和界定小微企业的核心竞争力是非常必要的,这不仅有利于企业正确认识与其他企业相比自身的竞争筹码,也便于企业明确强化核心竞争能力的方向。对于核心竞争力的辨识和界定,主要看企业的某种能力是否是有价值的、稀有的、难以模仿的和可延展的。

1. 核心竞争力必须是有价值的

这意味着它能够通过利用公司外部环境中的机会或消除公司外部环境中的威胁为公司创造价值,帮助公司形成和实施那些能够创造特定客户价值或客户感知价值的战略。由于核心竞争力是帮助公司传递客户利益的各种技能,也因为核心与非核心客户利益的差别在一定程度上可以区分核心竞争力与非核心竞争力,因此,客户是决定某竞争力是不是核心竞争力的最终裁判员。公司为了识别其核心竞争力,需要评价自身的某项特定技能是否对客户感知价值有显著贡献。

2. 核心竞争力必须是稀有的

拥有这种竞争力的现有或潜在竞争对手应该是非常稀少的,也就是说那些行业内普遍存在的、不能提供任何竞争者差异的能力不应该当作核心竞争力,而只能算是加入本行业的"筹码"。因为被许多竞争对手拥有的能力不可能成为这些企业竞争优势的来源。只有当企业创造并发展了那些与竞争对手不一样的能力时,才会产生竞争优势。

3. 核心竞争力必须是难于模仿的

如前所述,核心竞争力必须是稀有的,如果全行业的企业都具有这种能力,那么这种能力就不能形成企业的竞争优势,也就不能称其为核心竞争力。另外,核心竞争力应该是企业可以长期持续拥有的能力,因此,对于竞争对手来说,企业的核心竞争力必须是难于模仿的。

4. 核心竞争力必须具有延展性

从公司角度来看,如果不能由某种竞争力衍生出能够满足顾客需求的新产品或服务,它也不可能是核心竞争力。实际上,这意味着在确定核心竞争力时,管理者必须努力从凝聚着某项竞争力的具体产品中跳出来,思考如何把这种竞争力应用于新产品领域中去,即考察其延展性。

二、核心竞争能力与竞争优势的关系

(一) 核心竞争力是竞争优势的源泉和基础

核心竞争力是与竞争对手相比可以获得最大程度用户满意的公司专门技能。核心竞争力是在竞争中形成的,是与竞争对手的比较中确立的。核心竞争力是企业形成竞争优势的源泉和基础,企业打造核心竞争力的最主要目的也是为了形成竞争优势。也可以说,核心竞争力与竞争优势具有相似的内涵。小微企业虽然物质资源欠缺,无法和大中型企业相比,但可以通过核心竞争力的建设,形成自己的竞争优势。

(二) 核心竞争力是企业保持竞争优势的重要手段

核心竞争力具有不可模仿性的特征,也就是说,竞争对手很难进行复制,在一定时期内,企业因为拥有这种核心竞争力而形成的竞争优势可以长期保持。另外,核心竞争力具有延展性,企业可以围绕核心竞争力打造其他能力,使企业整体的竞争能力增强,在这种情况下,即使企业的核心竞争力被蚕食或弱化,但企业依然可以凭借整体的竞争能力,保持自身的竞争优势。

综上所述,企业核心竞争力是企业获得竞争优势的源泉和基础,从某种意义上说,核心竞争力就是企业的竞争优势。另外,核心竞争力不易模仿和复制的特性,以及其具有的延展性,对企业长期保持竞争优势发挥着重要作用。

三、小微企业核心竞争力

(一) 小微企业核心竞争力的相对性

小微企业可以打造与全行业竞争对手抗衡的绝对核心竞争力,但这种竞争导向可能带来较大规模的成本投入,不符合小微企业的实际情况。

小微企业的目标市场相对较小,真正与某一小微企业形成竞争的企业是有限的。因此,小微企业在一定的发展阶段上,没有必要打造绝对的核心竞争力,可以基于目标市场和目标市场的竞争状况,打造相对核心竞争力。换句话说,就是只考虑与自己真正形成竞争关系或主要竞争关系的企业竞争,只要与他们相比,具有某一特定的、不可替代的、难以模仿的、有价值的竞争优势就可以了。

(二) 小微企业核心竞争力打造

(1) 核心竞争力的"点"打造。对于一些大企业来说,为了增强竞争力,保持市场的主导地位,可能会多点打造竞争优势,形成综合的核心竞争力"网",如在品牌、技术、专利、管理、声誉、质量等多个方面具有绝对或相对的竞争力。

如上所述,小微企业缺乏资源,也没有必要采取多点打造的策略,需要考虑企业的实际情况和竞争状况,重点打造一个或少量几个竞争能力点,做精、做细、做强。

(2) 重点打造价格、技术和增值服务优势。核心竞争力可以表现为很多方面,如价格、品牌、技术、专利、管理、声誉等方面。而在品牌、专利、管理等方面,小微企业不占优势,很难和大企业相抗衡。小微企业可以将主要精力放在价格、技术和增值服务上,也就是说小微企业把重点放在与产品本身相关的核心能力建设上,打造成本型和技术型核心竞争力,弥补资源竞争上的劣势。利用小微企业的成本优势,在价格方面取得领先地位。小微企业需要适应新时代发展变化,不断向科技化转型,不能墨守成规、故步自封。党的二十大报告指出,要加快实施创新驱动发展战略,强化企业科技创新主体地位,发挥科技型骨干企业引领支撑作用,营造有利于科技型中小微企业成长的良好环境。小微企业通过科技创新打造差异化的产品,不断提升产品竞争力,并在增值服务方面做文章,提升顾客的消费体验,如送货上门、提高送货速度、免费安装、质量问题迅速响应等,从而增强自己的竞争能力和竞争优势,确立市场地位。

案例 6-4

小餐饮店的味道江湖

餐饮行业的竞争具有自身的特殊性。首先,餐饮企业之间的竞争,主要的竞争点是味道,味道是技术和技能的体现,尽管环境、服务等因素的影响力逐渐加强,但从目前的市场现状来看,味道还是人们外出就餐时思虑的主要因素;其次,味道是千差万别的,人们的需求也是千差万别的,这就使餐饮行业很难出现某一企业具有绝对的垄断竞争力,企业不论大小,都可以创造自己独特的味道;最后,餐饮企业的辐射范围具有明显的地域性,跨区域的竞争和影响是有限的。例如,一个小火锅店在 A 县城经营多年,规模虽然不大,却享有良好的口碑,凭借独特的口感,生意一直火爆。尽管县城里增加了许多加盟的大品牌火锅店,但并没有因为竞争的加剧,而影响它的客源。

任务四　制定灵活有效的竞争策略

要参与并赢得市场竞争,首先要对市场竞争环境进行分析。一般的企业管理者在分析竞争环境时仅仅想到行业内现有企业的竞争,如开了个餐馆,仅仅能意识到周边餐馆对自己的竞争,这是不够的,我们来看看波特是如何分析竞争环境,并制定竞争战略的。其次,针对小微企业的特点,提出一些小微企业的竞争策略。

一、波特一般竞争策略

(一)行业竞争分析——波特五力竞争模型

五力竞争模型是迈克尔·波特在 20 世纪 80 年代初提出的,可以有效分析企业所处的竞争环境,为企业制定竞争策略奠定基础。他认为,企业面临的竞争压力主要来源于供应商、顾客、替代品、现有竞争者和潜在新进入者,即供应商的议价能力、顾客的议价能力、潜在新进入者的威胁、替代品的威胁、行业内现有竞争者的竞争能力。这五种力量的不同组合变化,最终影响着行业、企业的经营环境和利润状况(见图 6-3)。

1. 供应商的议价能力

供应商的议价能力主要表现为物资或劳务提供商与企业合作过程中所拥有的讨价还价能力,这种能力可以通过供货价格、供货时间、供货质量、售后服务等方面体现出来,供应商的议价能力会影响企业最终的产品价格、质量、交货时间,从而影响企业的竞争力。供应商所供要素成本占企业产品总成本的比重越大,供应商的议价能力对企业的影响越大。

不同行业或同一行业中不同企业所面对的供应商议价能力是有差别的,同一个供应商对不同企业所表现出来的议价能力也是不相同的。对小微企业来讲,在与供应商合作

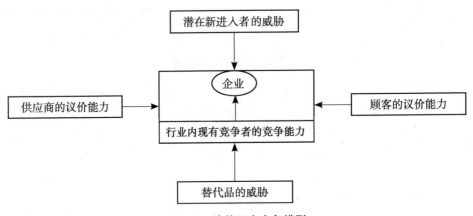

图 6-3　波特五力竞争模型

过程中,特别是与一些大型供应商合作过程中,往往处于弱势,供应商拥有较强的议价能力。供应商的讨价还价能力主要来源于以下几个方面。

(1) 供应商具有某种特定优势,比如技术、专利等,使供应商的替代品有限,企业的选择面比较窄。

(2) 供应商所处行业进入门槛较高,竞争较小,或是行业整体供不应求。

(3) 企业的采购金额占供应商销售额的比重太小,供应商对企业不重视。

2. 顾客的议价能力

顾客包括消费者市场的顾客和产业市场的顾客。顾客的议价能力主要通过其压低价格或要求提高产品(服务)质量的方式表现出来。顾客的议价能力对企业来说,最大的影响就是压缩企业的利润空间和带来较大的经营风险。顾客的议价能力主要来源于以下几个方面。

(1) 购买者的总数较少,而每个购买者的购买量较大,占企业销售额的比例较大。

(2) 供应市场充裕,顾客可以比较容易地获得所需的产品。

(3) 顾客可选择的替代品较多。

3. 潜在新进入者的威胁

新进入者会给整个行业带来更大的生产能力,更充裕的供给,会加剧整个行业竞争的激烈程度,会瓜分现有企业的市场份额。同时,新进入者会使整个行业的材料、人工等生产要素的需求量上升,造成要素价格上涨,从而增加企业的生产成本。最终导致行业中现有企业经营环境恶化,盈利水平降低,严重的话还有可能危及企业的生存。潜在新进入者威胁的严重程度取决于三方面的因素,一是行业的进入壁垒,二是预期收益,三是预期风险。

4. 替代品的威胁

与企业产品具有相似功能和效用的产品,都可以称为替代品。由于替代品的存在,企业在面对同类产品竞争的同时,还需要应对替代品的竞争威胁。替代品的威胁主要表现为两个方面:一是替代品的价格和质量,替代品价格越低、质量越好,用户转换成本越低,其造成的竞争压力越强;二是替代品的性能,随着经济社会的发展,技术的更迭速度不断加快,产品的性能日新月异,这种高性能的替代品,会争夺企业的市场空间,如果企业的创新能力不足,将会对企业的生存和发展造成严重的打击。

5. 行业内现有竞争者的竞争能力

市场中现有竞争者的竞争能力对企业的冲击是最直接、最主要、最不易调和的。如果市场整体容量是稳定的,竞争对手的竞争能力增强就意味着将会分得更大的蛋糕,也就意味着企业的市场份额会被竞争对手瓜分。

企业之间的竞争往往表现在价格、质量、广告、渠道、形象、功能、设计、服务、实力上,竞争对手的竞争能力可能体现为其中的一个或多个方面。另外,竞争对手的竞争能力是动态的,不是一成不变的,企业需要及时了解和掌握竞争对手的情况,并及时采取措施应对。

(二)波特一般竞争战略

生存和发展是企业面临的两个重要课题,这都与竞争密切相关。制定竞争战略,提升竞争能力,化解竞争风险,对企业至关重要。一般竞争战略是由美国哈佛商学院著名的战略管理学家迈克尔·波特提出来的。他认为,企业在面对五种力量综合作用的竞争环境中,为了生存和更好地发展,有三类成功的竞争战略,分别是成本领先战略、差异化战略和集中化战略。企业必须从这三种战略中选择一种,作为其主导战略,要么把成本控制到比竞争者更低的程度;要么在产品、服务等方面与竞争对手差异化,为消费者带来不一样的体验;要么企业集中精力提供某一特定的产品,或服务于某一特定的消费人群,或某一特定的市场。这三种战略架构差异很大,成功地实施它们需要不同的资源和技能。有时企业的竞争战略选择不止一个,波特认为如果这样做,目标实现的可能性是很小的,因为有效地贯彻任何一种战略,通常都需要全力以赴,企业用有限的资源去实施不同的战略,必将造成力量分散,相互冲突。

1. 成本领先战略

成本领先战略也称为低成本战略,是指企业通过有效途径降低成本,使企业的全部成本低于竞争对手,甚至是行业中最低的,从而获取竞争优势的一种战略。成本领先可以抵御现有竞争对手的竞争,缓解顾客讨价还价的压力,更灵活地处理供应商的提价要求,形成进入障碍,树立与替代品的竞争优势。需要特别注意的是,成本领先需要长期一贯制的控制成本,而不是为了价格战临时控制成本。企业需要采取必要的措施以实现和保持成本领先的优势,一般来说,这些措施不是单一的,是综合性的。企业降低成本的途径,主要是控制采购成本、生产成本、仓储物流成本和销售成本。

(1)控制采购成本。采购成本是产品成本的源头,也往往是最大的成本构成,因此,控制采购成本是实施成本领先战略的重要环节。以下介绍五个降低采购成本的方法。

① 选择良好的供应商,并维护好关系,供应商的运营成本是供货价格的重要影响因素,一个懂得如何控制成本的供应商,会为整个价值链条降低成本。

② 建立招投标或其他竞价、比价机制。

③ 对于成本较高的材料,可以考虑用便宜的替代品替代。

④ 为了提高采购量,达到批量采购的议价能力,小微企业可以考虑进行联合采购。

⑤ 注意性比价,不能只看价格,需要关注采购的TCO成本(即总拥有成本),追求总

拥有成本最低,而不是最低价格。

(2) 降低生产成本。对于生产型企业来说,降低生产成本也是至关重要的。采购成本的降低往往受市场环境影响,而控制生产成本,企业有较大的自主权。控制生产成本的方法主要有以下几方面。

① 通过人力资源的合理配置和充分发挥人力资源的效用来降低人工成本。

② 提高成品率,减少次品率。

③ 厉行节约,减少不必要的浪费。

④ 减少设备故障率,提高设备利用率和产出率。

⑤ 合理设计产能规划,避免长时间停工待产。

⑥ 技术改造或流程再造,提高生产效率。

(3) 控制仓储物流成本。随着场地租金不断上涨,以及物流运输成本不断提高,仓储物流成本在企业总成本中所占的比重越来越大,企业对于仓储物流成本的关注度也越来越高。以下提出几点控制仓储物流成本的建议。

① 提高采购灵敏度,降低原材料库存。

② 提高精益生产能力和物流效率,降低成品库存。

③ 合理规划仓库,充分利用存储空间。

④ 加强仓储安全管理,避免物品的非正常损耗。

(4) 降低销售成本。在市场竞争愈演愈烈的今天,企业为了赢得市场,往往会在产品的营销环节投入较大费用。而对于小微企业来说,以销售成本投入带动销售收入增加的方式可行性比较小,小微企业应该灵活运用以下几方面比较经济的方法。

① 小微企业的销售区域有限,应该选择有针对性的、经济实惠的推广方式。

② 合理设计销售人员和经销商的激励体系,少保底,多提成,鼓励多劳多得。

③ 充分利用互联网技术,创新销售模式,缩短销售渠道。

案例6-5

蚕食大企业市场的小型办公用品批零商

新华书店是中国国有图书发行机构,网点遍布全国各个城镇。在 A 城的步行街,新华书店开设有一个图书销售网点和一个办公用品销售网点,两个门店相距 200 米左右。新华书店实力雄厚,品牌效应大,公司信誉好,运营体系健全,质量有保障,深受老百姓喜爱。但随着市场经济的发展,个体私营企业快速兴起,市场竞争加剧,原有的市场格局被打破。一些小型办公用品批零企业凭借较低的运营成本、较低的市场价格、灵活的经营方式,渐渐蚕食着新华书店办公用品销售公司的市场份额。表 6-1 对 A 城新华书店和个体私营办公用品批零商的成本进行一下简单地比较。

表 6-1　　　　　　　　　　　成本差异分析

	新华书店	个体私营办公用品批零商
选址	黄金地段	非黄金地段
店面装修	装修档次高,购物环境好	装修简单,购物环境一般
店面面积	200～300 平方米	50 平方米
商品陈列	陈列规整、美观	陈列效果一般,商品较凌乱
产品丰富程度	一般	丰富
员工	5～10 人	2～5 人

2. 差异化战略

差异化战略,是指企业为了避开与竞争对手之间形成同质化竞争,加剧竞争的激烈程度或引发价格大战,而采取的与竞争对手不同的营销策略。这种战略的核心是取得某种对顾客有价值的独特性。差异化战略包括产品差异化、服务差异化、形象差异化、市场差异化等,其中最主要的形式是产品差异化(见表 6-2)。

表 6-2　　　　　　　　　　　差异化变量

产品	服务	形象	市场
功能 性能 质量 包装 可靠性 款式 品牌 ……	售前:信息,便于顾客决策 售中:沟通,良好的消费体验 售后:解决问题,持续改进,超越顾客期望	标志标识 员工行为 环境 组织行为 事件	地理 性别 年龄 收入 心理 职业 社会阶层 ……

（1）产品差异化。这主要体现在功能、性能、质量、包装、可靠性、款式、品牌等的某一个方面或多个方面。产品差异化是最常见的差异化形式,随着市场竞争愈演愈烈,市场细分越来越精,产品之间的差异越来越小,产品丰富程度越来越大。

案例 6-6

不一样的火锅鱼

产品之间的差异可以很大,也可以很微妙,只要这种差异可以在消费者的消费体验中形成与竞争对手不一样的感受,关键是这种差异满足了顾客的物质需要或心理需要。

> 重庆火锅鱼是重庆火锅中的一个分支,是重庆火锅市场细分的结果,也是重庆火锅行业不断发展的体现。火锅鱼经过多年的发展,在重庆火锅市场中已经占有了一定份额,行业趋于成熟,竞争日益激烈,面临行业发展瓶颈和诸多新派火锅的挑战,改变势在必行。
>
> 有这样一家火锅鱼店,在激烈的市场竞争中,凭借在产品上的一个细小改变,赢得了声誉,也赢得了市场。它的做法其实很简单,其他的火锅鱼店,都是将顾客点的鱼经过处理后,切成块送给顾客。这时,顾客心理就会产生不好的消费体验,怀疑店主会缺斤少两。确实,也曾经发生过这样类似的事情。为了消除顾客的疑虑,改善顾客的消费体验,这家店做了一个小小的改变,将原本切成块的工艺,改为"暗切",即送到顾客面前的一条完整的鱼,实际上是经过分切但有部分连接的鱼。这一小小的改动,消除了顾客的疑虑,增加了门店的信誉,也吸引了更多的消费者。

(2)服务差异化。服务差异化一般体现在售前、售中、售后服务上的优化,与产品差异化不同的是,不同的消费者对差异化的产品有不同的评价,不同的消费者对差异化的产品有不同的偏好,没有优劣的严格标准,但服务却不同,不同消费者对服务的感受和评价大致是相同的,因此,企业需要格外注意服务质量改进。

案例6-7

面对年轻人的年轻化服务

> 餐饮是一个相对低技术、低工资的劳动密集型行业,加之工作环境和工作内容没有吸引力,餐饮服务人员流动很频繁,特别是年轻人不喜欢在餐饮行业工作。很多餐饮店为了降低运营成本,又避免人员频繁流动,普遍采取低工资、低学历、高年龄的人力资源配置方式。这种人力结构固然有好的一面,但也存在很多问题,如工作效率低、服务质量差等。
>
> 在某地一个大学城里,集中了很多高校,也吸引了很多餐饮企业入驻,虽然竞争激烈,但其中一家生意一直很好,通过观察,发现这家企业在服务方面与众不同。第一,服务人员年轻化;第二,服务流程标准化;第三,服务内容人性化。
>
> 大学生群体的消费理念具有其特殊性,他们不仅看重产品质量,更看重服务质量,期望良好的消费体验。队伍年轻化、流程标准化、服务人性化,与这家餐厅的目标顾客需求相吻合,因此,吸引了许多大学生前往消费。

(3)形象差异化。形象差异化可以表现为显性形象差异和隐性形象差异,显性形象包括标志、标识、环境等,隐性形象包括员工行为、组织行为、事件等。企业形象不同,影响着企业与公众之间的关系,进而影响顾客的消费决策。

案例6-8

卫 生 的 形 象

不论城市大小,街边巷尾总有很多小吃店,这些小店给人们带来了丰富的美食体验,满足了我们的味蕾需要,但较差的卫生条件也让人们在享受美味的同时心有余悸。卤鹅是某地非常有名的休闲小吃,深受当地人的喜爱,做卤鹅生意的小店也很多。在这些众多的小店里,有一家的口碑甚好,除了口味独特以外,大家普遍认为这家店的卫生状况是良好的,是可信的。其实这家店的做法很简单:(1)当别人营业中都不戴口罩的时候,他们戴上了;(2)当别人都是徒手切割卤鹅的时候,他们戴上了一次性手套;(3)当别人用沾满油的手找零的时候,他们巧妙地选择用夹子将零钱夹给顾客。

(4)市场差异化。市场差异化主要指地域市场差异化和目标顾客市场差异化,前者是地理区位的概念,后者是指某个特定的细分消费群体。

案例6-9

渠道下沉　国产服装品牌扩展新市场

一方面,由于一二线城市、沿海城市的经营成本逐年升高,市场竞争随国际品牌的涌入而变得愈发激烈。而另一方面,在三四线城市、县级城市和乡镇,随着国家经济整体发展、城镇化改革不断推进和乡村振兴战略的实施,经济得以快速发展,消费能力不断提升,消费转型升级要求商业的转型升级,这给一些企业的市场拓展提供了有利机会和广阔空间。基于此,一些国产知名服装品牌纷纷开始将渠道下沉,在竞争相对温和的中小城镇布局和市场精耕。

企业实施差异化战略,需要对竞争对手的情况进行认真了解和分析,并对消费者的需要进行深入研究,最终确定企业的差异化路线。企业实施的差异化方案,应该是竞争对手不易模仿的,如果竞争对手能够快速模仿,企业应该具有较强的再创新能力,使其可以长期保持差异化的竞争优势。

小贴士

实施差异化战略的可能风险

企业实施差异化竞争战略,可以帮助企业化解与竞争对手的正面交锋,降低企业的竞争压力,通过为顾客创造差异化的体验,确立企业的竞争优势。但企业实施差异化战略也存在着一定的风险。

(1) 可能丧失部分市场。

(2) 差异化可能会给企业带来较高的成本,包括生产成本和营销成本。

(3) 差异一旦被竞争对手模仿,竞争优势将不复存在。

(4) 与竞争对手的差异不明显,达不到差异化战略的预期效果。

(5) 过度差异化。过度差异化是指企业为了与竞争对手形成差异而刻意改变产品、服务、形象等,没有考虑顾客的需要,反而引起了市场的抵触。

小贴士

差异化战略的适用条件

任何战略都不是万能的,任何战略都有它的适用条件,在应用这些战略时,不能生搬硬套,需要根据不同情况,选择适合的战略。

差异化战略的适用条件有以下五方面。

第一,顾客需求是多样的,是有差异的。

第二,企业提供的差异是能够被顾客所接受的,对顾客来说是有价值的。

第三,企业有能力创造出符合市场需求的差异化。

第四,企业具有核心能力保持这种差异不易被他人模仿。

第五,企业拥有较强的营销能力进行推广,使市场接受这种差异化。

3. 集中化战略

集中化战略也称为聚焦战略,是指企业将经营活动集中于某一特定的目标顾客群、某一特定产品或某一特定的地域市场的一种战略。具体来说,集中化战略可以分为产品集中化战略、顾客集中化战略和区域集中化战略。集中化战略有利于企业集中整个企业的力量和资源将某一特定的目标做好,增加企业在某一领域的竞争力。

企业实施集中化战略的关键问题是找准方向,也就是企业准备将资源集中在哪里,去做什么。企业通过集中化战略,能否使企业在集中的范围内形成竞争优势,能否在集中的范围内获得更大的收益。

案例 6-10

劲霸——专注夹克

劲霸男装专注夹克 40 余年,它用独特设计终结了夹克的单调,从而成为中国高级时尚夹克领先者,同时引领夹克及配套服饰的研发设计,让休闲装更时尚。劲霸男装秉持"一个人一辈子能把一件事情做好就不得了"的核心价值观,专注夹克40余年的发展历程中,一直专心、专业、专注于以夹克为核心品类的男装市场,以"款式设计领先"和"丰富版型经验"获得消费者良好口碑,并通过精湛领先的产品研发设计,强而有力的品牌运营管理,稳健齐备的专卖销售体系,成为中国商务休闲男装的旗舰品牌。

(资料来源:劲霸官方网站,http://www.k-boxing.com/)

 小贴士

实施集中化战略的可能风险

由于企业将全部力量和资源都投入到了一种产品,一个市场,或一个区域上,如果顾客的偏好发生变化,或是出现更优的替代品,或是产品更新换代,就会对企业的经营造成巨大冲击。

另外,企业实施集中化战略是将资源投放在一个比较小的范围内,以期在这个范围内通过全力经营形成竞争优势。但面对现有竞争者和新进入者的威胁,这种竞争优势是否能够保持是企业的一大挑战。

二、小微企业竞争策略

(一)低端低价

小微企业受实力限制,在没有历史积累的情况下,可以选择低端低价策略,避开与大企业的中高端产品竞争,满足特定消费人群的需要,并采取低价方式吸引顾客。需要特别强调的是,"低端"是一个产品的"档次"定位,并不是一个"质量"概念,"低端"与"次品"是不同的,"低端"产品也必须是符合国家法律法规、行业企业标准要求的。

 案例6-11

小火锅店的平民路线

火锅,是重庆的特色美食,是享誉世界的重庆名片。重庆的火锅产业非常庞大,同时,竞争也非常激烈。市场经济体制下,涌现了一批知名的火锅连锁品牌,如刘一手、小天鹅、家福、秦妈、德庄、奇火锅等。这些大型连锁企业,拥有强大的品牌、雄厚的实力和优秀的团队,在知名度、就餐环境、服务质量、产品档次等方面都具有明显优势,注重为顾客提供更好的消费体验。但市场是多样化的,需求是多样化的,因此供给也应该是多样化的。火锅市场并没有被这些大型企业所独揽,而是大小并存,小型火锅店遍布大街小巷,数量远远超过这些大型连锁企业。

它们没有明亮的灯光,没有奢华的装饰,没有宽阔的场地,没有沙发靠椅,没有透明的中央厨房,没有现代化的订菜系统,没有随叫随到的微笑服务,甚至没有空调。但它们用平民的价格、简朴的环境、纯真的顾客体验,满足着80%的大众消费。这就是它们的定位,这就是它们的生存之道,竞争之道。

(二) 高端高价

对于一些小微企业来说,他们拥有着一些经过长期积累或传承的不可替代的技能,他们的产品承载着丰富的文化内涵,产品价值又会因为规模化的机械生产而降低。这种情况下,企业可以采取高端高价的策略,集中资源服务部分消费群体。高端高价是差异化战略和集中化战略的综合应用。

案例 6-12

传统手工业的春天

近年来,现代化工业生产给传统手工业带来了很大的冲击。但随着人们对传统文化的重视和对物质文化遗产的保护,传统手工业又迎来了新的春天。而且,大多数人都认可手工制品较大规模工业化生产的产品具有更大的价值,更高端大气上档次。

在某县城,夏布、折扇、陶器是当地比较出名的特产。为了提高产量,降低成本,很多夏布企业都引入现代化的生产工艺,进行规模化的大生产。但有一家小企业却另辟蹊径,回归传统手工业,用传统工艺生产夏布制品,被赋予了丰富文化内涵的产品定位高端,价格较同类产品高出2倍以上,通过专卖和网上销售相结合,销售量连年递增。

(三) 见缝插针

在现代市场经济中,"商品有限,市场无限",即商品的有效供给相对于人们对商品的有效需求永远是有限的。基于这种思考,日本经济学家长岛总一郎通过对几百家企业的管理诊断,提出了"市场缝隙战略"理论。他认为,现代市场中,永远存在着市场的"盲点",对大多数小企业来说,客观上不具有与大企业相抗衡的技术、资金、营销能力和生产能力,因此在竞争策略上,中小企业生产经营活动应围绕着"寻找市场隙缝"而展开,并以新产品开发作为实施市场缝隙战略的核心,即避开竞争对手的优势或强势项目。

项目六 亮剑,在市场中搏杀

案例 6-13

小卖部的生存之道

在大型商超没有发展起来的年代,小卖部是人们重要的购物渠道。近年来,随着大型商超的迅速发展,特别是大型连锁超市的快速扩张,超市已经渗透到了乡镇。另外,一些知名的连锁便利店作为大型超市的补缺者,也在快速扩张。但就是在这样激烈的竞争环境中,小卖部依然存在,街头巷尾随处可见,尽管没有良好的购物环境,也未必占有价格上的优势。

是什么原因让这些小卖部生存下来了呢?

首先,任何超市都有一定的辐射范围,也就是说,它主要服务超市周边一定区域的消费者,这些大型超市不可能在比较近的范围内设多家门店,即使是小型的便利店也做不到。

其次,小卖部给消费者带来的便利性是大型超市不可替代的。

最后,人们的购买习惯也给小卖部提供了一定的生存空间。小卖部一般开在社区附近,时间的积累,使它们建立了"乡里乡亲""低头不见抬头见"的特殊客群关系。

(四) 与众不同

小微企业既要面对大中型企业的竞争,还需要面对其他同等级别的竞争对手的威胁,再加之,小微企业本身竞争能力有限,因此,小微企业生存和发展的压力很大。为了降低竞争强度,采取差异化竞争策略,开辟一片"蓝海",创造一个相对宽松的发展环境,对小微企业来说是非常关键的。

案例 6-14

一家养生汤锅餐厅的异军突起

重庆的餐饮行业一直以来都是以辛辣口味为主打,而且占到绝大比例,川菜和火锅是最主要形式。在重庆市下辖的某个区县也不例外,在 2000 年以前,川菜和火锅是最普遍的,随处可见,而且,大品牌不断进入,竞争异常激烈。

但随着当地经济社会发展,生活水平提高,消费观念转变,人们越来越注重健康和养生。同时,外来人口也不断增多。因此,新的需求产生了,新的市场形成了,新的商机来了。一家小型火锅店发现了这个机会,开始转走差异化的路线,由火锅改为养生汤锅,菜品清淡,食材养生。当时,经营这种养生汤锅的餐厅少之又少,竞争压力小,而这种产品又迎合了市场的需要,从此,这家餐厅异军突起,生意火爆。

(五)模仿跟随

小微企业作为市场跟随者,可以选择模仿策略。模仿策略是与被模仿企业提供类似的产品或服务,制定相似的价格,选择相似的目标市场。通过模仿,小微企业可以搭乘顺风车,降低决策风险,同时有利于降低产品研发费用和大量的营销成本。

案例6-15

奥戴德·申卡尔:《模仿者:聪明的公司如何利用模仿来取得战略优势》

申卡尔是俄亥俄州立大学的一名管理和人力资源教授。他说:"科技创业领域中人们习惯于认为创业就是创新,但是这样的想法是错误的。很早以前人们就已经开始通过模仿而非创新成功创建初创企业了。"

脸书、苹果公司都是这样做的。申卡尔说,"我们应该把马克·扎克伯格和史蒂夫·乔布斯看作伟大的模仿者"。扎克伯格并不是社交网络之父。Frienster 2002年就成立了,Myspace和LinkedIn成立于2003年,而脸书直到2004年才问世。同样,乔布斯于1984年利用其1979年在施乐PARC了解到的创意和技术模仿、拼凑出了苹果的用户界面。申卡尔并不认为这些模仿行为是这两位创业者的问题,相反,他很赞赏两人在企业复制上的开创性工作。

不过,模仿也并不简单,必须要了解如何模仿才行,这就是为什么有些模仿者会失败。模仿型企业如果经营得当,通常会比创新型公司更为成功。这是由于模仿型企业会研究创新企业的问题和错误,并从中吸取教训。脸书就从Myspace的教训中汲取了经验。

(资料来源:尚友网,http://www.sharewithu.com)

考考你

思考模仿策略的好处与风险?

(六)集中精力,做精做细

任何一个企业都只能在一定的领域、一定的行业形成优势,不可能在多个方向、多个方面都有竞争力。对于小微企业来说,更是如此。因此,小微企业可以把有限的资源集中到能够形成自身优势的领域和目标上来,通过分析自身的比较优势,集中力量精心服务于某个细分市场,通过专门化经营来占据有利的市场位置,并持续巩固经营优势,建立防御性壁垒,形成具有长期优势的核心竞争力。

案例6-16

塔山——专注皮凉席市场

"塔山"是重庆隆发皮革制品有限公司旗下知名品牌,专注高端市场,专注水牛皮凉席市场。公司成立于1997年，是一家集原皮收购、皮革制品深加工、研发、设计、生产、销售、物流于一体的拥有完整产业链的牛皮席生产商。虽然，近年来公司发展迅速，规模不断扩大，但公司面对行业内、行业外的各种市场诱惑，并没有盲目扩张，而是秉承"做好细节、精益求精"的经营理念，专注于水牛皮凉席市场。经过多年的耕耘，公司积累了丰富的经验，树立了良好的口碑，凭借"做好每一个细节"的专注态度和精益求精的专业眼光，成就了行业领导者的地位。

（七）合作共赢

现代市场竞争不是只有你死我活、零和博弈，合作共赢是竞争的又一种结局。合作既可以是小微企业之间的合作，也可以是小微企业与大企业之间的合作。合作不是为了消除竞争，合作是避免一定范围的竞争，整体的竞争格局还是存在的。

小贴士

合作共赢竞争策略的主要形式

一、化敌为友，共同发展

一个企业的发展不仅取决于它分了竞争对手多少蛋糕，还取决于整个市场的蛋糕有多大。因此，企业之间的竞争不能只盯住别人手上的蛋糕，还需要共同合作把整个市场做好、做大。目前，商会、协会、合作社等正式组织普遍存在，而且，企业也越来越重视加入这样的组织，另外，非正式的企业联合组织也很多。在这些组织的统一协调下，互通信息，整合资源，合作发展，有利于共同推动整个市场的繁荣。

二、分工协作，业务外包

业务外包，也称资源外包、资源外置，它是指企业整合利用其外部最优秀的专业化资源，从而达到降低成本、提高效率、充分发挥自身核心竞争力和增强企业对环境的迅速应变能力的一种管理模式。

随着专业分工更加细化，大型企业为了打造核心竞争力，会将一些非核心业务外包，小微企业可以与大型企业合作，承接外包业务，将原来的竞争关系，转变为合作关系。

（八）先入为主

市场往往是以快取胜。谁先研发出新产品，谁先满足需求，谁先抢占市场，谁就能在市场角逐中掌握主动。同类、同质、同价产品，谁先把它投放市场，谁就能控制市场制高点，其他企业若想拿下这个制高点，需要花几倍、几十倍的努力，投入几倍、几十倍的成本。先发制人，捷足先登，靠的是速度，中小企业发展自己，需要用较低的成本抢占市场,需要提高快速反应能力。这就要求企业重视对市场的分析研究,随时掌握市场脉搏,适时调整经营策略;对市场要有一种极高的敏感,同时,增强应对市场变化的灵敏度,及时捕捉先机;要充分发挥小微企业灵活、船小好调头的长处,在"速度"上赢得优势。

项目小结

　　竞争是残酷的,同样,竞争也是公平的。对于某个企业来说,竞争也许是残酷的,但我们不得不承认,竞争促进了企业的进步,也让整个社会变得更好。小微企业需要正视问题,直面竞争。

　　波特五力竞争模型提出供应商、顾客、替代品、现有竞争者、潜在新进入者构成了企业的竞争环境。面对如此复杂的竞争环境,小微企业需要科学分析、理性应对,同时,在激烈的市场竞争中要敢于亮剑。亮剑,是勇气和能力的表现,是一种信心。

　　知识就是力量。在市场中搏杀,不能光靠一腔热血,还需要拥有和利用知识。小微企业身处的市场,面对的环境,已经今非昔比,复杂程度和竞争激烈程度都是前所未有的。小微企业必须学会知识管理,将知识转化为竞争力,用知识来应对挑战。

　　通过知识的获取、积累和创造,打造小微企业核心竞争力,并运用知识制定灵活有效的市场竞争策略。没有核心竞争力的竞争是无源之水,无本之木;没有被充分挖掘的核心竞争力,也是一种资源的浪费。只有能力与策略的完美结合,才会形成小微企业的竞争优势,为小微企业的生存和发展保驾护航。

复习思考题

1. 知识管理的内容?
2. 核心竞争力的内涵及表现形式?
3. 波特五力竞争模型及一般竞争战略?
4. 小微企业竞争策略?

思考案例

一家超市的转型之路

　　在一个小县城里,有一家本土超市。在很长一段时间里,这家超市都是这个县城里规模最大的。但随着城市经济的发展,城镇人口越来越多,人们的消费能力越来越强,吸引了外来大型连锁超市的入驻,其中两家就开在距这家超市不足200米的地方。这些大型超市具有先进的管理经验和成熟的供应链,又有强大的资金实力,他们在购物环境、消费体验、商品价格、质量保证等多个方面都比这家超市具有优势。

面对这种局面,如何应对?如何与这些竞争对手竞争?最终,这家超市走上了转型之路,放弃与这些大型超市的正面竞争,转型走社区超市和乡村超市的路线,将超市开在社区、乡镇和农村。

思考和讨论:
1. 你认为超市的核心竞争力主要表现在哪些方面?
2. 你认为这家超市还有什么其他可以实施的竞争策略?

 实训项目

以小组为单位调查身边的小微企业。

实训任务:
(1) 每个小组选择一家熟悉的小微企业。
(2) 通过调查,了解该企业的基本情况。
(3) 分析企业经营环境。
(4) 分析企业的核心竞争力。
(5) 分析企业的竞争策略。
(6) 提出企业竞争策略的改进方案。

项目七

合理财税规划，增收节支

 项目导航

◇ 认识企业加强财务管理的重要意义
◇ 认识小微企业财务管理的问题和对策
◇ 了解企业财务管理制度的具体内容
◇ 认识税收筹划的原则
◇ 掌握税收筹划的方法
◇ 掌握企业创收、增收的方法
◇ 熟悉成本分析的方法
◇ 掌握成本控制的方法
◇ 树立依法纳税意识，培养学生的法律意识、责任意识

 思维导图

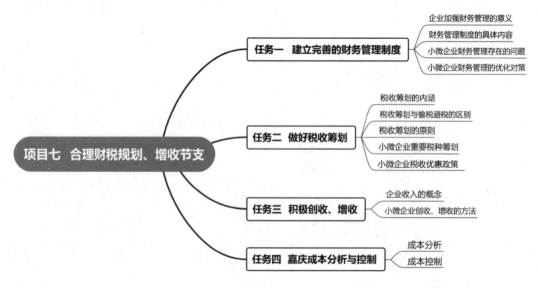

项目七 合理财税规划,增收节支　155

小微企业经营者创业艰难,他们往往历经坎坷才能成功。但对于他们来说,财税知识的缺乏常常是个大问题,轻则干扰企业的日常财务工作,重则造成企业偷税漏税,被税务机关稽查处罚。税务问题,追根溯源还是来自企业的账务。很多小微企业主,由于缺乏财税相关的基本知识和经验,面对一堆票据、数据和表格,经常茫然无措。因此,了解和掌握一些基本的财税知识非常重要。例如,了解自己的企业在经营发展中会涉及哪些的税种、可能出现什么样的税务问题,认识建立规范的财务制度的重要性以及如何完善企业的财务制度,掌握增收节支的常用方法等。

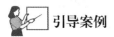

首次创业,亏得一无所有
——刘强东牛津大学演讲摘录

在中国人民大学读大三的时候,我在想虽然打工赚很多钱,但只装电脑,这不是一个事业,只是可以赚钱。经过详细分析,我觉得中国有十几亿人口,民以食为天,吃一定会成为未来20年整个中国不断上升的一个行业,所以我说开一个餐厅,希望有一天能够在中国开一万家餐厅,像麦当劳、肯德基。然后就把打工几年赚到的钱,背着一大书包现金,那时候我没有银行卡,没有在线支付,我背着一书包的钱去中国人民大学西门找了一个我最喜欢的餐厅,门口告示说餐厅转让。吃完饭我问老板多少钱转让,老板说24万元,我说下午过来找你,买你的餐厅。老板一看就知道我是学生,我估计走的时候肯定说神经病。下午我去银行把所有积蓄全部取出来,老板在那儿都傻了,他说你不讨价还价吗?我说我喜欢的东西不需要讨价还价。而且这是我事业的起点,我不是靠你这一家餐厅赚钱,这是一个种子,我把它做好以后要标准化,然后要连锁化,所以我不在乎这一家餐厅贵一点少一点。老板听了以后说:"你,有前途。"

于是我把餐厅买了,前台找了一个小姑娘在那儿收钱、点菜,那时候还看了很多管理的书,复印联三联,要对得起来,这样后厨的菜和前面收钱的对得起来,然后把采购也定了很多规矩,所有员工工资翻倍,每个人送了一块手表。过去员工全部住在地下室,条件非常糟糕,不是人应该生活的那种条件,我把他们搬到六郎庄,租了三个院子,这样能看到太阳,有暖气、有空调,又建立了很多制度,我想员工一定对我非常好,刚开始员工对我也很好。但是过了三个月之后发现亏钱,不但自己拿不了几个钱,发工资没钱,买豆腐没钱,买啤酒没钱。那个时候我还在大四,还在上学,忙着毕业论文,所以没有太多时间,每个月就去两个小时。刚开始员工给我钱,后来就不断问我要钱,到了半年多的时候,我的钱也没有了,然后我就去调查发生什么了,最后餐厅一个老人跟我说了一件事情,他说:"小刘啊,你这样开餐厅,永远是亏的,你家都亏没了。"我说为什么?他说收钱的小姑娘和后面的大厨谈上恋爱了,每天把餐厅收银的复印联扔了,这钱不就不用交给我了吗?这样就查不出来。买菜的小伙子刚开始不断地涨价,当年的牛肉,最早是8块钱一斤,到6个月以后变成18块钱一斤,他还不过瘾,刚开始说6块钱涨到8块钱,8块钱涨到10块钱,涨到18块钱的时候,他还要贪更多的钱,怎么办?买5斤说10斤,买10斤说20斤。那几个餐厅的人天天在一块,关系处得好,分一笔钱,所以没人告诉我。餐厅吃饭喝酒一定要喝最好的酒,菜吃最好的菜,晚上我也不在,10点下班之后,每天晚上全体厨师、服务员要吃最好的,所以大概6个月时间,那个餐厅把我的钱就亏光了。

我知道这件事情的时候,我就跟员工开了一个会,把所有员工都多发了一个月工资,提前让买菜的人贴告示,要求所有的供货商,就是供豆芽、豆腐、牛肉、啤酒的,必须来结账,把所有供货商的钱全部还完,每个员工发了一个月工资,然后跟员工开了最后一次会。我说这是我第一次创业,也曾经是我一个最大的梦想,我觉得我对你们非常好,但是你们做了什么,你们很清楚,现在我也知道了,这是让我最为伤心的地方,这个地方我再也不会回来了,我开完会就会走,餐厅留给你们,你们爱经营还是不经营,还是找个老板,我不管,总之这个餐厅我也不会再卖给别人,我也懒得再卖给别人。因为在很年轻的时候是非常理想化,对这件事情觉得是很痛苦、很伤心,那种痛苦和伤心不是来自金钱的损失,更多的是对人性的某种失望。就怀着这样的心情就走了,再也没有回去过。

(资料来源:搜狐网,https://m.sohu.com/)

思考与讨论:刘强东的第一次创业经历为什么这么惨?

任务一　建立完善的财务管理制度

　　财务管理是企业管理的一个组成部分,它是根据财经法规制度,按照财务管理的原则,组织企业财务活动,处理财务关系的一项经济管理工作。财务管理的内容包括:筹资管理、投资管理、营运资金管理和利润分配管理。随着市场经济体制的逐步完善,财务管理理论在不断地丰富和发展,财务管理的目标也在不断变化。到目前为止,先后出现了四种比较具有代表性的观点,分别是利润最大化、股东财富最大化、企业价值最大化和相关者利益最大化。

一、企业加强财务管理的意义

　　财务管理在企业管理中处于核心地位,企业的良性发展离不开科学合理的财务管理。随着国内外市场环境的不断变化,企业之间的竞争越来越激烈,如何使企业在竞争中立于不败之地,并实现长久发展,财务管理要发挥积极作用。财务管理水平的高低,直接决定了企业的竞争力,为企业的生存和健康发展奠定了基础。因此,在目前日益激烈的市场竞争环境下,加强企业财务管理具有重要的意义。具体表现为以下几个方面。

(一)良好的财务管理可以对企业的资金进行科学合理的把控

　　企业生产经营活动的正常开展,需要以充足的资金为前提。财务管理人员可以根据当前经济的发展情况和企业自身的发展进程,对企业的资金进行合理的分配,提高资金的利用效率,增加企业的盈利。同时,通过加强企业流动资金分析预测,对流动资金的流入和流出有一个大致的把握,确保企业有足够的支付能力和偿还债务的能力。

(二)良好的财务管理可以降低企业的经营成本

成本控制在企业的战略发展中占据着重要的位置,它可以在保障企业正常运转的前提下,降低企业成本,使企业在激烈的市场中占据先机,获取利润,快速提升企业的经济效益。企业的财务管理人员可以运用科学的方法,严格控制企业各方面的支出,尽量避免不必要的支出。

(三)良好的财务管理可以发挥巨大的监督功能

企业的发展离不开具体的监督制度,财务管理中的管理和监督体系,在很大程度上保障了企业发展的正确性和顺利性。良好的财务管理体制,可以加强对企业员工的监督,提高企业员工的工作效率,还能让企业内部工作人员进行相互监督,防止出现财务错乱的情况,最大限度让企业内部体系运转正常。

(四)良好的财务管理可以提高决策数据的准确性

企业经营决策需要数据,而数据又来自财务部门,财务部门就是企业的数据中心和情报中心,"缺少数据支持的决策和管理,就相当于蒙着眼睛在战场上打仗"。加强财务管理,可以提高决策信息尤其是财务信息的准确性,有效地降低决策失误风险。

(五)良好的财务管理可以提高企业内部管理水平

财务管理是企业经营管理的主基调,覆盖经营的方方面面,融于企业管理的各个环节,这种管理上的绝对优势,是其他任何一项管理工作所不具备的。财务管理的各项指标数据,是企业进行经营决策的基础,不断强化财务管理,及时、客观、准确地把企业生产经营状况、财务核算情况反映出来,并深入加以归纳、分析,从中找寻经营管理的薄弱之处,并提出对应的整改措施加以整改,把企业经营管理水平提上去,进而提升经营管理效益。

二、小微企业财务管理实践中存在的主要问题

(一)财务管理意识淡薄

不少小微企业的经营者重视生产经营和产品销售环节,轻视财务管理工作,没有充分认识到财务管理在企业管理中的核心地位。由于对现代企业管理知识了解不多,通常采用个人高度集权的粗放式管理,投资决策大多依赖于个人主观判断,缺乏财务指标数据支持。企业还缺乏高水平、高素质的财务管理人员,导致财务管理工作与企业战略不能很好地衔接。

(二)财务管理制度不健全

企业财务管理制度具有加强财务管理,规范财务工作,促进企业经营业务发展,提高企业经济效益的重要作用。部分小微企业在财务管理制度建设方面存在一定的问题,对于财务管理制度的建立仍是以经验模式或者直接套用其他企业的财务制度模式来进行,这样建立的财务管理制度体系不符合企业实际发展状况。财务管理制度的不健全、不规范、操作性不强严重制约了企业的发展,降低了企业的整体发展速度。

(三)内部控制管理体系不完善

很多小微企业无内部控制制度或由于缺乏全局意识,导致在构建内控管理体系时考

虑的不够周全，建立的内控管理体系缺乏系统性。例如，内部控制没有覆盖企业的所有部门及环节，没有渗透到各个业务领域和各个操作环节。加强内部控制，是为了保证业务活动的有效进行，保护资产的安全和完整，防止、发现、纠正错误与舞弊，保证财务资料的真实、合法、完整。不完善的内控管理体系不但不能满足财务活动的管理要求，还严重阻碍着企业各个部门之间的协调合作，制约着企业生产经营活动的开展。

（四）财务人员素质不高

党的二十大报告指出，培养造就大批德才兼备的高素质人才，是国家和民族长远发展大计。功以才成，业由才广。对于国家如此，对于企业亦是如此。目前，我国财务人员的综合素质相对较低，为了提高企业财务管理水平，必须认识到提高财务人员素质的重要性。大多数小微企业普遍注重对科研技术人员、销售人员的招聘和培养，而对财务人员的作用重视不够，认为财务人员只是处理日常事务，往往选择没有经过系统化、专业化培训的人员负责财务工作，甚至没有真正的会计人员，由其他人代管，致使财务管理工作效果不理想。其实，财务会计除了有记账、算账等基本职能外，更重要的是其管理职能。

三、优化企业财务管理的对策

（一）树立正确的财务管理意识

首先，要转变观念，创新财务管理，不断提升财务管理水平。企业要充分认识到财务管理工作的重要性，树立正确的财务管理意识，加大教育宣传力度，让财务管理的重要性理念深入人心。其次，加强管理制度建设，建立健全财务管理人员的选拔和管理体制，大力提升财务管理人员的管理能力。同时补充完善各项制度规范，约束财务管理行为。

（二）完善财务管理制度

企业应做好财务管理基础工作，建立健全财务管理制度，认真做好财务收支的计划、控制、核算、分析和考核工作。严格按照财务管理制度要求筹集和有效使用资金，监督资金正常运行，维护资金安全，提高公司经济效益；加强财务核算的管理，提高会计信息的及时性和准确性；监督企业财产的购建、保管和使用，定期进行财产清查；按期编制各类会计报表等。

（三）完善企业内控管理体系

身处激烈的市场竞争环境中，首先，企业要客观的评估自身发展状况和目标，再借鉴其他企业成熟经验去完善自己的财务内控管理体系。其次，要分析现有管理模式中的薄弱环节及突出问题，针对薄弱环节及存在问题，找寻解决的方案，细化内控流程和制度规范，完善奖惩措施，规范员工行为，充分调动起企业员工的工作积极性，做到制度先行、行动跟上、协调共进，逐步建立起具有现代企业特色的制度规范体系。

（四）提高财务管理人员素质

在市场经济体制下，企业间竞争日趋激烈，企业的生产经营越来越离不开专业管理团队提供的科学管理。企业必须制定长期的财务管理人才培养计划，一方面通过外部招聘加大财务管理人才储备，另一方面提升财务管理人员薪资待遇、扩大晋升空间，加大财务管理人员培训投入，为其提供更多学习新知识和新技能的机会，不断提升财务管理人员的专业素质和管理水平。

小贴士

企业需要配备什么样的会计人员

随着一个企业的成长,对财务人员的要求也不断升级。作为老板,是高举高打,开始就招募世界500强企业级的会计高手,还是换个思路,招募具有多年经验的老会计、代账会计?费用是其中一方面,更重要的是需求,具体要求老板必须清楚。每个创业人都是带着过往经验而来的,都有一套已经习惯了的工作模式、思维模式与价值判断,但是真要自己创业,是追求完美还是实用,是相信自己还是职业人,这些问题都需要马上落实。

一家经营初期的小企业,可能面临三个问题:

一是业务有没有价值的问题。一个商业组织的成功,首先要考虑产品或服务有没有商业价值,这肯定是第一位的。但是比如贩卖毒品,这个是有暴利的,能不能做?就需要考虑第二个问题。

二是经营是否合法的问题。贩卖毒品虽有商业价值,但是违法,有严重的刑事法律责任问题,这个就行不通了。但是如果有法律上的可行性,就可以考虑经营事宜了。

三是保驾护航的问题,即涉及财务、资产、款项安全的问题。这些是有了业务之后才发展起来,才需要完善的。这些业务找谁做?很多创业人是找自己的家人、朋友或同学。但是对于家庭企业而言,一旦发展成规模了,公司挣钱了,在利益面前可能就会有矛盾了。所以,管钱的活可以找自己人干,但是记账的工作应当交给外人做。此时面临招聘兼职或全职的问题。企业不挣钱的时候,用兼职也是可以的,如果业务理顺了,找个全职的员工就非常关键了。

而在职责要求方面,老板们并不宜不管不问,而是要有方法。比如需要每周汇报资金状况,并且查验资金余额;同时可以要求给自己安装一个手机银行,实时掌握支出收入变化;对于公章、财务章,需要分开保管,不能一甩手说"你们自己盖吧",这是不行的。对于支票的签发、汇款等,需要考虑自己签字,并且需要会计与出纳每月核对账目。大家经常听闻,有的单位业务员收取现金后自己溜了,或者出纳拿钱走了等,所以很多时候需要考虑收款方式。在经营中,还是应该减少公司账面上的现金流动。银行对提现额度是有要求的,老板们需要考虑现金使用上的可行性与风险性。

四、财务管理制度的具体内容

规范的现代企业财务管理制度一般包括总则和细则。总则主要说明财务管理制度的制定目的、会计核算原则和财务管理的基本任务和方法等内容。细则即财务管理制度的具体内容,一般包括但不限于资金管理、资产管理、财务工作管理、核算管理、会计档案管理、财务报销制度管理等。

（一）资金管理

1. 库存现金管理

库存现金管理主要包括现金管理要求、现金收入管理、现金支出管理和收款收据管理等。

2. 银行存款管理

银行存款管理主要包括银行结算管理要求、银行收入管理、银行支出管理和银行印鉴管理等。

3. 其他货币资金管理

其他货币资金管理主要是有价证券管理和银行票据管理。

（二）资产管理

1. 固定资产管理

固定资产管理主要包括固定资产的核算、管理、记录、折旧年限和方法等。

2. 存货管理

存货管理主要包括存货内部控制中不相容职务相分离，存货的验收、入库、保管、出库和记录管理等。

（三）财务工作管理

财务工作管理主要包括货币资金监督规定，借款资金规定，会计凭证、账簿、报表，账务处理与核对等规定，资产盘存清查规定。

（四）核算管理

核算管理主要包括财务预算管理，财务分析报告管理，成本与费用核算管理，收入与利润核算管理。

（五）会计档案管理

会计档案管理主要包括会计档案的管理部门，会计档案的归档范围、整理、装订、保管、调阅管理等。

（六）财务报销制度管理

财务报销制度管理包括财务报销票据规定，预支与报销基本程序，费用审批权限规定、差旅费报销管理规定等。

任务二　做好税收筹划

一、税收筹划的概念

一般认为，税收筹划有广义和狭义之分。广义的税收筹划，是指纳税人在不违背税法的前提下，运用一定的技巧和手段，对自己的生产经营活动进行科学、合理和周密的安排，以达到少缴缓缴税款目的的一种财务管理活动。这个定义强调：税收筹划的前提是不违背税法，税收筹划的目的是少缴或缓缴税款。它包括采用合法手段进行的节税筹划、采用非违法手段进行的避税筹划、采用经济手段，特别是价格手段进行的税负转嫁筹划。

狭义的税收筹划，是指纳税人在税法允许的范围内以适应政府税收政策导向为前提，采用税法所赋予的税收优惠或选择机会,对自身经营、投资和分配等财务活动进行科学、合理的事先规划与安排,以达到节税目的的一种财务管理活动。这个定义强调,税收筹划的目的是为了节税,但节税是在税收法律允许的范围内,以适应政府税收政策导向为前提的。

二、税收筹划与偷税避税的区别

(1) 从法律角度看,偷税是违法的,它发生了应税行为,却没有依法如期、足额地缴纳税款,通过漏报收入、虚增费用、进行虚假会计记录等手段达到少纳税的目的。避税是立足于税法的漏洞和措辞上的缺陷,通过人为安排交易行为,来达到规避税负的行为,在形式上它不违反法律,但实质上却与立法意图、立法精神相悖。税收筹划则是税法所允许的,甚至鼓励的。在形式上,它以明确的法律条文为依据;在内容上,它又是顺应立法意图的,是一种合理合法行为。

(2) 从时间和手段上讲,偷税是在纳税义务已经发生后进行的,纳税人通过缩小税基、降低税率适用档次等欺骗隐瞒手段,来减轻应纳税额。避税也是在纳税义务发生后进行的,通过对一系列以税收利益为主要动机的交易进行人为安排实现的,这种交易常常无商业目的,税收筹划则是在纳税义务尚未发生时进行的,是通过对生产经营活动的事前选择、安排实现的。

(3) 从行为目标上看,偷税的目标是为了少缴税。避税的目标是为了达到减轻或解除税收负担的目的。降低税负是偷漏税的惟一目标,而税收筹划是以应纳税义务人的整体经济利益最大化为目标,税收利益只是其考虑的一个因素而已。

三、税收筹划的原则

税收筹划虽然对征纳双方都有好处,但若使用失当,却有可能引出许多不必要的麻烦,问题严重时还可能给征纳双方带来经济负效应。企业一定要保持清醒的头脑,在开展税收筹划时,不能盲目跟从。因此,税收筹划在实践中应当遵循如下几个基本原则。

(一) 合法性原则

进行税收筹划,应该以现行税法及相关法律、国际惯例等为法律依据,要在熟知税法规定的前提下,利用税制构成要素中的税负弹性进行税收筹划,选择最优的纳税方案。税收筹划的最基本原则或基本特征是符合税法或者不违反税法,这也是税收筹划区别与偷、欠、抗、骗税的关键。

(二) 合理性原则

所谓合理性原则,主要表现在税收筹划活动中所构建的事实要合理。构建合理的事实要注意三个方面的问题:一是要符合行为特点,不能构建的事实无法做到,也不能把其他行业的做法照搬到本行业。行业不同,对构建事实的要求就不同。二是不能有异常现象,要符合常理。三是要符合其他经济法规要求,不能仅从税收筹划角度考虑问题。

(三) 事前筹划原则

要开展税收筹划,纳税人就必须在经济业务发生之前,准确把握从事的这项业务都有哪些业务过程和业务环节?涉及我国现行的哪些税种?有哪些税收优惠?所涉及的税收法律、法规中存在着哪些可以利用的立法空间?掌握以上情况后,纳税人便可以利用税收优惠政策达到节税目的,也可以利用税收立法空间达到节税目的。

由于纳税人的筹划行为是在具体的业务发生之前进行的,因而这些活动或行为就属于超前行为,需要具备超前意识才能进行。如果某项业务已经发生,相应的纳税结果也就产生了,税收的筹划也失去了其作用。

（四）成本效益原则

任何一项筹划方案都有其两面性,随着某一项筹划方案的实施,纳税人在取得部分税收利益的同时,必然会为该筹划方案的实施付出额外的费用,以及因选择该筹划方案而放弃其他方案所损失的相应机会收益。当新发生的费用或损失小于取得的利益时,该项筹划方案才是合理的,当费用或损失大于取得的利益时,该筹划方案就是失败的方案。一项成功的税收筹划必然是多种税收方案的优化选择,我们不能认为税负最轻的方案就是最优的税收筹划方案,一味追求税收负担的降低,往往会导致企业总体利益的下降。

（五）风险防范原则

党的二十大报告指出,全面依法治国是国家治理的一场深刻革命,关系党执政兴国,关系人民幸福安康,关系党和国家长治久安。必须更好发挥法治固根本、稳预期、利长远的保障作用,在法治轨道上全面建设社会主义现代化国家。而税收筹划经常在税收法律法规定性的边缘上进行操作,这就意味着其蕴含着很大的操作风险。如果无视这些风险,盲目地进行税收筹划,其结果可能事与愿违,因此企业进行税收筹划必须充分考虑其风险性。

首先是要防范未能依法纳税的风险。虽说企业日常的纳税核算是按照有关规定去操作,但是由于对相关税收政策精神缺乏准确的把握,容易造成事实上的偷逃税款而受到税务处罚。其次是不能充分把握税收政策的整体性,企业在系统性的税收筹划过程中极易形成税收筹划风险。比如有关企业改制、兼并、分设的税收筹划涉及多种税收优惠,如果不能系统地理解运用,很容易发生筹划失败的风险。另外税收筹划之所以有风险,还与国家政策、经济环境及企业自身活动的不断变化有关。为此企业必须随时作出相应的调整,采取措施分散风险,争取尽可能大的税收收益。

四、企业重要税种的筹划

不同类型的企业交的税不一样,这里列举重要的、常用的涉及金额较大的两项,即增值税和企业所得税。

（一）增值税的筹划

1. 选择合适的纳税人身份

根据《中华人民共和国增值税暂行条例》的规定,纳税人按其经营规模大小以及会计核算是否健全划分为一般纳税人和小规模纳税人。增值税一般纳税人销售货物或应税劳务的增值税税率为13%、9%和6%三档,其采购材料或劳务已纳的增值税,可以凭取得的增值税专用票抵扣进项税额;增值税小规模纳税人标准为年应征增值税销售额500万元及以下,小规模纳税人以及采用简易计税的一般纳税人销售货物或应税劳务的增值税税率为5%、3%两档,但是,小规模纳税人不允许抵扣进项税额。

当小微企业同时满足两类纳税人条件时,可以选择成为一般纳税人或是小规模纳税人。通常,增值率比较高的企业选择成为小规模纳税人,可以降低增值税税负;而增值税率比较低的企业则应选择成为一般纳税人。

项目七 合理财税规划,增收节支

案例 7-1

转换身份 节省成本

刘老板是一家小型包装企业的负责人,因为产品质量过硬,经营状况不错,近几年的年销售收入都在 500 万元左右,年利润在 100 万元左右,目前登记为一般纳税人。2019 年刘老板从新闻上得知,国家调整政策,要对小微企业减税。假设刘老板的企业 2019 年的不含税销售收入为 450 万元(其中第一季度 120 万元),销售收入中 60% 为材料费,可以取得增值税专用发票。有什么方案可以帮刘老板享受减税政策呢?

根据《关于实施小微企业普惠性税收减免政策的通知》(财税〔2019〕13 号)相关规定,转登记日前连续 12 个月(以 1 个月为 1 个纳税期)或者连续 4 个季度(以 1 个季度为 1 个纳税期)累计销售额未超过 500 万元的一般纳税人,在 2019 年 12 月 31 日前,可选择转登记为小规模纳税人。

刘老板企业的增值率为 40%,高于 23.08%(3%÷13%)的无差别点,因此,利用优惠政策转换为小规模纳税人可以节省增值税成本。

选择一般纳税人时:

2019 年应纳增值税额 = $120×16\% + (450-120)×13\% - 120×60\%×16\% - (450-120)×60\%×13\% = 24.84$(万元)

选择小规模纳税人时:

2019 年应纳增值税额 = $450×3\% = 13.5$(万元)

转换身份后,可以节省增值税 11.34 万元。

2. 改变申报纳税期

国家经常出台一些专门针对小微企业的减免税等优惠政策,企业应当充分利用这些优惠政策,合理降低税负。例如,2019 年相关部门出台了对小微企业的增值税免税政策,对月销售额未超过 10 万元(以 1 个季度为 1 个纳税期的,季度销售额未超过 30 万元)的增值税小规模纳税人,免征增值税。

如果企业收入每月分布较为均匀,按月申报纳税和按季度申报差别不大;当企业的收入具有季节性,每月分布很不均匀,一般采用按季度申报的方式能适当降低应纳增值税额。

案例 7-2

改变申报 充分享受免税政策

小陈之前一直在东莞打工,没有一技之长,近几年所在公司不景气被裁员,回到重庆老家。通过亲戚朋友东拼西凑筹集些钱,在县城开了一家公司,年营业额不高但总体稳定,比打工强多了。小陈的公司属于小规模纳税人,目前按月申报纳税。公司业务主要集中在季末,其他月份收入较少。2020 年 12 个月销售收入如表 7-1 所示(单位:万元)。

表 7-1　　　　　　　　　　2020 年月销售收入表

月份	1	2	3	4	5	6	7	8	9	10	11	12
收入	4	3	21	4	4	20	2	4	23	3	2	24

按月申报纳税:
年免税收入 = 4+3+4+4+2+4+3+2 = 26(万元)
年免税额 = 26÷(1+3%)×3% = 0.76(万元)
按季度申报纳税:
年免税收入 = 4+3+21+4+4+20+2+4+23+3+2+24 = 114(万元)
年免税额 = 114÷(1+3%)×3% = 3.32(万元)
改变纳税申报期后,小陈可以节省税款 2.56 万元。

3. 业务剥离

根据税法规定,一项销售行为如果既涉及服务又涉及货物,为混合销售。从事货物的生产、批发或者零售的单位和个体工商户的混合销售行为,按照销售货物缴纳增值税;其他单位和个体工商户的混合销售行为,按照销售服务缴纳增值税。销售货物和销售劳务的增值税税率有很大差异,如果企业有混合销售行为,分开核算能够节税。例如,某企业既销售货物又提供安装、运输等服务,可以将服务业剥离出来,单独成立一家公司,这样就可以按照较低的税率核算增值税。若是剥离出的服务公司满足小规模纳税人条件,且增值率较高,则可按照更低的征收率计算增值税,进一步降低税负。

案例 7-3

业务剥离　　降低税负

某板材厂为增值税一般纳税人,2020 年估计不含税收入总额为 2 000 万元,主要包括两部分:一部分是板材制品销售收入,大约为 1 600 万元,另一部分是安装收入,大约为 400 万元。进项税额估计年总量为 200 万元,均为板材制品所耗材料的进项税额。

该企业的板材销售与安装属于混合销售行为,应按销售货物缴纳增值税,即 13%税率计算销项税额。如果把安装业务单独剥离出来,独立组成一个公司,则安装业务可以按销售服务缴纳增值税,即9%税率计算销项税额,适度降低企业税负。同时,企业安装业务年销售额低于500万元,可以申请小规模纳税人,按3%的税率计算销项税额,进一步降低企业整体税负。

业务剥离前,按混合销售行为纳税:

应纳增值税额＝2 000×13%－200＝60(万元)

业务剥离后,分别核算纳税:

应纳增值税额＝1 600×13%＋400×3%－200＝20(万元)

业务剥离后,企业总体税负降低40万元。

4. 选择合适的促销方式

在当代买方市场的条件下,商家为了吸引客户,竞争有愈演愈烈的态势,商场的促销手段可谓多种多样,如打折销售(九折促销)、买赠销售(买一送一)、返现销售(买200返50)等。不同的促销方式会引起收入、增值税以及企业所得税等的计算结果不同。促销应遵循成本效益原则,综合考虑这些方案的纳税影响。

根据相关规定,采取折扣方式销售货物,如果销售额和折扣额在同一张发票上分别注明的,可以按折扣后的销售额征收增值税;将资产、委托加工或购进的货物无偿赠送其他单位或个人的,视同销售货物。所以,销售同等价值的货物,打折销售税负最轻,买赠销售税负最重。

案例7-4

商家怎样促销获利更多

又是一年"双十一",线上线下的很多店铺都在搞促销活动,有的是"满3 000打7折"、有的是"满3 000送900"、还有的是"满3 000返900"。假设这价值3 000元的商品,成本是1 500元;赠送的900元商品,其成本为600元;所有商品购入时均取得了增值税专用发票。请问哪种方式对商家更有利?

1. 满3 000打7折

即顾客购买商品价值满3 000元,按7折出售(假设折扣额与销售额在同一张发票上分别注明)。

企业应缴增值税＝3 000×0.7÷(1＋13%)×13%－1 500×13%＝46.59(元)

2. 满3 000送900

即顾客购买商品价值满3 000元,赠送价值900元商品。

企业应缴增值税＝3 000÷(1＋13%)×13%－1 500×13%＋900÷(1＋13%)×13%－600×13%＝175.67(元)

3. 满 3 000 返 900

即顾客购买商品价值满 3 000 元,返还现金 900 元。

企业应缴增值税 = 3 000÷(1+13%)×13%−1 500×13% = 150.13(元)

如果考虑增值税,三种促销方式中第一种最好,税负最轻;第二种最差,税负最重。

(二) 企业所得税的筹划

企业所得税,是根据公司年净利润来申报,收入−成本−费用=净利润。一般小微企业按净利润 20%缴纳企业所得税。

1. 关注费用扣除限额

根据税法规定,企业发生的业务招待费按照发生额的 60%扣除,但最高不超过当年营业收入的 0.5%。发生的广告费和业务宣传费,不超过当年销售(营业)收入 15%的部分,准予扣除;超过部分,准予在以后纳税年度结转扣除。发生的职工福利费在工资总额的 14%以内可据实扣除;发生的职工教育经费不超过工资总额的 8%的部分,准予扣除;超过部分,准予在以后纳税年度结转扣除。类似的规定还有很多,企业在证据资料充分时,根据实际情况,进行费用明细核算,合理分配费用额度,增加可抵扣范围,是一种合理降低税负的选择。

案例 7-5

充分利用费用扣除限额,合理降低所得税

张总的建筑公司 2019 年营业收入为 20 000 万元,将员工开会、加班用餐在内的所有餐费 260 万元全部记入了业务招待费。经过对所有餐费仔细甄别真实用途,进行分类整理发现,实际的业务招待费只有 140 万元,其他的分别为会议费 70 万元和职工福利费 50 万元。按照公司实际情况,如果将会议费、职工福利费等分明细单独核算,根据税法规定可以全额税前扣除,公司可以少缴纳一些企业所得税。

分明细单独核算前:

营业收入扣除标准 = 20 000×0.5% = 100(万元)

发生额扣除标准 = 260×60% = 156(万元)

业务招待费应调增应纳所得税额 = (260−100)×25% = 40(万元)

分明细单独核算后:

营业收入扣除标准 = 20 000×0.5% = 100(万元)

发生额扣除标准 = 140×60% = 84(万元)

业务招待费应调增应纳所得税额 = (140−84)×25% = 14(万元)

调整后,企业可以减少所得税 26 万元。

2. 选择好捐赠途径

捐赠是企业履行社会责任的表现,既造福社会,又可以树立企业的正面形象。按照现行税法,企业发生的公益性捐赠,在年度利润总额12%以内的部分可以在税前扣除。公益性捐赠指通过公益性团体或县级(含)以上人民政府及其部门,用于《中华人民共和国捐赠法》规定的公益事业的捐赠,如救助灾害、救济扶贫、教育捐赠、环保和社会公共设施建设捐赠等。

企业需要注意的是,直接捐赠依据规定是不得在所得税前扣除的,只有通过特定机构或部门的公益性捐赠才可税前扣除。在方案的选择上,是否属于公益性捐赠较为关键。

案例7-6

捐赠途径选得好,成本也能少又少

由于公司2020年度资金还算充裕,刘总决定向处于贫困山区的老家捐赠100万元。有两种选择:一是直接向村里捐款,比较简单直接;二是在当地举办的慈善义演现场,通过慈善机构向村里捐款。刘总公司当年不含捐赠的应纳税所得额为1 000万元,企业所得税税率为25%。选择哪一种方式捐赠好呢?

直接捐赠:

依据规定,直接捐赠不得在所得税前扣除。

企业实际应缴企业所得税=1 000×25%=250(万元)

通过慈善机构捐赠:

扣除限额=(1 000-100)×12%=102(万元),大于捐赠金额100万元,捐赠可以全额税前扣除。

企业实际应缴企业所得税=(1 000-100)×25%=225(万元)

选择通过慈善机构捐赠,可以为企业节约所得税款25万元。

3. 代扣代缴的税费,含税列支费用

企业代垫代扣个人所得税等税款的实际负担人是取得相应报酬的个人,企业只是履行代扣代缴义务,因此代垫代扣税款不符合税前扣除的税金及附加。实务中,企业类似向个人借款的利息支出、向个人租房的房租支出、税后工资等成本费用支出等,都可以倒算出含税的支出,应按含税金额在所得税前扣除。例如,企业与甲签订劳务合同,约定支付甲税后劳务费2 000元。企业在将该笔支出计入成本费用时,应将不含税劳务费换算为含税金额列支,合理减少企业所得税额。

案例 7-7

代扣代缴的税费,摇身一变也能节省成本

新宇公司为了提高员工研发水平,特意从美国硅谷请来了亨利博士为员工提供培训。新宇公司与亨利博士签订的合同约定,公司支付亨利博士税后课酬 30 000 元,公司代开增值税发票。因为代垫代扣税款是不能直接纳入税前抵扣的,因此,在财务入账时应按含税金额列支相关成本费用(见表 7-2)。

表 7-2　　　　　　　　　个人所得税预扣率表

级数	预扣预缴应纳税所得额	预扣率(%)	速算扣除数
\multicolumn{4}{c}{(居民个人劳务报酬所得预扣预缴适用)}		
1	不超过 20 000 元	20	0
2	超过 20 000 元至 50 000 元的部分	30	2 000
3	超过 50 000 元的部分	40	7 000

设:税前收入为 X,根据预扣率表,用 30% 这个预扣率。

$X-[X\times(1-20\%)\times30\%-2000]=30\ 000$

$X=36\ 842.11$

应纳个人所得税 $=36\ 842.11-30\ 000=6\ 842.11$(元)

应纳增值税 $=36\ 842.11\times3\%=1\ 105.26$(元)

应纳城建税及教育费附加 $=1\ 105.26\times(7\%+3\%)=110.53$(元)

代扣代缴的税费 $=6\ 842.11+1\ 105.26+110.53=8\ 057.9$(元)

如果新宇公司按不含税课酬列支费用:

费用列支额为 30 000 元

财务实际支出 $=30\ 000+8\ 057.9=38\ 057.9$(元)

如果新宇公司按含税课酬列支费用:

费用列支额 = 财务实际支出 $=38\ 057.9$(元)

4. 先分红后转让

根据相关规定,符合条件的居民企业之间的股息、红利等权益性投资收益为免税收入,这部分收入本来就是税后收益。而股权转让所得为转让股权收入扣除为取得该股权所发生的成本后的金额。企业在计算股权转让所得时,不得扣除被投资企业未分配利润等股东留存收益中按该项股权所可能分配的金额,即股权溢价部分构成股权转让所得,属于应税收入。因此,发生股权转让、并购时,先分红后转让能节省所得税费用。

案例 7-8

先分红再转让,节省税款百万元

五年前,李总和王总分别以自己的公司共同投资 500 万元成立红星公司,其中李总的公司出资 200 万元,占比 40%;王总公司出资 300 万元,占比 60%。历经 5 年的努力,红星公司运营较好,账面未分配利润 1 000 万元,除实收资本 500 万元外,其他权益科目金额为零。2020 年 3 月,因李总和王总在公司今后发展战略上分歧较大,王总提出用 800 万元的价格收购李总的 40% 股权。

如果直接收购:

李总应交企业所得税 = (800-200)×25% = 150(万元)

如果先分红再收购:

李总获得分红 = 1000×40% = 400(万元)

李总应交企业所得税 = (800-400-200)×25% = 50(万元)

是否先分红,对王总公司来讲是没有影响的,但对于李总公司来讲,先分红的 400 万元是免税的,先分红再收购,李总公司可节省所得税款 100 万元。

五、充分利用税收优惠政策

根据最新规定,小型微利企业是指从事国家非限制和禁止行业,且同时符合年度应纳税所得额不超过 300 万元、从业人数不超过 300 人、资产总额不超过 5 000 万元等三个条件的企业。小微企业的创立和发展对于创造大量自我就业机会、扶助弱势群体、促进经济发展和保持社会稳定都具有积极作用。国家为了支持小微企业的发展,陆续出台了一些相关税收优惠政策。国家针对小微企业的税收优惠政策主要有两类,一类是普惠性的税收减免政策,另一类是对特殊行业或特殊情况的税收优惠政策。

(一)普惠性的税收减免政策

《关于实施小微企业普惠性税收减免政策的通知》(财税〔2019〕13 号)规定,2019 年 1 月 1 日—2021 年 12 月 31 日,对小型微利企业年应纳税所得额不超过 100 万元的部分,减按 25% 计入应纳税所得额,按 20% 的税率缴纳企业所得税;对年应纳税所得额超过 100 万元但不超过 300 万元的部分,减按 50% 计入应纳税所得额,按 20% 的税率缴纳企业所得税。

为进一步支持小微企业和个体工商户发展,《财政部 税务总局关于实施小微企业和个体工商户所得税优惠政策的公告》(财税〔2021〕12 号)规定,2021 年 1 月 1 日—2022 年 12 月 31 日,对小型微利企业年应纳税所得额不超过 100 万元的部分,在《财政部 税务总局关于实施小微企业普惠性税收减免政策的通知》(财税〔2019〕13 号)第二条规定的优惠政策基础上,再减半征收企业所得税。

(二) 特殊的税收优惠政策

为支持新型冠状病毒感染的肺炎疫情防控工作,帮助企业纾困发展,财政部、税务总局2020年发布了一系列应对疫情税费优惠政策的公告,并于2021年进一步公告,将执行期限延长至2021年12月31日。

《关于支持新型冠状病毒感染的肺炎疫情防控有关税收政策的公告》(财政部 税务总局公告2020年第8号)规定,对纳税人运输疫情防控重点保障物资取得的收入,免征增值税;对纳税人提供公共交通运输服务、生活服务,以及为居民提供必需生活物资快递收派服务取得的收入,免征增值税;受疫情影响较大的困难行业企业2020年度发生的亏损,最长结转年限由5年延长至8年。

《关于支持新型冠状病毒感染的肺炎疫情防控有关捐赠税收政策的公告》(财税〔2020〕9号)规定,企业和个人通过公益性社会组织或者县级以上人民政府及其部门等国家机关,捐赠用于应对新型冠状病毒感染的肺炎疫情的现金和物品,允许在计算应纳税所得额时全额扣除;企业和个人直接向承担疫情防治任务的医院捐赠用于应对新型冠状病毒感染的肺炎疫情的物品,允许在计算应纳税所得额时全额扣除。

小微企业税收优惠政策往往具有时效性,而且不同省份或区域的配套政策也不尽相同,所以企业应持续关注相关政策文件,充分利用税收优惠,合理合法的减少税金流出。

任务三 积极创收、增收

一、收入的概念

收入,是会计学术语,指企业在日常活动中形成的、会导致所有者权益增加的、与所有者投入资本无关的经济利益的总流入。

收入按企业从事日常活动的性质不同,分为销售商品收入、提供劳务收入和让渡资产使用权收入。收入按企业经营业务的主次不同,分为主营业务收入和其他业务收入。主营业务收入是指企业为完成其经营目标所从事的经常性活动所实现的收入。其他业务收入是指企业为完成其经营目标所从事的与经常性活动相关的活动实现的收入。

二、企业创收、增收几种方法

(一) 关注最终消费者

你的产品可能是直接销售给工厂、公司、批发商或零售商的,但最终并不是卖给某个没有生命、依靠量化数据来做出纯理性决策的机构,而是卖给人——感情丰富的、个性化的、非理性的人。人们最终决定购买某件商品与否,很多时候是基于对商品的感受而非商品本省。提高销售业绩的核心是关注最终消费者的需求,而不是关注学术或技术本身。可以通过搜集客户个人信息、观察客户办公室陈设等方法,去了解客户,寻找共鸣,最终让他们说出购买产品或服务的真正原因即真实的需求。

(二)重视品牌的力量

消费品的品牌形象拥有巨大的力量。建立强大的品牌形象很难,但是在建立起来之后,他们自身就会拥有强大的惯性。对于拥有强大品牌形象的对手,要击败他们是很困难的。一旦形成品牌,这个品牌会伴随他们很长时间。因此,佳洁士、麦当劳、香奈儿和华为等可以在很长的时期里一直保持强势。

品牌是一种强大的竞争壁垒,新品牌要击败资深品牌会面临诸多风险,主要原因之一是,只有通过广告才能树立品牌形象而广告并不形成资产。如果建造工厂或者投资产品,哪怕最后打不开市场,通过将工厂、存货转换用途或处理掉,可以收回部分资金。但如果花费同样的成本做广告,因为已有对新产品的壁垒作用,可能根本起不到树立品牌形象、抢占市场的作用,广告费就白费了,剩不下任何东西。因此,品牌形象具有持久效应,要打败它们很不容易,风险也太大。企业应尽量在行业早期,花费较小的代价树立起品牌。

案例 7-9

伊利:品牌的力量,成就亿万家庭信赖

2016 年初,由于在中国品牌塑造领域取得的巨大成就,伊利成为"'中国品牌领袖联盟'理事单位",以此为推动中国品牌的成长贡献更大力量。伊利的成长历程就是中国品牌由弱及强的过程,其成功之处就是将企业品牌和国家形象、全球资源和中国市场、行业命题和中国智慧进行了有机统一。

在 50 多年的发展历程中,伊利的品牌收获了亿万家庭的信赖,其品牌价值也得到全球多个权威机构认可。

受全球最大的传播集团 WPP 委托、Millward Brown 发布 2015 年 BrandZ 最具价值中国品牌 100 强。榜单显示:伊利集团以近 51 亿美元的品牌价值,持续领跑中国食品饮料行业。同时,伊利位列最值得信赖的中国品牌第 6 位,再度成为"最受消费者信赖"的食品饮料品牌。BrandZ™ 指出,产品安全是品牌可信度基石,最重要的是选用安全的原材料,并确保产品和服务符合较高的安全和质量标准。

荷兰合作银行发布《2014 全球乳业 20 强报告》,伊利也成为唯一一家跻身全球乳业 10 强的亚洲乳制品企业。

凯度消费者指数和贝恩公司合作 2014 年中国购物者报告显示,2014 年伊利新增 280 万家庭消费者,位列食品饮料增速第一。此外,由中国商业联合会、中华全国商业信息中心联合发布的 2014 年度中国商品销售结果统计数据显示,伊利在全国乳制品综合市场、奶粉市场、冷饮市场、液态奶市场以及儿童奶市场五个市场占有率实现同步第一。

伊利等一批品牌正在成为中国制造业追求品牌高附加值的缩影,将带动更多企业重视品牌价值塑造。

(资料来源:知乎网,https://zhuanlan.zhihu.com/)

(三)差别定价

在很多行业,如果公司能较好的迎合不同的消费群体,就可以创造巨大的商机。你不仅要调整产品,还要调整销售方式、服务水平,甚至和每个消费群体打交道的方式。要想实现利润最大化,除了拥有好的创意、产品或服务,扩大销售量以外,针对每个潜在的消费群体,提供差异化的产品、服务并收取不同的价格也是个不错的方法。例如,进行消费者细分或者服务细分,提供不同的销售渠道、不同的支付方式和折扣方式等。

差别定价的例子在我们身边比比皆是。89号、92号、95号汽油的价格差异(你当真认为他们存在很大差别吗);快速干洗服务于普通干洗服务的价格不同(其实你支付普通干洗服务的价格,对店员特别强调急用,就能享受快速干洗的服务);各种型号、配置不同的电脑和手机等电子产品(许多人喜欢买最贵的,其实在使用时感受不到产品明显的区别)。

案例 7-10

捕获消费者剩余价值

某家酒店以每晚129元的收费提供普通房间(非商务间),同时,他们也面向企业客户提供商务间,每晚却收费239元。多出的100元是为什么呢?多一份免费的报纸和早餐!可是加上人工成本,酒店的全部额外成本不到10元!

尽管商务间的价格贵,却总是客满。因为许多商务出差人士不用自掏腰包付款,而是由公司报销,因此他们不在乎价格。对他们来说,没有花费任何代价就得到了一份报纸和早餐,很划算。

其实任何经验丰富的旅行代理人都可以打来电话,告知酒店他将经常送旅客到这座城市,然后要求以129元的价格入住商务间,一般他都能如愿以偿。酒店经理会思量,既然商务间没有订满,为什么不让他们住呢?那份报纸和早餐只有很低的成本。

(四)不吝营销开支

在生意场上最大的忌讳之一是只专注于收入,在市场营销上花费不足。成功的商人应区分战略性成本和非战略性成本,市场营销就是重要的战略性成本,是保障公司长期运转的血液。为了使利润最大化,要竭尽所能的降低非战略性成本,将节约出的资金用于市场营销等战略性成本。最成功和最赚钱的企业,其营销成本占销售收入的百分比都远远超过竞争对手。

1. 加大广告投入

许多公司对新客户的开发往往眼光太狭窄。"我为什么做这个广告呢,90%的人都不会购买。"但是,通常这10%就是让公司花钱营销的理由。良好的营销通常要使用猎枪,而不是小手枪。

案例7-11

成功的营销案例

从2001年起，人们在电视上时常可以看得到这样的广告——一对Q版形象的老年夫妇在电视屏幕里拿着标有脑白金3个字的保健品盒子做出夸张的动作，并说出"今年过节不收礼，收礼只收脑白金""脑白金，年轻态，健康品"等魔性洗脑的广告词。

当第一次听到脑白金广告语时，很多人都会觉得十分的滑稽，让人忍不住想吐槽。然而事实证明，这个让人想吐槽的、滑稽的广告，却是一个达到了史玉柱营销目的的一流广告——让产品的名字走进了每一个人的脑袋。不仅仅是台词的魔性，脑白金的广告还搭配上了在各个电视台铺天盖地、狂轰滥炸式的高播出频率，一举达成了一种现象级的广告效应。

在广告播出的春节期间，脑白金在每个城市的各大商场成为了人们争相购买的节日礼品。有相关记者连续走访了数十家药店，各药店的服务人员均反映脑白金是热门的抢手货，有些药店甚至在进门处的广告牌上用粉笔大大地写着"脑白金已到货。"这一标语。在采访中，记者们不约而同发现了一种"脑白金现象"——绝大多数顾客在购买时并不清楚脑白金的有效成分和保健功能，仅仅只是凭电视广告里的"眼熟"才选择购买，部分药店服务员也承认绝大多数顾客是冲着广告才来买脑白金的。

直接、简单且好记，是脑白金广告的重要特征，其目的只有一个，就是为了让顾客脑海里能够对其产品有非常深刻的印象。

2. 按利润支付销售佣金

很多公司都是将销售人员的个人收入与销售额挂钩，即按销售额的一定比例提成，这种制度虽然能激励销售人员努力工作，但是不一定能增加企业利润。如果按照销售毛利（销售收入减去销售成本后的差额）支付薪酬，则更有利于提高企业利润。例如，某医疗产品公司，通过改变销售佣金制度，在1个月以内，高利润的产品销售增长率28%，而低利润的产品销售则下降了26%，结果总体利润上涨了50%。

3. 雇佣懂"销售"而非懂"产品"的销售人员

雇佣了解销售和盈利技能的销售人员，而不是了解产品的销售人员。真正懂得销售技能的员工非常宝贵，相比之下，任何人都有能力了解产品。大多数公司每年都会培训销售人员，但往往只注重产品及生产线的培训，而销售培训真正应该侧重的地方是推销与如何高价出售。

（五）二次销售始于成交之时

在达成交易之后，除了要考虑遵守合约、提供优质的产品和服务之外，你的思维、精力以及与客户的互动，都应当集中于如何再次将产品或服务卖给这个客户。如果首先关注货物，在交货之后才关注二次销售，或许就太迟了。因为交货之后，你已经没有太多机会与客户交流了，所以也没有机会影响客户了。自信的销售人员在完成首次交易之时，就开始投入第二轮交易了。

任务四　加强成本分析与控制

人们要进行生产经营活动就要耗费一定的资源(人力、物力和财力),其所费资源的货币表现及其对象化称之为成本。任何耗费总是个别生产者的事,而补偿则是社会的过程。耗费要求得到补偿和能否得到补偿是两个不同的事情。这就迫使商品生产者不得不重视成本,努力加强管理,力求以较少的耗费来寻求补偿,并获取最大限度的利润。

一、成本分析

有效的成本分析是企业在激烈的市场竞争中成功与否的基本要素。不完善的成本分析可导致单纯的压缩成本,从而使企业丧失活力。建立起科学合理的成本分析与控制系统,能让企业的管理者清楚地掌握公司的成本构架、盈利情况和决策的正确方向,成为企业内部决策的关键支持,从根本上改善企业成本状况。正确的成本分析对一家公司是否盈利起着相当重要的作用。如果成本分析不利,企业可能因为未将费用合理分摊至不同产品而导致定价失误,从而陷入越卖越亏的怪圈。常用的成本分析方法有比较分析法、比率分析法和因素分析法等。

(一) 比较分析法

根据分析的不同要求和目的,对指标实际数做各种各样的对比,揭示差异、分析原因的一种分析方法。例如,将实际指标与计划指标对比,将本期指标与以前实际指标对比,将本期指标与国内外同类企业的先进指标对比等。指标对比分析法是最基本、最常见、最简便的一种方法。

(二) 比率分析法

利用两个指标的相互关系,通过计算它们的比率来考察、计量和评价经济活动业绩优劣的一种分析方法,包括三个方面:①相关比率分析,通过计算两个性质不同而又相关的指标的比率进行数量分析,如成本利润率等;②趋势比率分析,将几个时期同类指标的数字进行对比,求出比率;③构成比率分析,计算某一经济指标的各个组成部分占总体的比率,观察其结构及变化。

案例 7-12

A 产品单位成本趋势分析

某企业生产的 A 产品 2016—2020 年各年的单位成本如表 7-3 所示。

表 7-3　　　　　　　　　A 产品单位成本表

年度	2016	2017	2018	2019	2020
单位成本(万元)	500	496	480	450	425

表7-4　　　　　　　　　定比趋势百分比计算表

年度	2016	2017	2018	2019	2020
单位成本变动	100%	99.2%	96%	90%	85%

表7-4中每年的单位成本变动等于当年单位成本与2016年单位成本的比值。可以看出相对于2016年的单位成本而言,A产品的单位成本呈逐年下降趋势。

表7-5　　　　　　　　　环比趋势百分比计算表

年度	2016	2017	2018	2019	2020
单位成本变动	100%	99.2%	96.77%	93.75%	94.44%

表7-5中每年的单位成本变动等于当年单位成本与上年单位成本的比值。可以看出A产品的单位成本环比上年一直在下降,但2017—2019年环比下降幅度一直在增加,2020年环比下降幅度收窄。

(三) 因素分析法

把综合性指标分解为各个因素,研究诸因素变动对综合性指标变动影响程度的分析。在进行分析时,首先要假定众多因素中的一个因素发生了变化,而其他因素则不变,然后逐个替换,并分别比较其计算结果,以确定各个因素的变动对成本的影响程度。

二、成本控制

党的二十大报告指出,要实施全面节约战略,推进各类资源节约集约利用。这与成本控制的理念不谋而合。成本控制的过程是运用系统工程的原理对企业在生产经营过程中发生的各种耗费进行计算、调节和监督的过程,也是一个发现薄弱环节,挖掘内部潜力,寻找一切可能降低成本途径的过程。科学地组织实施成本控制,可以促进企业改善经营管理,转变经营机制,全面提高企业素质,使企业在市场竞争的环境下生存、发展和壮大。

(一) 树立零成本预算的思维

削减成本的首要做法,是将每种成本视为必须消灭的魔鬼,树立零成本预算的思维方式。很多人都认为成本是有益的,因为更高的成本意味着企业的规模更大。但是公司成功的衡量标准应该是收入,更确切地说是收入与成本的差额。所以,你的内在思维方式必须是,尽量削减每种成本。

任何成本都是可以削减的:冗余的管理人员成本,闲置的计算机、办公室等资本支出,使用频率很低的系统支出等。不要以为每件事都必须按照现在这样做。相反,你必须追问:"如果我削减了这种成本,收入或利润会受损吗?会如何受损?在哪些方面受损?"如果你无法说明如何受损和在哪些方面受损,那么,你应该毫不犹豫的砍掉这项成本。

(二) 建立成本预算机制

正确地编制成本预算,可为企业预算期成本管理工作指明奋斗目标,并为进行成本管理提供直接依据;而且,成本预算还能动员和组织全体职工精打细算、挖掘潜力,控制成本耗费,促使企业有效地利用人力、物力、财力努力改善经营管理,以尽可能少的耗费获得较好的经济效益。同时,成本预算还可作为企业经营业绩的考评标准。

为了有效降低成本,需要按照"先削减成本后提出问题"的顺序来实施成本削减策略。你必须首先确定严格的成本预算,其次让这项任务的负责人去思考如何才能不超出预算。而不是要求每个主管考虑可以削减多少成本,然后反馈给你,再利用这些信息来确定成本预算。你根据自己的经验和判断来确定预算,并让主管们去执行,效果更好,成本削减额更多。如果你削减过多,肯定会得到相关人员的反馈,只需重新追加部分预算即可。

案例 7-13

刚性预算,轻松削减成本

某专业服务公司,年收入 4 000 万元左右,每个月的办公用品和服务开销要划掉约 20 万元。老板通过跟同行企业交流学习,发现成功的企业中,办公用品开销要比普通公司低 40%。老板决心也将自己企业的成本预算缩减到原来的 60%,并向企业全体员工宣布,办公费预算只有 12 万元了,请不要超过预算。

结果表明,在老板的率先垂范下,每个主管在降低费用、削减冗员以及不必要的物质享受方面都各有妙招,态度强硬。1 个月后发现开销并没有超过预算,此后连续 24 个月都是如此。每年公司节省下来的金额为 96 万元,相当于销售额的 2.4%。

(三) 降低采购成本

1. 跟供应商砍价

采购意味着重要的盈利机会,但管理人员很多都忽略了它。管理人员非常关注客户,积极管理业务链的终端,也非产关注员工并用心管理他们。然而,采购通常被视为行政事务,没有得到高管们的关注。有的公司甚至将与供应商议价、确定供应商、下单等采购环节全权委托给采购人员。其实采购员出于与供应商长期培养起来的私人感情或"吃回扣"等原因,很难在谈判中为你争取到可能的最低价。而削减成本的最轻松方式,就是跟供应商砍价。你只需要付出相对很小的努力,就能节省很多成本。如果你所购买的产品与服务占公司总成本的 50%,即使只削减 8%,那么你的最终效益也增加了大约 4 个百分点,这会对盈利率产生很大影响。

案例 7-14

狠抓采购成本,公司利润翻倍

鲍勃·费福尔受聘去降低某个铁路货车制造公司的成本。在到达公司的当天,

项目七 合理财税规划,增收节支   177

负责人就带鲍勃去工厂参观,并让鲍勃会见所有的生产主管。"要削减工厂的成本",公司负责人说。

过了不久,鲍勃放弃了原来的日程安排,与公司负责人进行深入交流,并问道:"你的生产成本占多少比重,采购成本占多少比重?"在拿到若干资料后,负责人表示他们采购的货车侧板、尾件和底盘的成本占总成本的80%,生产成本占10%,剩余的工资成本占10%。"你上次研究如何减少生产成本是什么时候?"鲍勃问。"我们没两年就会研究这件事。"他语气肯定地说道,"但显然这还不够。相对于竞争对手,我们的成本仍然偏高,仍然没有很高的利润。"鲍勃接着问:"你上次研究如何削减采购成本是在什么时候?"他回答说,"哦,我们只采购钢材、涂料等。哈里干得非常出色。"鲍勃解释说,将采购成本削减5%就能将总成本降低4%(80%×5%)。而为了省下同样数额的支出,生产成本就必须降低40%(4%÷10%),但这显然是不可能的。

由此公司开始狠抓采购成本,将它降低了9%,也就是说,将总成本降低了7.2%(80%×9%)。单单这项举措就让公司的利润翻倍。

2. 大宗采购经常比价

比价采购是指采购人员请数家厂商提供价格后,从中加以比价之后,决定厂商进行采购事项。可以试着考察自己的公司,对于购买的大宗的(也就是说,最花钱)的商品或劳务,你上次为其主动比价是在什么时候? 很可能许多商品很久都没有认真比价了,甚至从未主动比价。不少公司为了方便总是从同一家供应商进行大宗采购,哪怕价格上涨了。没有经过比价就接受价格上涨,就是浪费钱财。通常,积极比价甚至只是告诉供应商你在比价,就能降低采购价格或者减少涨价次数。

案例7-15

积极比价,迫使供应商降价

老程的公司有个办公服务供应商,老程为此花了不少钱。六年来,老程都在购买这家公司的服务。上个月,老程派人去要求她降价,她说:"抱歉,我们的价格已经很低了。我不能再降价了。"

老程又打发人去提醒她,自己购买的服务占了该公司业务总额的10%,她当然可以再降价。她回答说:"我真心感谢贵公司长期以来对我们的信任,但我已经向你们提供了我所有客户中最优惠的价格。我确实无法再降价了。"

最后,老程差人打电话给她,告诉她将停止合作,并会让另外四个供应商竞价投标。如果她愿意投标的话,欢迎她投标。但既然双方无法就交易价格达成共识,她或许就不必白费力气了。她当天就表示会深入地了解情况,以便找到其他方式来降价,最终同意降价10%。

其实老程从未招标，也没有打算这样做。因为老程知道她不愿意失去自己这个客户。

3. 摸清竞争对手的支付价格

如果你觉得已经要求供应商将价格压到最低了，还有一个步骤可以帮助你将某些重要采购品继续压低价格，即摸清竞争对手的进货渠道，以及他们的支付价格。必然有某个或几个竞争对手的支付价格比你低许多。你可以利用这些数据，到竞争对手的供应商那里，要求以同样的低价达成交易。或者你可以将这些数据告诉你的供应商，表现出很恼火的样子，因为他始终都对你说，他提供给你的是最优惠的价格，这时，他通常都会立刻降价。

（四）削减日常开销

很多日常开销项目意味着巨大的盈利空间。你应该向员工表明，你非常重视全面削减日常开支，并身体力行地奉行这个准则。这里列举一些常用的手段。例如，确保你和你的员工若非必要不出差；必须出差时，禁止坐头等舱、头等座；降低对办公电脑软硬件升级的频率，因为绝大多数时候根本不需要这么高的性能；减少打印机的购买，当真有那么多文件需要纸质版吗？让员工多走几步路去打印，会大大减少不必要的打印。

（五）控制与绩效无关的薪酬

如果你的的慷慨大度变成一种人人都有的东西，如果薪酬和绩效脱节，整个企业文化、整个系统以及企业的最终效益就会每况愈下。节日红包是无益的开支，这是每个员工都能拿到的、与绩效无关的、完全可以预料的事情，因此并不受员工重视。季度奖或年终奖，即便与绩效挂钩，如果写进日历里，管理者就会丧失自行决定的权力，无法真正根据员工的绩效优劣来发放。如果某种奖金或报酬成为必然，它就不再具有激励作用，而是变成拙劣的管理工具。不定期的、根据绩效发放的奖金，才具有最大的激励作用，更符合成本效益原则。

（六）降低库存，延迟付款

在订购某种物品之前，要确保这种物品的存货已经少的不能再少了。无论是材料，还是办公用品。仅仅为了安全起见或是减少订购次数，而一次订购非常大的数量，是没有必要的。这样只会占用更多的资金，增加成本。你应该尽量降低库存，树立零库存的理念。同时，在采购业务发生后延期付款，是降低成本的另一个办法。延迟付款等于变相获得一笔无息贷款，大多数供应商宁可花很长时间等待你付款，也不愿意失去你这个客户。只要供应商能忍受，至少等他催过两次款，才支付。

小贴士

"零库存"理念

什么是"零库存"？专业的定义是这样的：零库存是指物料（包括原材料、半成品、成品等)在采购、生产、销售、配送等一个或几个经营环节中,不以仓库存储的形式存在,而均是处于周转状态。通俗点来说,就是所有的物料都永远在路上。

零库存的概念是由日本丰田汽车公司提出来的,这也是精益生产JIT体系内容中的一部分。其认为库存即是浪费。当下,丰田汽车在生产环节已经实现了真正的零库存,按订单生产。这一成功背后,主要还是与丰田与其供应商之间合作的紧密性有关。据悉,丰田汽车对日系的零部件企业基本都持有一定的股份。

零库存能带来哪些实际的效益?第一,减少资金占用量;第二,提高物流运动的经济效益。而要想实现真正的零库存,就需要企业生产经营各环节、各生产工序的相互依存性空前增强。这也就是业内经常所提到的布局整个产业链之后所能带来的效应。

零库存管理是产生于日本的先进管理方式,在日本企业中有着广泛的应用,丰田汽车是典型代表。20世纪80年代,美国的企业也开始认识到"零库存"管理理念并逐渐开始推广,戴尔公司运用直销模式以实现产成品的零库存,通过"供应商管理库存"的方式,实现原材料的零库存管理。

 项目小结

建立一个完善的财务管理制度对于企业来讲是必不可少的。但是有的小微企业主,特别是刚接触财务或刚创办企业的老板,因为觉得自己的企业一定要有一套财务管理制度,所以就从网上下载了一个其他企业的制度或模式。其实每一家企业的制度都应该有自己的个性,必须根据自己企业的具体情况来定。也就是说,企业不同,相应的财务管理制度也应该不同。

同时,当企业涉及具体税种的时候,可以查询适合自己企业的优惠政策。一般情况下,只需要知道有哪些税种,以及每个税种大致的优惠方向即可。在遇到具体问题的时候,再上网细查即可。掌握基本的税务知识,就可以避免很多失误,不会再产生把不该缴的税缴了、不该漏的漏掉的情况,也就避免了麻烦和处罚。

在做好财税规划的基础上,要想达到利润倍增,必须从扩大销售和降低成本入手。扩大销售的方法如:关注最终消费者、重视品牌的力量、差别定价、增加营销开支;降低成本的方法通常有进行成本分析、建立零成本预算的概念、削减日常开支、降低库存、延迟付款等。

1. 小微企业建立财务管理制度的重要意义?
2. 税收筹划应遵循哪些原则?

3. 常用的税收筹划方法有哪些？
4. 小微企业创收、增收的方法和手段有哪些？
5. 成本分析的意义是什么？有哪些成本分析方法？
6. 成本控制的方法有哪些？

思考案例

实体商业逆袭典范

某知名企业曾在2001年亏损数达568万元人民币，一度被传"不行了"的说法。新CEO上任后，在两年内扭亏为盈，在2005年创下营收80.1亿元人民币的最佳纪录。

该企业能够力挽狂澜采用以下七条改革措施。

1. 库存管理：狠心处理大量不良库存

改革的第一个举措是处理了大量不良库存——因为有这么大的不良产品的库存，公司是不可能重振旗鼓的，所以要把这些库存处理掉。带着做产品的厂家、制造商一起去看处理库存的过程。当他们看到自己用心做出来的商品全部被烧掉，那个心痛的感觉是无人能体会的。目的是要让他们了解，如果不能做出真正好的产品，这些东西对于消费者来讲，都是废品。用现场的感觉去刺激厂商，跟无印良品一起来进行一次从头到尾的改革。

2. 成本控制：关掉10%的店铺

解雇员工并不能给公司带来真正的改革。关店的目的不是解雇员工，而是改变公司的构造。

3. 产品研发：做世界的产品

与全世界各个地方优秀的、有创造性的人才、设计师合作，把产品的策划从本国放大到全世界。让全世界的消费者一起参与到产品研发中，重新以设计来赢得消费者。

当时该企业和全世界很多设计师合作，是用一种叫做"不设计的设计师"的方式：他们在该企业和国外设计师中间起一个桥梁的作用，把优秀设计理念融入到无印良品的设计中去。

在服装方面与山本耀司合作（世界时装日本浪潮的设计师和新掌门人，以简洁而富有韵味、线条流畅，反时尚的设计风格著称），与非常有名的服装设计师合作。因为服装具有非常强烈的潮流性，像山本耀司这样一个顶级的设计师，他知道潮流是怎么样、当年该卖什么衣服，下一年该卖什么衣服，他会参与每一个纽约时装周、巴黎时装周等。但是作为企业可能没有这样的能力去追随这种潮流，所以和山本耀司合作，但是合作不会对外做任何宣传，不会说这个系列是山本耀司设计的，只是用产品本身说话。山本耀司参与到设计之后第二年，服装在产品市场端的反应一下子就非常明显，消费者很喜欢无印良品的产品。

4. 开店策略：量化销售端开店标准

当时开店判断的基准非常模糊，没有定量化的评判。销售端也有非常严重的问题，开10家新店，可能只有两家店能达到目标盈利。于是开始做了很多的定量判断的标准：开

店城市的平均消费收入指数是多少？城市平均消费收入指数和门店的营业状况成正比关系。用量来明确什么时候可以开店，什么情况下不可以开店。在建立这样定量化的标准之后，结果非常明显，导入标准的新店的成功率达到了90%以上，开10家店，9家店会盈利。

5. 运营举措：力降运营成本至30%

销售方式改了，产品研发方式改了，企业的经营也要改，公司成立了一个"30%委员会"的体系来做这个事情。"30%委员会"，意思是整个的经营成本要占到销售额数量的30%。通过很多方式要把这个成本降下来，比如说削减无用的出差，削减无用的加班等等。

6. 员工管理：建立全员参与更新的员工手册

公司之前店面多，常常有相同问题重复出现浪费人力与时间的情况，后来在公司的内部网上，做了一个员工内部提案的平台，所有一线员工都可以通过平台一起完善工作手册，手册内容与店面执行内容相关。一线员工可以通过内部网站，向公司提出他的见解，然后由区域经理确认，再由公司总部确认，之后马上就把这个东西编写到最新的手册里面，同时要求公司的工作流程做相应的改变。

7. 员工培训：完整系统的员工教育体系

员工在公司里面受到的培训分三个部分，分别是10%、80%和10%：10%是工作手册学习的占比，是基准，最简单基础的事；80%是通过在公司岗位上的培训，就是OJT(On the Job Training的缩写，即在工作现场内，上司和技能娴熟的老员工对新员工们通过日常的工作，对必要的知识、技能、工作方法等进行教育的一种培训方法)这样的方式来学习；最后10%就是对员工的专门培训，公司内部培训课程，这三部分构成了对员工的教育。

（资料来源：赢商网，http://www.winshang.com）

请思考并回答：
1. 你如何评价无印良品扭亏为盈的改革措施？
2. 无印良品的改革措施对你经营企业有什么启示？

实训项目

通过走访你身边的小微企业、观看网络视频和电视节目、阅读书籍和报刊等形式，搜集企业税收筹划、增收节支方面的"小妙招"及相关案例。以学习小组为单位形成分析报告，以PPT格式完成，各组选出一名代表，进行分享。

项目八

网店的经营管理

 项目导航

◇ 掌握网店装修的一般技巧
◇ 掌握网店推广的主要方式
◇ 熟悉网店吸引人气的具体方法
◇ 了解如何提升店铺的成交转化率
◇ 能结合实际进行小微企业网上店铺的推广和运营
◇ 树立遵纪守法、诚实守信的意识,为客户创造美好生活

 思维导图

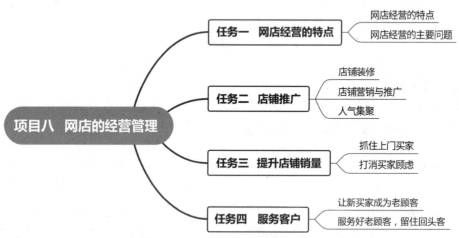

职业指导

党中央、国务院高度重视电子商务发展。习近平总书记在不同场合多次就发展电子商务做出重要指示,对发展农村电商、跨境电商、丝路电商等提出要求,明确指出电子商务是大有可为的。

网络店铺正是电子商务小微企业发展的典型载体,是电子商务推动社会经济持续优化发展的重要支撑。

引导案例

海伶山珍：让大山里的美味飞到全世界

党的二十大报告指出：发展乡村特色产业，拓宽农民增收致富渠道。青川海伶山珍的网络店铺正是发展乡村特色产业，利用网络销售促进农民增收致富的典型案例。海伶山珍的网络店铺从一开店就走上了土特产的细分道路：食品中的土特产，特产中的青川野生土特产。把"山里人的货"搬到线上，店铺早就做到了4皇冠，年销售额突破6 000万元。海伶山珍每年收购的农产品主要包括：蜂蜜，约8 000斤；椴木黑木耳，约6 000斤；竹荪，约1 000斤；椴木花菇，约6 000斤；椴木香菇，约6 000斤等。

在人们越来越重视食品安全和品质的今天，土生土长的特产美食，确实很能够打动人心。但是，蜂蜜、竹荪、花菇、木耳这些看天生长的特产，要把控好它们的产量、采集成本、物流成本，可不是那么容易的事。海伶山珍能够走到今天，很大一部分原因来自口碑的传播，一方面店主赵海伶通过微博等新媒体营销方式来进行山货的推广。她把每次进山取货的照片一一拍下来，做成图片或视频，把进山取货的经历放到博客、微信等新媒体中，同时也放在店铺的首页和宝贝详情页，这些视觉营销方式让客户感受到了现场的真实感，对山货的信任度和认可度也逐步攀升。

另一方面，赵海伶也较早给店铺注册了商标，对店铺产品进行统一包装，并在店铺中放上食品流通许可证、产品生产许可证等，无形中让客户感受到店铺产品品质的保障。这在一定程度上拉高了竞争门槛，避免店铺陷入同质化、价格战的混战中。

（资料来源：玉烛洲中小企业成长互助分享平台，http://yuzhuzhaoxin.my.pp.cc）

思考与讨论：海伶山珍网店成功的主要原因是什么？

任务一 网店经营管理的主要特点及问题

随着"网商经济"的逐渐下沉，开设网店成为了小微企业创业的热土，众多小微企业创业者选择了网店作为创业途径。面对激烈的竞争，如何才能让自己的网店快速成长，站稳脚跟呢？需要先了解网店经营管理的特点。

一、网店经营的特点

（一）进货渠道的稳定性

网店的销售是需要依赖货源的，对于小微企业创业来说，如果能靠近工厂，或靠近顶级代理、经销商，靠近专业大市场，就有了稳定的进货渠道，可以避免资金投入进行压货，提高了流通的效率，降低了流通成本，解决网店经营的后顾之忧。

（二）店铺的独特性

一家网店是否能在海量的商品市场中脱颖而出，找到吸引人气的卖点很重要。卖点涉

及许多方面,比如价格优势,可用"厂家直销""特价"等刺激眼球的词;信誉优势,可用"皇冠""100%好评""好评如潮"等;人气优势,可用"热卖××""最后××件""断货断码"等;产品其他优势,可用词"××品牌""包邮""独家代理"等,特别是"镇店之宝",一定要拿出一个人气招牌商品作为店铺的大卖点。卖点就是店铺的闪光点,就是店铺吸引买家购物的地方。

(三)宝贝展示的全面性

全方位展示宝贝图片,可以拍摄实物视频,最好把宝贝最详细的细节全部都展示出来,这是非常必要的。大量的图片和视频会冲击买家的视觉,合理的对比和解说可以让买家更加详细地了解商品,提高下单率。

(四)商品种类的多样性

产品的风格要多样化,质量要过关,性价比高,减少差评率。把新货挂到网店明显位置,但是不要为了增加数量而不顾及质量。不要因为生意不好而放弃上货,如果网店里的商品总是几张老面孔,带给不了顾客新鲜感,买家是不会光顾的。

(五)网店推广的虚拟性

网店开张了,如何让更多的网络消费者了解和光顾呢?需要我们做网店的推广,这是十分重要的一项工作。网店推广主要针对的是网络消费者,因此,我们更多的是通过互联网上进行网络营销推广。作为小微企业,可以选择一些免费的低成本推广,如微博、微信、抖音、快手、头条等,通过初期引流、逐步实现销量转化。

二、网店经营管理的主要问题

常常会听到网店主们说网店经营需要花费很多心血,确实,在目前激烈的网络市场当中,要想在众多大企业的旗舰店中生存,需要小微企业店主学习和了解一些网店经营管理中经常会出现的问题。

(一)宝贝发布问题

有了好的渠道,好的产品,还需要对网店进行好的装修,然后是宝贝的发布。宝贝如何发布是网店经营中的重要问题。经常有人会说我的宝贝图片很多很清晰,发布上去却还是没流量。那我们要考虑宝贝名称和宝贝描述是否吸引人,店铺公告有卖点吗;是否做了宝贝的个性模板等。

(二)店铺推广问题

以淘宝为例,淘宝网上的店铺已经突破1 000万家,你的店铺在淘宝里只是相当于大海里的一滴水,如果没有合适的宣传,商品又不够有特色,几乎就淹没在茫茫淘海中了。买家很难搜索到你的店铺,也就无法带来浏览量。因此,店铺如何推广,有哪些方法?哪些适合小微企业,是我们在店铺经营初期需要着重考虑的问题。

(三)店铺管理时间问题

没有开网店时,总觉得在淘宝上开店铺省时省力省心。很多人都考虑以兼职的形式来开网店。但是,真正当你把店开起来后,会发现开网店比开实体店还要累。首先,24小时全天候服务的时间就不能很好的保证。如果有客户来,没有及时的应答和服务,可能就会导致客户的流失。在客户服务上,是否需要有兼职或全职客服,客服怎样为客户更好地服务,也是网店经营管理中很重要的问题。

(四)网店的转化率问题

店铺有了流量,但是常常会发现没有成交量,也就是转化率低。这样的空流量对于网店的经营是不产生效益的。这在网店经营中常常是网店发展的瓶颈问题。店主往往花了大量的精力投入到店铺的推广和引流上,可是店铺的流量却不能很好地转化为销量,是店铺发展初期最头痛的事情。

(五)售后服务问题

很多网店只注重把商品卖出去,确认收货收钱就结束了。但在消费者看来,这个交易并未结束。因为产品质量会影响到用户的利益。这就需要商家提供高质量的产品,获得更好的口碑。解决售后问题,使整个交易顺利地完成。

售后问题,不仅仅体现在产品上,而客服人员的态度和服务也有很大的因素。如果客服人员这块没有做好,对整个交易流程都会有致命的影响,这就需要商家和买家共同解决。提高消费者购物体验,这也是一个电商平台所在竞争激烈的当下处于优势的一个必须要做好的环节。

任务二　推广你的店铺

前面了解了网店经营的特点和一些常见问题,现在我们就来思考如何结合网店经营的特点来解决这些问题,避免网店在初期成长中落入停滞不前的陷阱。要考虑的是店铺装修,这是吸引顾客注意力、进行店铺推广的前期准备。

推广你的店铺,从店铺装修开始。

一、店铺的装修

店铺装修的意义如同实体店的店面气氛的营造,是吸引顾客进店和购买的重要因素。一个网店装修得好至少能够带来四个方面的收益:增加顾客在店内的停留时间、增加商品的诱惑力、增强网店的形象、打造网店强势品牌。

作为网店新手,在店铺装修之前,要注意以下几个问题。

首先,要确认自己申请的是普通店铺还是旺铺?网店定位是优质高端客户还是平价大众群体?普通店铺自己动手学习进行装修是可以的,如果是旺铺,交给专业人士做比较好,不用占用你太多精力。

其次,决定装修前一定要和外包专业人员充分沟通,装修人员一定要既懂网页设计又懂平面设计,可以做出更契合产品内涵、更好地展示店铺形象的创意设计。

确定好这些之后,我们就可以开始着手店铺装修了。

(一)设计店名

1. 用心取个好店名

店铺名字的好坏直接影响到对买家的吸引力和商品的销售。怎么给店铺命名呢?可以考虑采用"店铺名称+商品特色"的方法。例如,"悠悠女装+森女范儿",这样的名字既突出了店铺是卖什么的,又让买家了解到了店铺的商品特色,更有针对性和吸引力。另外,还可以考虑采用"品牌名+功能名+特色名"的方法。例如,"创意礼品",礼品就是功能名;"叁两银"休闲零食,体现的是"三个核桃两颗枣,每天健康少不了"的品牌养生特色。总之,店铺名称要直接反映销售的商品类型,既凸显特色,又便于记忆。

2. 打造人见人爱的店标

店标(店铺LOGO)也叫店标图片,是网店形象识别系统的重要组成元素之一,是网店特色和内涵的集中体现。一个好的店标图片应该与店铺风格相协调,给人舒服愉快的感觉,并能使人产生较深刻的印象。

店标设计可以是静态店标或者动态店标。静态店标由文字、图像构成,有纯文字店标、纯图像店标、文字图像混合店标。制作店标的方法可以有多种,简单的可以使用名牌产品标志作为自己的店标,这样只要把产品标志扫描下来即可。例如,代理运动品牌NIKE的店主一般采用该品牌直接作为店标。采用这类方法制作店标比较简单、快捷。

另外,也可以选取或画出图片,使用Photoshop来处理,形成自己的店标。例如,叁两银天猫旗舰店就是创意了香香和涛涛两个动画人物,再配以文字组合来设计的个性店标(如图8-1所示)。

图8-1 叁两银天猫旗舰店的店标

动态店标就是一小段由图像文字构成的GIF动画,包含的内容更丰富,更能形象地展示店铺的特点。图8-2就是一个简单的动态店标,左图是"喜多多"的文字,动态变化后,变成右图中的英文字母"LUCKY"。

图8-2 动态店标示例

> **小贴士**
>
> **淘宝网上的店标制作**
>
> 淘宝网支持的店标图片大小为80 Kb以内,80×80像素。我们可以先在图像设计软件中制作并保存,然后再点击店铺基本设置,选择更换店标即可。
>
> **考考你**
>
> 你能给你的店铺起个好名字吗?

（二）店铺的设置

1. 打造过目不忘的店铺公告

店铺公告的内容可以是店铺的简介、最新优惠信息、购买注意事项等。店铺公告直接在首页最显著的位置，因此是网店吸引买家的重要手段，是店主需要精心打造的门面。店铺公告的设计多种多样，应尽量选择具有震撼效果的图片，搭配醒目的文字，用以吸引眼球，突显近期店铺最需要告知买家的信息。比如图8-3，就是元宵节的店铺公告。

图 8-3　叁两银天猫旗舰店的元宵节店铺公告

2. 制作清晰明确的宝贝分类

在发布商品前，需要对商品进行分类才能上架。商品分类又称宝贝分类，是把需要在店铺里销售的所有宝贝按类别分层级进行归置。合理的宝贝分类可以使店铺的商品类目更清晰，卖家和买家都可以快速地查找到自己想要浏览的宝贝(见图8-4)。

宝贝分类标签，它位于店铺左侧，可以用文字或者图片形式表示产品分类，漂亮的分类标签也能给你的店铺增色不少。

3. 个性化的宝贝模板

宝贝展示的效果直接影响着买家是否下单的决定，因此如何展示十分重要。而一个网店往往会销售很多同类的商品，属性大致是一样的。所以，我们可以根据前面的分类进行个性化宝贝模板的设计。

宝贝模板，是在买家点击浏览产品时才能看到的。可以用于详细介绍产品、说明交易约定和价格、物流等问题，并展示多幅产品图片让买家详细全面了解产品。我们可以为同一类宝贝设置个性化的通用模板。可以参看同类产品其他卖家的展示，结合自己宝贝的特点，突出展示宝贝的优势，在宝贝发布中，既归属同类，又有独特的个性，让买家印象深刻。模板制作好后，以后发布同类宝贝时，就可以直接改名

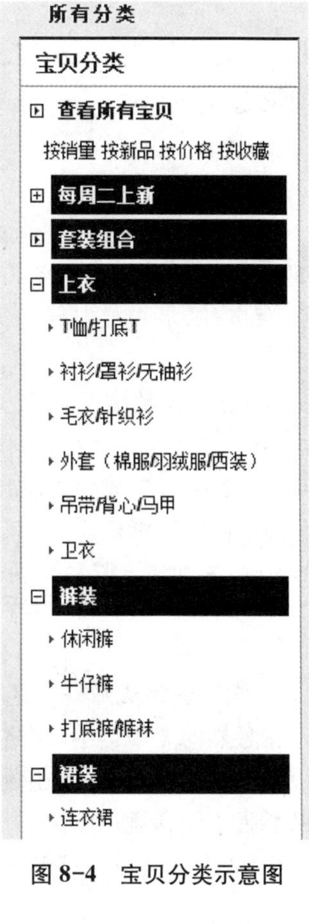

图 8-4　宝贝分类示意图

称、价格、图片及描述内容即可(见图8-5)。

图8-5　电脑产品展示模板

小贴士

淘宝店铺宝贝展示

　　淘宝普通店铺的宝贝展示页分为三个大部分：淘宝统一页头、宝贝信息和购买按钮、宝贝详细描述区。宝贝描述区又包括了：宝贝详情、其他信息、评价详情、成交记录、留言簿，其中宝贝详情是店主可以编辑的内容，可以通过此区域向买家推荐自己的宝贝。

　　淘宝旺铺的宝贝展示页与普通店铺不同，它分为左右两侧，左侧边栏和店铺首页、分类页的左侧边栏相同，但店主可以选择它的默认状态是打开还是关闭。在主题部分除了普通店铺的内容，还加入了"掌柜推荐"和"本店自动推荐"两项内容，本店自动推荐在页面中标题叫"浏览了该宝贝的会员还浏览了"。因此，旺铺的宝贝展示更加细致，更加便于店主向买家进行宝贝的推荐。

4. 细节决定成败——色调搭配、图片美化、背景音乐

　　在激烈的竞争当中，网络小微企业要想获取竞争优势更加困难。普通店铺无法与旺铺进行市场的抢夺，但在数以百万计的小店铺竞争中，我们还是可以从一些细节入手，帮助小店主们在竞争中突出重围。

　　比如，在自己进行店铺装修时，非常强调色调的搭配。店主不一定都学过美学设计，因此整个店铺的风格选择和色调搭配就体现了自己的用心程度。色调要尽量与装修风格一致。整体有主色,以1~3种辅色进行点缀,切忌杂乱,喧宾夺主。色彩对比要鲜明,整个页面尽量干净整洁,给人舒服的感觉。

另外,各种色彩还适合于不同的情景,要注意区别应用。如图8-6所示,红色为提示性颜色,适用于"价格""促销""热卖"等范围。深灰色字搭配浅灰色线框背景,简单中的统一,适合解说舒适的衣物材质。

图8-6　色彩的适用情景示例

图片美化是十分重要也是很花精力的工作。在网店创建之初,可以考虑在创业团队中搭配网页美工设计人员。这样既可以省掉昂贵的外包费用,又可以随时进行充分的沟通,使网店整体美工效果达到专业水准。

另外,设置店铺背景音乐可以增加店铺的特色,具有一定的个性。但是要注意,背景音乐以轻柔悠扬为主,以能提升买家好感为目的。还要时常检查,注意音乐播放的流畅性,以免影响买家的购物情绪。

案例8-1

不注意细节,开店三个月仅成一笔订单

"没注意细节,我的店开了3个月就关门了。"提起自己开网店的经历,小张至今仍唏嘘不已。

2018年,小张利用业余时间开起了网店,专门销售从重庆朝天门批发市场批发来的服装。"由于是第一次在网上开店,进货完全凭自己的喜好,这为后来的关门埋下了祸根。"小张说,当时她认为顾客能看明白,所以网店里只有简单的产品介绍,产品图片也拍得很马虎。顾客上门问及尺码、型号、材料等,她也解答得不够详细。"有些本来想买衣服的顾客,问了几句就没有了下文。"小张无奈地说,她的店开了三个月,却只成交了一笔订单,最终不得不关门歇业。

(资料来源:开淘网,http://www.kaitao.cn)

(三) 安装店铺计数器

1. 网店计数器的作用

网店计数器又叫流量统计器,可以记录访客的来源地址和被访问的页面地址等。统计的数据包括:流量(IP)、点击次数或称浏览量(PV)、入口、关键词、来路、搜索引擎分析等。店主通过实时查看计数器,可以了解网店经营的情况,并及时做出调整。比如,流量的突变——网店某小时或某天的访问量及浏览量出现很大变化,很可能是网店无法正常访问了,可以立即检查,进行处理。

2. 给店铺添加计数器

网上目前有许多免费的店铺统计网站,如 www.51.la、www.count001.com、www.cnstat.com、www.zzcount.com 等一些专业统计网站,图8-7,就是量子恒道的店铺统计页面。计数器一般可以添加两个,这样可以进行数据对比,得到更加安全的统计数据,同时也是为了得到互补的网店流量、点击率等信息和统计指标。

添加计数器的步骤是:选择网站计数器图片样式→开通统计ID→获取统计代码→添加统计图表到店铺分类中→查看统计报告。

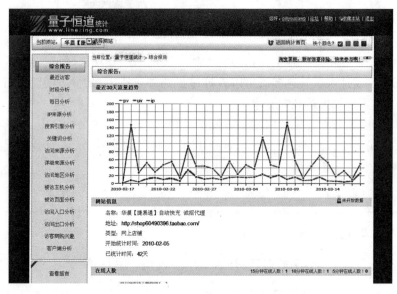

图8-7 量子恒道店铺统计

案例8-2

淘宝网女装店铺常见装修风格

淘宝网女装款式千变万化,形成了许多不同的风格,在店铺装修上也各有特色,以下就分享三种常见的装修风格。

图 8-8　中国民族风格店铺装修示例

　　第一种,瑞丽风格。店铺风格类似瑞丽时装杂志,以甜美优雅深入人心,"可爱先锋"主要受众是学生群体,"伊人风尚"主要受众是年轻白领,所以这类风格的店铺主要针对的人群是年轻、追求时尚的女孩。

　　第二种,韩版风格。韩装舍弃了简单的色调堆砌,而是通过特别的明暗对比来彰显品位。最典型的就是要用淡淡的纯度很高的色彩,通过质感和变化来强调冲击力,有点羞涩地展现精致的美。

　　第三种,民族风格。中国民族风格的服饰包括纯民族盛装、改良民族服装以及民族元素服装等。店铺装修更倾向于民族服装的浓烈色彩,加上精致的绣花、蜡染、印花、扎染等工艺元素,形成别具一格的店铺风格。

考考你

　　你能结合要销售的商品,设计出适合的店铺风格和搭配色调吗?

二、网店的营销与推广

　　网店装修完成,新店开张!开张就要聚人气,可是浩瀚网络,上千万的卖家,如何让自己的网店让更多人知道,达到人气爆棚的效果呢?网络营销和推广、维护良好的客户关系对于保持店铺的访问流量和订单量具有重要的作用。作为小微企业,从成本考虑,我们尽量选择免费的推广和营销方式,特别是形形色色的网上免费推广方式,只要多花心思,运筹得当,可以为店铺带来不错的推广效应。

(一)店内的宣传推广

　　以淘宝网为例,网店的推广可以首先考虑店内推广。店内推广主要是通过店铺公告、店招、宝贝展示(标题、描述等)实施店铺推广。通过各个指标的优化,提高宝贝的搜索排名,来提升店铺的访问量。

1. 巧用宝贝橱窗推荐

宝贝的排名是影响店铺流量的重要因素。淘宝上有海量的同类商品,曝光率较高的宝贝排名就比较靠前。免费提升排名的方法可以是通过提高宝贝成交量、提高店铺信誉、设置宝贝下架时间、加入消保、旺旺在线、收藏人气、好评率、橱窗推荐等。作为新店,没有较高的成交量和信誉度,因此,可以考虑用好橱窗推荐。

橱窗推荐是淘宝给买家提供的展示和推荐宝贝的特色功能。淘宝网为鼓励新卖家的成长,会赠送 10 个推荐位给开店少于 3 个月的卖家(可使用 3 个月),如图 8-9 所示。之后,橱窗推荐位会按照店铺的信用级别和销售情况获取。因此,应当抓紧这 3 个月的黄金时间充分利用好橱窗推荐功能。可以参考以下三种方法。

第一,店铺畅销款、镇店之宝之类的宝贝,可以长期推荐,打造明星产品,增加店铺流量和信誉度。

第二,快下架的宝贝优先推荐,下架以后,马上推荐新产品。上架时间以 7 天为周期,每次上架选择网购高峰期,分时段、多种类上架,数量与橱窗位一致。

第三,尽量选择价格具有较大优势,性价比较高的宝贝,可以吸引更多买家,给店铺带来较旺的人气。

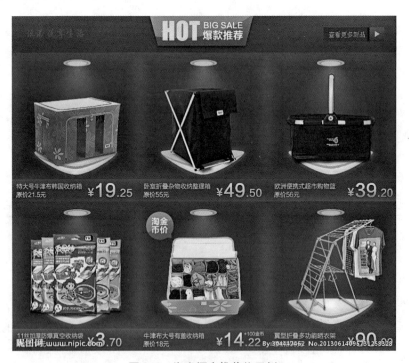

图 8-9 淘宝橱窗推荐位示例

2. 利用标题关键词推广

设置好的宝贝标题,包含买家搜索的热门词汇,也是提高店铺被搜索率的重要途径。常见的宝贝标题关键词有品牌、名称、型号、优惠、服务、信用、适合类型等。如图 8-10 所示,可以看到这个商品标题长达 29 个字,在买家有目的地进行搜索时,标题所囊括的关键词就可以让宝贝进入搜索结果。

图 8-10　普通店铺的宝贝标题示例

当然,光是关键词的拼凑是不够的,应该要关注所销售宝贝同类商品的设置情况,网购平台搜索设置中的主要词段以及目前网络流行语等,如图 8-11,可以设置宝贝关键词包括选购热点、风格、领型、筛选条件。

图 8-11　淘宝宝贝搜索界面

3. 善用店铺交流区

店铺交流区位于店铺首页的下方,需要店主进行手动添加。交流互动是网络的最大优势,淘宝给每个店家一个独立的店铺的交流区,功能非常强大,就像自己的一个小论坛,店主在这里就是"版主"了,可以自己独立管理帖子。在店铺交流区,跟客户互动,经常发布宝贝优惠信息,提示购买注意事项等。给买家良好周到的答复,也可以增加潜在客户的信任感。

4. 灵活运用信用评价

信用评价是买家判断卖家商品质量和服务的重要指标。店主要真诚对对待客户,让买家能够真实客观地评价和展示宝贝,以增加潜在客户对店铺的信赖感。很多店主就运用高等级买家(黄钻级别以上)的五星评价和详细使用描述等来说服潜在客户。网店的这种类似实体店口碑营销的做法,对于新客户往往十分奏效。因为客户评价内容截图(见图8-12)是第三方网站提供的,具有一定的真实性。当然,也不排除部分店主托他人好评的情况,但是一个诚实的店铺,能够逐步成长起来的店铺,还是要靠好的商品和真诚的服务的。

图8-12　淘宝网店主信用评价截图示例

5. 交换友情链接

友情链接是一个互利互惠的合作。尽量选择和店铺产品类似或互补的卖家进行链接交换,可以有效提高店铺的浏览量。在选择友情链接对象时要注意:尽量选择比自己店铺级别高的店铺;要设置好店铺名称,还可以在店铺名称后加上突出特色和优惠活动的广告语。

(二)社区宣传和帮派推广

每个网站平台都有自己的社区,这里聚集了众多的卖家进行经验交流,也有很多潜在的买家。因此,积极投入到社区活动,积极发表自己的见解和看法,可以有效地推广店铺。以淘宝网为例,有淘宝社区和淘宝帮派两个活跃地,要想店铺得到充分的推广,先要做的就是发帖,参加活动,以便赚够足量的银币来申请社区广告位,获得更大的广告效应。

1. 积极参加活动

网购平台为了增加人气,经常会组织各种活动,卖家积极参加这些活动,也有利于展示自己的店铺和商品,起到一定的宣传效果。社区活动一般分为促销类活动、招商类活动、培训类活动等。可以选择与店铺经营相关的活动报名参加,既获得活动奖品,还能拿到"疯狂促销"等优惠,还能结识朋友、扩展人脉,真是一举多得。

帮派就是一个论坛,可以自建也可以加入别人的帮派。对于小微企业店主而言,加入人气很旺的促销帮派,对于自身的学习进步和店品牌的成长都是有很大好处的,还可以参与其中的促销活动、相互收藏、交换链接等。

2. 精心设计精华帖

发帖可以增加宝贝的曝光率,提高店铺浏览量,进而增加成交量。发帖的推广作用不言而喻。而对于大多数没有较好文字功底的新店主而言,发帖沉底的情况很多,费时费力,还不能直接上广告。因此,发帖不是简单地推广,而是要精心设计,最好是"软文"帖,或者是买家关心的热点问题等。帖子要简明扼要,写成系列:教程系列、导购系列、"秀"帖系列等,都是较多见的软文帖。这样的帖子,对阅读者来说有很高的信息量,能带来大量的点击率,也就容易成为精华帖。图 8-13 所示的是一个 2014 年"双 11"网购节后点击量较大的精华帖。对于顶帖的问题,可以注册几个账号,相互进行回复,或者讨论争议性的话题,引来围观,都是常用的手段。

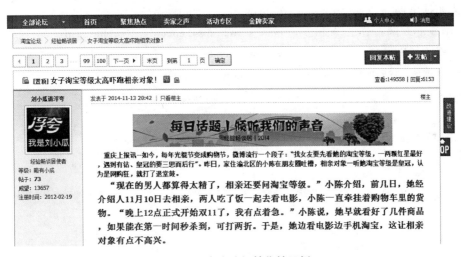

图 8-13 淘宝论坛精华帖示例

3. 申请社区广告位

社区广告位因为有巨大的广告效应,因此十分抢手,不仅要有足够多的银币,还要进行预定抢购。社区广告位分为首页图片推荐位(100 银币/位)、论坛右边文字推荐位(50 银币/位)和站内信推荐位(50 银币/位)。一共不超过 50 个,有效期都只有一天。对于流量小,又缺乏资金宣传的小微企业,长期坚持参与论坛活动,可以逐渐积累店铺人气,广告位的获得也就水到渠成了。

(三)运用免费网络资源宣传

1. 加入商盟做宣传

以淘宝商盟为例,它是一批由中小卖家自发组成的卖家联盟组织,强调诚信,成员之间更加友好,可以分享经验、整合资源,共同促进店铺业务的发展。新店主加入商盟,可以结实朋友,获取开店方面的经验,得到商盟的首页推荐位,参加各种买卖活动,并提升买家的信赖感,享受更低的物流成本和包装成本。

2. 利用搜索引擎和导航网站

除了在网购平台上进行推广外,还可以走进浩瀚的互联网中,选择流量巨大的搜索引擎和导航网站来帮助众多的消费者找到店铺。申请加入搜索引擎的方法很简单,比如国内知名的百度,免费登录口是 http://www.baidu.com/search/url_submit.html（见图8-14）。可以在此页面进行网址url的提交。但是提交以后,搜索引擎网站有个验证的过程,尽量把自己的店铺做得规范、丰富,并有足够的信息和价值,是获得搜索引擎青睐的方式。

其他的中文免费搜索引擎还包括以下几个。

Google 网站登录口:http://www.google.com/intl/zh-CN/add_url.html
孙悟空网站登录口:http://www.sunwukong.cn/add.php
天网搜索网站登录口:http://home.tianwang.com/denglu.htm
奇摩网站登录口:http://tw.dir.yahoo.com/step/generally.html
麦布搜索网站登录:http://www.mybu.net/submit.asp
LiveSearch 网站登录口:http://beta.search.msn.com/docs/submit.aspx
免费收录网站登录口:http://www.weiduomei.net/login.asp
千度搜索网站登录口:http://www.qiandu.com/protocol.asp
中国目录网站登录口:http://www.china-dir.org/addsite.htm

图 8-14　百度站长平台——网页收录申请界面

导航网站也是各类客户找到卖家的重要途径,因此,登录导航网站,也能对店铺起到一定的推广作用。

hao123 网址收录:http://submit.hao123.com/static/auditSys/wztj.htm
360 网址导航收录入口:http://hao.360.cn/url.html
谷歌265 上网导航网站提交:http://www.265.com/submit.html

百度网址导航提交入口：http://site.baidu.com/quality/quality_form.php

2345网址导航申请收录入口：http://www.2345.com/help/submitweb.htm

必应网址导航提交：https://feedback.discoverbing.com/default.aspx?locale=zh-CN&productkey=bingweb&scrx=1

搜狗网址导航收录入口：http://123.sogou.com/about/shoulu.html

3. 微博、微信、抖音、视频号等

利用目前流行的新媒体进行网店推广，也是获得免费流量的重要途经。通过微博发文进行关注、讨论、吸引眼球；通过微信公众号的运营吸引粉丝持续关注；利用好抖音等视频号资源可以更生动形象地进行品牌推广，可以选取店内爆款或主营品牌进行视频营销。这些低成本的口碑营销方式非常适合小微企业的产品推广，而且还可用于针对目标客户群体的精准营销，具体可以用以下方式来进行。

（1）个性化签名。不论是发微博，还是在线聊天，个性签名都会显示在自己发言的下方或头像附近。因此，个性签名的曝光率很高，巧妙地将店铺信息设置进去，可以增加店铺曝光率。

（2）高质量的原创文章，保持更新。在微博、微信公众号、头条等经常发一些短小精炼的文章，植入产品时，要把产品功能故事化。抓住行业热点话题，具有一定的思想价值，是文章获得浏览量的重要原因。

（3）加强互动，培养忠实粉丝。"先营销自己，再营销产品"，粉丝积累有一个过程，贵在坚持，积累到上万的粉丝后，流量开始稳定持续增长，就可以很好地推广自己的产品了。

4. 热门网站、热门论坛推广

店主可以选择产品所涉及的热门行业网站、热门论坛分区里进行店铺推广。这些论坛里聚集的都是和产品相关的卖家或潜在消费者，所以针对性很强。长期在这样的论坛中发布有价值的帖子，并争取申精，所获得的浏览量可能远高于网站平台论坛，如天涯社区、猫扑社区、知乎等。

三、网店集聚人气的方法

（一）吸引更多的买家

1. 了解和邀请买家

先确定网店产品的目标消费者，搜集潜在买家一般在网上会出没的地方，邮件或是提醒进行邀请。还可以为买家做好分类，设置店铺提醒，派发红包邀请买家。

2. 用拍卖的方式发布商品

发布拍卖商品的目的多是为了赚取人气。因此，店主首先要有"不赚利润赚人气"的心态，选取有一定价值的商品来夺人眼球。通过选取多个有效关键词来设置商品名称，在各大网站、论坛中发布宣传帖子，使得更多的人被吸引过来形成店铺流量，从而达到人气聚集的目的。如果商品价值过高，为了避免过低价格出售，也可以邀请朋友进行竞拍，以抬高价格，价格合理后退出即可。

3. 人气宝贝的打造

人气宝贝，是指店铺里很受欢迎、销量较高的宝贝。好的店铺的人气宝贝往往也是整个网站中排名靠前的"爆款"。通过"爆款"来吸引人气是最便捷的方法，店铺中的其他宝贝也会因此带来较大的浏览量，从而带动整个店铺的销量上升（见图8-15）。

淘宝网中，一般把每个月成交件数超过1 000件的宝贝成为"爆款"，爆款的产生来自排名靠前的人气宝贝。而人气宝贝是通过哪些因素排名靠前的呢？综合因素排名是交易金额、收藏人数、卖家信誉、浏览量和宝贝下架时间。通过这些因素的分析，店主可以选择几件宝贝来进行有目的地打造：

第一，宝贝的选择。必须是适销的周期较长的商品，市场需求越大，能够聚集的人气就越多。所以在选择宝贝时，最好是大众化的，卖得非常好的，而你又具有一定的价格优势和质量优势。

第二，宝贝的推广。尽量给予宝贝最大的曝光率，包括：优化标题和图片描述、橱窗固定推荐、链接地址到店铺每个商品描述页面、掌柜推荐、VIP促销、增加收藏、低价捆绑销售，并把它应用到所有正在使用的店铺推广方式上。

第三，热卖期的维护。当人气宝贝开始热卖的时候，得到中差评的概率也越大。要对负面评价进行及时处理，即便损失一笔单子也要有维护信誉的信念。对于一些个人偏好性的评价可以认真地解释即可。

图8-15 淘宝网一钻店铺的爆款展示（旺铺基础版）

（二）店铺活动聚人气

店铺在节日、换季、消费旺季、新品上架、店庆时，经常会搞一些促销活动来聚集人气。具体的促销方式包括限时折扣、套餐搭配、满就送、包邮、秒杀活动、免单活动、免费试用、换购、抽奖、联合促销、VIP商品和抵价券等。

促销方式不是越多越好，也不是频率越高越好。促销一定要选择优质并有吸引力的产品,尽量对促销活动进行宣传。没有宣传,不进店,买家是无法知道店铺促销的。这种类型的人气聚集有一定的局限,是否能够把流量转化为销量也要有进一步的做法。

小贴士

什么是淘宝客?

为了帮助店铺迅速成长,网购平台一般会提供很多付费的推广项目,对于小微企业而言,可以针对自己的资金情况选择适合的推广模式。例如,淘宝网就提供了淘宝客推广、淘宝直通车、钻石展位等付费推广模式。淘宝客的准入要求是一个红心,是按实际交易完成量来提取佣金。对于小微企业的新店主,淘宝客门槛低,可以选用。

1. 关于淘宝客

淘宝客,简称CPS,属于效果类广告,是按照实际的交易完成(买家确认收货)作为计费依据。淘宝客支持按单个商品和店铺的推广形式,可以针对某个商品或者店铺设定推广佣金(见图8-16)。佣金可以在5%~50%设置范围任意调整,较高的佣金设置将会迎来更多的推广者青睐。具体佣金费用会在每个交易结束后,根据相应的佣金设置从交易额中扣除。

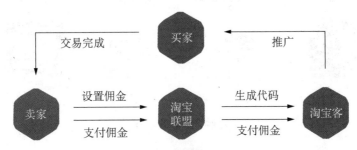

图8-16 淘宝客关系图

2. 准入规则

(1) 卖家信用等级在一心及以上或者参与了消费者保障计划。

(2) 卖家店铺动态评分各项分值不低于4.5。

(3) 店铺状态正常且出售中的商品数大于等于10件(同一商品库存多件仅计为1件商品)。

(4) 不得有因违反《淘宝规则》《天猫规则》中关于出售假冒商品的行为被扣分6分及以上、其他严重违规行为(出售假冒商品除外)被扣分12分及以上、虚假交易违规行为被扣分12分及以上。

(5) 未在使用淘宝或其他关联公司其他营销产品(包括但不限于钻石展位、淘宝直通车、天猫直通车、网销宝全网版/1688 版等)服务时因违规被中止或中止服务。

（资料来源：淘宝客，http://www.taobao.com/market/common/taoke-intro.php?spm=0.0.0.0.Cpav9s）

案例 8-3

揭秘裂帛：年底大促前做好淘宝客推广的法宝

裂帛女装在 2014 年年中促中取得了很好的销量。在 5 月底裂帛的销售团队就想好了引流方法，主要就是招募淘宝客。除了后台申请的淘宝客，以及在 a5、联盟后台发布的招募帖外，还用了目前站内主要的寻找淘宝客的方法。

1. 拾货小站

这里主要说的麦麦里边的优站招商版块，这种免费又不用费时的淘宝客非常适合中小卖家，特别是客单价比较低的卖家，报名这些优站，在上边展现自己的商品，还是能带来不错的流量。

图 8-17 拾货小站

2. 爱淘宝中的达人

爱淘宝中大家比较关心潮流单品带来的流量，除潮流单品外，爱淘宝中还有时尚专辑、穿衣搭配、图文主题几个模块。这几个模块的展现，主要是达人来推的，这就要求我们要和达人维持较好的关系，及时地去获得达人专辑的相关信息，然后去联系达人。爱淘宝帮派会第一时间发活动素材征稿的帖子，获得信息后，看下自己是不是有符合这次活动主题的产品，有的话第一时间联系我们平常积累的达人（前提是提前要积累好达人）。

3. 如意投里产品的选择以及在爱淘宝里潮流单品的展现

如意投做好，能给店铺带来不错的淘宝客流量以及转化。如意投里最多只能有 100 款产品是可以添加创意图片的，建议大家认真选择产品，尽量填满。如果产品比

图 8-18 爱淘宝

较少,要都填上去。这 100 款产品带来的流量在如意投里占很大一部分,它们的选择是比较重要的。选择产品时,要根据宝贝报表中的数据,结合销量、评价以及品类与标题的匹配度等。宝贝报表中主要参考的是点击以及转化,转化高的产品出很少的佣金都可以展现在首页并且时间比较长。转化不好的产品,销量、评价还行的话,出比较高的佣金可能也会展现到首页,但是一般也就 5 天,就会被轮换掉。所以建议大家选择转化好、销量、评价都比较好的产品。

如果产品要展示的品类和标题不符的话,赶紧优化标题。比如,一款连衣裙,标题里都没有连衣裙的话,还是赶紧优化标题吧,要不佣金高出 50% 恐怕都不会有点击。

这些诸多的准备工作,最晚要在活动前 10~15 天搞定,且要把主推产品以及推广素材给到淘宝客。总之,淘宝客是个积累的过程,不是马上就能实现的,平常把淘宝客维护好,每次活动再增加淘宝客,一次次积累下去,自己的资源就会越来越多,效果会越来越好。

(资料来源:淘宝论坛,http://bbs.taobao.com)

考考你

既想省钱,又想网店有一定推广量,有哪些引流的好办法?

任务三　提升你的销量

很多网店在推广一段时间以后,都会有同样的疑问:为什么店铺每天浏览量还是有几百,但是下单的买家却很少呢? 为此,我们首先要澄清一个问题:流量不等于销量。网店光有点击率是不够的,花了很多心思把买家吸引过来,店铺人气也涨了,但是下单的人寥寥,也就是销量没有增长。这样长此以往,店铺的人气也会逐渐下降,最终导致销售停滞,经营困难。

因此,我们在对店铺进行大力推广的同时,一定要关注后台统计数据,实时把控各个页面的客户流量,通过有效途径提升询单转化率,才是店铺获得长期成长的关键。那么,销售量和客流量到底是什么关系呢?需要怎么来提升转化率呢?来看这个公式:

$$销售额 = 客流量 \times 成交转化率 \times 客单价$$

在公式提到的销售额影响因素中,客流量我们在前面已经有很多提升方法,客单价的提升可以采用捆绑销售或关联销售的方法,关键的是如何提高成交转化率。

一、抓住上门的买家

据统计数据显示,大部分进入网店的买家一般都还没有产生购买决定,甚至有些买家只是随便逛逛而已。网店产生的流量有很大部分是不能转换为成交量的。但是,上门买家能进来肯定就是被店铺的图文广告等吸引,那说明店铺的宝贝还是有被带走的可能。对大量网店的调查显示,影响成交转化率的因素包括网店的展示(图、文、标题)、店铺促销活动、信用评价、核心买点、网店服务等。大多数因素是售前的,我们前面详细讨论过。这里我们着重讲讲网店售中和售后对买家决策的影响。

(一)积极接待询单,体现网店亲和力

客服接受询单,是买家有意向下单的重要表现。培训专业的具有亲和力的客服,可以为店铺带来良好的形象,并提升销量。

1. 灵活运用欢迎词,巧妙使用快捷回复

买家进店,一旦主动找客户交流,一定是有急需解决的疑问。因此,第一时间热情接待是给买家最好的第一印象。客服可以把一些常见问题的答案精心设置好,如样式尺码、促销信息、合作物流、售后服务等。这样可以提高回复效率,减少买家等待时间。交流中适当添加礼貌用语和微笑表情,可以瞬间拉近距离,提升好感度。

2. 应对不同买家的心理

简短的语言沟通后,客服就能够大致判断出这个买家是属于哪种心理状态了,购买的可能性有多高,下一步是坚持原则还是适当退让。

(1)纠缠犹豫型:反复询问各种问题,反复和其他店宝贝比较,举棋不定。可以直接说明自家店铺宝贝横向比较的优势,给予明确答复,让买家自己决定,避免陷入纠缠。

(2)虚张声势型:有些精明的买家不直接砍价,会提出可能会大量或多次购买的意向,让卖家主动降价。这种情况要仔细区分,网上交易大宗买卖较少,一般都是直接面对消费者。

(3)观望型:此类买家没有明确的购买意向,希望在价格上或数量上获得优惠。可以说明促销活动详情,表示活动限时限量,表露宝贝库存紧张等,促使买家下单。

(4)路过型:这是最容易流失的买家,也是店铺的客户正常流失范围。这类买家只是逛逛而已,可能没有需求。客服在处理完其他买家后,可以尝试给这类买家创造需求促进购买。

(二)巧妙应对买家砍价

网购买家的价格敏感度一般比较高,大多数买家都会在购买之前砍价,以期获得更大的让利。在早期网络销售时,经常会出现同一商品各个买家价格不统一的情况。而现在

各大网购平台上,上架宝贝的定价一般都是一口价的,所以在价格上一般没有太大余地。但是,为了满足买家获得更大优惠的心理,店铺还是需要周期性地采用优惠券、折扣、赠送礼品等方式来促使买家最终下决定购买。

可以对买家的砍价进行判断,一般情况下,买家只是例行讲价,无论成功与否都会购买,这样的情况可以坚持价格不给予折扣或其他优惠。

对于坚持讲价的买家,需要判断降价空间是否合理,如果在合理区间范围内,可以采取折扣、送礼、返券、包邮等进行拉拢。如果讲价空间不合理,耐心地给买家讲明情况即可。

(三)与买家沟通的基本技巧

积极回应,顾客永远是对的;礼貌待客,有足够的耐心与热情;多为顾客着想,多听买家的声音;坚守诚信,坦诚介绍商品的优缺点。

二、如何打消买家的顾虑

要使流量成功转化为成交量,打消买家的购买顾虑是十分重要的环节。网购由于天生的局限性会使买卖双方产生不信任感。买家一般会顾虑的因素包括:质量、信誉、售后服务等方面。

(一)质量问题

网购的客户经常会担心相同的商品,网上价格低的是否质量会存在问题。而电子商务发展到今天,中国国内也确实存在很多以次充好,在网上卖假冒伪劣产品的情况。首先,店铺经营应该诚信,销售货真价实的产品。其次,客服可以通过以下手段来争取顾客信任。

(1)品牌简介,延伸品牌价值,制造认同感。
(2)店铺历史,展现销售业绩和良好信誉。
(3)商品保障,加入"消费者保障服务",提供7天退换货保障。
(4)优劣对比,提升品质感,获取信任度。

(二)信誉问题

网络购物的消费者都喜欢选择信誉度高的店铺,因为皇冠型店铺代表着店铺的销量巨大,也可以看到众多的买家评价,对于想要购买的商品可以详细了解。对于新店,信誉问题需要从头做起,需要客服与买家耐心细致的沟通。在一些情况下,买家对信誉不是那么看重,可以获得一些销售机会的。例如,产品有独特卖点,针对的市场人群小众;产品是新店打造的人气宝贝,有一定的购买量,口碑很好;店主前期培养了很好的论坛受众基础等。对于信誉问题,一定要实事求是,得到买家的逐步信任,好评越来越多,才可以良性增长。

(三)售后服务问题

网络店铺区别于实体店铺,售后服务问题也是买家比较重视的,特别是一些电子类产品。而对于一些易损坏的商品,包装也是十分重要的,这体现了店铺对顾客的责任心。

1. 从发货细节体现网店准则

首先,要考虑商品包装的安全性,对于运输中可能出现的问题进行预判,在店铺展示商品的包装过程,并尽可能对买家进行破损承诺(见图8-19)。

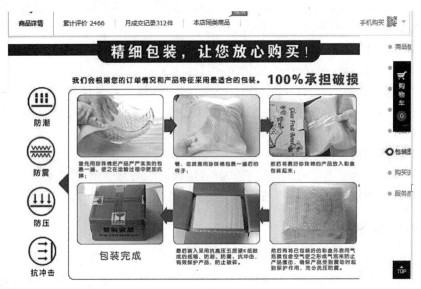

图 8-19　店铺的包装承诺

其次,要选择适合配送地区的物流方式和物流公司。选择物流方式要综合考虑,提前告知买家物流方式和选择理由,物流公司要选择该地区较为成熟信誉较好的,遇到节假日或物流货物暴仓的情况,一定要及时提醒买家,以免导致不愉快。

最后,一些需要质保的产品,在买家下单前,需要详细说明是否有开具发票、质保承担人、承保时间、承保范围、报修途径等。

2. 制定合理的退货和换货政策

不仅要加入"消费者保障服务",还可以制定自己的退换货政策,明确告知买家,让买家放心,一旦不满意可以采取哪些方法维护自己的权益。

3. 从售后服务体现网店诚信

售后卖品的跟踪告知;售后买家回访与调查;正确处理买家的投诉和意见;全面解决物流纠纷问题。

 小贴士

网店成功交易的必要条件

一、商品能满足顾客需求

顾客的需求有很多方面,购买的商品如果越满足顾客的需求,那么达成交易的可能性就越大。例如,某件衣服,可以适合不同的场合穿着搭配,可以包邮,可以比实体店便宜还是正品,可以在 3~5 天送到顾客手上。这些需求都是网购用户经常想要的,达到越多,成交概率越大。

二、顾客有购买欲望

顾客对这个商品有需求,但是不同的顾客会有不同的偏好。因此,有需求还不够,还得勾起购买欲,让顾客巴不得马上拥有它。

三、顾客对卖家信任

对卖家的信任是顾客下单的基础,也是网店千方百计要让顾客感知到的:优质低价的商品、快速发货与到货、售后的全方位保障。

四、客服解决买家疑虑

要充分发挥卖家在商品专业技术及知识方面的优势,热情接待解决买家的所有疑虑,才能构建信任,得到订单。

五、对买家进行适当的刺激

在顾客心存犹豫的时候,适度的刺激可以促使客户马上下单。当然这需要客服较强的沟通能力和判断力。

考考你

你的店铺和另一家网店卖的同类产品,信誉度相当,质量和价格也都差不多,怎么提炼产品卖点,提高成交转化率呢?

任务四 服务你的客户

客户的询单转化率提高了,带来了店铺销售额的增长,但是,想要保持新店持续成长,我们还要考虑维护好客户关系,不能是一锤子买卖,要让买家反复购买,成为忠诚客户。因为,留住老客户的成本可比获得一个新客户的成本低得多。

一、让新买家成为老顾客

(一)多为买家着想

卖家要真心对待买家,多进行换位思考,才能获得买家的心。既然买家想买到质优价廉的商品,那店铺提供的商品就应该展示出优良的质量,给买家实时的优惠刺激,耐心解答买家的疑问。这样既可以减少纠纷,又有利于让对方感到真诚,成为朋友,进而成为店铺的长期顾客。

(二)介绍适合的商品给买家

商品很好,但不一定每个人都适合。追求利益的卖家经常都会给顾客推荐一些质优价廉但并不需要或不合适的产品。买家在基于信任和自身缺乏专业知识的情况下往往会选择购买,但是一旦发现不适合,对于卖家的信任就会瞬间崩塌。因此,推荐合适的商品,让顾客使用后满意才是抓住回头客,留住老顾客的正确方式。

(三)建立买家对卖家的信任度

信任度的建立不是仅仅靠客服吹嘘的,需要店铺整体的形象打造,收获的好评来证明,以及买家在店铺里的购物感受。当然,客服需要真心地为卖家着想,通过技巧性的沟通来获取真实的信任。

二、服务好老顾客,留住回头客

(一)建立 VIP 会员制度

老顾客在浏览过程中,成交转化率是大大高于新顾客的。会员积分送礼或享受不同等级优惠的做法非常成熟并且有效。为了维护老顾客,店铺可以建立 VIP 会员制度,让老顾客获得最大优惠,也是维持他们购买量的重要诱因。

(二)新品上架及时通知

老顾客对店铺比较熟悉,对店铺的商品风格也是有偏好的。因此,当新品上架时,第一时间通知老顾客,可以让他们感受到店家的重视,产生归属感,更能让他们在适当的优惠中体验到最快获得新品的愉悦。

(三)适时关怀,二次营销

对老顾客的关怀,可以让客户感受到卖家服务的贴心和诚意。对于老顾客的订单情况要特别关注,及时提醒订单处理细节,如付款、发货、到达、评价等,也可以像朋友一样在节假日等发出信息慰问。这里推荐千牛网店版软件,有"客户关怀设置"功能,可以适时推送优惠信息及商品推荐,帮助卖家维持顾客联系,实现二次营销。

(四)做好分类,有效地管理顾客资料

在客户关系管理中,建立一份细致的客户档案,可以有效地帮助卖家进行促销、客户维护等。首先,要收集客户信息,记录客户的用户名、注册时间、年龄、性别、兴趣爱好、所在地、感兴趣的商品类型等;其次,针对客户的购买情况进行分类,获取各类别的主体特征;最后,针对档案中的客户资料,经常进行对比查阅,有目的性地与客户进行有效沟通。

案例 8-4

化妆品店:不注重服务态度　网店客源逐步流失

谭林第一次开化妆品网店时,由于没有海外代购的渠道,很难获得丰厚利润,所以她决定销售普通日化用品,定位低一些,品牌更多,商品门类也更宽。一开始,只要有买家咨询,谭林都会很热心、很耐心地解答。两个月后,咨询的买家增多,而且问题集中在了产品的真假上。几次三番遇到同样的问题后,谭林有些不耐烦了,"我现在最烦的就是有人问我'东西是不是原装的'"。谭林把针对货物真假的回答以文本保存下来,再有买家问,就直接粘贴给对方。"慢慢地,我的网店客源开始流失。"谭林说。另外,一些化妆品供货商提供的优惠活动,谭林没耐心做,就拒绝了,导致后期对方不再供货。开店短短半年时间,谭林的化妆品店就关门歇业了。

项目八 网店的经营管理

经营误区：网购已进入激烈竞争的阶段，每天都有新竞争者加入，不够耐心注定会被淘汰。网上销售同类商品的店铺非常多，买家可以选择的范围也非常大，在产品相似、质量相同的情况下，就只能靠服务取胜。另外，如何通过虚拟世界中的活动来吸引买家的关注，也是一门不小的学问。在不损害自己利益的前提下，大量的活动能给网店带来更多生意。

（资料来源：海韵软件，http://www.fajia88.com/hy）

考考你

如果你是一家新网店的店主，如何让买家对你产生信任感呢？

项目小结

网店的经营管理，很重要的环节是"内功"的修炼和外部的"引流"。"内功"主要是指店铺的装修及日常的运营，包括店铺的命名、店标的设计、店铺公告、商品分类、商品展示等。外部"引流"就是网店的营销和推广，主要通过社区、网站、通信工具等方式来进行，而网店自身也可以做一些店内推广和促销活动来吸引人气。有了人气，网店还要通过计数器等统计数据研究成交转化率，进一步通过良好的客服接待和售中售后服务，获得顾客的信任，并维系好长期的客户关系。

复习思考题

1. 店铺的装修应注意哪几个方面的问题？
2. 网店店内推广可以采取哪些方式？
3. 设计精华帖需要注意哪些问题？
4. 网店的促销活动有哪些？
5. 影响网店成交转化率的因素有哪些？
6. 在网上选取一家皇冠级别的店铺，总结店铺的装修与促销特点。

明星淘宝开网店失败案例分析

人称才女的某明星，无论当演员、做导演、开博客、办电子杂志都很成功，偏偏在淘宝网店上栽了跟头，淘宝店开了一年多就做不下去了。统计交易量，近一年时间只有60笔。虽然在电子杂志网站上重要位置给自己的淘宝网店做了宣传，周交易也只有可怜的3笔。

该明星的淘宝网店名叫"开啦商城淘宝分店"，店里商品基本是《开啦》杂志的纪念T恤。网店公告里还写道：请在拍下T恤的同时，留言中标注开啦网站会员ID，会员身份经核实后,您将享受相应优惠政策,等待修改价格后付款。同时,在开啦杂志的官方网站上也有显著的位置链接到淘宝网店。翻看以往的评价,许多买家抱怨衣服价格偏贵的同时,似乎并不知道这是某明星的淘宝店。少有的一个粉丝还留下了中评:"我是喜欢……才买的T恤,中评是这T恤的质量(打折后174元的价格所应对应的质量)对不起……的名号,当然我只是选的其中一款,不知道其他的怎样。附赠的环保袋却是超级棒。我一样支持……!支持开啦!希望下次的这种活动得实惠才有意义啊。"

请思考并回答:
1. 明星开淘宝店失败的主要原因是什么?
2. 如果你是店主,你会采用哪些策略来提高店的销量?

 实训项目

学生分组选择经营类目,每组在网上开设一个淘宝店铺。实训任务要求:
(1)对店铺进行设计与装修。
(2)利用各种方法进行店铺推广。
(3)保持一定客户量的维护并形成客户档案。

实训周期1~3个月,以各组学生具体经营情况决定,最后以店铺装修、店铺经营级别和客户档案内容综合进行成绩评定。

项目九 微店的经营管理

 项目导航

◇ 掌握微店的注册方法
◇ 掌握微店的基本设置方法
◇ 能够为自己的微店选择适合的产品
◇ 能够运用微信等自媒体方式进行微店的推广
◇ 熟悉微店的日常运营和销售管理
◇ 树立遵纪守法,诚实守信的意识,为客户创造美好生活

 思维导图

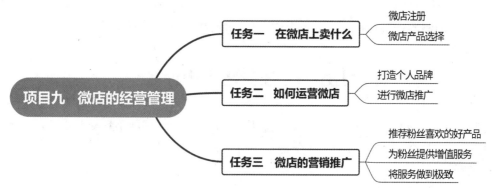

 职业指导

党的二十大报告指出:完善促进创业带动就业的保障制度,支持和规范发展新就业形态。微店创业,就是促进创业带动就业的新形态之一,是小微企业创业者的入门级选择。它对于个人创业具有十分突出的优势:不需要资金,不需要自己寻找供应商,不需要发货物流,只需要做营销推广就可以赚取佣金。开店步骤很简单:选好平台进行注册,进行店铺基本设置,选择好商品上传即可。微店经营的关键是营销推广,着重要学习如何积累粉丝,获得高的关注度和点击量,最终让粉丝变成我们的客户。

 引导案例

90 后美女开微店

刚从校园走出来的 90 后薇苇,进入一家房地产中介公司工作,但由于房地产整体环境不佳,两个月都没开过一单。正在迷茫的时候,她听朋友介绍说微店比淘宝赚钱,薇苇就开始走上微商之路。

相信做微电商的人肯定都了解"微店"这款 APP 应用,这是一款个人微店铺解决方案。注册简单,上货便捷,还打通了在线支付环节,让购买产品更加便捷,同时具备物流跟踪的功能。最重要的是注册微店,现阶段完全是免费的,注册门槛不高,不需要营业执照等相关资料,对个人创业者来讲确实是个比较好的选择。

很快薇苇开了人生第一家微店,但微店推广很麻烦,缺少流量入口,简单说:微店开在那里没人能看到,甚至也没法搜索到。微店仅仅解决了一个开店交易的问题,但是没能解决好推广问题。薇苇只通过微信来推广,微信好友加起来差不多有 300 多人,当时每天通过微信朋友圈带来的销售大概只有几百块钱。通过不断调整朋友圈发布信息的策略,以及与好友沟通的方式,朋友圈销售也越来越多,慢慢地能达到一天上千的量,但已经很累了。可是这样通过朋友圈来销售,肯定会遇到瓶颈的,微信对好友数量做了限制,好友数量不能无限增多,也就是说,销售额肯定无法进一步突破。

后来薇苇学习了微店营销,开始掌握微店推广及销售的法门,随着微信、QQ、邮件及公众号的不断推广,这种倍增的方式让薇苇的销售额从一个月几万,再到一个月超过 40 万元,仅仅花费了两个月的时间。

思考与讨论:如果你也开了一家微店,怎么进行微店营销呢?

任务一 在微店上卖什么

近年来,微信的出现和逐步占据移动通信终端,让人们发现网络社交营销还可以如此的便捷。于是,微商出现了,而微店正是这些嗅觉敏感的自媒体人进行微企创业的又一个热门选择。

一、微店注册

前面我们对微店的选址进行了讨论,那么如何进行微店的注册,在微店上卖什么呢?

(一)什么是微店

微店是全球第一个云销售电子商务,是零成本开设的巨型商城,是计算机云技术和传统电子商务相结合的创新模式。

微店并不只是利用手机开网店,这个"微"是指无须资金、无须成本、无须处理货源、无须处理物流和客服,就可以赚取推广佣金。微店的模式之所以受到追捧,是因为它颠覆了传统网商既要找货源,又要做推广的高门槛要求,很好地解决了货源与推广的分工问

题。这是互联网分工进一步细化的体现。比如微店网的供应商只需做好产品,把产品价格和属性定义好,推广的工作交给千千万万的微店去做,在这个过程中,商家的产品卖出去了,微店主也获得了丰厚的佣金。

小贴士

表 9-1　　　　　　　　　微店创业与网店创业的区别

	微店创业	网店(如淘宝)创业
成本	无须押金、无须加盟费,完全 0 成本	需要缴纳 1 000 元的保证金
找货源	所有品类的现货由厂家发上来,微店主无须找货源	需要自己找货源,品类不够丰富,很难齐全
装修网店	现成的正品商城,无须装修网店	需要专业装修,自己装费劲
发货	厂家直接给消费者发货,省时省力	自己打单发货
售后	售后由厂家直接服务,无须微店主折腾	售后自己做,得差评影响销售
推广	让无数的人加盟你,逐个成为你的分销商,终身绑定,客户有积累	自己推广,缺乏延续性,很难带来流量

开微店的优势:

(1) 无成本,开微店无须资金投入,无须押金,无须装修店铺。

(2) 零库存,开微店不需要自己找货源和囤积货源。

(3) 无须处理物流,消费者在你的微店购买了产品,由厂家一件代发,无须你处理物流。

(4) 无须客服,售后服务由原厂直接负责,微店主只需做好推广。

(二) 微店的注册

微店的注册非常的方便,只要有一部能上网的智能手机就可以了。在选择微店平台时,我们可以从自身经济能力出发,尽量选择无门槛,可以选取好的货源,没有任何费用的微店平台,这样有利于小微企业的创业者节约成本,获取更多成长的机会。下面以微店网为例,介绍微店的注册流程(见图 9-1、图 9-2 和图 9-3)。

(1) 进入微店网网址(http://www.okwei.com),点击"免费开微店"。

(2) 点击"5 秒开微店"。

(3) 注册:可以通过已经开微店的人作为推荐人进行直接注册,也可以通过 QQ、微信、百度账号进行快速注册。但两种注册都需填写推荐人,请注意填写推荐人的微店号。

(4) 点"进入后台",再点"个人资料",完善自己的资料。注意,一般都要求要手机号码验证,以方便手机终端的操作。

(5) 微店注册成功。

另外,这个步骤也可以直接在手机上搜索微店的 APP,进行下载安装,然后注册。

图 9-1　微店网首页

图 9-2　QQ 登录注册微店页面

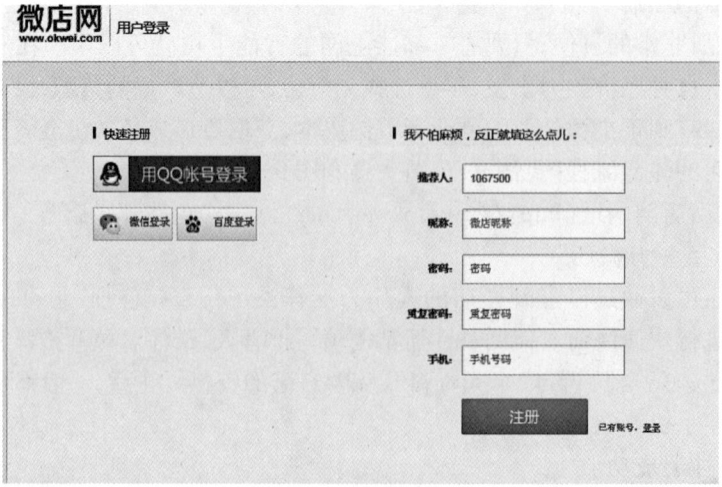

图 9-3　微店注册

（三）微店的基本设置

注册完成后，我们登录账号就可以看到微店的基本界面了。目前，微店网上注册的微店一般设置有以下几个功能模块，包括商户信息、商品信息、手机网站、本店 APP、代理市场、货源市场、营销推广、数据统计、我的订单、消息、微店分享等。我们可以根据这些模块先对微店进行基本设置。

（1）上传店铺的商标、店铺的基本信息。

（2）点击地区分类设置店铺的地区，点击店铺销售产品的分类，可以更快速地让买家发现你的商品。

（3）点击店铺设置、可以设置营业时间、是否支持外送和支持预定、是否显示号码、是否显示地址、可以滑动开关、卖家可以根据自己的需求来设置。但对于外送和预定建议开启。因为有订单时会接收到短信通知。

（4）点击介绍可以对您的店铺进行详细描述介绍。

（5）店铺广告图片，这个是对已生成店铺 APP 的用户使用的。它的用处是上传与修改（生成店铺 APP 中）的广告。

（6）设置好以上店铺信息后，我们就可以上传店铺商品了。

① 设置规格（尺码、色彩等）并定义大类名称（见图 9-4）。

② 设置详细商品分类和上传商品（见图 9-5）。

图 9-4　定义商品大类

图 9-5　商品上传

（四）担保交易设置

保证金是基于对消费者的负责。如因商户未履行消费者保障承诺义务而导致买家权益受损的情况下，微店网有权以普通或非专业人员的知识水平标准，根据相关证据材料和规则判定商户是否应根据本协议的规定、微店网相关规则履行赔付义务。如是，则微店网有权使用商户的保证金先行赔付给买家。

案例9-1

开"微店"卖作品,拍照上传花了两晚

"羊妹家的艺术品均出自羊妹的纤纤肉手,件件孤品!"这段吆喝出自一家店名为"羊妹家 Art House"的"微店",老板名叫桑妮,"羊妹"是她的小名。这家"微店"通过微信朋友圈传播,卖的是桑妮的画作和手工艺品,而桑妮的妈妈王珏则出任代理店长,20几天内,就卖出近1 000元的商品。

王珏负责产品销售,而桑妮则制作产品,"但是产品的价格,都是母女俩商量着定的"。"开设微店的操作流程并不算复杂。"王珏拿出手机展示,下载好APP后,通过平台上传产品图,再配上相应的描述就行了,下单、付款都能在朋友圈里完成。但是因为作品太多,不能每一件都摆上"货架",于是便挑选出其中的40多件。王珏笑着说,最麻烦的就是给作品拍照,整理上传图片,光是这个程序她就花了整整两个晚上。自从开了"微店",桑妮也成了学校里的小名人,还有小伙伴想找她加盟,"我希望女儿快快成长,以后成为真正的店长"。

(资料来源:胡萍微信营销的博客,http://blog.sina.com.cn/hupingriva)

考考你

你在已选择的微店平台上成功注册了吗?

二、微店的产品选择

(一) 在哪里寻找货源

微店与网店的一个很大区别,就在于产品的进货渠道不用自己去挖掘,有巨大的供应商平台直接提供产品、发货、售后等一系列服务。所以,微店的产品选择是非常方便的,非常适合没有恰当货源的小微创业者。以微店网为例,微店网的架构如图9-6所示。

因此,微店店主可以很方便地在平台上选取供应商,获取产品信息,直接进行销售推广活动。微店网的微店主收入来源于两个方面。

(1) 卖别人的产品,赚自己的佣金。你注册一个微店,就拥有了整个云端产品库的产品销售权,即获得了一座网上百货商城。消费者进入你的微店产生了购买,你可以获得70%的推广佣金。分销越多,你得到的奖励越多。

(2) 介绍别人来开微店,他们自然就成了你的分销商,消费者在你分销商的微店产生了购买,你可以获得推广佣金30%。分销商越多,你的佣金越多。

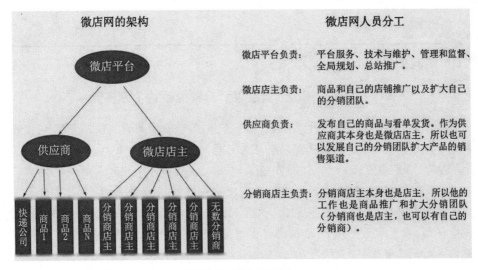

图 9-6　微店网的架构

小贴士

新手微商会遇到的误区

误区一：选择赠品多的上家。赠品数量并不等于质量，好的东西一样就够了。比如适合新手操作推广方法，这一样就足够你赚到不少钱了。如果只是在意赠品多可以拉低成本或是促进销售，还不如选择适合的1～3种微店的推广方法，持之以恒地去做。

误区二：喜欢给厂家声明授权的大批发商做代理。选择这样的上家，是以为能学会自己好的推广方法。但是，要注意的是他们自身是否愿意把经验与新手微商们分享。首先，他们真的很忙，不缺生意，不一定会耐心指导你。其次，他们的权威以及信誉都是厂家授权的，自然会带来品牌的效应，不缺销售。最后，他们的推广方法，对于信誉低的新手是否可行呢？作为微商创业者们是否应该思考一下？

误区三：给低价批发的人做代理。这种做法，是为了节约成本，因为选择微商创业，一般都是小企业创业者，缺乏资金，缺乏经验。这样看来，似乎这种选择门槛更低。但是，要注意的是，要明确做代理的目的，主要代理的是上家的服务和经验，低价批发的人先不说他违反官方规定会被封杀问题，就说他的低价销售吧，他自己都只能靠低价才卖得出去，你觉得他能教会你什么？更低价的销售吗？那你还赚什么钱？所以，作为微商创业者，要注意避免这些误区，选择适合自己的代理和推广方式。

（二）产品的选择

案例9-2

80后小伙开"微店"卖蔬果 月营业额达7万多元

　　安昌市的80后小伙叶健开了一家"微店"，卖起了新鲜果蔬，不仅送货上门，还负责果蔬的挑选和售后，如果客户发现有坏果可退可换。短短一个月时间，就卖出了近千斤果蔬，营业额共7万余元。"很少有人在淘宝上买水果，因为水果需要保鲜。"叶健说，他选择开微店卖蔬果是因为自己亲戚就有一个有机蔬果基地，供货方便。而且开微店也很方便，只要通过手机下载"微店"软件，再把商品信息输入手机软件中，点击链接分享，就可以让所有产品在朋友圈流通，而买家点击商品链接，就可以用银行卡或支付宝等直接进行支付。

　　"现在卖得比较好的是南瓜、番茄等蔬菜，每天能卖出近百斤。"叶健说，因为省去了中间环节，蔬菜的价格也比市场里的价格每斤要便宜几角钱，他的微店"聚昌坊"开了一个月来，他已接到了60多个单子，也有了一批回头客。

　　每年7月初，就是无花果成熟的季节，"聚昌坊"里的无花果虽还没有上架，但客户预定无花果的订单已接到了好几张，"这个无花果基地是给一些高端的零食品牌供货的，质量好，预订的人很多。"叶健说，为了争取到供货基地，他和对方磨了好几次才拿下。

　　叶健告诉记者，他的供货商都是直接向超市供货的果蔬基地，蔬菜质量有保障。下一步，他会在"聚昌坊"微信公共平台上开辟"产品质量"一栏，把每一批蔬菜上市前的农残检测报告做好原始记录，消费者只要点击进入产品生产状况标签，就可以直观地看到蔬菜播种、施肥、打药、采收等生产过程。

（资料来源：宜春就业网，http://www.yc9y.com）

考考你

　　叶健的微店卖蔬菜为什么能够成功呢？

　　供应商平台找到了，那么选择什么样的产品进行推广呢？平台上五花八门的产品是否让你眼花缭乱，不知从何下手呢？我们可以从以下几个方面来考虑产品的选择，以便于微店的经营和发展。

1. 选择微信朋友需要的

　　微店营销很重要的是朋友圈关系的维护，而之所以是个圈子，那么圈子里的人在某些方面就具有共性。选择产品时，为了尽量覆盖朋友圈更多的人群，可以研究统计一下现有朋友圈中好友的共性，从中发现他们的需要，也许这就是他们都想要的。

2. 选择有兴趣有信心做好的产品

　　尽量选择自己感兴趣熟悉的产品，如果自己也很喜欢就最好了，这样做起来有乐趣，

项目九　微店的经营管理

在朋友圈中推广也很有感染力。

3. 选择优质产品

消费者一般都希望以较低的价格买到优质的产品,如果价格很低,但质量也很次,虽然满足了买家的低价心里,但是用起来会让对方感到不舒服甚至心里难受的。因此,尽量选择同类产品中的优质产品,让朋友们买得放心,有品质保障。

4. 产品的利润空间要大,单价要高

如果想微店能够迅速成长并有较高的盈利,建议选择单价稍高的产品。如果单价过低,需要走量才能获得较高收益,对于新店铺,短时间内产生巨大销量是有困难的。因此,为朋友们介绍质优价廉,单价有一定空间利润的产品可以尽快让微店盈利并快速获取信任。

5. 货源足且稳定

微店网上的供应商也是需要选择的。尽量选择有一定品牌,货源充足稳定的供应商,以免出现发货延迟、售后服务不周等问题。

小贴士

微店选择产品的小参考

1. 资源

你要看看身边有哪些资源可以利用,如你的朋友有没有开厂的,或有做代理商的朋友,你的家乡有没有什么好的特产,还有就是你所在城市有没有好的货源等,如虎门服装、江门红木家具等。先从你的身边考察,就近原则,这样开展起来会容易一点。

2. 兴趣

你的兴趣什么,兴趣是最好的老师,你喜欢这个产品,认可这个产品,你就会去研究,会花心思在这上面。

3. 毛利

要有一定的毛利空间,毛利太低,不太适合在微信上卖,尤其是那些兼职代理的朋友,因为在微信上不可能一下子有很多订单,如果毛利太低,卖一个产品才赚几元钱。假如你一天3单,一天还不到10元钱的利润,你就很难坚持下去,很难让你有持续的激情。例如,卖一个产品可以赚十几元,或者是几十元,一天几单,一天至少也有50元左右,一月下来也可以赚个1 000多,对于兼职的朋友来说还是不错的。

4. 售后

卖产品最怕的就是售后服务,所以我们在选择产品的售后,最好找没什么售后问题,如吃的产品,卖完了只要配送过程中不出问题,一般都没啥售后问题。这样也不用花太多的精力浪费在这上面。

考考你

怎样为自己的微店选择好的产品呢?

任务二　如何运营一家微店

通过注册、店铺设置、上传产品,微店就开起来了。小小的一家微店经营似乎很容易,但真正要做成朋友圈里信任的交易量稳定成熟的店铺需要好好用心经营。微店不同于网店,更多的是来自粉丝的信任。所以,第一要务就是打造个人品牌。

一、打造个人品牌

微信有朋友圈,但在开店以前,可能大多数人的朋友圈都局限在认识的人或兴趣爱好相投的朋友。这些潜在客户量对于微店的运营是远远不够的,只有有了足够量的粉丝,才能在粉丝中建立信任获取交易量。那么如何增加自己的微店知名度,短时间内积累一定量的粉丝呢?打造个人品牌。

案例 9-3

@急诊科女超人于莺

于莺是北京协和医院急诊室主治医师,中等身材、微胖。她的微博名是"急诊科女超人于莺",微博语言风格风趣搞怪、个性十足,内容直面临床医患关系,展现不为人知的急诊室故事。开通不到一年,就有超过八十万微博粉丝。文字表达能力及表达欲望强烈,是"微博控"的典型代表。

于莺在社交媒体上成功建立了个人品牌。在粉丝量稳定之后,于莺利用微博上累积的粉丝量的巨大优势正式入驻淘宝,取名为:女超人 DR. YU。她的全球购店铺很快就达到三皇冠的超人业绩! 不得不赞叹,来自她个人品牌的力量!

(资料来源:网易网,http://lady.163.com/special/sense/kuaileai06.html;淘宝网-急诊科女超人于莺的店,http://superdr.taobao.com)

考考你

如何增加你的微博粉丝量呢?

(一) 有品牌才会有粉丝

如今的互联网,突出个性就能够吸引住粉丝,获得知名度。微商强调的是先建立个人品牌。选择和产品相关联的一些突出特质进行强调,让自己的微信烙上"个性的"东西。也可以在社交媒体上进行高质量的内容分享,发布一些有"干货"的帖子(文字、图片、视频等),这样没有销售意图又有价值的图文能获取到较高的流量。

一定时间的定期发布,经常的分享和互动,可以积累到一些感兴趣的粉丝,等到粉丝逐步稳定了,就可以开始推广自己的小店和产品了。

(二)培养与粉丝的信任

1. 用心与粉丝互动

可以设置自动回复、编者注。经常维护自己的微信、微博,及时回答粉丝的问题,鼓励粉丝提供内容。真诚地与粉丝交流,尽量为他们着想,帮他们解决问题,来获取粉丝的信任。

2. 让粉丝爱上你的产品

社交媒体的分享内容可以是:怎样穿着打扮,怎样搭配衣服好看吸睛等,这样会吸引住对服装爱好的客户;如果你做护肤品化妆品,就要分享一些怎样保养皮肤,怎样化妆等专业而有价值的东西。精准客户通过这些文字看到你的专业,就会增加她们的信任感,自然就乐意主动跟你咨询了。

在沟通过程中,如果发现确实有需要产品的粉丝,可以为他推荐但不夸大宣传,从对方的角度考虑是否适合购。这样既窝心又不会失去信任。

二、如何进行微店的推广

(一)微博、微信上定期发布文章,保持和发展粉丝量

微博是拓展用户的渠道,微信则是用来留住用户渠道。首先是做好个人微博、个人微信账号。个人微信可以加 5 000 个好友。但凡行业有 5 000 个客户,甚至是潜在客户,微店的利润维持经营不成问题。所以,可以通过微博、微信定期发布一些有价值的文章,保持和发展粉丝量。已经建立的个人品牌会让你的粉丝逐渐趋于稳定,而且信任度较高。这时你可以公开你开了微店,让这些铁杆粉丝们在充分调动了需求后,能够有信任的消费地点。

案例 9-4

微营销的成功案例——WIS 护肤(微希)

WIS(微希)是一个土生土长的草根品牌,定位是"为年轻而生,以拯救年轻肌肤为己任",是国内最热销护肤品牌之一。致力于为年轻人的常见皮肤问题,如痘痘、粉刺、黑头、粗大毛孔、油光以及痘痘遗留的痕印等提供全面、安全的解决方案。

早期的 WIS 依托淘宝店进行销售,WIS 护肤品一直在寻找一种能够有效拉动淘宝销量的方法,做过淘宝直通车,做过其他站外引流,效果一直平平。后来,开始新浪微博运营,WIS 微博营销主要做的是利用名人微博效应带动企业微博,让微博红人的知名度来得到消费者的关注和了解,同过微博这样一个媒介让那些红人的粉丝进一步去了解及喜欢上这个产品。通过不懈的努力,WIS 成功地成为微博里的一个草根明星,目前 WIS 的最新粉丝已经达到 300 万这个级别(见图 9-7)。

图9-7　WIS微博粉丝数目（截至2014年4月2日）

而且WIS的互动做得非常好,一个"小希爱八卦"的话题都可以分别带来3 000多条评论和转发,由此可见一斑,其微博运营还是相当成功的(见图9-8)。

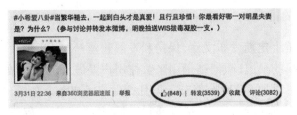

图9-8　WIS微博运营之话题营销

(资料来源:胡萍微信营销的博客,http://blog.sina.com.cn/hupingriva)

(二) 微信公众号推广

微信公众号的关注,有利于保有粉丝量。因此,做好一个微信公众号对于微店的推广也是很有帮助的。微信公众号的粉丝引流是有技巧的,光挂靠微信自然增长会很有限,要善于利用名人、节日主题等进行营销。线下活动也是重要的手段,最简单方法是铺天盖地的二维码,鼓励用户去扫描,可以使用奖品,但要注意奖品的数量比奖品质量更重要,让最多的用户参与。淘宝店现在不允许放置微信二维码,我们可以做一些带有二维码和公众号信息的贴纸贴在包装(或者直接印成包装盒)上,提示买家扫描关注。公众号要尽快完成认证,这样就可以和微店很好地结合起来,粉丝可以直接在公众号菜单栏里进入微店。申请个人微信公众号订阅号认证的条件是:拥有腾讯微博的认证微博账号;或者公众号账号订阅用户达到500人。当然,小微企业也可以以企业名义申请微信公众号。企业类微信公众号是可以申请微信认证的。

(三) QQ(空间、群、邮件)

每个QQ、旺旺都有几百甚至上千个好友,这些好友对你是信任的,你最容易让他们成为你的粉丝。另外,还可以多申请几个QQ,加入一些兴趣群或者是和产品相关的专业群,到这些群里面推广你的微店。当然不是直接在群里推广,而是通过空间、群、邮件,让这些好友成为你的粉丝(微博、微信),然后再转化成销量。

案例9-5

为好友定制好产品

"私人定制手链,戴出你的美丽""广州新式包包,挎出你的个性"。最近,类似这样的微店微语常常在微信里出现。这些来自"微店"的产品,大多是针对女性的潮品。而店铺老板也大多是80、90后们。

刚毕业,暂时没有找到合适工作的王雪,开起了微信小店。为了让微信朋友圈的朋友不反感自己更新的产品,王雪每天按着上班的时间准时更新产品,同时会提示性地说一句:"亲,我的东西很潮很诱惑。"并不大肆刷屏,王雪说,这是吸取了别人的经验,怕引起朋友的反感。王雪把自己的产品定价在300元之内。这使得她的小店很快在朋友圈火起来,也有不少人通过介绍加王雪的微信号。王雪说:"我只卖好东西,微信加的都是QQ好友和同事,我要把店铺做成良心工程。"如今,靠着自己的微信小店,王雪每月的收入大概在两千元左右。

(资料来源:胡萍微信营销的博客,http://blog.sina.com.cn/hupingriva)

(四)目标粉丝聚集的论坛

一个活跃的平台,有着不可忽视的广告效果,如果是搜索引擎(百度、SOSO)效果就更好。这里所说的论坛推广不是在论坛里一个一个版贴广告,也不是将网站地址加在签名里然后疯狂刷屏,那样既耗费精力而且效果也不见得好,版主只要点几下鼠标就能将你的帖子全部删除,顺便封掉你的账号,而且那样带来的影响是恶劣的。可以到目标粉丝较多的论坛,经常性地发言,提高活跃程度,会让版主对你较为关注,如果你的帖子也很有价值,那就容易成为精华积累粉丝了。

例如,一个提供学习资料的小网站,宣传人员将网站上的各种文章做成链接形式,并分类放好,一次贴在各个论坛上,这样既能给某些需要的人带来方便,同时又不会因为过于直白的广告而被删帖。如果将这些资料贴到比较符合自身定位的论坛相应的版块,必定能换来不少点击。

(五)B2B平台免费推广

类似于阿里巴巴、慧聪网这样的电子商务平台,注册后可以免费发布信息,同时也可以推广你自己的微店。这样大型的商务平台,每天的流量非常多,对于微店的曝光率有一定的帮助。

考考你

你知道怎么推广你的微店吗?

任务三 营销管理,吸引粉丝下单

一、推荐粉丝需要的好产品

粉丝积累了一定数量,微店的推广也做起来了,我们就要考虑如何让粉丝尽快下单了,这是实现微店最终销售的关键。

(一)帮好友发现他们的需要

在微店产品的品类选择上,我们可选的范围可以稍微广一点。也就是说,为了最大限度地覆盖粉丝,可以以某类产品为主打,然后搭配其他附属产品。这样可以让更多的粉丝能发现有自己的需要。但是,很多时候,粉丝关注度很高,对于微信类的推广信息愿意接受,可是并不一定对产品就有需要。因此,粉丝主动问询购买当然好,更多的情况则是我们去帮助好友们发现他们的需要。例如,著名的微店达人哈爸,利用微店卖绘本童书日销量高达3万3。他在微信上利用自己在亲子阅读方面的专业性为粉丝们提供很多亲子教育的有益内容,取得了十几万的粉丝量,得到了相当的粉丝的信任。到后来自然而然地在微店上卖绘本,这是亲子阅读的需要,也是广大粉丝的需要。在他的微信上看《我所知道的最权威的年龄书单(0~12岁)》,如果能够直接链接到他的微店进行购买,何乐而不为呢?因此,他的微店在短时间就获得了巨大的收益。

(二)推荐最适合粉丝的好产品

有时候,粉丝很需要的东西,并不一定是他适合的。因此,作为朋友的角色,微店店主要做的是真诚地沟通,一对一地为对方分析,并推荐给粉丝更适合的好产品。这个产品不一定非要是自己店里面的。如果店里没有,粉丝信任你,你可以代为购买。这样粉丝会觉得你不是在卖东西,而是真正地在帮助朋友解决需要。如果粉丝获得了产品信息,又不在你这里购买,也没有关系。因为他这次不买,但也有可能分享给他的朋友,他朋友买了也是你的收入。因此,要乐于为粉丝服务,以朋友的身份用你最专业的知识帮他们推荐产品,以后你的微店的就会越来越受关注,越来越有流量了。

小贴士

如何让粉丝主动找你购买产品?

1. 循序渐进,轻描淡写

已经是微信好友的,只要没有屏蔽你,在朋友圈发消息,她们是永远可以看到的,所以完全没必要着急马上让她们知道你的产品,正确的方法是,先分享个人的生活点滴,让潜在客户了解你,产生信任,至于产品,偶尔提一下即可,有意向的客户自然会购买,意向还不够的客户留着慢慢来。

2. 分享价值,曲径通幽

介绍产品不一定非要说自己的产品有多好,顾客是多少应该购买,这是赤裸裸的广告,可以换成另外一种角度。比如卖茶叶,我们可以分享茶文化、茶艺、介绍茶的各种知识等,再顺便提一下自己的茶叶,这样做效果绝对比直接的广告好,而且客户会更加的高端。

3. 线上营销,线下成交

如果你的产品是以同城为主的话,可以在线上不断地分享,展示自己产品案例,分享产品的知识文化,不做推广,把潜在客户引导到线下成交,犹抱琵琶半遮面的效果最好了。

4. 口碑传播,提高成交

如果等不了一定要宣传产品,一般不要直接夸产品,而是应该借助客户之口来推广。例如,鼓励客户在微信朋友圈晒单,然后自己截个图发出去,或者鼓励客户分享自己和产品的故事,然后自己转发。

5. 少打扰

如果前面四点都做不到,一定要硬广的话,那就要尽量少打扰微信好友,一天最多发两到三个重要级广告,只要中午和晚上发,这个时间段人比较多。

考考你

你能从你现在的朋友圈中发现朋友们的需要吗?

二、适时促销为粉丝提供增值服务

粉丝们买东西除了信任,也会同时考虑价格、服务等,如果微店的经营只是短期地为粉丝们提供产品,这是无法长久维系粉丝的。因此,除了持续地微店进行推广之外,还需要运用一些销售管理的技巧,让粉丝们买得放心还开心。比如,网上销售常用的一些促销方式:会员制积分、打折、包邮、优惠券、捆绑销售、赠品(赠送电子书或儿童贴画)等。另外,还可以通过微信订阅号为粉丝提供一些增值服务。

1. 管家式服务

这类服务适合于重复性购买的消费品,如洗衣液、剃须刀、纸尿布等。粉丝通过微信直接购买这类商品不仅可以获得折扣,一旦它们用完了,新的货物已经自动地及时地送上门了。例如,提供给孩子的DIY手工艺品订阅服务。

2. 亲情式服务

这类服务强调与粉丝产生情感共鸣:"真诚、周到、朴实、自然、亲切"。可以通过语音或者视频,对粉丝们进行节日祝福或者生日问候。这种亲情式服务让经常会让粉丝感到你在他身边,关心他、爱护他,时时刻刻想着他,自然而然感情拉近了,经常关注你,买东西就会想到你了。

3. 顾问式服务

如果我们的小微企业可以建立一个客户服务的团队,哪怕只有 2~3 个人,只要是具备产品专业知识和较强沟通技能的,就能与粉丝达到良好沟通,为他们的问题给予有效的解决方案。顾问式服务完全可以通过微信为客户定制属于自己的专享产品。

4. 情境式服务

什么是"基于情境的服务",就是能够基于现实世界实时信号以及地理位置、在线活动、社交媒体等来提供各种各样的服务。你在社交网络上面发布的各种信息,比如微信,都将会被企业实时地收集到,他们根据这些信息给你提供精准的服务。用通俗的例子来解释就是:当你的车坏在某个郊区,你发了一个状态在网站上,也许就有一个最近的修车厂会主动联系你提供修车。

5. 保姆式服务

这需要微信订阅号了解粉丝们的消费细节。对于消费品,按照个人重复购买的频率,可以周期性地主动为其提供产品。例如,家里有新出生的宝宝,如果订阅了关于母婴用品的公众号,只要有宝宝出生年月的记录,就可以根据宝宝的成长阶段和家人对产品的偏好,为家庭定期提供奶粉、尿不湿、育儿画册、益智玩具等产品。这些产品还可以做成捆绑的模式,让新生儿的父母只需要一次性选择品牌即可,不用频繁地重复购买。

6. 优惠信息

这种订阅模式是可以提供给粉丝们某类商品更实惠的价格,因为人们总是会循环购买。不定期地进行的促销优惠等活动,会刺激粉丝们下单购买,更能维持订阅号的关注度,让粉丝们时不时地点击查看,以免漏掉好的产品优惠活动。

小贴士

微店促销要注意哪些问题?

1. 怎么统计客户的喜好和浏览记录?

在客户管理中你可以查看客户的收货信息、历史购买数据等,这样可以帮助你分析客户喜好,有针对性地进行推销。

2. 促销活动应该注意哪些问题?

(1)活动的折扣,一定要属实,不允许欺骗消费者。

(2)不允许提高价格之后,再进行打折活动。

(3)折扣的有效时间,一定要填写,而且在有效时间内,一定要履行折扣活动。

(4)折扣不允许虚报价格和对商品过于美化的描述。

3. 卖家进行折扣活动,一定要履行哪些原则?

(1)"如实描述"义务。

(2)"7天无理由退换货"义务。

(3)"遵守承诺"义务。
(4)"正品保障"义务。

三、客户管理将服务做到极致

微店的运营,更多的是粉丝的维护。当粉丝成为我们的固定客户时,可以把粉丝的具体信息进行整理分类,以客户关系管理的方式来分类细化,将客户服务做到极致。

(一)追求更细致的客户服务

精准营销要求我们要为客户提供更为精细的服务。例如,售前,为粉丝们提供选购商品的方法,让粉丝们选到真正的好产品;及时提供选购商品的实时资讯,与粉丝分享企业或者产品的新发展,让粉丝感到共同成长的欣慰;售中,及时与粉丝沟通,了解粉丝的个性化需求,特别是包装和物流方面,尽可能满足对方的需要,并保证快速安全地发货和到达;售后,给粉丝们提供交流评论的空间,积极听取粉丝们的意见和建议,诚恳地接受并积极地回应,不断地改进产品(与供应商联系)和服务质量。

(二)利用微信的社会化客户关系管理功能

移动互联网营销时代的到来,传统的客户关系管理已经无法满足目前精准化营销的需要。即使是小微企业,即使是微店,我们也可以通过微信来实现社会化客户关系管理的功能。

社会化客户关系管理可以使企业与消费者之间产生更多的互动,从中获取消费者的反馈信息、褒贬意见、新创意,之后再通过销售、市场推广以及产品服务等措施来吸引更多的目标消费群,并用公关活动来进一步推广。这就是企业在推广中特别需要的"海量"和"精确的"营销。微信的开放后台实现了用户系统的管理,利用了个体的众包和数据挖掘,这个平台完全有可能以超低成本的方式实现海量和精确的平衡,实在是小微创业者的绝佳利器。

1. 海量用户的聚集

所谓的海量包括你认识的人,和你朋友圈的人以及微信目前的3亿用户。微信的出现,提供了用户聚集和推广的基础,这是微信基础服务积累了海量用户后所带来的天然优势。公众平台的出现,让众多的媒体、商家甚至个人,可以通过微信平台获得了一个强有力的信息下发渠道,也获得了一个和读者、用户直接交流的私有平台。值得一提的是,微信后台的用户分组和地域控制,则让精准消息的推送成为可能。

2. 海量用户的精确定位(数据挖掘)

这里所指的精准定位,是微信提供的一对一的精准服务。相比过去而言,顾客买了你的产品,你根本不知道他是谁,他的性别,现在你可以更精确地了解你的顾客是谁,性别是男还是女,更主要的是通过微信你可以了解你的顾客的喜好,然后根据他们的喜爱判断他是不是的你的客户群体。微信"点对点"的沟通方式,也呈现出与微博不一样的CRM(客户关系管理)。在微博上,更多强调关注量、转发量,最终考量的是传播力;但在微信中,

"点对点"的沟通,更强调同在感和得体、有价值的信息。这种直接的管理方式,激发了微信平台的各个主体对扩展用户、强化服务的创新和尝试。若未来微信公众平台能够提供更好的数据挖掘并开放出来,用户和微信公众账号将各得其所,用户获得自己想要的内容和更好的个性化定制服务,品牌和微信公众账号因此具有更大的价值。

考考你

小微企业需要营销团队吗?微店的营销销管理怎么做?

小贴士

微商失败的十大原因

1. 没精力

很多微商并不是全职在做,主业还有一份工作或者是妈妈圈要带孩子。那就存在这样一个问题,以为做微商每天就是跟在上家后面在朋友圈复制粘贴发图上产品就能做好,另外就是确实精力有限没有那么多时间去打理和维护。那么以至于朋友圈所有的都是硬式广告,上家发什么就跟在后面发。没有一个是自己的原创内容,没有一个是自己的生活写照。试想都这样,看你的朋友圈还有何意义?你能给你的粉丝带来什么价值?

2. 没方法

很多微商在运营朋友圈和维护客户以及建立情感链接这块没有有效的方法。存在一个通病就是:每天大量刷朋友圈+群发消息(要么是心灵鸡汤,要么是硬式广告,或者就是祝福)+群里大量发布产品广告。试想你朋友圈给你群发信息跟和你一对一单独发送信息,你看得出来吗?答案是肯定的。所以说需要建立一对一的链接,彻底挖掘需求之后再去推销产品,用户没有需求,推广再厉害也是无济于事的。群里大量发布广告已经用处不大,因为发广告的群基本都是一些无效群,没有质量的群,广告满天飞也没人看。群里得有话题,学会在群里穿插自己的观点,在群里聊天,了解他们更多的信息。还得做"社群"=内容+交流+整合,得建立自己的圈子,你卖的不只是产品,而是经营好一个社群和一个圈子。

3. 没粉丝

我相信没粉丝是大部分微商的困惑之处。很多微商做营销太多局限和依赖微信,仅仅局限于微信里面的加粉。这样是不行的,不管做任何营销现在讲的都是全网营销。虽然我们讲微信营销,但是实际还是得跟网络营销结合啊。因为微信毕竟只是一个社交工具,想单单依靠微信做强做大是很困难的。加粉方法很多,但是加精准有效粉丝的方法并不多。给大家推荐几个有效方法:(1)软文营销,通过百度贴吧、百度论坛、百度百科等发布一些自己的观点+软文,引来流量,这是非常有效的。(2)好友推荐,寻找一些好友以及网络大咖给你做个推荐,只要你们的产品不一样,推荐一下作用是很大的,是不会形成竞争的,合作共赢。(3)社交平台,通过QQ、微博、微视等社交工具作为引流方式也是非常精准的。通过添加一些妈妈圈的QQ群,去里面增加粉丝,还有就是空间营销。

4. 没团队

现在讲的都是一个资源整合、合作共赢、抱团发展的时代,单打独斗的年代已经过去了,你想依靠自己一个去发展微商是不可能的。所以得发展自己的团队,有了团队发展才会更快。还有就是很多微商有了团队不会管理,团队之间没有太多的沟通和交流,也没有一系列的奖励和激励措施,这就形成代理很多,但是产品却销售不出去的现象。

5. 没定位

很多微商不会定位,定位包括两方面:个人定位、产品定位。很多朋友问我,现在做微商还来得及吗?我说你想做啥产品?他说不知道。像这样的情况你连方向和目标都没有,做再多工作都是假的。个人定位的话你可以选择自己感兴趣的或者自己擅长专业的产品。产品定位有三大原则:就近原则——附近的特色;就熟原则——熟悉的圈子;就源原则——货源的上游。

6. 没客户

前面跟大家说了没粉丝,粉丝≠客户。1 000个粉丝中可能有50个是你的客户就不错了。那么如何将粉丝转化为客户相信是很多微商的痛点。第一,建立自己的客户群,将自己现有的客户建立一个客户群,用来做售后以及再次转化。第二,现有客户的推荐,客户拿到体验产品之后,要求客户分享体验产品图片、真实感受以及你的微信到朋友圈,分享之后可以发个红包,这样客户的非常乐意接受的。

7. 没产品

很多微商产品很多,每天频繁的更新,自己也疲倦了,粉丝看到也累了,也就拉黑了。所以说微商产品宜精不宜多,产品太多,没有了主打产品和亮点,产品太多你每天不停地发产品,没有时间去跟粉丝互动交流,这样是起不了作用的,另外产品太多你所发的朋友圈内容全部是产品,会很空洞的。所以说大家得打造属于自己的明星产品。

8. 没品牌

首先你得有一个独特的名字以及给自己贴上个性的标签。比如说王老吉——降火;冷酸灵——消炎;得有个清晰定位,之后就是得有自己的故事以及赋予产品故事。可以是自己的创业故事,也可以是自己与产品的结缘故事等,得讲出自己的故事这样才能和粉丝打造强关系。

9. 没互动

没互动的粉丝等于僵尸粉。第一,很多微商添加了很多粉丝,但是都没有主动去打招呼,晾在一边,这样加来有何用呢?得去粉丝做更多的交流,了解彼此需求。第二,朋友圈得定时做活动激活粉丝。根据一些节日或者互联网热点事件有针对性地做一些互动活动。第三,朋友圈发布一些征集用户意见或者求助于粉丝的文章,这样粉丝是非常乐意帮你的,因为他帮助到你了,自己有成就感。

10. 没坚持

很多微商起初可能是被上家忽悠说:加入我们团队月入过万不是梦,轻轻松松赚钱等。但是一进来发现并不是那么回事,赚钱不是那么轻松的,所以心灰意冷,朋友圈也懒得去更新,产品也懒得去发布。长此以往,产品没有销量,也没赚到钱,所以就只能选择放弃了,所以很多微商是死在没有坚持的道路上,解决以上十个问题,做好微商是不难的。坚持就是胜利,何时加入微商都不晚,需求在这,市场就有。缺的是你的坚持。

 项目小结

做一个微店主,是小微企业创业者又一个靠谱的选择。但是需要考虑几个因素:自己擅长什么?在微店上卖什么?怎么卖?可以先在微博和微信上建立个人品牌,这个需要较长的一个积累过程,而且还不一定成功。但是,在这个过程当中,创业者们可以检验自己是否能够做好自媒体营销,是否能够长期坚持地去做,去维护和扩大粉丝量,这是个需要巨大精力和毅力的过程。如果坚持下来了,并有了成效,相信你的微店是可以开起来,而且是可以开得很好的。

 复习思考题

1. 什么是微店?
2. 怎么进行微店的注册?
3. 如何进行微店产品的选择?
4. 如何设置自己的微店并成功开店?
5. 如何在微博、微信上培养粉丝的信任?
6. 怎么进行微店的营销推广?
7. 微店的客户关系管理和传统的 CRM 有什么区别?

 思考案例

大学生们的创业选择——微店

如今,许多大学生开始尝试流行的"O2O"线上销售模式。"微信营销"俨然成了年轻

人创业、兼职的潮流。许多大学生选择微信平台做生意,就是看中它不用租房子、不用注册公司,等于"零成本"投入;并且它不像淘宝,需要保证金和层层认证的流程,只需要手机号、身份证号就能快速开店。

在"朋友圈"做生意收益如何?去年冬天,小静在"朋友圈"卖暖手宝就成交了200个,"平均每个赚5元钱,赚了1 000多元"。但小静同时表示,毕竟"朋友圈"里只有那么几百人,能挖掘的客户资源有限,赚更多的钱有一定难度。"朋友圈"做生意卖什么?那就要看你的小伙伴都是什么来头了,大四学生小庞的朋友圈里除了同学、老师,还有很多"富二代"和潮男靓女,她看准这个市场,在"朋友圈"里卖起了奢侈品。名包、名表、名服饰,因为找到一手货源,小庞的卖品性价比特别高。

如果说微信"朋友圈"是"摆地摊",那么微信服务号做生意更像是"进商场"。"微信服务我来做!送餐、送水果、送零食,跑腿就为你满意……"大学城里一股"微信营销"风蔚然兴起。大学生们申请微信公众号经营"微店",通过微信提供服务和买卖。"只要你拥有一部智能手机,想吃什么,发几句留言,马上就能送到你面前。"

福建农林大学的林烨用微信卖水果近一年,特色是水果拼盘,最高纪录月收入超3万元。前期创业时,进货、销售、送货全都一人包办,"独来独往"太累,租店成本又太高,林烨决定将他的"创业基地"放在微信上。如今有5个小伙伴加入到他的水果微营销中,生意好时,一天就能收入1 000多元。"希望把利用新媒体建成的网络商店做成一个品牌。"林烨说。

同样做水果配送的姜军是重庆邮电大学研二学生。姜军和他的合伙人王健乐创办了品牌"菜小二"。"配送暂定为水果,做好了再拓展至生鲜。"他们组建团队,找来一批技术达人,做网站、APP、微信平台的技术研发、运作,在校外租了一个80多平方米的套间作创业基地。姜军说,第一笔创业资金来自两人的积蓄和奖学金。创业的资金不多,水果所挣的也不多。业余时间,"菜小二"的技术团队会承接一些项目,所获得的资金用来推动创业运转,现在已经盈利。"我们即将推出APP,顾客可以在线选购并搭配水果,我们根据要求配送。"

微信创业获校方和企业支持

在武汉商学院,三个学生组成"三分度"创业团队,他们通过微信卖红枣、电脑耗材、运动文具等,生意不错,还获得了"院长奖学金",微信卖枣还引起某上市公司关注,对方授权他们建起首个校园代理店。团队负责人杨磊表示,宣传单的印制、物流等方面的费用全部由企业承担。企业还给出八折优惠,提供了500张校园会员卡。"三分度"正计划逐步向武汉其他高校发展校园代理店。

(资料来源:中国教育在线,http://www.eol.cn)

请思考并回答:
1. 大学生们为什么都选择微店创业?
2. 如果你要创业,会怎么开自己的微店?

 **实训项目**

学生以个人为单位,分别在手机上进行微店的安装和注册,完成微店的基本设置,在供应商平台上选取产品(自己能找到供应商也可以),进行产品上传并开店,进行微店的营销推广和日常运营。成绩评定:根据微店店铺设置及产品情况;微店推广方式及运营效果(粉丝数、流量、销量等);微店的经营情况(以2个月为周期,每月评估),综合评定实训成绩。

项目十 小饭店的经营管理

 项目导航

◇ 掌握小饭店产品的构成
◇ 掌握小饭店产品策略
◇ 熟悉小饭店经营模式
◇ 能结合实际进行小饭店的资金筹集
◇ 树立诚实守信,童叟无欺的经营意识

 **思维导图**

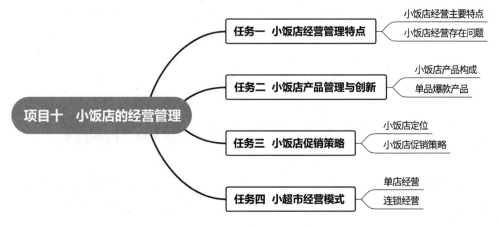

 职业指导

　　小饭店由于其技术含量低,进入门槛低,成为众多创业者的选择。小饭店麻雀虽小,但五脏俱全,要经营管理好小饭店,得打造具有特色的"单品爆款",进行小饭店产品管理与创新;在"互联网+"时代更加注意运用互联网思维来促销,如通过团购、朋友圈等O2O的形式。在小饭店创立或者需要扩大规模时,通过众筹筹集资金,选择加盟或者特许经营、直营店的方式来连锁经营,树立品牌。

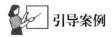 引导案例

喝酒不要钱，反倒月赚 21 万元

黄老板是一位 80 后小伙子，学历不高，初中毕业之后就开始到处打工。之后来到深圳，在厂里认识了现在的老婆，结婚之后夫妻俩一起在深圳租房子、养孩子。后来，黄老板索性带着老婆孩子回了菏泽老家，之后在老家开了一家大排档。大排档新开张的时候，生意并不好，黄老板还想了很多办法，什么给顾客打折之类的。活动期间还好好的，上门的顾客也挺多，可是等活动结束之后，大排档又恢复到了之前冷清的样子，这让黄老板非常绝望。

好在黄老板那媳妇儿，平时没事的时候就喜欢上上网，看看人家开店的经历。这不，有一次学到了一家饭馆的经营模式，觉得也许自家大排档也能这么做，就开始模仿那家饭馆的做法。结果你猜怎么着？直接让黄老板做出了月赚 21 万元的好成绩。

一是进店消费就免单。黄老板提出，只要顾客进店，就可以享受一次免单福利。二是啤酒不要钱。如果顾客在大排档产生消费，不管消费了多少钱，店里的啤酒都可以免费喝，不额外收取一分钱。

黄老板这个活动其实非常简单，进店消费就免单是一个会员活动，只要顾客成为大排档的会员，那么就可以享受一次免单福利。对于第二点，如果只看到这里，肯定是觉得黄老板绝对要亏钱，可实际上呢？这个免费的啤酒呢，是限量的。至于这个"量"有多少，就看你消费了多少钱了。这个免费的啤酒呢，即使你喝不完，你也不能浪费。如果有浪费行为发生，那么顾客就需要照价支付啤酒的费用。

思考与讨论：黄老板的大排档是如何盈利的？

任务一　小饭店经营管理的主要特点及问题

行走街上、学校周围、商圈边都可以看到很多小饭店。有面店、米线店、火锅店、中餐馆、快餐店、饮品店等。古语云："民以食为天。"我国有五千年的悠久文化，这其中，饮食文化占了非常重要的地位。可以说，餐饮业就是当之无愧的"百业之首"。

"如果你兜里的钱只能干点小事，又不想受制于人，那么你就去开个小饭店。因为自己总要吃饭，也许还能顺便挣点别人的钱呢。"这当然是笑谈，不过也证明开饭店是每个想当老板的普通人很不错的选择。

一、小饭店经营主要特点

小饭店是指有合法、固定经营场所(不足 150 平方米)，符合通过即时加工制作、商业销售和服务性劳动等，向消费者提供餐饮食品、消费场所及设施的服务活动特征，暂不能

满足《餐饮服务许可审查规范》要求的餐饮服务提供者。同大饭店相比较,小饭店有其独特的特点使之成为小微企业的首选。

(一) 进入门槛低

对小饭店的老板进行调查表明,小饭店的经营者大多是厨师和下岗职工等,中学文化水平,创办一家小饭店仅需几十平方米的场地,10多个员工,几万块钱就可以开始。小饭店主要经营早餐、快餐、家常炒菜等,技术含量不是很高,且对资金的要求低,导致进入门槛低。

(二) 店面小,环境差

沿街开设的小饭店,很多都只有几十平方米,很多晚上将剩饭及经营产生的垃圾倒在生活垃圾投放处或者街边,破坏了生活环境,小饭店也经常占道经营被工商取缔。

(三) 产品和服务无特色(竞争同质化)

特别是很多位于学校周围的小饭店就其提供的菜品而言,主要为火锅、干锅、大盘鸡和一些家常炒菜,与周围的竞争者并无太大差异。若消费者想吃干锅,每家饭店都可以提供,消费者可以去任意一家饭店用餐。很多小饭店在菜品上还缺乏特色,不具备较强吸引力。

二、小饭店经营管理存在的问题

(一) 抗风险能力差

由于小饭店的菜品等无特色,面向的顾客群也有限,往往小饭店会受菜价、租金等的影响而歇业,导致小饭店生命周期短,抗风险能力差。

案例 10-1

为何现在越来越多小饭馆倒闭了?

要问什么行业最赚钱,相信大家一定会不约而同地回答:餐饮行业。因此你可以看到每年都有不计其数的创业者投入其中,它一直以来都是创业者们的首选行业。随着社会发展不断创新,大众对餐饮的需求只会增加不会减少,这也是为什么餐饮是经久不衰的一个行业。

餐饮也是最赚钱的行业,利润很大,以前我们走在街道上都会看到大大小小林立着各种饭店餐馆等,一夕之间,关门的餐馆也越来越多,创业也是变越来越难,门槛也变高了。餐饮行业作为传统的行业之一,为什么现在会有很多小饭馆倒闭了呢?

小饭馆倒闭也是比较正常的,这个和房租,物价,人工等都有关系的。一般小饭馆现在确实不太容易经营的很好,倒闭的原因主要有以下几个。

投入成本高

首先就是房租高,适合开餐馆的商品大多数都在商业区、学校附近等,因此租金特别昂贵的,往往要占经营成本的一半以上,甚至更多,为了吸引人用餐,还得装修上有特色。装修的费用也要分摊到经营成本中去,这也是很大的一笔开销。

其次就是人工成本高。随着经济的增长，国内的劳动力成本也变高了，一个小饭馆也是需要雇好几个员工，也是一笔不小的开销，在一二线城市，普通服务员三千肯定招不到人。

还有就是原材料的不断上涨。随着物价的不断上涨，经营者却不敢涨菜价，生怕流失大量的客户，尤其是一些以猪肉为主料的小饭馆，由于猪肉价格的飞涨，只能暂时不卖排骨、肘子这类菜了，遇到顾客要，只能说是卖完了。

竞争强烈

创业首选餐饮行业，因此很多人创业，都把目标盯在了小饭馆上，一条大街上，都开着近十家小饭馆，因此造成了同行的竞争力特别的大，而且利润空间也会被挤压，弄不好就有顾客被分流，倒闭是必然的。

考考你

小饭店发展影响因素？

（二）无明显市场细分

在小饭店经营过程中，很多都没有市场细分的意识，没有选择特定的目标市场，没有考虑激发潜在消费者的消费需求和欲望，可以说采用的是无差异营销策略。例如，某饭店位于学校旁边，生意好的时候主要是周末，而平时来光顾的客人并不多。这是因为该饭店主要消费者为在校大学生，因而造成每日客流量极不平衡。

（三）定价无突出优势

就价格而言，小饭店的人均消费在三十元到四十元左右。很多城市都有美食街，周围小饭店林立，可谓是一个"完全竞争市场"，菜品价格由供需决定，因此与周围饭店的价格水平大致相同，并无突出优势。

（四）营销手段有限

就其促销方式而言，很多小饭店也没有采用一些宣传方式，没有推广自己饭店的意识，也没有采用一些措施留住熟客和吸引回头客，更没有树立自己品牌形象的意识。

案例 10-2

小饭店摇身变公司 营业额一下翻三番

店面不大的"万美传统菜"，日前正在和一家银行洽谈小微企业贷款的事宜，店主何飞燕试图把几十种传统菜做出名堂，让白领、蓝领吃货族和外来打工族一起在她的饭店里开心地消费。

1. 五年前开出饭店不景气

2008年2月，何飞燕的"万美传统菜"开张了。"我们当时的经营定位是满足普通消费者的中低档家常菜,可能是生不逢时,饭店几年下来生意就是不见起色。"何飞燕向《市场导报》记者介绍,"万美传统菜"走中低端客户路线,饭店开办之初打算以价取胜,每天推出几款特价菜来招揽生意,属于亏本赚吆喝,店面装修也比较普通,可是客流量一直提升不上去,翻台率也不高。

2. 走亲民线亮招牌见起色

"其他同档次饭店生意比较好,可能是装修比较好,最关键的还是菜肴有特色,尤其是有一两道招牌菜,能让吃货们铭记在心,成为饭店的闪亮招牌。"何飞燕进行同行对比后,明白自己的差距是店的特色、菜的特色不鲜明。

找到症结后,何飞燕开始研究解决方案,饭店重新装修,引进优秀的厨师和员工。与此同时,何飞燕在家常菜上动足脑筋:一款卤汁狮子头配青菜粉丝汤,足以让打工族在上菜求快的同时感觉到实惠;特色葱焖鲫鱼配鸡羊肉青菜磨菇汤,让蓝白领吃货族心里惦记着、回头再来吃;杂鱼羊肉锅仔吃尽后,吃货族们可随意添加时蔬……有了特色的"万美传统菜",客源逐渐丰盈起来。

3. 政策推着饭店上一层

饭店食客多了,原来20多个大小不一的饭桌,经常挤得满满当当的。"总不能让客人站在门口吃饭吧",何飞燕想在原有的200多平方米地盘里找"空间",想到了再装修。可装修、按设计做桌子、筹集宣传推广都需要资金,正当何飞燕发愁如何实现这些目标时,杭州工商部门的干部找到了她,向她介绍了省政府出台的"个转企"优惠政策。何飞燕得知饭店如果转型升级,不仅可以筹集到更多的经营资金,还可以提升饭店的信誉和形象,享受一系列小微企业的优惠政策。经过认真的思考,她决定和弟弟何云龙一起办公司,把饭店升级为杭州隆美餐饮有限公司。转型成为公司后,何飞燕做的第一件事就是招工。由于企业可以参加劳动保险、养老保险、医疗保险,比个体户更能吸引和留住人才,何飞燕非常顺利地招到了优秀的厨师和员工。有了人才,何飞燕还请来专业设计团队对饭店进行了整体包装,对员工进行了系统培训。

经过了一番努力,原来的饭店再一次焕然一新,这一次不仅仅是环境设备等硬件的改善,更关键的是经营理念和服务质量有了实质性的提升。重新开张的"万美传统菜"饭店迎来了客流小高峰,短短一个月不到,营业额超过了过去三个月的营业额。何飞燕满怀信心地告诉导报记者,等银行贷款批下来,她会进一步提升饭店的形象,努力把饭店做成家喻户晓的餐饮品牌。

(资料来源:《山西经济日报》,2013年1月14日)

考考你

"万美传统菜"饭店在产品、营销及经营方面有什么不同?

任务二 小饭店产品管理与创新

产品一般是指用来交换的劳动产品。小饭店也要提供产品和服务。饭店产品是饭店企业经营与管理的出发点,饭店的一切活动均围绕着饭店产品进行,在激烈的竞争环境中,饭店产品不能一成不变,必须不断创新和改进,饭店产品的开发和营销成为饭店经营活动中永恒的主题。饭店产品是指宾客或社会大众所感受到的、饭店提供的能够满足其需要的场所、设施、有形产品和无形服务的使用价值的总和。

一、饭店产品的构成

从现代营销理论的产品整体观念看,饭店产品的概念包括四个层次的含义。

(一)核心产品

饭店核心产品是饭店产品整体观念中最基本、最主要的部分,是指宾客从饭店产品中得到的最根本的利益。这种根本利益一般表现为宾客在入饭店过程中希望由饭店解决的各种基本问题,是宾客需求的中心内容。不同的宾客所需解决的基本问题是不同的。

(二)形式产品

饭店形式产品是指从物质上能展示饭店产品的核心利益,使产品的核心利益更容易被宾客识别的一系列因素,如饭店的周围环境、地理位置、建筑特色、设计风格、设施设备的品牌、服务项目以及服务水平等。它用来说明核心户品的效用及其构成要素,因而是饭店产品中最为直观的部分,也是一家饭产品区别于其他饭店产品的根本所在。

(三)附加产品

饭店附加产品是指在宾客购买形式产品时饭店提供的附加利益,如饭店为客人提供的优惠条件、价格折扣、免费停车场以及免费往来于旅游点、购物点和机场的班车等。这种附加利益对宾客来说并不是必须的,但它能给宾客带来更多的实际利益利和更大的心理满足。因此,附加产品体现着一种超值享受,对宾客购买形式产品有一定的影响力。

(四)潜在产品

潜在产品是指为了满足个别宾客的特殊需求而提供的特殊的和临时性的服务。例如,在客房中为女客人配备吹风机的同时提供多齿梳子等。

饭店产品的这几部分密切结合,构成饭店产品这一有机整体。其中,核心产品的效用通过形式产品加以体现,形式产品则通过潜在产品得以完善。饭店经营者在进行产品营销时应注意发挥产品的整体效能,并使形式产品、附加产品和潜在产品形成特色,赢得竞争优势。

案例10-3

北京的老插酒家

老插酒家内设有伟大领袖毛泽东臂戴袖章向百万学生挥手致意的照件,辟有北

项目十 小饭店的经营管理

大荒的木屋、陕西的窑洞、塞外的蒙古包、云南的竹楼,装饰有老插留用过的镰刀、挂包、水壶;供应窝头、咸菜、玉米粥。这一切与其说让人吃,不如说让曾为老插的文人、富贵、布衣去看、去想、去忆。一单身老插独坐在窑洞,点了一桌菜,要了一瓶酒,便在里边整整哭了一个下午。一对老插带着儿子来了,看着毛泽东像,看着挂包、水壶,忍不住喊道:"到家了"。一群老插来了,他们又哭又笑地坐进了"东北木屋",哭昔日的酸甜苦辣,似乎要吃回流失的岁月……

老插酒家的经理是一位年届不惑的老插,深有感触地说:"二十年前,老插们经历了几倍同龄人的痛苦和辛酸,二十年后,一切都变了,但那份情却难以忘怀,老插酒家就是我们老插为怀旧而设"。

(资料来源:徐桥猛、李商,《酒店管理经典案例分析》,广东经济出版社2007年版)

考考你

从产品整体观念看,老插酒家的产品是什么?

二、小饭店要有"单品爆款"产品

小饭店经营理念中有一点很明确,即以产品为龙头,以品种求发展。以产品为龙头,就需要有"单品爆款",大多经营失败者,原因就是没有"单品爆款"。那么,什么样的产品可作为"单品爆款"呢?下面是选择"单品爆款"应符合的原则:

1. 主食或与主食相关的菜品

小饭店为吃饱,中型饭店为吃好。到小饭店就餐者大多数是冲主食而来,有的顾客在等主食之前,点几个菜,小酌几杯,然后再叫主食。

中国传统宴席有酒菜与饭菜之分。平常大家喝酒爱吃的"花生米"就属酒菜,而"红烧狮子头"是在酒后配饭上的"饭菜"。如果把"红烧狮子头"作为饭店龙头产品是可以的。但"花生米"炒得再好,也只能作为特色产品而不能作为龙头产品。

2. 主销产品

龙头产品应是主销产品,其作用是带动其他产品一起畅销。龙头产品销售不畅,就失去了其自身应用价值,名不符实,应重新确立龙头产品,即小饭店的"单品爆款"。

案例 10-4

单品爆款是餐饮创业下一个风口?

近几年,"单品店"在国内引起了很多同行的关注。很多人发现单品模式容易打造明确的主题,而且门店不大、操作简单还容易复制。其实,单品模式最早从日韩流传到国内,在日本和韩国,"大品牌、小门店、连锁化"是餐饮竞争洗牌之后的普遍现象,各类"专门店"更是引领市场,也引发中国餐饮人一度关注和模仿。从某个角度来说,"爆款成店"最初是从单品模式演变而来,那么应该怎么打造单品爆款呢?

1. 单品类门店的兴起

有这样一个心理学实验,研究人员摆出一系列的果酱,分为2组,第一组有6款果酱,第二款有24种果酱,全部可以任意购买。最后得出的结论是,第一组实验中,有30%的试吃者选择了购买;而在第二组中,却只有3%的人选择了购买。

根据研究结果,科研人员表示:过多的选项,有极大可能使消费者陷入"选择瘫痪"的状态中,大部分抱着一种"既然选择不出要哪一个,那索性就都不买"的心态。

在这个选择太多的时代,用户最需要的就是降低决策成本。

步入新餐饮时代,单品越来越受欢迎与喜爱,从黄焖鸡超越兰州拉面和沙县小吃变身国民最爱,到臭鳜鱼、酸菜鱼这种鱼类单品的爆红,背后都折射出一个问题——单品类门店正在逐渐兴起。

(1) DQ冰淇淋。

DQ冰激凌创立于1940年,已在25个国家,开了近8 000家连锁店,是世界销量第一的软冰淇淋专家和全球连锁快餐业巨头之一。

仅以冰淇淋来说,DQ的冰淇淋产品极其丰富,共有5大类28个品种,其中又以"暴风雪"和"脆皮蛋糕"极具特色,可谓是做到了极致。

DQ冰激凌有一个使消费者印象极深的卖点,就是"倒杯不洒",即使你把冰淇淋杯翻过来,冰淇淋也不会滑出。

(2) 杨记兴臭鳜鱼。

杨记兴的前身是徽乡谣,是杨老板金祥和朋友开的一家徽菜餐厅,2010年,它的菜单里有220道菜。然而菜单越厚、利润却越薄,200多道菜+笨重的菜单呈现,反而让顾客抓不出重点。

经过了4次菜单改革,从最早的200多道,变成了如今菜单上呈现的38道,形成了两款招牌臭鳜鱼+三大特色+十大必点+凉菜+炒炖+主食+必点的出品结构。臭鳜鱼这道菜占了店里销售额35%,3大特色和10大必点菜大约占了30%。

2. 怎么打造单品爆款

(1) 传播品牌。

打造爆款第一重点一定是传播自身品牌而不仅仅是爆款产品本身,如果过度宣传爆款产品本身,不断会快速被复制者抄袭,更会快速的透支爆款产品的行销周期,市场规模快速扩大,爆款生命周期迅速缩短。

所以在打造爆款产品的同时一定要快速传播品牌和爆款产品的链接性、关联性。在打造爆款产品的同时,一定要从产品特点、消费形态、场景、流程、服务人群整体环节去创造价值感、主题性、传播性,使消费者在整个消费体验过程中打造仪式感和体验价值。

(2) 打造消费场景。

从顾客的角度出发,洞察顾客需求,结合产品打造最适宜的消费场景。各大商圈中都可以发现其身影的"阿甘锅盔",除了卖锅盔外,还提供牛肉汤,提供"主食+汤"这种产品组合,满足了顾客快速、简单的用餐需求。

(3) 拓宽场景,形成品牌。

在有了基础的用餐场景后,应该如何延展?在食客心中形成记忆点呢?将传统的食物与新的场景结合起来,食物成为资源,而场景则带来了新的市场。

专注做小火锅的"呷哺呷哺"近期开始推出麻辣小龙虾、火锅底料等产品,麻辣小龙虾可不仅可以堂食,也可以外带,这么做相当于把固定的品牌带回了家,告诉消费者:现在不仅在店里可以尝到我们的味道,回家也可以吃到。

(4) 满足消费者的心理需求,给他优越感。

当餐饮从业者意识到新媒体营销的好后,大家都在说最好的营销方式就是让消费者爱上餐厅,拍照片上传社交网络。但要让消费者自愿帮你"晒"品牌,首先你得让你的餐厅符合他"晒朋友圈"的一贯个性。

现在的年轻人一般会晒什么?惬意的生活、优质的人脉、漂亮的容貌、美满的感情……归根结底,晒的是优越感。从马斯洛需求来看,年轻人底层的需求大多在一出生就已经实现了。这时候他们就需要通过不断表达自己的另外一些东西,以满足自我实现的需求以及得到他人认可的需求,说直白一点,就是"装逼"的需求。

从一开始在朋友圈晒星巴克拿铁,到晒喜茶芝士奶盖,再到晒答案茶的占卜结果……营销作用更多是让消费者来看一看、试一试,至于能不能留下是靠产品本身那就要看消费者了。

考考你

小饭店"单品爆款"有什么特征?

3. 价位适中的产品

高价珍味菜品只适合作"挑头菜"。"挑头菜"是为了说明本店有做高档菜品的技术实力,但不适合作中小饭店的龙头产品。中小饭店选择中低价饭菜作为龙头产品更为合适,最好是中价饭菜。中价饭菜比低价饭菜的利润高,并且不影响销售量。高档饭店以名菜名品吸引人,低档饭店以物美价廉迎合人。

中低价饭菜作为龙头产品可以起到"晕轮效应",使顾客认为其他饭菜价值也不高,从而带动其他产品畅销。

4. 符合习俗或创新的产品

向爱吃米的顾客强力推荐面食,肯定是出力不讨好。市场导向制约着龙头产品的选择。

5. 原料充足,价格起伏不大的产品

有些原料,季节性较强,价格起伏很大,甚至缺货,这种产品不宜作龙头产品。一旦断

货,"巧妇难为无米之炊"。

6. 有一定技术含量的产品

不是制作越复杂越好,而是确实有独到之处。别人想跟进,会因技术问题而却步,或是做得不伦不类没有竞争力。龙头产品应注意技术保密,严防他人克隆。

7. 不用违规添加物

不使用罂粟壳、吊白块、过量硝酸盐、非食用色素等。这些添加物虽然可以增加饭菜成色,使人青睐,但对顾客身心健康危害很大。一旦被发现,饭店就会面临灭顶之灾。

8. 不做哗众取宠的产品

龙头产品必须被顾客认可,才能经久走红。如果只是起上一个"鲜"名,实无令人叹服之处,以虚名忽悠顾客,用不了多久,就会被大家所唾弃。

任务三 小饭店的促销策略

小饭店由于其技术含量低、所需资金少,成为创业者选择之一。虽然小饭店创立容易,但是经营却不容易,走在路上,经常看到许多小饭店在重复装修、开业、倒闭、装修,为什么小饭店容易倒闭呢?不会促销是原因之一。

一、小饭店定位

在小饭店经营过程中,市场定位很重要,但是小饭店经营者很多都没有意识到市场细分的重要性,没有选择特定的目标市场,没有考虑激发潜在消费者的消费需求和欲望,可以说采用的是无差异营销策略,如表 10-1 所示。

表 10-1　　　　　　　　　　小饭店类型

小饭店类型	地址	服务对象
家常菜店	社区、学校等周边	社区居民或在校学生等
早餐店	大的商圈边	上班族
快餐店	大的商圈	商圈上班族
特色店	无固定选址规律	无特定服务对象

有一个例子,一家专门做斋食的饭馆,店里所有的菜式都是以素食为主,服务员也清一色是少林寺的弟子。按理说这个饭馆所在的位置是市区,人流量非常大,但是门可罗雀,基本上没有什么人来光顾。老板觉得非常郁闷,便请教了一个营销大师。

营销大师为其把脉后,为他开了一个药方,主要有以下几点。

(1) 所有的服务员换上少林寺俗家弟子的衣服。

(2) 服务员开口闭口就是施主、阿弥陀佛。

(3) 店里放上和尚念经的音乐。

(4) 张贴一些主持方丈等名人的照片,做一个关于少林寺文化的展示墙。

经过如此包装后,饭馆果然是人满为患,老板不得不增加人手,扩大营业面积。

案例 10-5

现榨果汁外卖业务如何玩转 CBD 商圈

两个年轻人辞职创业,选择了门槛较低的传统现榨果汁作为切入点,没想到家里凑的 30 万元创业启动资金很快花光,马上就交不起房租了。

如果只看前半段,这又是一个当下创业失败的案例。不过,林茂和张正杨他们讲述了令人惊讶的后半段,通过锁定 CBD 圈层的现榨果汁外卖业务,他们获得了英飞尼迪集团的风险投资。而且,从濒临破产到公司估值 1 600 万元,他们只花了一年时间。

如果没有风投的 400 万元,林茂和张正杨这两个 1989 年出生的小伙子,很可能像大多数创业失败的年轻人一样,正在灰头土脸的收拾残局。不过,他们确实拿到了这笔钱。

前几天,他俩坐在北部新区一家新兴商业体的一楼接受了我们的采访,这是他们新开的实体门店。

1. 筛选项目,现榨果汁上马就亏

林张二人实际上是小学同学,近 20 年的友谊是联合创业的基础。不过这不是最重要的,不喜欢循规蹈矩的生活,才是二人点燃创业激情的火种。

林茂本科读的市场营销,然后去香港念了中国文化专业的研究生。张正杨则更另类一点,高中毕业后直接去美国念数学专业,还拿到了特许另类投资分析师头衔和特许金融风险管理师头衔。学成之后,两个人短暂的职场生涯很类似,都是在上海的咨询公司工作。为这些企业客户提供咨询服务的同时,两人也大开眼界。关于创业的缘由两个人都记不太清,都认为是一件必然发生的事情。

接下来就进入到创业前的筹备时期。这个阶段是找项目,上海的工作经历让两人把最初的方向放在项目移植上,把一些在上海已经成功的模式复制到重庆。两人考察了一些时尚连锁餐饮,后来发现原材料种类较多,而控制难度对初入者来说较大。然后又考察了一家连锁米线餐饮品牌,看上去门槛不高,但仔细考察下来发现,事情并不简单。

讨论到最后,创业的切入点落在现榨果汁上。

先从大趋势入手,现在消费者健康理念加强,对现榨果汁的需求在提升。再看数据,美国果汁类产品的人均消费量是中国的 40 倍。最后看行业现状,目前国内还没有一个强势品牌。"换句话说,这是一个蓝海市场。"两个人都搞过咨询服务,对选项目还是有一定信心。

2013 年底,选址在洪崖洞的"王见木窄饮品店"开业了。装修花了 10 多万元,每季度房租 3 万元,加上进货和人员工资,启动资金很快花得差不多了。

但出乎两人意料的是,收入增长缓慢。从 2013 年 12 月开业,到 2014 年 2 月,账上最惨的时候只有几百元。现金流就快断了,虽然两人都没有给自己发工资,但是下一个季度的房租是无论如何都交不出来了。

2. 发200封邮件，终于找到投资人

没有现金流，也没有什么生意。两个人每天坐在冷清的店里想出路。

最开始想到的办法是众筹。把股份分成50份，招募50个股东，股东不仅带来资金，他们想的是如果每个股东再带两个客户，就有100个初始客户积累。后来在朋友圈里咨询了半天，发现大家都是想投点钱当甩手老板，这种融资除了带来资金，带不来客户，钱花完了也是没戏。

怎么找到稳定客户群，成为让两个人绞尽脑汁的事情。后来抱着试试的心态，找到20个朋友，免费赠饮了一周的现榨果汁。没有更多的钱可以用了，林茂和张正杨自己担任物流小哥，买不起保温箱，就用自己的电脑背包，塞进一些冰袋，开始到CBD商圈的写字楼送货。

这让两个人误打误撞的进入了一个空白市场，很快就积累了100多个订单客户。

而他们开发出的模式是最低一周起送，一般来说客户都是办理300多元的月卡。这意味着他们是先收款再生产，而用一个月来消化订单，也不会产生库存。两个人突然意识到这也许是一条出路。

不过时间不等人，这一部分客户带来的收入还是无法让他们交出下一个季度的房租，必须找到投资人。

这时，工作经验发挥了作用。他俩花了半个月时间制作商业计划书，并且在短时间里发给全国200多个风险投资机构。这一招居然发挥了作用，这200多封邮件换来了20多个来电。经过一番比较，他们最后选择了英飞尼迪集团。

从见面到资金到账，一共只花了一周时间。而张正杨转述对方初次见面后，决定投资时说的一句话："这两个小伙子眼睛里有光。"

当然，资本肯定不是看眼睛，风险投资机构看中他们，主要还是认可两个创始人。而他们选中了将现榨果汁从传统的线下转为外卖模式，迎合了资本追捧O2O（线上到线下）市场的风潮。

现在来反思，做实体店还是以地段为王，但好地段的成本已经被推得很高，根本不是初创者能够玩得起的。而这个果汁产品，对仓储和物流提出一个较高门槛，这同时也是初创者面临的资金门槛。要知道我们当初做到100个外卖客户时，仓库就5平方米，怎么玩？

最终吸引投资机构的，应该是我们拿出了最真实的消费数据。我们交给英飞尼迪的商业计划书里包含了120个真实客户的姓名和联系方式，这不仅仅是一个诚信的问题，同时构筑起了我们最初的模型建立基础。

当然，风投选择项目很大程度上是选人，他们看中我们两个人的学习能力和履历表。要知道我们做的商业计划书估计是他们收到过的最规范的一份。

3. 调整商业模式，年收入将过千万

英飞尼迪前后两笔共400万元的投资，确定了王见木窄的估值达到1 600万元。

这个估值如何构成，两人分享了他们现在的收入结构。在接受投资一年后，其业

务板块分为实体形象店、果汁配送和排毒套餐产品。在未来规划里,最后一块排毒套餐将成为其主要业务,达到约六成的收入比例。而果汁配送将达到四成左右。形象店主要用于口碑和实力展示。

而目前果汁配送支撑起了整个商业模式的主要收入,现在活跃客户达到1 000多个,每月收入30万元。张正杨估计,今年年末的时候,全年收入将达到1 000万元,将远远超出投资机构对其的要求。

这种发展速度显然建立在资金充沛的基础之上,但林张二人认为最重要的是他们找到了O2O的一个重要细分市场——CBD写字楼里的白领。

目前有不少线上和线下的商户在争夺这个群体。白领客户有消费力,更重要的是他们集中程度高,O2O的最大成本实际上是配送,集中程度越高的区域,单个配送成本就越低。

现在王见木窄是自建物流体系,20个送货小哥已经支撑起7个CBD商圈的1 000多名客户。而按照张正杨自己建立的数学模型分析,这20名小哥其实可以服务超过5 000名客户,这就是这个O2O企业的最大价值,找到最密集的区域,提供蓝海产品。

而林茂认为,CBD区域降低了传播难度,通过商家合作和试饮模式,王见木窄把每一个用户当做一次再传播机会,"你想每个月我们会送货上门20次,不谈粘性,就从媒体属性上来说,会有多少影响周围潜在客户的机会?"

"O2O最大的特点是用互联网思维做服务。"两位创始人认为,他们的竞争对手不是做果汁的,而是做互联网的。他们的果汁模式目前还是一个高频的消费产品,一旦未来成熟,介入一些低频产品,或成为物流公司,是顺理成章的事情。

现在我们的销售已经开始互联网化、社交化。比如送货小哥会到办公室叫出客户的名字,送货的同时祝客户身体健康,或者还会提醒这是某某朋友送来的健康饮品。采取这些模式来进行客户的自我传播。

(资料来源:《重庆晨报》,2015年2月13日)

考考你

小饭店如何精准定位?

二、小饭店促销策略

(一)免费是最好的营销

小饭店在客人就餐时还可以有其他店没有的免费食品,如一小碟腌萝卜、炸花生米,以及免费盛用的小米粥、鸡蛋汤。这些免费食品每天算下来只要几十元钱,但是给顾客带来的感觉却异常地好:一分钱还没花,桌上就已经摆上两小碟、两大碗,好像占了天大的便宜似的。

案例 10-6

小餐馆用免费喝啤酒月入 13 万元

1. 尝试创业

小米中专毕业以后,做过服务员,端过盘子,在化工厂、电子厂里干过……几年下来青春不见了,但是钱却没攒下多少,反倒是在这些行业受了不少苦。小米就想,既然自己不是打工的料,不如自己创业好了,即使失败了,也算是给自己一个交代。她决定自己在县城开个小餐馆。餐厅在父母的支持下选好地址。在开店装修的那段时间里,小米每天都在学习各种案例,查各种经验。有时候甚至熬到了晚上一两点,看得是眼花缭乱,但就在这大海捞针的过程当中,小米却找到了自己的生意妙招让自己的餐厅开业,一炮而红。

2. 免费领 100 瓶啤酒

小米做了什么事呢?她让所有进店的客户免费领 100 瓶啤酒!

这个措施一经出现,父母是极力反对,"即使咱们家能支持你,但也不是让你这么个消耗法呀,你这么亏下去,谁受得了啊?"小米没有解释,只是说"爸妈你们相信我,给我一个月的时间,我证明给你们看,如果不行我就放弃"。父母知道女儿是一个倔强的人,于是也不再阻拦。

餐厅终于开业了,附近就有一个工地,晚上下了班,工友们一蜂窝的前来这边凑热闹,进店就问"你这真的真是 100 瓶啤酒免费送吗?"

小米开心地迎接这些工友们说,"当然了。只要你来,天天都有啤酒可以喝"。说着就给所有到场的这些朋友们一人一瓶。还说,下次来,每个人还有一瓶!

一个月后,小米生意逐渐进入稳定状态,父母这才明白,原来自家的闺女是真的找到妙招了,最好的时候,一个月的收入都有 13 万元。有这个 100 瓶啤酒免费喝的策略,小米的餐厅自然人流火爆。

考考你

免费为什么会让餐厅火爆?

(二)以团购方式聚人气

小饭店除了要留住现有顾客,还需吸引新顾客的光临。除了要有"单品爆款"等独具风格的招牌菜特色菜,还需要紧跟时代特点,快速集聚人气。小饭店可以考虑同团购网站合作,推出团购,快速集聚人气。

与团购网站合作,需要注意促销软文的写作。要简练能吸引眼球,如"仅售 3 元!价值 25 元的招牌牛腩面 1 份,提供免费 WiFi"。让消费者能够快速的从软文中获得信息(便宜)。该团购也很快在网上获得热卖,卖出 2 000 多份,如图 10-1 所示。

图 10-1　招牌牛腩面团购

（三）朋友圈口碑营销

微信每个人几乎都有，它和我们的生活密不可分，发布一下朋友圈，和亲朋好友发个信息什么的非常方便，所谓有人的地方就有市场，当下能做好微信，是相当重要的。设置一个好的头像，慢慢积攒人脉，做好生活所需、贴近社会热点的内容。小饭店可以通过朋友圈来积攒人气，做好口碑营销。

（四）提供外卖等增值服务

以前，大部分的小饭店主要依托于单一渠道流量即堂食。随着电商平台的发展，全渠道运营则成为增强门店盈利能力和抗风险能力必要法门，提供外卖服务是小饭店增加收入的必然选择。当然也可以把外卖业务作为自己的主要业务，重塑供应链的管理运营流程、商品存储等要素，严控成本支出。

案例 10-7

餐厅老板用朋友圈救活了快要倒闭的餐馆

一家江湖菜馆，25 张桌，有且只有一个服务员，端菜、选菜全靠顾客"自己动手"。莫嫌店家拽，客官抢到来，这家实体店 95% 的订单来自微信，夏季月营收超 15 万元。有人大赞：老板，你这 O2O 做得好！老板两眼一愣：啥子叫 O2O？

老板陈星宇，85 后，酷爱打游戏，吹嘘。他这家草根气质浓郁的馆子，从两年前的不温不火，到如今的四家分店，陈星宇说，都是微信玩出来的。

"今年准备在南岸开个旗舰店。"说这话时，陈星宇又暴露了草根气质"到时候尝试只用微信下单，把收银员都省了。"

1. 奇葩：25 张桌的店，员工 5 人不端茶送水

江北区建新路长安医院对面，横着一排大排档，在众门店中，一家名为"钓龙无刺鲫鱼"的馆子，屌丝得容易被人忽略。灯箱广告的 LED 灯坏了一排，除去两扇贴了广告的玻璃门，顾客进出的过道仅 1.5 米。记者慕名前去采访时，往返了两道才找到了门。好在店内也算别有洞天，进门上楼拐角，贴着二维码的海报抢眼：扫码加微信，一律8.8折。这店生得怪,上二楼即为天台、下一楼则是背街,就这也摆下了25张桌,门面虽小,夏季生意却好得让人眼红。

"主打无刺鲫鱼和干锅,95%订单从微信来,员工5人,其中1人为服务员,不端茶送水,只收发菜单顺便兼职打扫清洁。"陈星宇说,旺季一个月流水能达15万元,冬天稍冷清,但也时不时有为微信好友的企业高管来包场。

2. 发现:全靠微信,一道菜曾火了3个月

刚开馆子时,陈星宇也走过传统路线。发传单、做车载广告什么的,折腾三五次,10万元的退伍费就见底了。2012年,陈星宇守着这家不温不火的小门面。"本店小,还挤在一堆大排档里,很少引人注意。"陈星宇说,直到2013年初,在朋友的指点下,他才开始用微信做生意。

刚开始几十个好友,却有能力让一道"奇葩"菜火了三个月。"去年4月,一位老顾客忽然想吃番茄味的炒丝瓜,我硬是让厨子整了出来,顾客相当满意,当即传了微信,好友一转发,第二天有人点名来吃番茄炒丝瓜。"陈星宇说,这道黑暗料理捧红了馆子3个月,也让陈星宇见识了微信之威。"爆点爆点爆点,不怕门店小就怕爆点少。"后来,陈星宇通过打折,进店就让顾客扫码关注,天天挖空心思想着如何和顾客玩。

"饮食选择有很多,能带给食客快乐,才会成为首选。"陈星宇说,而这得靠互动性极强的玩法。通过玩,他的微信好友,仅一年就从最初的三四十人增加到数千人;营业额从一天三四百元到旺季一月超过十五万元……

3. 玩法一:玩微信要有"店魂"

要点是不开公众号,用私号像人一样写段子。

商家玩微信,一定要有可持续的"店魂",比如金晶妹儿的买家秀、烧白哥的相亲秀。"我的特点就是屌丝爱玩也爱吹垮垮。"陈星宇确定了路线,用玩的方式天天送福利。

"要和顾客玩起来,公众号不行,没人看,还要靠私号,但私号也讲究人格化。"陈星宇的第一招就是讲故事,写段子。他善于利用自嘲来逗顾客开心,每天段子不超过3条,绝对不打硬广,有时候他还像顾客一样去批评某道菜不好吃,将私号人格化。

4. 玩法二:玩微信要有米巴活

要点是一起打飞机,打进前三就送礼。

"除了吹垮垮,这个私号还喜欢打游戏,所以独乐乐不如众乐乐。"一年夏天,陈星宇邀约微信好友玩手游"雷霆战警"、打飞机竞赛,每周公布一次战果,超过他的前40名送花生一份,前三名免费送菜品。游戏一推出,天天都有人加好友私聊:老板,我今天第几名?

另外,店里每出一道新菜品,陈星宇会在微信上发布征集菜名。名字被选用的,素菜可在店里终生免费,荤菜则享受高额折扣。被选中菜名的顾客钟宇蛟就获得了一道素菜的终生免吃权:"吃了一个夏天现在都吃够了,不过关键是好要!"

5. 玩法三:线下跟着微信玩

要点是菜单做成答题卷,点菜请做简答题。

"微信上大家都叫我草根老板,菜馆也要贯彻草根路线。"陈星宇说,在线下,他将菜单做成答题卷:选择题是12道固定主打菜,顾客只需选菜画勾,简答题为配菜,顾客可根据店内黑板上每天提供的机动食材,随意搭配。答题卷上,老板友情备注:认真填写,可用拼音替代。

"很多顾客看了菜单都会拍上微信传播。"陈星宇说,因为依靠微信订单,店里几乎不需要跑堂,陈星宇顺势推出实体店店魂,在墙上两排歪歪扭扭的手书——论江湖、粗乱杂、请随意、莫客气、自己动、丰衣足——钓龙无刺鲫鱼宣。为了鼓励这种自助服务,陈星宇会送每位顾客酸角汁一瓶,相当于把节约的人力成本变成赠品。

6. 没文化,那就做到娱乐化

记者:很多人称赞你O2O做得好,你觉得餐饮店转型的关键是什么?

陈星宇:其实我不懂什么叫O2O,我也没什么文化,只知道好耍,大家都要娱乐化。现在好味道很多,能够真正留住顾客,要打破传统饮食习惯,让他们觉得是一件好玩的事请。

记者:餐饮店微信营销的精髓是什么?

陈星宇:微信做生意要有个性,比如我的性格就很随意,江湖菜很粗犷,这个店就是"江湖路线"。

(资料来源:《重庆商报》,2015年3月7日)

考考你

微信营销还有没有其他玩法?

任务四 小饭店的经营模式

由于市场竞争激烈,经营管理不善,资金有限难以扩大等方面原因,小饭店在市场竞争中处于弱势地位,如何突出重围,走向成功,小饭店在做大做强的同时,经营模式的选择很重要。

一、单店经营

单店式的经营模式相比连锁的经营模式而言,更适合一些中、小型创业者去进行选择,花费几万元或者是十几万元就可以成功经营开店。但是不论投资金额的多寡,对小饭店经营形式和经营内容的选择都应当慎重。

(一)小饭店选址是关键

在选址前,务必分析自己的小饭店类型。好的选址是依据是否和店铺的定位相符合。

也就是说,店开在哪儿,取决于经营何种类型的餐厅。首先重点是对自己饭店产品进行分析,分析主要消费群体是什么人?人均消费是多少钱?同时找几个和你自己要开的店铺类似的餐饮店进行跟踪分析。其次分析商圈(客流量)。小饮店选址的第一要素必然是客流量要大,这里的客流量不等于人流量,人流量大不等于客流量大。一般来说,人气旺盛的地方基本上都有利于开设店铺。住宅区、教育区、办公区、工厂区、商场步行街等都是开店地址首先,但切记不要扎堆,在定位上形成互补。

(二)打造饭店特色

小饭店特色可以从多方面入手,如在产品味道或者食材方面打造出特色,让消费者在吃到之后就有一个深刻的印象;也可以是在价格上,让消费者感觉这个饭店物美价廉、物有所值;还可以是在装修环境上,让消费者感受到这家店铺的不同,从而吸引他们的多次光顾。

二十大报告指出,中华优秀传统文化源远流长、博大精深,是中华文明的智慧结晶。在饭店装修设计时融入中国传统文化元素,在饭店经营过程中讲信修睦,诠释浓厚的中式文化,让消费者感受中华优秀传统的魅力,打造独具特色饭店特色。

(三)众筹资金开好店

小饭店筹集除了自有资金和亲戚朋友借款以后,很难得到银行、风险投资机构的青睐,这个时候可以考虑众筹。

众筹翻译自国外 crowd funding 一词,起源于 17 世纪,即大众筹资或群众筹资。由发起人、支持者、平台构成,具有低门槛、多样性、依靠大众力量、注重创意的特征。众筹筹资者以征定的方式众筹出版了书籍,并在书籍上鸣谢了出资者。现代众筹是指项目发起人将项目或创意通过互联网向公众展示,争取公众的资金、人脉、管理智慧等。细化讲,这种大众筹资提供包括公益服务、智能硬件、娱乐演艺、文化出版、农业、艺术等多个领域多个项目,为投资者提供更多选择、更多创新的个性化定制产品和服务的机会。

案例10-8

108 名大学生众筹 45 万元开饭店试水"微创业"

在长沙理工大学云塘校区,有一家名叫"无树时光"的餐厅于近日正式开业,由 108 名大学生众筹 45 万元开办(见图 10-2)。26 岁的王旭明是长沙理工大学国际经济与贸易专业的一名毕业生。2014 年 9 月,他和同专业的王晨辉、曾琦有了一起创业开餐厅的想法。考虑到很多大学生都有创业梦想,于是他们就采用众筹的方式,经过两个多月,最后确定了 108 名不同专业的大学生当"股东"。1 股 1 000 元,最低投 1 股,最高投 50 股,众筹资金 45 万元。

选址、装修、采购各个环节,都是股东们亲力亲为,餐厅试营业时人手不够,也是股东们自己来当服务员。由于很多股东都是在读学生,没有办法实时管理餐厅,于是他们选举了 6 名常务股东,3 名监事会成员,来共同监管。"餐厅的所有事物都由各股东提建议,小事由常务股东做决定,大事则由股东投票决策。财务绝对透明公开,每

图 10-2　无树时光餐厅

位股东可以随时查看账目。"王旭明说,餐厅将采用电子下单系统,确保财务"阳光"。"餐厅对不少股东的意义,更多的在于提供了一个社会创业实践的平台。在这里,我们了解了创业的很多艰难之处,也理解了团队协作对于创业的重要意义。"大一学生、股东林思宇告诉记者。

(资料来源:《中国青年报》,2015 年 03 月 20 日)

考考你

众筹在筹集资金时要注意什么?

以国内成立时间最早,涉及领域最广的众筹网为例,其基本众筹模式分为公益众筹和奖励众筹、股权众筹三种。公益众筹是指投资者对项目进行投资,获得项目发起人提供的感谢信和实物及服务的回报,以此帮助有需要的个人或单位。奖励众筹则是投资者对项目进行投资,获得项目发起人提供的实物性回报或相关服务。股权众筹则是指投资者对项目进行投资,获得项目一定比例的股份。债权众筹是指投资者对项目进行投资,获得其一定比列的债权,未来获取利息收益并收回本金。四种众筹在国内都已经形成了一定的规模。但不论何种运作方式,其运作的根本基础都是诚信体系的建造,失去了诚信体系,中国式众筹将寸步难行。

二、连锁经营

(一) 连锁经营的含义

连锁经营是指经营同类商品或服务的若干个企业,以一定的形式组成一个联合体,在整体规划下进行专业化分工,并在分工基础上实施集中化管理,把独立的经营活动组合成整体的规模经营,从而实现规模效益,是一种经营模式。

案例 10-9

必胜客也可以开"特许经营店"了　加盟商跃跃欲试

花 300 多万元,就可以开一家必胜客?从 1 月 1 日起,必胜客在上海等全国大部分城市悄然放开特许经营许可权,只要通过审核,支付最少 300 万元餐厅购入费,再加上 36 万元左右的加盟、培训费,就可以加盟一家已经成熟运营的必胜客门店。

事实上,在必胜客之前,麦当劳已开始尝试开放特许经营权,而 2014 年上半年上海首批麦当劳特许经营门店将会开张。

1. 全部需要多少投入,"持续费用"还得另算

32 岁的杨先生家境颇为富裕,一直是必胜客的忠实"粉丝",得知此消息后,也想尝试申请。必胜客方面表示,近期接到的咨询电话不断,不少愿意在餐饮行业分得一杯羹的投资者对此都颇有兴趣。

所谓特许经营店,不是新开一家餐厅,也不必重新招募员工,而是将一家成熟运营的必胜客整体转让申请者。"这些店都是已经经营了 2 年以上的老店。"必胜客加盟热线客服人员称。

要成为一家必胜客门店的老板,其实耗资不菲:至少 300 万元的餐厅购入费,再加上 30 万元左右的初始加盟费和 6 万元培训费,就可以获得 10 年特许经营权。

"餐厅购入费是根据所在城市、地段、餐厅大小来定的,300 万元是最低的费用,如果该餐厅综合评估更高,购入费用还会增加到 500 多万元,甚至更高。"客服人员说,餐厅购入费需要在餐厅交接之前一次性支付,里面涵盖餐厅的所有设备、装修和无形资产,但不包括餐厅的房租费用。另外,员工的工资、餐厅食材费用等也是需要申请者自行支付。申请者通过考核接手经营后,还需按合同缴纳的持续费用包括,特许经营持续费、广告及促销费用,还有相应的服务费。

2. 如何保证食材安全,原料供应商不得自选

不过,个人开店还需经过层层严格的考察和筛选。必胜客开店的门槛比较高,要过五关斩六将:在提交申请后,先要通过电话面试,初审过关后会获得在一家必胜客餐厅实习 2 天的机会,加盟委员会面试后再次筛选出的申请者还要接受来自第三方调查机构的背景调查。通过后的准加盟者需要接受为期 5 个月的加盟商培训。

必胜客特许经营门店的客服人员还强调,申请者并不能自己指定门店的位置,甚至包括所在城市,而是由必胜客方面统一安排,"如果上海这些门店已经被安排出去,很可能申请的门店在外地。"

个人开必胜客如何保证食材安全?价格和菜单可以随意定吗?对此,必胜客方面反复强调,为了确保食品安全,特许经营店不得随意决定原料供应商,需在百胜集团制定的供应商中进行选择。申请人也不得自己随意开发新产品、自行调整价格,"新产品的开发和价格调整将根据市场统一确定"。

直营店里发放的促销券、优惠券、折扣券等,在特许经营店里可以使用吗?据悉,所有必胜客的促销优惠消费者都可正常享受。有别于必胜客直营店,特许经营店可以单独搞些促销活动,但需提前通过百胜集团的企划部批准。

不过,对于普通消费者来说,要辨识一家餐厅是否是特许经营店可能会有些难度。在外观上,特许经营店和必胜客直营店并没有任何差别。

经营一家必胜客餐厅,赚钱吗?必胜客方面并没有正面回应,只是表示,申请人通过资格审核,进入餐厅评估流程时,会提供该餐厅以往的财务数据做专业评估。

上海市餐饮烹饪行业协会副秘书长金培华表示:"与一般餐饮行业相比,必胜客经营时间长,从早餐、午餐、下午茶覆盖到晚餐,正常情况下,投资的钱大概两年左右就可以收回成本,在一些地段好的餐厅,收回成本的时间还可能会缩短。"

(资料来源:上海电视台,2015年1月14日)

考考你

必胜客为什么启动特许经营业务?

(二)连锁经营的优势

连锁经营统一店名,统一进货,统一配送,统一价格,统一服务,统一广告,统一管理,统一核算。实现这些统一,就使商业企业在经营管理方面互相协调起来,因而有利于资源的配置,提高市场占有率,强化企业形象,提高竞争实力,降低经营费用,引导连锁经营企业通过扩大规模而增加效益,增加就业机会,保护消费者利益。

(三)连锁经营的形式

1. 特许加盟

特许加盟即由拥有技术和管理经验的总部,指导传授加盟店各项经营的技术经验,并收取一定比例的权利金及指导费,此种契约关系即为特许加盟。特许加盟总部必须拥有一套完整有效的运作技术优势,从而转移指导,让加盟店能很快的运作,同时从中获取利益,加盟网络才能日益壮大。因此,经营技术如何传承,则是特许经营的关键所在。

2. 直营连锁

直营连锁就是指总公司直接经营的连锁店。即由公司本部直接经营投资管理各个零售点的经营形态,此连锁型态并无加盟店的存在。总部采取纵深似的管理方式,直接下令掌管所有的零售点,零售点也毫无疑问地必须完全接受总部的指挥。直接连锁的主要任务在"渠道经营",意思指透过经营渠道的拓展从消费者手中获取利润。因此直营连锁实际上是一种"管理产业"。

3. 自愿加盟

自愿加盟即自愿加入连锁体系的商店。这种商店由于是原已存在,而非加盟店的开店伊始就由连锁总公司辅导创立,所以在名称上自应有别于加盟店。自愿加盟体系中,商品所有权是属于加盟主所有,而运作技术及商店品牌则归总部持有。所以自愿加盟体系的运作虽维系在各个加盟店对"命运共同体"认同所产生的团结力量上,但同时也兼顾"生命共同体"合作发展的前提,另一方面则要同时保持对加盟店自主性的运作,所以,自愿加盟实际可称为"思想的产业"。意义即着重于二者间的沟通,以达到观念一致为首要合作目标。

案例 10-10

德庄渝李记也做米线 邀陈珺加盟

日月光米线店老板陈珺(化名)经营受困的报道刊出后,引来了不少关注。市饮食行业协会会长、阿兴记掌门人刘英亲临现场,向陈珺提出了建议,并给出了一些可行的方法。

同时,渝李记(德庄集团旗下小吃品牌)的运营团队也开始与陈珺接触,如果陈珺愿意,她的米线店可以变成渝李记的加盟店,前期甚至可以免收加盟费和经营管理提成。

面对这些好心企业的帮扶,陈珺有些犹豫了。

1. 有人想收购我的店

陈珺说,渝李记想收她的米线店。陈珺去渝李记吃过饭,也知道它是德庄火锅旗下的一个品牌。

陈珺说,渝李记也是经营米线的,她心中泛起了希望。"当时有点晚了,他们只说了个'收购'的大概情况,今天我再去谈。"于是,陈珺前往渝李记在江北的一处公司。

"他们几个负责人给出的办法与前一天又不同了。"陈珺说,对方提出了让她的店铺加盟渝李记,在继续主营米线的同时,接受品牌店的经营管理。

后来,渝李记运营团队两位负责人来到了陈珺的店铺。"他们最初提出了在初期困难时不收加盟费和管理提成,但看了店又有点犹豫了。"陈珺说。

"我们确实还要再看看。"一位滕姓负责人在电话里说,他们要考虑以何种方式与陈珺合作,是收购、联运或其他方式?他说,这需要三五天才能最终拍板。

2. 女老板有点犹豫了

陈珺说,连续两天都有人要来帮扶,让她认识到了渝商抱团发展的爱心,看到了希望。她说,刘英提出的相关建议和帮扶的想法,对她独自承担起这家店铺有很大帮助,而渝李记的想法则让她有点犹豫起来。

"其实,我最早是想直接把店卖掉,但是舍不得。渝李记给出的办法,可以解决我最大的资金问题,同时也能让店持续下去,确实很适合我最初的想法。"陈珺说,按照渝李记方面的考虑,她的店会进行一些改变,收银台、店内的装饰、店面的门头等都要重新装修。停业一段时间后,重新亮相的米线店将会成为"渝李记"。

陈珺说,"变身"渝李记后,店面还是会经营米线,但不同的是,她却要从老板变成经营者。"其实刘(英)总的建议和帮扶也很好,让我能够继续成为这家店铺的老板,而且还可以去阿兴记进货、与厨师交流等,对我经营店铺有所帮助。"陈珺坦言,在目前最需要资金的时候,她还是比较倾向于渝李记的帮扶方式。

不过,她也表示,渝李记的橄榄枝只是免除加盟费和困难时期的相关提成,但关于食材等的提供,到底是现付还是赊付,对方没有说得特别清楚,而这些进货资金是她目前遇到的最大问题。

"对方要考虑几天,我也刚好想想选哪个方案。"陈珺说。

(资料来源:《重庆晨报》,2015年3月5日)

考考你

陈珺该如何选择?是加盟还是继续经营?

项目小结

小饭店应该有自己的特色产品,打造"单品爆款"是行业发展趋势。小饭店在市场细分、产品和服务、营销手段等方面存在问题,需结合自身特色开展市场营销活动。小饭店的经营管理除产品、营销外,还需筹集资金、经营模式等问题。经营模式有特许经营和连锁经营模式供选择。

复习思考题

1. 小饭店的产品构成?如何打造"单品爆款"?
2. 小饭店如何进行促销?
3. 小饭店经营模式如何选择?

思考案例

老乡鸡的发展之路

老乡鸡原名肥西老母鸡,2012年改名老乡鸡。同时收缩战场,从全国市场回到安徽本地,聚焦发展,快速开店,明确"安徽最大连锁快餐"的定位,针对安徽本地快餐店脏乱差的现象,明确"干净卫生"的差异化价值,打了一场对方根本无法还手的进攻战。回归安徽后的老乡鸡店面迅速开到200多家,用快速开店的速度优势去跑马圈地,根本不给对方反应的时间,直接抢占安徽快餐第一。

在安徽本地踏踏实实的发展4年之后的2016年,老乡鸡开始走向南京和武汉,走出安徽，为什么会首先选择南京和武汉？原因有二，南京和武汉在合肥的一左一右，离安徽非常近，是两个非常有影响力的城市，大家饮食习惯都非常接近，更容易接受老乡鸡的口味，二是老乡鸡在安徽是知名的快餐品牌，很多安徽人去南京和武汉工作的非常多，他们已经接受了老乡鸡的品牌，口口相传，走向这两座城市是势在必行。

走出去的老乡鸡，2017—2019年，每年以200余家直营店的速度快速扩张，2019年已经达到了800多家直营门店，其中安徽本地接近600家本店。老乡鸡已经成为快餐行业的头部品牌，在2019年10月11日，砥砺奋进16年的老乡鸡，荣获全国"中式快餐"和"快餐小吃"双料冠军。这是找餐饮协会做的一个排行，其实是一个营销手段。

虽然老乡鸡已经拥有了800余家直营门店，在中国的快餐企业里面是佼佼者，但还是处于一个区域发展的阶段，还没有完全走出去，尤其是未走进一线城市。整体上看还是一个区域作战，侧翼全国的一个阶段。但是，加强传播，建立领先品牌认知的打法值得中小餐企学习，产品未到，认知先行，让很多城市的潜在顾客开始翘首以盼老乡鸡的到来，这是一个抢认知的时代，值得我们学习和借鉴。

2020年疫情期间，老乡鸡束从轩的两段视频走红，一个是老乡鸡董事长束从轩手撕员工联名信，一个是200元的土味发布会。

不知道大家有没有留意发布会传递出来的信息，因为职业的习惯，虽然老乡鸡的董事长束从轩以轻松欢快，甚至是段子手的形式发出的信息，但是却感受到老乡鸡的杀气腾腾，来势汹汹，"全国招商店铺，招聘5 000多岗位，银行授信10亿元"，这是要发动快餐行业的大决战啊，10个亿至少新增500家门店。经过这么多年的积累，安徽老乡鸡要走向全国，要发动一场真正的进攻战，一战定乾坤。之前的几次进攻是区域性的，这一次是全国性的，并且上海已经在做测试了。

按照计划，老乡鸡在今年底将达到1 000家门店，五年左右超过2 000家门店。老乡鸡的成功见证一个区域小品牌，如何通过定位的打法成长为全国领先的大品牌。

请思考并回答：
1. 老乡鸡品牌发展有哪些成功经验？
2. 面对疫情等突发事件，小饭店该如何进行营销？

实训项目

学生分组组成项目团队，对学校周围商圈小饭店经营者进行访谈，内容包括产品、定价、促销、人员管理、竞争策略及互联网运营等，提交访谈提纲及访谈视频，并根据访谈情况，结合所学撰写小饭店经营改进方案。

项目十一

小超市的经营管理

 项目导航

◇ 掌握小超市的规划
◇ 掌握小超市布局设计
◇ 掌握小超市的商品销售
◇ 树立诚实守信,童叟无欺的经营意识

 思维导图

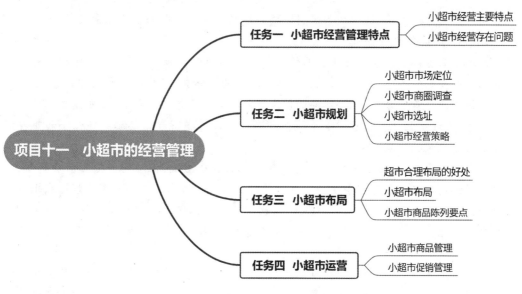

 职业指导

为充分满足城乡居民消费需求,在不少城市的社区、学校、医院等人流量较多的地方可以看见一个个小超市(便利店)。因为小超市经营规模小,营业时间长,能够充分满足消费者需求,所为成为创业者选择之一。创业者在商圈调查的基础上,进行市场定位,注意规划好选址,合理布局进行商品管理,灵活采用多种促销方式赢得顾客。

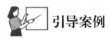 引导案例

社区冒出不少冰品连锁小超市

记者近日走访发现,社区里开出不少冰品雪糕批发连锁店,不仅拥有时尚的店铺设计,可供选择的冰淇淋达近千种,就连只想买一根雪糕尝鲜的顾客也可享受到优惠的会员价。

1. 团购和零售都享会员价

记者在位于市区雁荡西路的一家品牌冰品连锁小超市看到,店内摆了十一个冰柜,除了常见的和路雪、八喜、钟薛高等品牌外,还有像宾格瑞、明治等价格相对较高的进口品牌以及一些新晋网红品牌的雪糕。

住家景花园的吴小姐告诉记者,因为这家冰品连锁小超市方便、零售、品种丰富、性价比高等优点,让她和家人时不时就会跑来采购几根解馋。

"在网红化和高端化驱动下,将这些消费者喜欢的冰淇淋品牌集中在一家门店,同时又能将零售和社区团购相结合,逐渐成为我们争取市场份额和发展更多门店的优势。"据该品牌冰品连锁小超市的加盟商陈先生介绍,他的门店3个月前开业,生意越来越红火,由于所处的社区消费群体的消费能力较高,店内的冰淇淋以中高端品牌为主。"目前我们品牌在温州开了30余家门店,系统内拥有上千个冰淇淋品种可供挑选,主要是看每家门店的销售实力来进行布局。"陈先生说,无论是社区团购还是消费者单独购买,门店都会提供最优惠的会员价,这也成为吸引附近社区居民前来选购的重要因素之一。

2. "文创糕富帅"不愁卖

记者随后走访了位于市区下吕浦的一家冰品连锁小超市,这家超市同样拥有超大的店铺面积和排列整齐的十多个装满各式雪糕冰品的大冰柜,其中不乏文创雪糕的身影。

据该店的负责人介绍,一些冰品的网上旗舰店虽然看着单价优惠,但都是组合式进行批量销售,普通便利店受进货渠道等限制,零售价偏高,线下专门的冰品连锁小超市在零售上的价格优势就体现出来了。

该负责人表示,尤其是文创雪糕虽然在市场上不算主流,但却有一定的消费群体,不少喜欢尝鲜的年轻人成了消费主力。像一款德氏和沈阳故宫联名的文创雪糕近来十分受关注,11.9元的零售价比其他便利店便宜,让这款网红冰淇淋在店内十分畅销,每天都能卖出二十几根。可以说,解暑降温不再是雪糕的唯一卖点,晒朋友圈、尝鲜等"悦己式"消费需求变得越来越重要,这也让新崛起的专卖冰品的连锁小超市迎来商机和市场。

业内人士表示,如今的网红雪糕和文创雪糕越来越多,很多做团购和连锁的公司把握住了机遇,一方面是通过资源优势最大限度集聚和囊括众多雪糕品牌,另一方面通过价格竞争优势逐步找准定位抢占市场,形成品牌特色,也方便了不少消费者根据需求选择和采购冰品,这些思路都值得本地相关产业链上的企业和商家多反思、多借鉴。

(资料来源:《温州商报》,2021年7月15日)

思考与讨论:冰品连锁小超市的模式有哪些借鉴经验?

任务一　小超市的经营管理的主要特点及问题

小超市是相对于沃尔玛、家乐福等大型超市而言的，多开在社区周边、学校、医院等人流聚集的地方，以服务所在社区居民、流动顾客为主要对象的超市形态。随着人们消费观念的变化，小超市在服务便利性等方面满足了消费者的需要，成为众多小微创业者的选择项目。

一、小超市经营主要特点

小超市本身属于服务行业，因此完善超市经营中各项服务的重要性不言而喻。作为创业者，首先需要了解小超市的特点及其超市选址、市场定位、商品管理及经营策略等。

（一）营业时间长

不管是大型超市、社区超市还是小超市，都需要为所服务的对象提供优质的服务。小超市多选址在社区周边、学校、医院等，在商品品质、价格等方面都不具备和大超市竞争的优势，更应该以其小、选择佳、营业时间长为消费者提供便利的服务。

（二）充分满足需求

小超市因为离社区、学校、医院等人流量较多的地方近，在商品种类方面应选择满足消费者日常生活所需、满足学生学习所需等。例如，很多开在社区的小超市，能充分满足社区邻里的急需（比如正做菜，发现酱油没有了），同时提供交水电费、充话费、代理租售房屋信息等满足消费者需求。

（三）经营规模小，商品种类少

小的规模带来的必然是商品总类的稀少，小超市中摆放的无非是一些生活日用品、常见的水果、零食等。某高校外有一家生鲜超市，店面是两层，是离该校学子最近的一家"超市"，因此也是学生课余购物的首选之地。但是，超市的服务真是让人无言以对，上下两层不过百余平方米，超市中只有几种常见的水果、零星摆放着饼干、糖果、大米、家常蔬菜和日常生活学习用品，尚且不能满足学生的简单需求，更何况它是一个面向社会的购物场所呢？

案例 11-1

2020 年超市百强销售规模增长 4.4%　生鲜社区超市业绩突出

2020 年零售业受到了新冠肺炎疫情的巨大冲击，但超市行业还是保持了平稳的增速。2021 年 7 月 28 日，中国连锁经营协会"2020 年行业基本情况及超市百强调查"结果显示，2020 年中国超市百强销售规模为 9 680 亿元，同比增长 4.4%。这与 2019 年 4.1% 的增速非常接近。2020 年超市百强的一个显著特点是，生鲜超市和社区超市增长抢眼，优势明显。

2020年超市百强榜还显示,生鲜超市和社区超市的增长势头明显好于其他超市。

高鑫零售有限公司以1 060亿元的销售额位居2020年超市百强榜单之首,永辉超市股份有限公司以1 045亿元位居超市百强第二。数据显示,2020年,高鑫零售的销售额仅仅增长了0.1%,门店数量则增长了0.8%。很显然,高鑫零售销售额的增长主要是由门店数量增长带来的。而永辉超市则完全不同。2020年永辉超市门店数量同比大幅减少了18.65%,但销售额却大幅增长了12.2%。这意味着生鲜优势突出的永辉超市2020年的高增长并不是来自新开门店数量的增长。

在超市百强榜单中,生鲜社区超市钱大妈的业绩更加抢眼。2020年,钱大妈的销售额猛增90%,门店数量也大幅增加了75.1%。

根据2020年超市百强榜单,2020年,超市百强销售额与门店同步实现两位数增长的企业共15家,分别为物美、钱大妈、天虹、河南大张、湖南佳惠、南阳万德隆、黑龙江比优特、深圳美宜多、厦门元初、安德利、生鲜传奇、台州三和、甘肃新乐、广东天和及甘肃东方百佳。这些企业中大部分以生鲜和社区超市经营见长。

另外,从坪效来看,小型的社区化超市也明显优于大型超市。中国连锁经营协会的调查显示,2020年,超市百强平均坪效为每平方米14 617元,每平方米同比下降654元。从细分业态来看,大型超市平均坪效为每平方米13 508元,比2019年略有上升;超市为每平方米15 248元;社区超市为每平方米21 740元。

"这说明以生鲜为主的小型化超市将是未来的主流趋势。"赖阳对中国商报记者说,仔细比较榜单中这些公司的数据可以看出,生鲜和社区超市的业绩普遍更加突出。"目前,行业都很热衷于数字化,但背靠阿里巴巴、在数字化和线上化方面都走在行业前列的高鑫零售2020年几乎没有增长,被永辉超市远远甩在后面,这充分说明了问题。"赖阳认为,数字化并不是不重要,这是进入互联网时代超市行业的标配,是企业提升运营效率的重要工具,但生鲜化和社区化才是超市经营的核心优势和未来趋势。

(资料来源:《中国商报》,2021年7月29日)

考考你

超市行业发展趋势?小超市能适者生存吗?

二、小超市经营管理存在的问题

(一) 商品的质量不合格

超市长效生存的一个必不可少的条件就是商品的质量有保证。随着经济的发展,人们的需求已经从温饱走向健康,这表现在产品上就是对商品质量的较高要求。由于采购、成本控制等因素造成商品的质量不合格,尤其表现在新鲜蔬菜、水果等方面。

（二）无序管理导致缺货

关于中小超市缺货的问题，从商品受顾客喜爱的角度看是个好现象，但从超市管理的角度看，对于小超市是非常棘手的。缺货是超市零售业的天敌，消灭超市缺货问题应该成为超市卖场管理的重中之重。

（三）对滞销品的处理不及时

在小超市日常经营中，我们应该时刻关注每一种商品的销售动态，及时将滞销品作出相应的调整。一方面可以节约成本，减少不必要的坏账；另一方面可以促进顾客对超市商品的购物欲。超市滞销品是指超市中的某些产品，因为各种原因不受消费者欢迎而导致销售速度极慢。其特征为购买量为零，售价等于或低于成本以及简单再生产难以为继。

（四）服务质量难保证

很多社区小超市在商品布局方面都是简单的堆砌，有时候承诺送货上门等，但是由于员工少，不能在规定时间范围内将货物保质保量的送到消费者手上，在服务质量方面相比较大超市存在明显的缺陷。

（五）市场竞争激烈

小超市在营业面积上远不如沃尔玛、家乐福等，商品分类也没有大型超市齐全，也不能像大型超市采用多种促销方式。商业竞争需要细化市场，差异化经营，专业化经营，人们的购物习惯、小超市自身建设、大型超市使小超市市场竞争环境更加激烈。

（六）人们的消费习惯向线上转移加速

疫情改变了人们的消费需求和消费习惯，线上业务在疫情推动下得到快速发展，线下消费锐减。线上线下融合的趋势进一步加强，零售企业转型需求日益迫切，未来，多元化销售将成为新常态。

任务二　好规划决定好开端

二十大报告指出，必须坚持问题导向。小饭店经营者需充分了解经营过程中存在的问题，做好规划。好规划决定好开端。好的开端是成功的一半。小超市起步要做好市场定位、商圈调查与分析、小超市选址及小超市经营与定位等规划。

一、小超市市场定位

（一）细分目标市场

小超市应该利用不同的变量，去研究某一种变量或几种变量的组合，在此基础上所细分的市场能揭示出最好的商机。一般来说，主要有消费者市场细分法和基于地理位置的人口细分法两种。

1. 消费者市场细分法

所谓的市场细分法，即以人的生命周期（分为未独立、两人家庭、有孩子的家庭、晚年四个阶段）、收入（分为较高和较低两种）、职业（分为白领和蓝领）将消费者分为16个群体，并统计出每个群体占成年人总人口的比例，处于不同生命阶段、不同收入水平、不同职业的消费者有不同的愿望和行为方式。小超市可以根据一个或多个细分群体确定其目标市场。

2. 基于地理位置的人口细分法

年龄结构分为：年轻状态 18~24 岁，成熟状态 25~44 岁，稳固状态 45~64 岁，退休状态 65 岁以上。

地理位置被分为六大块：乡村、郊区、市政区、闹市区、以及不同合租房屋区。

小超市可以对分布在不同区域的不同年龄状态的人口进行划分并统计百分比，评估市场潜力和竞争状况，确定目标市场。

（二）目标市场的选择

小超市应该通过调查分析，找出目标市场的不同消费特点，以便采取不同的市场定位策略。同时，了解消费者对于小超市自身的印象，坚持是否满足目标消费者。积极调整商品结构、促销方式等以接近目标市场。

（三）目标市场定位

只有确定了小超市目标市场，小超市才能对商品配置、店面装修、价位水平、促销方案等做出决策。由顾客群体的差异性确定的市场定位显然也是不同的。经济的发展、文化的进步使人们的生活质量不断改善，消费者需求始终处于一个动态变化的过程之中。小超市要在创新中逐步调整目标市场定位，对特定条件下消费者需求与特点作准确的研究与把握，用创造性的经营方法把需求点转变成商业卖点。

二、小超市的商圈调查分析

商圈是指以小超市所在地点为中心，沿着一定的方向和距离扩展，吸引顾客的辐射范围。简单地说，就是来店顾客所居住的地理范围。小超市的销售活动范围通常都有一定的地理界限，即有相对稳定的商圈。

不同的小超市由于所在地区、经营规模、经营方式、经营品种、经营条件的不同，其商圈规模、商圈形态也就存在很大差异。

图 11-1　商圈

（一）商圈周边状况调查

商圈周边状况的调查，主要是对商圈形态的定位，一般说来，商圈形态主要决定于商圈内及周边常驻及固定人流的社会角色,主要可以分为以下几种。

(1) 零售商区。也就是由一个或多个大型购物中心等标识性商超组成,或者辅以小超市及沿街专卖店,这样的商圈主要以休闲消费为消费者行为特点,因此商圈面积大,流动人口与客流量大,人气比较旺,是各种消费习惯的集中体现地,销售额度很高。

(2) 工业区。该区主要是一家或多家大型企业驻地,职工人数要在5 000人以上,商圈的建立主要服务和满足于区域内工厂人员的衣食住行及休闲娱乐。这类区域消费力比较大,消费导向比较集中。

(3) 住宅区。商圈周边有若干个住宅小区,入驻户至少须有2 000户以上。住宅区的消费习性为日常消费为主,快捷、便宜、熟悉为主要特点,商圈内多是便民店和小型超市。

(4) 文化区。文化区附近须有大、中、小学校等。该区内的消费人群多是学生,所以他们的消费习性为消费金额普遍不高、休闲食品、文教用品购买率高等。

(5) 办公区。CBD商业中心,该区特点是商务中心较多。办公区的消费习性为便利性和餐饮休闲,外来人口多、消费水准较高等。

(二) 商圈内现有零售终端情况调查

(1) 商圈内大商场的数量、位置分布、距离和定位。
(2) 商圈内同等档次竞争对手的面积和业态、品牌组合情况。
(3) 商圈内除商场外的大型设施和行业。
(4) 商圈内可选择及扩充店面面积。
(5) 周边物流状况。一般物流集中的地方,商品流通频率越高,市场越活跃。
(6) 距离公共服务部门(如车站、银行等)的距离。
(7) 公交车的班次频率。
(8) 主要干道道路宽度。
(9) 已有物业的租金和基本维护费用。
(10) 商圈的现有消费能力、市场饱和度和消费潜力。

(三) 商圈内消费者和消费行为调查分析

(1) 商圈内小区常住人口数。小区内的常住人口,决定了小区的消费力,也客观反应了该地区的收入水平与经济指数的水分含量,以及商圈的繁荣程度。

(2) 小区内家庭及构成。小区家庭构成,包括家庭成员数、年龄及文化层次,从事职业和收入等,这些决定了商圈的消费潜力,也为目标客户准备相应项目和货品的数据依靠。

(3) 人口密度。商圈的覆盖范围及影响力,决定在于人口密度。人口密度较大的商圈,一般高层和多层建筑较多,也从侧面反映了该区域的经济实力。人口密度高的地区,到商业设施之间的距离近,可增加购物频率。而人口密度低的地区吸引力低,且顾客光临的次数也少。

(4) 教育程度。高中以上文化水平的居民应占大部分。
(5) 从事行业。公务员、公司职员、工人和商人为主。
(6) 购物频率。每周两到三次及以上,这样有助满足休闲购物与需求购物的消费者需求。

（7）人口增加率。人口增加的幅度，以及每个家庭的人口增加幅度，都会大大影响商圈的市场潜力。

（8）家庭人均收入、家庭年支出及支出结构。有调查数据显示，家庭人均收入与人均消费指数、人均消费价格指数都成正比，因此家庭人均收入的调查，可以更加合理的调整品牌和货品结构。

三、小超市选址注意事项

（一）筛选交通便利的地点

在主要车站的附近，或者在顾客步行不超过20分钟的路程内的街道设店。观察马路两边行人流量，选择人流较多，有利于经营的一边备选。

（二）根据超市经营的侧重点来选择地址

超市销售的商品种类不同，其对店址的要求也不同。小超市往往需要开在人流大地方。

（三）选择人口增加迅速的地方

企业、居民区和市政的发展，会给店铺带来更多的顾客，并使超市在经营上更具发展潜力。

（四）要选择较少横街或障碍物的一边

因为在大部分情况下，行人在过马路时，通常集中精力去躲避车辆或其他来往行人，而忽略了一旁的小超市。

（五）选取自发形成某类市场的地段

在长期的经营中，某街某市场会自发形成销售某类商品的"集中市场"。事实证明，对那些经营耐用品的店铺来说，若能集中在某一个地段或街区，则更能招揽顾客。因为人们一想到购买某商品就会自然而然地想起这个地方。

（六）选择接近人们聚集的场所

比如剧院、电影院、公园等娱乐场所，或者大工厂、机关等具有标志性特点建筑物附近。这样一方面可吸引出入行人，另一方面利于顾客记住超市的地点，来过的顾客向别人宣传介绍，会比较容易指引人光顾。

（七）超市选址要有"傍大款"意识

即把超市开在著名连锁店或品牌店附近，甚至可以开在它的旁边。与超市、商厦、饭店、24小时药店、咖啡店、茶艺馆、酒吧、学校、银行、邮局、洗衣店、冲印店、社区服务中心、社区文化体育活动中心等集客力较强的品牌门店和公共场所相邻。因为这些著名的连锁店、快餐店在选择店址前已做过大量细致的市场调查，挨着它们开店，不仅可省去考察场地的时间和精力，还可以借助它们的品牌效应"赚取"些顾客。

（八）选择位于商业中心街道

东西走向街道最好坐北朝南；南北走向街道最好坐西朝东，尽可能位于十字路口的西北拐角。另外，三叉路口是好地方；在坡路上开店不可取；路面与店铺地面高低不能太悬殊。

（九）要选择有广告空间的店址

有的店面没有独立门面，店门前自然就失去独立的广告空间，也就使你失去了在店前

"发挥"营销智慧的空间。

（十）选择由冷变热的区位

与其选择现在被商家看好的店铺经营位置,不如选择不远的将来由冷变热目前未被看好的街道或市区。

案例 11-2

京东七鲜创新模式开进成都地铁站

选址是决定线下零售企业生存发展的关键因素之一,甚至已经成为这个行当里的一门大学问。目前,发展得如火如荼的生鲜超市选址大多分为居民区、商圈、写字楼等几个类型,如何突破创新,成为在这个风口上的从业者面临的一大考验。

7月23号,京东旗下的线下生鲜超市——七鲜超市成都世纪城店正式营业,作为七鲜在成都落地的第四家门店,与其他生鲜超市不同,这家店开到了地铁站,也为生鲜超市选址开辟出了新类型。

七鲜超市首进地铁站,为周边客群提供更便利的餐饮服务

七鲜超市是京东旗下的美食生鲜超市,不仅有新鲜多样的蔬果生鲜,还有丰富的、自主研发的烘焙、中食半成品类商品,海鲜餐厅还提供海鲜现做服务,不仅能保证海鲜的新鲜度,还能为消费者解决烦琐的海鲜处理问题,让每一餐都能新鲜又美味。

为庆祝店面开业,七鲜超市成都世纪城店面向用户推出了爆品直降、满减等优惠活动,为用户奉上诚意满满的"礼遇"。

专属定制地方特色爆品抢鲜购

成都作为天府之国,也是美食之都,为了更贴近消费者的口味,七鲜超市成都世纪城店还专属定制了地方特色食品。乐山甜皮鸭微甜带咸,250克甜皮鸭原价19.9元,现在促销价只要14.9元。地方美食搭配地方饮品自是效果最佳,天府可乐是多少成都人的童年记忆,七鲜超市必须有它的位置。

（资料来源:《消费日报网》,2021年7月23日）

考考你

京东七鲜创新模式开进成都地铁站的利弊分析?

四、小超市经营策略的选择

（一）小超市经营的基本特征

小超市经营管理所具备的基本特征是低成本、低利润率。它不经营品牌商品和贵重商品,一般经营的都是大众消费品,利润率由市场决定,所以定价不会高。在这种情况下,超市想要获取利润,首先,要想方设法节省人力、财力,降低成本,加大商品在超市的流量,提高资金周转率。其次,提供差异化的服务,如充话费、交水电费用等,以吸引更多的人流。

（二）小超市的经营策略

小超市经营的最高指导原则就是发现需要，满足需要，从客户需求出发，带来实惠和方便，具体地说包括以下几个方面。

（1）先调查一下你附近工厂都用什么银行卡发工资。然后想方设法弄一个这个银行的 ATM 过来，就放你店门口，别和银行收费，最好多弄几台，这个是小超市经营管理中很少人去做的。

（2）增加现制饮料奶茶刨冰、炸鸡、修手机的摊位，而且要确保你的摊位有竞争力。

（3）玩命进香烟，多找点渠道，用自己的中华进货量换别人的低价香烟，但是别进假烟。

（4）做新员工进厂大礼包销售。"锁、脸盆、毛巾、勺什么的"，做个组合套装，稍微让点利，就是你的独家产品。

（5）产品多放点便宜又辣的，豆腐干蛋白肉方便面，多晚都有开水冲，类似 24 小时便利店，这个是小超市经营管理每天要做的。

（6）饮料一定要冰，问饮料业务员多要几个冰柜，少收人家点电费，啤酒软饮夏天直接摆到外面来。

（7）门口弄点椅子给大家坐。不要赶别人走，勤于打扫。

（8）修手机的摊位、卖储存卡的、拷游戏软件的、卖手机卡的，要那种打电话特省或者发短信特省的。一个都不能少。

（9）弄个无线网，专门给大家蹭网用，每个礼拜换一次密码，消费才告诉你这礼拜的密码，慢就慢吧，反正大家都是蹭的不介意。

（10）把摆摊的人都吸引到你门口来，他们卖小吃，你卖饮料，很多小超市经营管理都是这样做的。

（11）门口不要贴厂商给你的海报。贴你自己的，比如 99 元硬币换 100 纸币/找兼职/满 88 元摸奖/整箱购买优惠，搞个零食销量排行榜也比贴着广告强，如果厂商非要贴，找他要一箱饮料送你。

（12）学会做点小活动，比如积点送玩具/香烟，比如一次满多少抽奖，比如两瓶 8 折。

（13）不知道门口放个电视每天放电影会怎么样，你可以试试，这个小超市经营管理方式可以采用小清新的类型。

案例 11-3

会员制仓储超市模式走红　资本开始加速布局

1. 会员制仓储超市已经初具发展规模

据《中国青年网》对外报道，现如今会员制仓储超市已经代替了传统的超市模式成为资本家的"新宠儿"，如今国内大型零售企业如盒马生鲜、永辉以及家乐福都在对会员制仓储超市做系统的布局。除此之外还有的美国的麦德龙、沃尔玛这种老牌零售企业。从某种程度上来说,这些大型零售企业的经营方向就代表了整个行业的价值走向,会员制仓储超市已经成为资本家开辟新经营模式的有利武器,传统超市如果再不变革,很容易会被新事物彻底取代,而变得毫无利润可言。

那么,大家知道什么是会员制仓储超市吗?根据相关记者报道,会员制仓储超市是一种只卖大包装,且进入超市前需要先缴纳一笔费用的零售超市。其实我们对会员制仓储超市也早已不再陌生了,在中国有着几十年发展历史的麦德龙一直都是采用这种会员制的模式,只不过麦德龙在进入中国市场后作出了许多"让步",例如可以选择购买会员享更大优惠,或者使用免费会员享受部分优惠等,为的是给中国消费者提供更多的选择。

2. 会员制仓储超市还未被消费者接受

现在来看,这种会员制仓储超市似乎已经成为未来超市经营与发展的主流道路,在国内国外一些大资本的布局下,现如今市场上已经陆续出现大量的会员制仓储超市,这些超市有些是新建而成,但也有一些是根据老超市改造升级而来,其中不乏有很多大型超市。根据消费者的实时反馈来看,这些会员制仓储超市给人一种购物空间极大的感觉,其商品也都是以大包装为主,这种购物方式会为那些工作忙碌的人省下很多时间,而不需要我们再像以往那样排队散称标价。

不过也有消费者对于这种会员制仓储超市感到非常不自在,他们并非不愿意缴纳几百元的"入门会费",只是他们有时候很难在超市中挑选到自己想要的东西。根据记者的走访发现,以北京一家新开的会员制仓储超市为例,这里的牛奶只有3升装这一个的选项,不但缺乏其他规则,更是没有太多的品牌供消费者对比挑选。这就给人一种批量采购的感觉,而非来超市购物消费。生鲜、日用以及家电等多个商品类目也都给人这种感觉。

3. 会员制仓储超市存在一定的问题

家乐福会员店商品采销负责人万久根在社交媒体上表示,自今年3月份开始,会员制仓储超市就开始呈爆发式的增长,很多地方干脆将原来的大卖场改装成会员店,为的就是抓住行业整体改革的风口来获取营业利润。不过此举也引发了万久根的担忧,从上文消费者爆出来的种种不足也能看出问题,现如今会员制仓储超市并非已经建设的功能完善,符合消费者需求了,那在这种情况下大量的资本涌入或将会造成整个行业的乱象,大家都想着去捞钱,却没人愿意遵守行业发展准则。

(资料来源:腾讯网,https://new.qq.com/omn/20210714/20210714A0A98000.html)

考考你

会员制仓储超市对小超市有什么影响?

任务三　好环境让顾客流连忘返

对于超市而言,即使所售商品物美价廉,但如果没有适当的布局设计,那么其商品零售销售效果也一定会大打折扣。对于小超市卖场布局是否科学合理、是否形成特色,不仅关系到超市卖场的商品销售,同时也是小超市卖场整体品牌形象在店面和卖场内部空间的直接表现。聪明的经营者往往能够通过巧妙超市卖场布局,增强对消费者的吸引力和在参与竞争中的能力。

一、超市合理布局带来的好处

(一)现场广告宣传

商品的本身就是广告,超市卖场布局同样是一种广告。中国有一句经商谚语:"货卖堆山"。为什么要"堆山"？就是要通过商品的极大丰富、极大丰满招徕顾客、吸引顾客、刺激顾客的购买欲。在实施布局规划的过程中,卖场要把布局规划当成卖场对外宣传的一种利好途径,进而充分结合周边商业环境和消费需求,有计划、有步骤地进行。

(二)培养顾客忠诚度

顾客的忠诚是卖场培养出来的,而非刚开业就能拥有的。顾客忠诚是一种资源,特色的、人文的、能够为消费者所接受和偏好的超市卖场布局将助卖场培养顾客忠诚一臂之力。

(三)提高卖场效率

超市卖场布局科学合理,不仅能作用于顾客,同样会给店员一种便利和享受。繁杂凌乱的通道规划和商品摆放,只能是延缓了店员在卖场内的工作效率。

(四)促进商品销售

卖场的终极目的就是销售商品,超市卖场布局的终极功能同样也是为商品的销售服务。超市卖场布局,除了成就卖场的整体形象和快乐气氛以外,最关键的就是形成对商品的销售力。

案例 11-4

小超市内既住人又卖烟花爆竹

春节前和春节期间,庐阳区四里河街道安监执法人员对辖区的非法销售烟花爆竹经营点进行取缔。

节前,记者跟随四里河街道的检查组一起,来到位于清溪路路边的一个小超市。远远望去,记者便看到,小店老板正在把一盘盘鞭炮和一捆捆爆竹往马路边搬。而小超市内,还有一些烟花爆竹。而更让记者吃惊的是,小超市的里面,竟然还有做饭用的炉子和锅碗瓢盆。记者了解到,这个场所是既住人又售卖的人货混合场所。

春节到来期间,安监执法员已经多次进行检查。而春节期间,对于此类检查仍然继续。安监执法人员呼吁,市民尽可能少燃放或不燃放烟花爆竹;请不要在规定的禁止燃放时间和区域燃放烟花爆竹。

(资料来源:《合肥晚报》,2015年2月25日)

考考你

小超市这样的布局有什么问题?

二、小超市布局

(一)门头设计

小型超市的门头设计与食杂店的门头设计有相似之处,都要求简洁大方、醒目美观。

首先,要有一块美观大方的招牌,以吸引顾客的目光,给人留下深刻的印象。其次,招牌上的店名要能体现出小型超市的定位和特点。例如,开在居民小区内的小型超市,可以用所在小区的名字作店名,也可以用店主的名字作店名,既方便记忆,又能给顾客亲切感。橱窗是展示商品、吸引顾客的好"道具"。如果条件允许,小型店铺店门两侧可以设计两面玻璃橱窗,将当月、当周的推荐商品进行精心陈列,吸引顾客驻足观看和购买。

(二)内部装修

小型超市的内部装修要力求实用、简洁大方。墙壁和天花板的色调以简洁明快的白色为主;地面可以铺防潮、防滑、坚固耐用的瓷砖。

在进行内部装修时,应考虑防火、防盗等问题。为此,装修时应采用防火材料、墙壁和天花板尽量不要有过多的装饰;电路应该由专业技师来设计和改装,电线和电源插头应选用正规厂家生产的功率较大的优质产品;要设消防通道,配置消防栓和灭火器等必要的消防器材;店铺的进口与出口应设置得较大一点,保证畅通;窗户应加装防盗网,仓库门和店门外应加装防盗门或卷帘门,增大安全系数。

(三)货架设计

小型超市可选用目前各地市场上均有销售的钢质货架。这种货架一节一般200元左右,一节为5层,长0.9米左右,高1.6米左右。店主可以根据店铺面积购置货架进行组合。在每一排货架加装统一配置的端头,可使货架看起来更美观,也可以增加陈列面积。为了使小型超市整体风格协调,货架应尽量配套。

在放置货架时,可先紧靠店铺的三面墙摆放三排,使之呈"门"字型,再根据店铺的空间摆放3~6排,使之呈有序的竖排放。货架之间相隔1.5米左右。货架靠店门的最外端摆放端头,端头与竖排货架成"T"字互补型。端头应距离店门2米左右,给堆头(主通道里那些一堆一堆的商品,一般都是促销的商品)留下位置。

在设计货架的摆放位置时,要有意识地利用货架来对商品进行分区陈列。小型超市根据商品种类一般可分成调味品、副食品、日用品、烟、酒、茶等几个功能区。在分区时,要注意将陈列畅销商品的货架放于离店铺入口较近的地方。货架与货架之间的购物通道要畅通,不要使顾客产生拥挤的感觉,要保证顾客能轻松地选购商品。

(四)收银台设置

收银台一般设于店门口附近,其颜色可以鲜艳、醒目一些,以引起顾客的注意。收银台旁可以放置一些畅销的高毛利小商品,顾客在等待结账时可以顺便浏览这些小商品。

如果店铺空间较小,可以将卷烟柜台设在店门口,与收银台组合在一起,既方便店主取货,又能吸引顾客的目光。目前,大部分小型超市结账时都只收取现金,但现在有不少居民喜欢用信用卡和银行卡来结账,所以有条件的店铺可以购买移动POS机来提高结账速度,为顾客提供便利。

三、小超市商品陈列要点

小型超市内商品的摆放也有一定的技巧。和食杂店内商品的摆放要求一样,小型超市的商品也要做到摆放有规律,整体美观,色彩和形状搭配协调。具体来说,在陈列商品时要注意以下几点。

(一)按商品特点来陈列

商品的特点不同,陈列的位置也有差异。货架的最上层和最下层是人们观看和拿取商品比较费力的地方,因此,货架最上层和最下层应陈列毛利率低、销售慢、外包装体积较大的商品。最上层可以陈列重量较轻、不易碎的商品,如大包装的营养品,最下层可以陈列比较重、不方便拿取的商品,如大瓶包装的饮料。在与大部分顾客的视线平行的货架上,可以陈列一些畅销商品、主推商品,方便顾客选购。

在同一层货架上,一定要使放在货架外沿的东西比放在里面的东西更容易拿到手。为使里面的商品容易拿,常用的办法是架设阶层货架,如果空间够的话,也可以将后面的货物整齐地摞起来。

(二)商品易见易取

所谓易见,就是要方便顾客看到商品。小型超市的商品大都陈列在各层货架上。一般说来,以人的水平视线为基准,水平视线上方10度至下方20度的范围为容易看见的区域,商品最好摆放在这个范围内。所谓易取,就是要使陈列的商品容易让顾客触摸、拿取,这样货架就不宜太高。要注意,小型超市内最上层货架陈列的商品应保证成年人能方便地取到,儿童玩具类的货架要适当低些,以保证商品在儿童目力所及的范围内。

(三)标价清楚,及时补货

小型超市的销售方式是开架自选,标价签一定要清晰明了。有些商品销售得较快,这就需要及时补货,避免畅销商品从货架上"消失",顾客找不到想要的商品。

(四)分类陈列,协调搭配

按商品的特征分门别类地进行陈列,可以让人一目了然。摆放商品时要力求朝向一致,色彩搭配协调,尽可能归类摆放,可以在不影响美观的前提下将滞销商品搭配在旺销的商品中,以带动销售。

(五)生动化陈列

普通的商品陈列方式往往平淡无奇,如果动脑将商品进行生动化陈列,则可以吸引顾客的目光,促进销售。另外,巧妙地使用一些辅助工具可以使商品陈列更加立体、生动,使卖场更加个性化。

(六) 位置相对固定

小型超市一般都有相对固定的顾客群,对于这部分顾客来说,固定商品的摆放位置可以方便他们购物。

但由于受供货情况、换季等因素的影响,商品的陈列位置往往难以保持长久不变。这时,要尽量保持同种类商品分区的稳定。一旦商品的分区有较大的改变,可以在店内设置指示牌等向顾客说明。

如果店铺空间较小,可以将卷烟柜台设在店门口,与收银台组合在一起,既方便店主取货,又能吸引顾客的目光,方便卷烟消费者购买卷烟。

案例 11-5

"陈列艺术"让小超市脱胎换骨

随着社区商业的发展,开家便利店对初次创业的人是个不错的选择,可是很多社区周边的杂货店和小超市难免给人拥挤杂乱之感,狭小的环境,凌乱的货品,大大减弱了顾客的购买欲望。在朝阳公园西路,记者发现一家生意很火的小超市,几乎每次进门都会看到结账的人排着长队,原因何在?经理一语道破天机:"货品陈列的艺术让小超市脱胎换骨!"

1. 干净果蔬鲜嫩欲滴

这家街边小超市总面积也就100多平方米,货品包括蔬菜、水果、饮品、生肉、熟食、音像制品、玩具、生活用品等,尤其是身处麦子店国际化社区,这里的一大特色是经营各种进口的食品和调料,进出的客人中,外国人占到一半左右。

靠近超市门口放的是一溜蔬菜水果架子,所有的蔬菜和水果都干干净净,鲜嫩欲滴,码放得非常整齐,不知是有意还是无意,连蔬菜水果颜色的搭配都如此赏心悦目,翠绿的叶子菜旁边是鲜红水灵的樱桃萝卜,金灿灿的橙子配着紫亮的葡萄……

超市经理吴先生解答了记者的疑问,这种摆放方式不但是有意为之,更是精心设计的,他告诉记者,为了照顾外国客人的习惯,这间超市是按照国外类似商铺的陈列原则进行设计的,陈列货品绝对是门艺术,对于这样的小超市来说,尤其是成败的关键。

2. 陈列秘诀提高购买欲望

吴经理介绍了不少小超市货品陈列的秘诀,最主要的原则就是"吸引顾客的眼光,引起顾客的兴趣和购买的欲望。"

他告诉记者,商品分类、配置与陈列一定要站在顾客立场,以吸引和方便顾客观看及购买为目的。为此,应将每项商品包括其包装的正面朝向前面,朝向顾客,以吸引顾客注意力,方便其了解商品的性能;商品陈列要考虑商铺的整体性,尽量做到美观,商品摆放有规律,色彩、形状搭配协调,使人看着舒服,必要时可运用一些辅助工具,如特别制作的货架、射灯、一些小摆饰等,目的是使顾客将注意力集中于商品,但在运用这些商品以外的物件配合商品陈列时,不可喧宾夺主。

吴经理介绍,还有相当重要的一点就是货品摆放的高度,有资料显示,在平视及伸手可及的高度,商品出售概率为50%;在头上和腰间高度,售出概率为30%;高或低于视线之外,售出的可能性仅为15%。所以,在商铺空间安排上,要考虑顾客的视线,做到伸手可及,特别要注意家庭主妇的身高在160厘米左右;一些生鲜食品,要备有拿取的工具,便于顾客严取和挑选;一些易碎的商品,应陈列于平胸的高度,避免顾客产生损坏的顾虑。而且,位于商铺中间的商品陈列柜台应该做得低一点,最好不要超过大多数顾客的视线高度,两边的则可以高一点。

在商铺的空间安排上,要尽量给顾客留出较为宽敞的进出通道,对顾客"顺脚到"的地方可考虑设为主陈列区,主要陈列一些畅销商品、新进商品或高利润商品,而对一般顾客甚少到达的"死角",他们会进行特别布置,变得引人注意。

3. 细节设计吸引顾客眼球

吴经理告诉记者,美国超市的营销策略认为,陈列丰富的超市销售额会提高两成,塑造超市陈列的丰富感,不仅需要具有充足的货品保障,而且需要一套严格的补货制度。通常每一米长的货架,每格至少应陈列3个品种;每一平方米卖场陈列量应达到11~12个品种。这样才会给人琳琅满目之感。

同时,陈列货品的细节尤其值得重视,这代表着超市的品质和形象,比如货品一定要保持一尘不染,这不仅会给顾客留下舒适的印象,而且还会使顾客对经营者产生好感,增强对商品的信任。因此,必须擦干净商品,已上架的商品也要定时再擦拭。打碎的、变形的商品及时从货架上清除掉。

此外,不要轻易变更货品位置,这样可以保证老主顾们很容易地找到相应的货物,节省购物时间,如果货物发生变更,应及时做好顾客服务。

在一些区域,超市采取不规则的陈列,把商品杂乱地放在一个大网筐或篮里,顾客可以无拘无束、大胆地拿取,不仅可以更仔细地查验商品,而且还会产生便宜的感觉,极具诱导性,粗略计算,不规则陈列比规则陈列的销售额增加一倍。

(资料来源:《北京晚报》,2009年9月6日)

考考你

小超市的"陈列艺术"体现在什么方面?

任务四 好的运营方法才能多盈利

在激烈的市场浪潮中,要想让商品脱颖而出,必须要有好的营销策略。同时,小超市要想在物竞天择的市场中生存,就必须要有好的运营方法。

一、小超市商品管理

(一) 商品采购管理

采购是指企业在一定的条件下从供应市场获取产品或服务作为企业资源,以保证企业生产及经营活动正常开展的一项企业经营活动。

超市采购的模式按超市是否连锁可分为单店采购模式和连锁采购模式。其中连锁采购模式,又可按集权与分权的程度可细分为集中采购模式和分散采购模式。

(1) 单店采购模式。单体的超市仍广泛地存在着,在这种超市里,商品采购常由一个采购部负责,直接与众多的供应商打交道,一般进货量较小,配送成本较大,必须努力实现采购的科学管理,否则失败的风险很大。对于一些规模不大的超市,有时店长直接负责商品采购,有时店长授权采购部门经理具体负责,有时由超级市场个商品部经理具体采购。

(2) 集中采购模式。集中采购模式是指超市设立专门的采购机构和专职采购人员统一负责超市的商品采购工作,如统一规划同供应商的接洽、议价、商品的导入、商品的淘汰以及POP促销等,超市所属各门店只负责商品的陈列以及内部仓库的管理和销售工作,对于商品采购,各分店只有建议权,可以根据自己的实际情况向总部提出有关采购事宜。

集中统一的商品采购是连锁超市实现规模化经营的前提和关键,只有实行统一采购,才能真正做到统一陈列、统一配送、统一促销策划、统一核算,才能真正发挥连锁经营的优势,有利于降低商品采购成本,有利于规范超市的采购行为。

(3) 分散采购模式就是超市将采购权力分散到各个分店,由各分店在核定的金额范围内,直接向供应商采购商品。从超市的发展趋势来看,分散采购是不可取的,因为它不易控制、没有价格优势以及采购费用高。

(二) 商品价格管理

小超市应定制合理的超市商品价格管理方案,灵活运用调价策略。利用降价、促销、折扣等关键词吸引顾客的眼球,刺激消费群体。这样可以拓展销售空间,提升超市利润,也是管理商品的好方法。

1. 商品降价销售

商品降价销售是很多小超市考虑最多的一种促进销售手段,但是降价策略不一定适应所有商品。一般来说,降价通常会产生两种截然不同的反应。一方面,因为商品价格被降了下来,低价吸引了一部分对价格敏感的顾客,从而诱惑他们产生购买欲望;另一方面,商品降价也给顾客一种质量不可靠的印象,顾客对商品质量产生怀疑,从而抵制其购买欲望。为此,商品降价应着重考虑消费者的购买心理。

超市通常可以减少降价的次数,将价格一步到位。降价幅度能吸引顾客的注意便可,一般降价幅度在 10%~30% 之间为宜。直接降价的好处在于更容易刺激消费者,组织竞争对手;间接降价则可以暂时避免因刺激竞争对手而导致的全面的降价竞销,但是由于这种方法没有直接降价策略能给顾客带来直接的利益,在效果方面相对要逊色一些。超市可根据实际情况灵活运用直接降价和间接降价。

2. 商品提价销售

超市商品提价可以在两种情况下采用：一种是当原材料上涨,生产成本都上涨之际,整个行业都会采用提价策略；另一种是制造产品稀缺,物依稀为贵。对于超市中的主力商品,商家须谨慎调整价格,以期获得更大的利润。而相对低档的商品,主要是吸引对价格敏感的消费群体,即使是微小的价格下调也会刺激他们购买欲望。同时,他们受群体暗示而购买一些认为比较实惠的商品。因此商家对于低档商品调价方法,经常做些折扣活动吸引消费群体,如若能在终端布置上,气氛上再做些营造,刺激顾客的购买欲望,效果会更明显。

（三）商品库存管理

1. 思想上高度重视

要让干部员工从思想上加以重视,从而发挥众人力量,上下一致,共同协力,以此有效的做好商品库存管理,使商品库存管理工作达到科学、合理,并有效的运用到操作流程当中去,保持平稳有效的发展,才能促使小超市的业绩往上发展。

2. 科学合理订货

了解小超市的订单状况,让订单合理化,就是先要明确小超市的商品销量,通过商品销量合理预测及控制小超市库存量。门店的销售是千变万化的,因此,在做订单时需考虑商品的特价情况,销售的淡旺季是否有调价因素的发生,另外供应商对订单的履行也是我们关注的内容,如果供应商不能及时完整的履行订单,必然造成门店的缺货、脱销,最终影响门店的销售。

3. 科学及时的盘点

要加强盘点工作,及时掌握商品真实的库存信息。盘点和商品库存管理可以说是一对"孪生兄弟",超市存货管理主要包括仓库管理及盘点作业。仓库管理是指商品储存空间的管理,盘点是指对商品的清点核实。仓库管理与盘点是相辅相成的。科学、合理、安全而卫生的仓库管理,不但可以方便盘点作业,而且可以减少门店成本费用和损耗,及时准确的盘点又可以科学的控制超市库存,发现问题并及时解决,不仅提升商品库存管理水平,还有利于小超市业绩的提升。

4. 严格控制商品库存

小超市要进行科学的商品库存管理,必须制订严格的商品库存标准。要控制好商品库存必须了解整个商品的库存情况,及时与公司,厂家和供应商沟通,以便及时补货。正常商品的库存量要合适,坚持勤进快销,一些特殊商品要严格控制库存量。

二、小超市促销管理

促销是指企业向消费者传递商品信息和企业信息,刺激和诱导消费者购买的过程。一般促销可以稳定现有顾客,增加来客数,提高客单价,消化库存,帮助新产品推出,增加新客源,面对竞争的挑战,改进企业形象,提高企业知名度。

（一）小超市促销要素

一项好的促销计划应该考虑季节、月份、日期、天气、温度、节令、行事、商品、促销主题、促销方式、宣传媒体、预算、法令及预期效益等因素。

(二)小超市促销流程

在日常经营中,小超市的促销计划通常较为频繁,往往按年、月来规划,一旦经确认,促销管理的重点便落在促销活动作业流程的规划与掌握上。由于小超市每月配合节令实施的促销活动在2~3次,时程相当紧凑,因此务必依照作业流程加以掌握,以防效果不佳。

1. 促销方案

超市促销根据促销年度计划的纲要,分析消费者的变化动态与最近商圈的竞争情况,拟订本次促销活动的诉求重点及做法。

促销前必须确定促销的目的,比如一般消极性目的的促销,包括对应竞争者的促销、周年庆、配合厂商的促销等;积极性目的的促销,有建立开业促销等。促销最终目的在于销售及利润的提升,因此要把增加来客数及客单价的提升,列为目标项目。

依据目的衍生出促销目标,将得出的相关数据作为评核促销成效的依据。

促销目标可设定为:(1)来客数增加比率。(2)客单价提高比率。

2. 销售会议

应召开销售促进会议,邀请相关人员参与讨论,确认下列事项,以确保促销活动实施的成效。

(1)特卖主题。

(2)特卖时间。

(3)竞争店促销活动分析。

(4)此次促销活动重点商品及品项。

(5)供货厂商配合活动的程度。

3. 采购与厂商洽谈

超市促销方法以商品特卖最具效果,而超市业绩与厂商配合度也有高依存关系,故采购应与厂商洽谈,因厂商配合的品种、价格、数量与供货时间会对促销成败有重要影响。

4. 宣传单会议

超市应用的促销媒介很多,但最常用也最重要的媒体是宣传单,因此宣传单在完稿之前应召集有关人员确认促销商品的品种、价格或其他做法,才可发包印制。

5. 促销实施

促销实施的内容主要包括以下几个方面。

(1)需进行相应的电脑商品变价手续、卖场商品换标手续,以免标价不实。

(2)配合促销品陈列区,在店内醒目处张贴海报、POP等。

促销实施前也可进行促销方案预试活动。预试方案可帮助了解相应考虑事项是否恰当,以确定促销的有效性。而对一般的超市而言,除了新商品上市外,很少进行促销预试,往往直接依据经验估计后进行。

促销实施包括前置时间、促销执行及销售后时间,是一个由店长、员工、消费者共同参与完成的过程。在执行过程中,人员会影响促销的成败,而这在很大程度上取决于促销方案的拟订者和执行者达成共识,共同推动促销的进行。

6. 成果检讨

促销活动完成以后,应依照原先设定的目标,以促销前、促销期间及促销后三种情形来比较,可借助电脑报表,统计得知促销期间的各种营业数据是否达到预期目标,并依此检讨得失,供日后改进做参考。

案例 11-6

7-11 便利店超市策划

打造品牌,维护品牌,都需要精心的策划。在 7-11 便利店中除了内外环境、商品和服务的用心布局外,7-11 很懂得利用各种手段把自身"传递新鲜生活"的形象传播出去,从而让其在消费者心中潜移默化、落地生根。

7-11 始终围绕"便利、服务"这一主题进行宣传,并且坚持不懈,在企业的目标、能力和不断变化的市场营销机会之间,始终保持和发展了这个主题概念,实现了品牌形象、内在素质与营销传播的高度统一,并理解和满足了消费者的需要。在追求细节的完美上把这一主题演绎得活灵活现、真实生动,从而使品牌在目标消费者心目中,相对于竞争对手而言,占据更加清晰和理想的位置。

为随时创造新鲜话题,7-11 经常规划同一主题、不同类别的各式商品。7-11 采用了"主题式行销"的手法,整合近 30 种不同类别的商品,从鲜食、旅游、预购宅配等到一般商品。

自 2003 年开始,7-11 便针对潮流及消费趋势,以"主题式行销"及"在地行销"的手法,为消费者量身定做、陆续推出各种项目活动,如大众年金、7-WATCH 旅游专刊、咖喱季等,不仅消费者反应热烈,更成为同业模仿的对象。

为了使消费者获得更大程度上的满意,克服便利商店价格较高的缺陷,台湾 7-11 通常不定期选择几种特定商品进行折扣、赠奖、摸彩等活动,除了有促销的含义外,也是为了平衡、淡化在消费者心中"价格较贵"的印象。确实,7-11 高出的价格由于相当程度的满足感来产生替代效果,这正是顾客络绎不绝的根本原因。

通过选址、店面布置、商品组织、服务、传播等这一系列信息关键点的布局和掌控,7-11 用积木式的手法成功地"俘获"了消费者,并建立起一个叱咤风云、有口皆碑的连锁品牌帝国。尽管很多竞争对手都在研究和模仿 7-11,但没有一个连锁店能真正赶上它——因为这些跟进者,还在为如何打造那条操控消费者思维的信息链而苦苦摸索。

(资料来源:掌合天下,http://www.zhanghetianxia.com/)

考考你

7-11 的"主题式行销"的手法对于我们有什么启示?

(三) 小超市促销活动

1. 会员制促销

会员制是超市常见的一种促销活动。包括公司会员制、终身会员制和普通会员制。

2. 优惠券促销

优惠券是指超市发放的,由持券人在指定地点购买商品时享受折扣或者其他优惠的凭证。优惠券可以采用直接送给消费者、借助报纸杂志散发和借助商品发送送到消费者手中。

3. 折扣促销

折扣促销的主要目的是开拓新顾客。有数量折扣、季节折扣、促销折扣和现金折扣几种。

4. 免费赠品促销

免费赠品促销可实现商品品牌的差异化,能有效增加销售量;有利于维护商品形象;促进新产品的推广试用。赠品可以是超市的特制品,如印有超市标志、名称的影集或者其他纪念品,也可以是与销售产品相关的商品。

5. 有奖促销

有奖促销是根据自身的销售现状、商品性能、消费者情况,通过给予奖励刺激消费者的消费欲望,促销其购买商品,进而达到扩大销售、增进效益的目的。一般分为购买奖励和比赛奖励两种。

6. 节日促销

每当节日到来之前,会根据节日组织商品采购,进行各种促销活动。

项目小结

小超市起步规划做好市场分析、商圈调查、小超市选址及经营定位。好环境让顾客流连忘返,包括店面设计、内部装修、货架设计、收银台设置及合理的商品陈列。好的运营方法才能获得好利润,进行包括商品分类、价格、采购、库存的管理及促销。

复习思考题

1. 小超市应如何选择?
2. 小超市商品如何分类?
3. 小超市商品陈列有什么原则?
4. 小超市如何有效促销?

思考案例

社区团购、生鲜电商等冲击下 数字化转型将成传统超市突破口?

1. 疫情加速消费者向线上转移,传统超市纷纷布局数字化

2020年在疫情的影响下,人们的消费习惯向线上转移加速,这也使传统超市的转型变得更加迫切。

"疫情改变了人们的消费需求和消费习惯,线上业务在疫情推动下得到快速发展,线下消费锐减。线上线下融合的趋势进一步加强,零售企业转型需求日益迫切,未来,多元化销售将成为新常态。"湖北本地超市龙头企业中百集团(000759,SZ)在投资者关系互动平台上如此表示。

中百集团的数字化转型并非一朝一夕。公司投资1亿元注册成立了集科研开发、销售、服务于一体的武汉数智云科技有限公司。据介绍,武汉数智云科技有限公司将集中中百集团科技人才资源并对外招贤纳才,为中百集团乃至零售和消费品行业提供数字化解决方案,通过数字技术将消费者、品牌商、物流商和零售商连接起来,以全面数智化服务助力企业实现线上线下一体化,改善消费体验,打造智慧零售。

2. 专家:数字化转型是新环境下新趋势,但并非灵丹妙药

数字化转型已经成为大势所趋。在专业人士看来,相比于是否需要进行数字化转型,企业当前更应该考虑的是如何转型。"社会环境发生了变化,企业如果不进行数字化转型,就会与时代脱节。"武汉大学经济与管理学院教授吴先明接受《每日经济新闻》记者采访时表示,数字化转型是新环境下企业必须适应的新趋势。当然,数字化转型并非灵丹妙药,如果企业把数字化转型当成简单的数字设备上的更新和改造,可能难以收获预期的效果,甚至起到负作用。

吴先明建议,企业的数字化转型,关键要从经营方式上融入数字经济环境中,实现线上线下融合发展。打个比方,传统超市企业线下门店众多,但这些门店不能坐等客流,而是可以积极主动地通过线上方式来引流。

吴先明还建议,传统超市的数字化转型可以在供应链管理方面发力。通过数字化转型来更好地实现对供应商和商品的筛选,以及更精准地匹配客户的需求等。

"线下消费不会消失,甚至近期线上零售有饱和的趋势,互联网巨头们也在纷纷对接线下渠道。"吴先明认为,虽然面临新型消费方式的冲击,但相比互联网巨头,传统超市更有线下实体门店优势。当然,如何更加精准地匹配客户的需求,提供更好的服务,令消费者有更好的体验感,这些都是传统超市未来可以发力的地方。

(资料来源:《每日经济新闻》,2021年7月29日)

请思考并回答:
1. 小型超市面对新冠疫情、电商冲击该如何转型发展?
2. 小超市数字化转型的机遇与挑战?

实训项目

学生分组组成项目团队,对学校周边小超市经营者进行访谈,内容包括小超市的产品结构、店面装修、陈列方式、营销手段等,提交访谈提纲及访谈视频。根据访谈情况,结合所学撰写小超市经营改进方案。

项目十二

民宿的经营管理

 项目导航

◇ 了解目前民宿经营存在的问题
◇ 了解开一间城市民宿和乡村民宿的流程
◇ 掌握如何进行民宿的运营
◇ 掌握民宿线上营销的方法
◇ 了解什么是数字化转型,掌握民宿数字化转型的方法
◇ 传承优秀传统文化,建设美丽乡村,助力乡村振兴

 思维导图

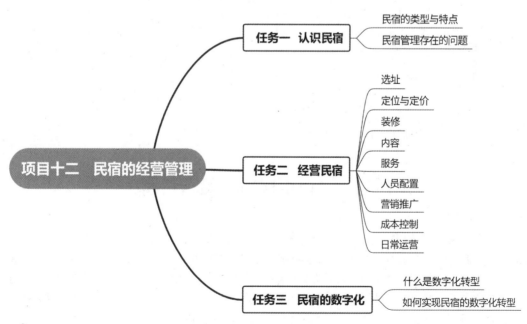

 职业指导

近年来,政府积极引导、扶持民宿产业,民宿行业进入蓬勃发展期,民宿行业成为住宿行业的热门创业方向。在热门旅游地和具有良好旅游资源的乡村地区,城市民宿/乡村民

宿是非常不错的选择。党的二十大明确提出全面推进乡村振兴，扎实推动乡村产业、人才、文化、生态、组织振兴，乡村民宿是一种非常有效的助力乡村振兴的有力实践。与大中型酒店的等级比起来，民宿的门槛比较亲民，青年们有着强烈的创业精神，更愿意尝试门槛较低的民宿，当自己的管家。

 引导案例

黄山市徽州区："五一"假期民宿火爆

五一小长假在即，不少人已经将外出旅行提上日程，机票酒店水涨船高，很多人在外出旅行时都会选择特色民宿，而五一期间的特色民宿更是受到追捧，在徽州区西溪南镇上村民宿群甚至是一房难求的景象。

4月27日，经工作人员介绍，五一小长假的房间基本全部订满，没有余房。"我们家3 000多的最贵客房在开放后的第二天就被预订完毕，这个情况比在刚开业还要火爆一点。"大旅小舍的店长罗榕告诉笔者。

自清明节过后，民宿预订就异常火爆，预订民宿的游客来自全国各地，特别是外地游客能占到90%左右，五一期间的村落体验也成为民宿的发展趋势，有特色的古风村落更能吸引游客，民宿差异化的发展，让消费者对于选择特色民宿有更多的期待，停留的时间也更长，很多游客不单是在一家民宿住过就走，而是会有更多停留，轮流体验不同的民宿。

清溪涵月的店长张宇说，为了应对整个大流量的客流涌入，增派了人手去保证服务质量，同时针对五一期间的亲子团队也加了一些特色的娱乐活动项目。

除了预订火爆，民宿的整体价格对比以往提高20%~75%不等，预计整个五一假期，上村民宿群收入将达到24万元左右。截至目前，当地已建成精品民宿45家，刚刚过去的清明小长假期间，星级精品民宿的入住率接近75%，五一小长假将再创新高。

（资料来源：央广网安徽频道，2021年4月27日）

思考与讨论：为何民宿如此火爆？

任务一　认识民宿的经营管理

依靠风景优美的乡村，开一家装修精美的乡村民宿，带动村民就业，拓宽增收致富渠道，全面带动乡村产业发展，早日实现共同富裕。乡村民宿在脱贫攻坚、城乡融合、文旅融合、乡村振兴中发挥了重要作用，既有效盘活了乡村的闲置资产，让乡村成为城市居民的"诗和远方"，又唤醒了乡村沉睡的传统文化资源，让游客在乡村田园之中，沉浸式体验乡村精神文明建设成果。当然，如果因为资金紧张，同样可以选择在大城市做民宿，租下核心区或者特色地段的房子，跟房东签下长期合同再进行装修设计后就可以开始创业了。

一、民宿的类别与特点

民宿起源于19世纪60年代的英国，以家庭式的招待方式接待第二次世界大战结束后支援英国的美军。亚洲地区的民宿则起源于日本,称之为"民宿"(Minshuku),它是由一些登山、滑雪、游泳等爱好者租借民居而衍生并发展起来的。一般认为民宿是指利用当地民居等相关闲置资源,经营客房不超过4层、建筑面积不超过800平方米,主人参与接待,为游客提供体验当地自然、文化与生产生活方式的小型住宿设施。20世纪末,"民宿"概念自我国台湾引入大陆,现已成为休闲旅游的重要组成部分。

(一)民宿的类别

根据所处地域的不同,民宿可分为城市民宿和乡村民宿。

1. 城市民宿

城市民宿是指在城市中选择公寓房屋改造而成的民宿。城市民宿位于城市之中,大隐于市,依附于城市景观、商圈、交通枢纽、文创基地等附近,接待外地游客、商旅人士等为主,意在喧闹的城市中为客人提供一个温馨特色的家,价格约300~500元/晚,由于客源比较丰富,故没有明显的淡旺季。城市民宿装修多以"ins风"和极具现代风格的留白简洁风。

2. 乡村民宿

乡村民宿位于乡村,多依附于景区及自然资源禀赋之地,接待以休闲度假、体验当地人文风情的客人为主,价格比城市民宿稍贵,约500~1 000元/晚,甚至2 000元及以上。由于客源的单一性,有着比较明显的淡旺季之分。乡村民宿装修多偏向当地主题、更多展现当地的人文风情。乡村民宿多由主人亲自接待。

(二)民宿的特点

民宿作为当下较为流行的旅居形式,呈现出多种多样的形式和特点。它不同于传统酒店,没有高级奢华的设施,但能让人体验当地风情,感受民宿主人的热情与服务,体验有别于以往的日常生活。

小知识

民宿等级的前世今生

2017年10月,原国家旅游局发布《旅游民宿基本要求与评价》(LB/T 065—2017),将旅游民宿分为两个等级,金宿级、银宿级。金宿级为高等级,银宿级为普通等级。

2019年7月,文旅部公布了新版《旅游民宿基本要求与评价》(LB/T 065—2019),此标准将旅游民宿等级由金宿、银宿两个等级修改为三星级、四星级、五星级3个等级(由低到高)并明确了划分条件。

2021年3月,文旅部发布旅游行业标准《旅游民宿基本要求与评价》(LB/T 065—2019)第1号修改单。修改后,旅游民宿等级分为3个级别,由低到高分别为丙级、乙级和甲级。

区别于酒店,民宿有如下几方面特点。

1. 规模和数量不同

民宿的房间数量比较少,一般在5~15间房之间,工作人员数量只有几个;而酒店的规模一般都是民宿的数十倍,工作人员数量也较多。

2. 运营方式不同

民宿是非商业化运营,它其实就是一个家庭生活场景,可以让客人享受到更多家的感觉,同时客人可以体验当地自然、文化与生产生活方式,获得一个难忘的旅途感受;而酒店是专业化、商业化运营,管理更加标准化,程序化。

3. 装修设计不同

民宿跟周围自然、人文环境之间关系密切,有设计感,融入了情怀,整体风格比较多样化,有自己的特色和主题,甚至每间房都有不同的主题;酒店更多考虑的是交通便利,并不重视当地的地域文化及与周围环境的结合,整体设计及每间客房的设计均偏标准化,风格差不多。

4. 入住体验不同

主人文化是民宿区别于酒店的重要特征之一。民宿注重跟客人之间的交流和融合,感受民宿主人的热情与服务,给人感觉轻松自然,像回到自己家里一般;酒店的服务比较标准化、规范化,追求舒适性和豪华感,客人有一种被特殊优待的感觉,一般不会跟经理直接交流。

知识拓展

民宿与农家乐的区别

农家乐是中国农民的创造,兴起于20世纪80年代,发展于90年代,规范于21世纪初的农家乐。从广义上讲是随着中国农村生产方式改革和城市假日经济兴起而初选的一种新型乡村旅游形式。从狭义上来讲则是指20世纪80年代中后期兴起的城郊农民利用自家院落所依傍的田园风光、花卉苗圃、果园菜地,以简单的设施和低廉价格吸引城里人前来消费的新兴旅游设施。

根据所处地域的不同,民宿可分为城镇民宿和乡村民宿。就乡村民宿来分析,和农家乐虽然都位于乡村,以当地人文、自然景观、生态、环境资源及农林渔牧活动为吸引物,但民宿和农家乐存在明显的区别。

第一,从产品属性来看,农家乐是适应城市假日经济的产物,往往处于城市郊区,与周末假日配套,是以满足人们短程、短时消费需求的一种休闲性旅游产品。而乡村民宿则是适应后工业时代人们对田园生活方式向往与需求的产物,因而在区位商强调吸引物资源组合性强,交通便利,与特大型或大型城市距离2~3小时的范围内,是一种以度假为基本消费特征的旅游产品。

第二,从功能作用看,民宿以住宿为主要功能,以个性化产品的特色、温馨和趣味逐渐形成为一种颇具吸引力的住宿业态。而农家乐则始终以乡村休闲和特色餐饮提供为主要功能,住宿往往处于辅助和配套的层次,因而仅仅是一种旅游服务产品,而不构成一种住宿业态。

第三,从产品形态看,由于经营者、投资者个人背景、学识、审美情趣等条件的提升,民宿高度关注细节的创意与个性化,追求文化关照与人文情结,因为民宿具有较高的个性魅力和美学品味,能够逐渐形成一种具有品牌影响力的住宿业态。而农家乐由于经营者及从业者多限于投资农民和相邻村民,受习惯、眼界等限制,在建设过程中往往简单而低质地模仿星级饭店模式,致使产品趋向同质,创意不足,特色与温馨度不高,因而农家乐产品形态始终停留在低档次的层面。

第四,从投资主体来看,民宿由拥有集体土地使用权的农户向租赁者、投资者,甚至集团转变。

第五,从经营主体看,民宿由农家乐以投资农民亲自经营,家庭经营色彩浓厚的方式向外来投资转移,酒店化、连锁化色彩日益浓厚。

第六,从经营性质看,农家乐经营一般带有副业性质,不存在"失地"问题,而民宿大多由外来者经营,存在明显的使用权转移特征。

由此可见,民宿绝不是升级版的农家乐,二者存在着显著的区别,是不同的旅游产品形态。但存量巨大的农家乐却为民宿发展提供了广阔的物业资源空间。

(资料来源:http://www.360doc.com/content/16/0609/11/31828396_566245407.shtml)

二、民宿经营管理存在的问题

民宿的井喷发展映射出其广阔的市场空间,同时也引发了对民宿商业运营与情怀的理性思考。目前国内民宿运营管理主要面临着如下几方面问题。

(一)选址考虑欠妥

许多民宿的选址很随意,前期根本不做市场调研,也没有经过周全的考虑,仅凭自己的一腔热血寻找自以为的"好地方"。如为了一味追求景观的独特性而不考虑交通的便利性和通达性(某些野奢民宿除外),造成客人不愿意去,人才招聘难、留不住人的情况,日常运营管理都成了大问题,均已亏钱告终。

(二)前期投资大,回收成本缓慢

随着民宿的井喷发展,装修、设计、人工、租金等前期投入也随之上涨,再加上硬件上的相互攀比,按照民宿终端市场的情况,一栋民宿的投资回报期约在5~8年间。更别说一些远离旅游资源的民宿,投资回报期将更长。

(三)室内设计缺乏地方文化

民宿室内设计大多是根据业主自身喜好进行装修,很少融入当地文化,无法突出当地房屋建筑样式及展示当地的生活情境,甚至同质化现象比较严重,一味抄袭模仿,缺乏文化和内容的差异,导致民宿吸引力差。例如,丽江的客栈虽然名称不同,但格局、风格大同小异;莫干山的民宿90%以上都承袭了洋家乐的模式。这些似曾相识的风格无法满足消费者以及他们日趋可行化的需求。

(四) 与周边环境及当地社区的交融性不够

国内很多民宿的周边环境不成熟,晚上可供客人休闲娱乐的地方不多,基础设施及配套设施不够完善;另外,因与当地社区格格不入影响居民关系导致出现一些不和谐的问题,如被当地居民断水、断电等。

(五) 缺乏运营及推广能力

目前民宿经营者大多为农民及文艺爱好者,均缺乏经营、管理、服务等方面的专业知识和技能;另外,民宿属于新生事物,旅游院校的毕业生和星级酒店的人才不能拿过来马上用,相关的专业人才奇缺;另外,作为一种贩卖文化生活的特色产品,民宿缺少专业的平台进行运营、推广,渠道相对狭窄,对于 OTA 平台的规则了解运用不够透彻。

(六) 监管力度差

民宿属于"非典型商业",不同于传统租赁,也不属于酒店住宿业,是介于两者之间的"灰色地带",加之民宿经营管理涉及治安、卫生、消防、税收、旅游等多个部门监督管理,然而这些主体之间并没有隶属关系,对于民宿的监督管理也没有形成联合联动机制。在民宿快速发展的背后也呈现出不具备营业执照、消防许可、环评等住宿业必备的证照,房屋安全质量不达标,房间卫生环境不达标,餐食不合格,环境污染,客人隐私泄漏等诸多问题。

任务二　如何经营一家民宿

经营民宿需要有情怀,更需要有商业头脑,运用现代化的经营理念,并找出人无我有,人有我优的地方。相对而言,城市民宿比乡村民宿所花费的资金和精力要少很多,可以根据自己的实际情况进行操作,所以不妨先用城市民宿练练手,尝试着接近民宿,看自己到底是否喜欢、适合这个行业,待积累经验和培养了民宿技能以后,再选择乡村民宿。

一、选址

决定一个民宿成功与否的因素有很多,选址是先天性极强的因素,好的选址是成功的一半,不仅关系到人流量也关系到后期的装修以及服务等。民宿的选址是根据民宿的特点来制定的。

如果要开一家城市民宿,多选择市中心核心地段的房源,主要考虑以扩大自己社交圈为目的,并考虑人流量、交通位置以及周围的配套设施。

如果要开一家乡村民宿,则需要考虑以下几个因素。

1. 资源禀赋

这里的资源主要是指自然资源和人文资源。自然资源主要体现在能带来美好境遇和体验的环境,包括名山大川、知名景区、自然田园,甚至是周围独特的草木山水等;人文资源则主要体现在该地块的文化氛围、民风民俗等方面,房屋的选择上尽量保证建筑的当地性和特色性,有一定的历史积淀,有可供"讲故事"的地方。

2. 交通

交通的可达性对民宿来说毋容置疑是一个重要因素。对于景区周边的民宿,景区至民宿的公共交通可抵达时间不宜超过半个小时;而对于吸引以休闲度假为主、出行方式为自驾的城市人来说的民宿,则应控制在离高速出口不超过半个小时,总自驾时间不超过3个小时为宜,否则出行体验将会大打折扣。另外,"最后一公里"也非常重要,停车位置最好就在民宿内,如果民宿有特殊设计,也应保证有接驳车,并有人帮客人拿行李,否则客人的体验感会大打折扣。

3. 配套资源

配套资源是能完善补充民宿功能的相关业态及基础设施,如给排水、供电、移动网络覆盖情况、消防、污染处理、医疗、安保、民风是否淳朴等。另外,配套可供消费者休闲和休憩的场所,也是吸引并留住客人的有效手段,如农林采摘等农事活动、餐饮、SPA、儿童游乐等。

4. 政策

由于目前民宿尚未形成统一的政策法规,各地政策不一,所以了解当地政府的态度和相关政策相当重要。目前大多政府对民宿都有扶持政策,会提供资源及资金方面的支持,并能给予适当的引导。

二、定位与定价

1. 定位

精确的定位是民宿成功的开始,它为民宿的建设提供方向和道路,决定着民宿投资是否能有收益,也决定着民宿投资回报周期的长短,包括可持续发展。定位是一个系统,包括市场定位、产品定位、形象定位等。

(1)市场定位。市场定位是指在地理上确定所要面对销售的区域,确定目标客户及其行为特征、消费习惯,确定价格系统。简单来说,就是明确民宿是满足谁的需要,面对的客群是谁。可以通过简单的互联网搜索和现场寻访来找出民宿所在地关注的人群是哪些。

(2)产品定位。在明确客户群体及需求之后,确定房型及各类房型比例,确定民宿主题及文化内涵,确定价格,比如可以做成摄影主题、美食主题的民宿。

(3)形象定位。形象定位是民宿主人根据自身实力、竞争对手和潜在市场的情况,确定民宿在民宿市场、公众、同行以及社会中的位置和形象。形象定位要求民宿具有不同于其他民宿的识别性,具有独特的情感与文化的品格,并将文化内涵贯穿建设和运营的整个过程,能对目标客户构成巨大的吸引力。

案例 12-1

峨眉意趣村落的定位

目标客户群: 注重精神需求、认同中国传统文化的高净值人群

> **酒店主旨**:精神满足大于物理满足的身心居所
> **客房价格**:1 200~2 000元
> **服务**:提供私人管家服务,房费包含多项文化等多样化体验活动
> **设施功能**:文人空间、茶室、书院、私厨、亲自空间

2. 定价

定价是一个系统工程,需要考虑多个因素,这些因素都有可能对未来的营业带来一定的影响。一般而言,民宿定价需考虑以下几方面因素。

(1) 投入成本。包括房租、软硬装投入、消耗成本、付给平台的佣金、宣传成本等,这是影响民宿价格的基础,要保证定价高于成本。一般为每日运营成本的1.5~3倍。

(2) 顾客感知价值。即民宿的目标顾客觉得民宿的定价是多少。顾客感知价值主要通过民宿的软性服务、品质特点以及核心竞争力等呈现出来,这也是民宿定价的溢价空间。

(3) 竞争对手房源价格。市场存在竞争,每个房源的具体竞争对手是它周边的房源,时常关注周边民宿的价格,合理设置自己的定价。

(4) 淡旺季。民宿定价要根据市场情况合理浮动,灵活调整。

客流量大时,价格适当增加;客流量小时,价格适当降低。旺季涨幅根据当地情况如地理位置、景区特色、交通便利等因素,相较于淡季普遍上涨20%~50%。

三、装修

民宿的装修不需要多豪华,只需要更舒服,让客人感受到民宿主人的温度和态度。另外,床品、牙膏牙刷、沐浴露洗发水、拖鞋等用品,应注重质量和舒适感,让客人有一种住在家里的感觉。注重每一个细节会令客人觉得贴心,才会赢得口碑。

当然,装修需要做好严格的预算,如果是自家房屋,投入可以大一些,对于租的房子,则需结合未来日租单价和保守的入住率算出大概的回正周期来做好装修成本的预算。

四、内容

民宿缺乏的就是内容,内容是内涵、价值,做好做足内容才是民宿生命力和竞争力所在。

1. 民宿的内容

民宿的内容,即民宿的产品。民宿不仅仅是一个住宿产品,更是一个多种业态产品聚合在一起形成"深体验产品",能够满足消费者日益增长的旅居度假需求。所以除了尽可能提供舒适且安全、稳定的硬件环境以外,更重要的是给客人提供舒适和美好的体验。

民宿产品包括以下几方面。

(1) 基本产品。以提供最基本的住宿、餐饮服务为主,包括主题民宿、特色早餐等。

(2) 副业产品。以提供基本的住宿、餐饮以外的餐饮、购物、休闲等配套产品,如咖啡

馆、餐厅、特色销售等。

（3）特色产品。主要是结合民宿主人的爱好打造的创意民宿以及休闲活动等，如举办古琴、花道、茶道、艺术冥想空间、隐贤私厨、SPA、读书会的分享等。

（4）旅游产品。联合周边景区及农场等开展各种主题的旅游活动，如农耕体验、采摘、景区游览等。

2. 做好主题化和差异化

首先，有了主题的民宿才有灵魂，才能吸引到"同主题"的爱好者们流连忘返，反复前来。针对不同消费群体，民宿产品会细分出更精准的主题，实现别样化与个性化定制，如宠物主题民宿、禅修主题民宿、体验观鸟主题民宿等。

其次，差异化是民宿最大的吸引力，能让民宿特色鲜明、精彩纷呈。民宿一旦与地域的、原真的民俗文化结合，其风格、功能、产品也就有了依托。"人无我有，人有我优"，民宿不能跟风，要有自己的特色，经营特定的圈子文化，吸引稳定的客户群。

五、服务

民宿的服务包括标准化服务和特色服务。

1. 标准化服务

民宿的标准化服务主要体现在服务流程的标准化，包括接受订房的程序、办理入住的程序、遗失物处理程序、服务人员的仪容仪表态度等，在这点上可以先学习星级酒店的标准化服务。通过标准化降低成本，保证质量的稳定输出，也让客人入住民宿有一种安全感。

2. 特色服务

特色服务体现在两个方面，一个是基于当地文化特色而形成的服务，另一个是基于民宿主人特色而形成的服务。

民宿具有一定的地域性，提供的服务需要符合这个地方的文化特色，让客人体验当地的文化传承。另外，民宿主人一定要提供突出个人魅力的特色化服务，通过做真实的自己，做喜欢的事情，这样才能传递给客人民宿自身的特色，给客人提供的服务才是特色服务。比如民宿主人是摄影爱好者，民宿装修设计是摄影主题，吸引的目标客群是摄影爱好者，定期举办摄影分享会等，这就是特色服务。

当然，民宿里面的每一位服务人员的服务品质也是个性化的体现。充分调动每一位服务人员的积极性，展示他们愉快的精神状态，去创造更多标准化服务以外的个性化服务。

案例 12-2

提供个性化服务体验

1. 朴宿

以微澜山居为原点，打造一系列有品质的质朴之宿；以山、海、泉、城、艺为主题呈现的各色小型精品生活场景;以青岛丰房为坐标,将传统意义上的书店与当地人文结合,打造不同的文化空间;以拾期品牌为核心,将质朴之宿和人文书所之间用各种与人文相关的落地活动,将圈层运维得以连接和实现。

2. 西坡莫干山

享受一对一的管家服务。24小时随时在线,比五星级酒店更全面,像朋友一样相处。西坡管家和客人的关系,从开始就被设定在服务与被服务关系之外。西坡对管家服务的要求是:只要客人的要求是合法的,管家都要想尽办法去满足。客人能记住管家的名字,是衡量一个管家是不是优秀的标准。

3. "南岸"

黄河、大漠、绿洲、西夏古村……营造西北乡村的美学生活,让外界重新认识西北的野。中国西北乡村蕴藏着自己的一种黄土的生命力和文化力量,但这些力量马上就要消失了。贺兰山脉,黄河岸边,宁静的村庄,斜阳的坡上,透看泥土芳……

4. 在地融合文化配套

民宿配套文化商业,约6千平方米,以文化为基础,汇聚在地手工艺匠人村、文创空间、地方特色餐饮、西餐厅等,发展多元融合商业支持村民发展手工艺及旅游服务提高收入。已配到商业有沙漠书店、沙漠文创馆、美术馆/会议中心、LOST 咖啡馆、Travel Lifestyle、茶空间、小黑面包房、乡客、手抓羊肉铺、贺兰山红酒体验中心。

5. 特色项目内容

充分利用当地及周边独特的地理和人文环境,以高标准、高服务的用户体验为主要考量方向进行旅游线路开发、旅游线路设计,开拓具有当地风光特色的深度体验线路,把本地项目打造为特色旅游产品,完成以集群为中心的线路开发和特色项目,打造黄河-宿集。

6. 部分活动内容

沙海落日浪漫烛光晚宴、大麦地史前岩G画探秘之旅、头井湖沙漠湿地体验、大漠边天沙漠冲沙体验、探秘黄河古村落等。

六、人员配置

由于客栈民宿规模及档次有差异,人员配置会有差异,要根据每家店具体情况来设置。对于规模较小的民宿,民宿主人加员工共计约3~5人,采取民宿主人及其合伙人兼任店长、管家、前台的职责于一身,配备1~2名客房服务员,在旺季临时招聘客房服务员或者将卫生外包的形式。一般而言,民宿有以下几个职位。

1. 店长

店长是负责整个民宿管理运营的岗位,直属领导为民宿主人。其工作内容包括以下几个方面。

(1) 全面负责客栈民宿的日常经营管理、营销,保证客房的入住率,提升客栈民宿的品牌价值。

(2) 负责人员的招聘、管理及培训。

(3) 客栈民宿的公关和外联。

(4) 监督消耗品的供货、消耗、补货等，控制成本。

(5) 应急事件处理，直接对老板负责。

2. 前台

根据客栈民宿体量及其档次特征，前台最好男女搭配。一般一到四名左右。规模小的客栈，民宿主人也可负责前台工作。10间以下1个前台+掌柜/老板，或者两个前台；10间以上2个前台+掌柜/老板。

工作内容：(1) 负责客人接待，办理客人入住退房手续；(2) 接受和处理订单；(3) 房态管理，及时更新或关闭房态；(4) 维护OTA平台客栈民宿及房间信息；(5) 维护客户。

3. 民宿管家

民宿管家通常1名，其工作内容如以下几方面。

(1) 充当客人"私人助理"角色，服务客人；(2) 满足客人的需求，处理客人的要求、预约、预订、问题、投诉等；(3) 服务掌握酒店实时房态，合理进行流量控制，做到收益最大化，并处理需要特殊安排的订房；(4) 负责组织、执行店内的各类体验式服务和活动；(5) 督促民宿员工做好民宿清洁工作与安保工作；(6) 负责客户关系的后期维护。

4. 客房服务员

根据民宿档次、规模等配比客房服务员的数量，一般配置为：房间数×入住率/每人平均工作量(以一个客房服务员做房数在10间左右)。客房服务员工作内容为以下几方面。

(1) 遵守民宿的各项规章制度和服务规范；(2) 按标准要求负责清扫整理客房和楼层相关区域，为客人提供干净安全的客房环境，满足客人的服务需求，及时向管家通报入住退房时间，客用消耗品库存情况、维修情况；(3) 做好交接班工作，交清房态，交清当班事项，负责客人遗留物品的登记、保管和上缴，不得私自扣留；(4) 做好设施设备的日常保养，发现故障和损坏及时汇报店长；(5) 树立安全防范意识，熟知民宿"突发事件应急预案"。

七、营销推广

民宿是一个以服务为本质的行业，很多民宿经营是服务导向，服务是核心，但是胜出的关键往往在于营销推广。

1. 试营业阶段的营销

这个阶段的营销主要以吸粉、提高知名度和口碑，以及市场试探为目的。可以以微信、微博、QQ、知乎、小红书、抖音等社会化渠道为主，中期时可结合自身实际情况，把前期积累的一些客户策划一些活动，邀请客户或者网红试睡体验来达到口碑传播的效果，可以让更多潜在用户了解民宿和特色。

2. OTA营销

(1) 上线OTA。

第一步，选择OTA。线上订房平台(online travel agency, OTA)是民宿首选，要住宿的精准用户都在OTA。OTA可以让民宿在旺季获得很好的利润,淡季也能为民宿带来一定的流量。在品牌不够大、店不够多、自主流量不能做到天天满房的情况下,就必须上线OTA,而且好好维护OTA,不用担心佣金。

常见的OTA平台包括携程、去哪儿、途家、猫途鹰、飞猪、美团、小猪短租、agoda、Booking等(见图12-1)。

表 12-1　　　　　　　　　　OTA平台和与其匹配的民宿

OTA平台名称	特点	匹配的民宿
携程	合作方都是大客户,比如航空公司、旅行社,从携程预订的积分及VIP服务系统都已经形成,所以目前高端客户大部分都在用携程	适合房间多,房价较高的民宿
去哪儿	被携程收购后客户预订能力在150~400元之间的较多	适合房间多,房价适中的民宿
途家	携程投资了途家,途家主要做民宿预订,所以携程和去哪儿的民宿流量目前都导入途家	适合房间少且有特点的民宿
猫途鹰	目前对于中国民宿来说,是外国客户流量最大的平台	适合有接待外宾能力的民宿
飞猪	属阿里巴巴旗下,可以凭信用居住,退房非常方便	适合房间多的民宿
美团	客群主要看性价比	适合甩当日尾房和淡季
小猪短租等短租平台	家庭出游的年轻人用得比较多	适合放量少的民宿和城市民宿

第二步,在平台上上传民宿的照片。照片占据平台展示页面的绝大部分,几乎代表着产品价值,所以拍照需要有一定的摄影技巧,可以请平台的摄影师,但是民宿主人应深度参与到图片的制作过程,将民宿要展示出来的理念和民宿主人的态度这些独特的价值通过图片准确、完整地传递给客人。另外,在平台上交代清楚交通、位置等是非常重要的。如交代好距离机场、车站等多少千米,距离某商圈、某景点"几百米""几分钟"等。当然,民宿的标题中的关键词也应该富有特色和便于概括民宿的特点,要思考如何用20个字左右的文案介绍民宿。

第三步,在OTA上维护民宿的"评价"。评价是客人了解民宿的方法,主动提高好评转化率,避免差评。

(2) 善用分销管理系统。民宿在成长期间订单会越来越多,签约的OTA越多,超接订单、记录失误等的概率会大大增加,此时就可以考虑使用分销管理系统。简单说分销管理系统就是所有OTA的管家,你只要针对这个管家,下令开关房的日期,它就能一次性帮你搞定。目前市面上的分销管理系统有:订单来了、宿掌柜、云掌柜、Hotel Nabe、SiteMinder、Fastbooking、eZee等。

(3) 搭建自己的预订系统。在运营好OTA后,可以搭建自己的预订系统,并不断关心你的客人且贴心的告诉他以后订房可以通过官网直接预订或者加微信、打电话直接找你预订,可以给予客人更多的优惠,逐渐把OTA平台上的用户转换成自己的用户,不断把客户导流到自己的平台。

3. 自媒体平台及网络推广

通过撰写图文并茂的风景区旅游攻略与游记,并在文中植入民宿信息,介绍民宿的亮点,利用微信公众号、微博、旅游类APP、自媒体平台、垂直门户网站、知名网络社区等加以宣传,采取事件营销方式,快速打造爆款文案,促进用户活跃度;同时利用网红拍摄视频转发小红书、抖音等让更多的客户"种草"民宿,同时要有持续性的内容输入,宣传民宿特有的生活理念和特色,打造自己的卖点,刺激客群对生活的向往。

案例 12-3

如何创造民宿的内容

自媒体内容创作和内容持续输出非常重要,创作过程中要遵循三个原则:持续、有价值、原创。持续地输入内容保持自身和用户互动活跃度,有价值的内容可以吸引更多用户收藏、转发,形成更大的传播量,原创则是最好的宣传!坚持原创,内容都容易让人信服和接受。

民宿的内容以创造属于自己民宿热点的内容为主,内容形式如图文、短视频、直播、音频等呈现,不同自媒体平台也有着不同的内容形式,好的内容展示就可以达到推广目的。

很多时候民宿业主会因为内容的创作而绞尽脑汁,其实从五大方面着手,就会轻松很多。

（1）旅游攻略相关,民宿周边的吃喝玩乐、交通、美景、民宿风情等。

（2）客栈民宿住宿相关,可自编排行榜,如泉州最美十家客栈、泉州客栈排名、最合适情侣或者家庭入住的五家客栈等,文章内再嵌入自己的客栈民宿。

（3）客栈民宿内的发生的各种人和事。

（4）民宿主人的故事,相关故事。

（5）与百度搜索热点结合,创作出相关的民宿内容。

（资料来源:客栈先生,厦门韦果科技有限公司官方帐号 https://baijiahao.baidu.com/s?id=1647181375115248011&wfr=spider&for=pc）

4. 组织"民宿联盟"

联合其他民宿经营者,甚至可以是不同区域、不同目的地的民宿,组成"民宿联盟",形成行业协会组织,由专业民宿或酒店经营团队管理,以统一的界面和服务面向客户,落实订单,再分流到具体的民宿,给客户提供专业化的服务,不仅能弥补彼此的淡旺季,也能使联盟内部进一步规范化。联盟之间彼此的分享互助及互通,可以为民宿带来更大的价值。

5. 社群营销

民宿主人通过微信、微博等自媒体工具以及将互联网及自媒体到访的客人,拉进自己组建的社群,进行二次维护,并有针对性地提供精准营销及服务,促进再次购买以及口碑传播。社群的意义在于让用户产生价值,通过提供多元内容的产品和服务以及基于兴趣的圈子平台,可以让用户保持新鲜感,增强社群黏性和用户忠诚度。相对于 OTA 等线上分销平台来讲,社群相对成本更低,效果更明显,转化率也更高。

八、成本控制

民宿不只是情怀,好的民宿产品,必须追求性价比。增加营收和控制成本是民宿管理体系的两大核心内容。

1. 民宿的成本

民宿的成本主要包括设计费、装修成本、房租、设施设备、原材料、水电费、维修、税费、工资、布草洗涤费、平台维护费、宣传推广费等。通过尽可能低的成本保证民宿的运营,如在前期装修设计上,不求最贵但求舒适有特色,从细节上的设计体现差异化;培养员工节约的品质,维护好家电家具等设施,以节约水电费、维修费等。

2. 民宿的收入

民宿的收入包括住宿、餐饮、相关产品销售、空间、活动、技术服务、品牌及市场活动、运营管理、产品预售、品牌合作、一键分销等。

这里主要介绍如何通过"按需调价"创造最大利益。

第一,需要至少提前 1 个月对假期的客房进行优化定价,并保持定价动态化,精确到节假日中的每一天,努力做到每一天的销售价格在消费者能够承受的最高价格。

第二,要管理节假日期间的客房库存,杜绝客房预订中的"先来先得",切忌早早将节假日的客房低价出售,要将一定数量的客房留给出高价的客人。

第三,提前对节假日期间的客房进行优化分配,即提前规划好每一天的客房出售给哪些细分市场或散客,保证分配后的销售组合能给民宿带来更好的收益。

案例 12-4

无痛涨价模式

抛开节假日收益管理,如果民宿主人想要涨价,可以使用"无痛技术",但是需要用一些优惠方案来粉饰。

例如,目前民宿定价 500 元一晚,但是希望下个月开始收入能至少实现 20% 的涨幅,那么可以将价格调成 750 元,但是设定 8 折的折扣率,这样实收则是 600 元,涨幅符合民宿主人期待,而折扣也让消费者心理舒服。

还有一种无痛涨价模式,就是把购入门槛拉高。

又如,目前民宿定价 500 元一晚,现在变成 640 元一晚,但提供两份免费晚餐。这样一来,把餐饮成本扣掉,客房收入也有 600 元,印象值瞬间拉高,但是注意不能让消费者心理落差太大。

九、日常运营

民宿的日常运营主要体现在平台维护、客户管理、安全管理、日常卫生管理、为客人提供有效信息等方面。如通过民宿分销管理系统管理订单,适时调整价格;客人退房后,在客房预订平台直接下单找阿姨打扫卫生;给出客人当地好玩好吃等的建议,为客人提供这方面的有效信息等。

在经营民宿的同时,可以培养自己的民宿技能,包括学习设计、摄影、茶艺、插花等,也可以加入某些众筹平台成为某些喜欢的项目的股东,学习他们是如何运营管理、如何解决问题的。

任务三 民宿的数字化转型

如今数字化运营模式已深入各行各业,正重塑着产业格局。传统民宿行业存在效率低、靠人为驱动、靠经验支撑决策、无法及时了解顾客真实需求、不懂 OTA 及社交媒体营销等痛点,而数字化可以有效解决这些痛点。民宿主们要学习如何在数据中挖掘信息,根据数据来做社交和会员服务、调整定价、市场拓展以及线上营销等,从而提升经营效能。

一、什么是数字化转型

数字化转型就是整合数字化的技术,如云计算、大数据、AI、区块链、移动化、社交媒体、电子商务、物联网等技术,并应用于组织的所有业务范围中,从而根本性改变运营的方式和如何向客户传递价值的方式。同时数字化转型也是一种文化的变革,需要组织持续去挑战当前状态、经验,并坦然面对可能的失败。

数字化转型的核心是数据,通过数字技术挖掘数据的价值,从而应用到民宿的营销、服务、运营、管理等过程中,实现民宿的数字化转型。数字化转型不仅仅是 IT,而是对组织活动、流程、业务模式和员工能力的方方面面进行重新定义。

二、如何实现民宿的数字化转型

民宿数字化转型是一个系统工程,不仅仅体现在营销上,也体现在了设计、客户服务、管理、运营等方面。

(一)数字化设计

民宿要实现数字化转型,从装修设计之初就要思考如何融入数字化,如数据设计、数字化智能设备等。

1. 内部数据设计

内部数据设计包含了线上订房操作、顾客关系统计、控房软件应用、渠道控管、收益管理工具、数据应用等。

(1)酒店管理系统 PMS。专为餐旅业设计的酒店管理系统(property management system, PMS),它是一个以计算机为工具,对酒店信息管理和处理的人机综合系统。它不但能准确及时地反映酒店业务的当前状态、房源状态,还能快速实现客人预定入住到财务对账等一系列操作;不但是一个数据统计的数据库,还能够提供各方面的报表,且利用数据进行统计分析,从而更有利于酒店的经营和管理。

目前国内主要PMS系统有石基、绿云、西软、众荟(中软好泰)、别样红、金天鹅、住哲、云掌柜、番茄来了、佳驰等。国外主要PMS有opera、Sabre等。针对民宿行业常用的PMS包括云掌柜、订单来了、百居易、民宿云等。

知识点

PMS 这么用

酒店管理系统的主要工作分为三个要点。

1. 抵店前的工作

事先预留客房,确认客户资料。PMS订房系统可以直接与订房中心或是与全球订房网络连接,可以做到按事先预定好的报价来预留客房。订房系统还可以自动产生订房确认和要求支付订金的信件,及做好入住前的准备工作。电脑系统也能为确定订房的顾客做好电子账单和抵店前的一系列准备工作。此外,还能制定出一份预期抵店的顾客单、住房率和客房收入预测表以及各种相关的资料报告。

2. 抵店时的工作

收集住客资料,电脑订房系统的记录资料自动传送到PMS中的客务系统中,而散客的入住资料则由柜台人员直接输入到客务系统中;柜台人员会拿出一张根据系统数据打印的登记表交给顾客签名确认;将入住登记的资料储存在电子系统内,需要时可随时调用,这样一来就不再需要使用客房状态显示架了,电子账单也会由系统的应用软件来进行维护和存取。

3. 住店期间的工作

直接连接OTA,提升竞争力。有了控房系统,电脑系统代替了人工操作的客房状态显示架或是结账机。从2013年开始,新形态的PMS可以直连OTA,令PMS的战略价值日益提升。

(2) 酒店客控系统。酒店客房控制系统(简称客控系统),是利用计算机控制、通信、管理等技术,基于客房内的客房智能控制器(RCU)构成的专用网络,对酒店客房的安防系统、门禁系统、中央空调系统、智能灯光系统、服务系统、背景音乐系统等进行智能化管理与控制,实时反映客房状态、宾客需求、服务状况以及设备情况等,协助酒店对客房设备及内部资源进行实时控制分析。将酒店客控系统引入民宿,可以帮助民宿提高服务管理水平、减少能源支出、降低运营成本等。

2. 外部数据设计

外部数据设计主要是搜索引擎最佳化(search engine optimization, SEO),即在OTA或者百度、谷歌等搜索引擎中实现民宿排名靠前。

民宿业主可以通过购买关键字广告和 SEO 以帮助民宿抢得先机，提高曝光量。如果民宿业主的营销预算有限，可以将关键字广告优先配置于精准关键字，虽然点阅率较低，但是点击进来的就是精准客群，其订房的概率也高，如果仍有预算，则可以购买更为广泛的关键字。关键字广告比较适用于短期或节假日的活动曝光。

搜索引擎最佳化 SEO 其实就是如何让自己的民宿越容易被搜索到（比如使用者用二十个不同的关键字，也可以找到你的民宿）和搜索结果的排名越前面（比如出现在第一页第一个链接）。

（二）数字化营销

数字化营销，是指借助于互联网、电脑通信技术和数字交互式媒体来实现营销目标的一种营销方式。数字营销渠道包括 OTA、付费搜索（SEO/SEM）、社交媒体、手机端（如信息流广告）、视频、私有交易市场和程序化购买等。

1. OTA

OTA 作为一种行之有效的渠道是民宿不可或缺的营销方式，它可以为民宿带来宣传、引流、补充客源的作用，民宿需结合自身情况选择上线几家 OTA，尤其是在初期，并善用订单来了、云掌柜等民宿分销管理系统加以管理。

2. SEM 和 SEO

搜索引擎营销（search engine marketing，SEM）和搜索引擎优化（search engine optimization，SEO）可以提高网站在搜索引擎中的知名度，从而增加访问量。

搜索引擎营销主要指搜索引擎付费广告，如百度、360、搜狗等，SEM 的关键是用最低的付费获取最大的点击，包括关键词投放、关键词出价、关键词排名、创意描述、转化点击等方面。SEM 是根据用户使用搜索引擎的方式，利用用户检索信息的机会尽可能将营销信息传递给目标用户。

搜索引擎优化是指通过对网站进行站内优化和修复（网站 Web 结构调整、网站内容建设、网站代码优化和编码等）和站外优化，从而提高网站的关键词排名以及民宿产品的曝光度。

3. 社交媒体营销

（1）社交媒体工具。一般社会化媒体营销工具包括论坛、微博、微信、博客、SNS 社区、视频、直播，通过自媒体平台或者组织媒体平台进行发布和传播。

表 12-2　　　　　　　　　　　各个平台的内容调性

平台	内容调性
微博	明星聚集，适合进行话题营销、活动宣传
微信	图文深度种草，适合进行软文植入、游戏互动、活动导流
抖音	有趣、潮酷、年轻，适合进行沉浸式营销、呼吁式营销、创意营销
快手	猎奇、搞怪、趣味，适合进行沉浸式营销、悬念式营销、创意营销
B 站	动画、COS、鬼畜等主流二次元文化，适合进行硬广、植入或者定制等营销玩法
小红书	分享、种草、搭配，适合进行好物分享、开箱测评等种草类玩法

① 微信公众号。民宿主可以建立并维护好自己的微信公众号，发布的内容涵盖品牌介绍、房源介绍、入住指南、城市攻略、民宿管家联系方式等，并建议让入住民宿的每个客人都关注公众号，然后不定期发布民宿信息，以达到强化客人认知、促使他们主动传播的目的。

② 短视频。抖音、快手、小红书等视频软件，因其短、新、快、奇等特点，成为旅游行业的一大有效营销手段。短视频承载的内容与记忆比图片更加完整和充实，呈现方式更加立体、真实，能让客人更加清晰、直观地感受到民宿体验如何，也能同时体验到餐饮、当地特产、习俗等，有利于民宿口碑的提高；另外有主题、精准定位的短视频更能加大民宿的推广宣传效益。

案例 12-5

小红书的推广方法

小红书是年轻人新的生活方式平台和消费决策入口，是一个不折不扣的种草平台。

很多年轻人出门旅行，获取攻略的第一选择不再是马蜂窝、驴妈妈、这种传统旅游网站，而是小红书。酒店民宿利用好小红书这一平台，正是一个抓住年轻用户的好时机；同时小红书的多为女性用户，也是种草和挑选酒店民宿的主力军，所以如何推出能令其心动内容就尤其重要了。

选择小红书作为推广平台，还有一个重要原因，就是它可以实现订单直连。

酒店民宿只要完成小红书官方认证，和订单来了系统直连，个人主页就会显示"立即预订"的按钮，即可跳转订房页面，直接导流转化。

一、小红书民宿种草笔记的写作技巧

1. 笔记首图充分展现产品特色

笔记首图是一篇笔记门面，是用户最先看到的部分。一张足够吸引人的首图才能让用户有继续点击看下去的冲动。

单篇笔记首图，一般选用最能展现酒店、民宿特点的竖图作为首图，带有人物的体验图流量也会有所提高，也可以将酒店民宿的最大亮点最文字标注在图上吸引关注。

2. 笔记标题有足够吸引力

笔记标题是仅次于首图的存在，也是创作笔记时十分重要的部分。

笔记标题的公式：地点+酒店民宿名称+酒店民宿的特点/季节买点/周边景点/描述关键词+均价等，讲这些关键点串联起来，组合运用，灵活搭配，标题的基本框架和结果就基本完成了。

3. 笔记内容结构

笔记正文内容结构公式：酒店民宿名称+酒店民宿地址+周边环境+房间风格特

点+配套设施+最大卖点亮点+餐饮洗护用品+附近游玩/简短小攻略。最后以整体的体验感受结尾,从而获得用户的关注。

4. 图片拍摄

重点是图片清晰、明亮,色调正常,符合酒店民宿整体基调,才能全面的展现酒店民宿的美好。

二、如何有效提高小红书账号曝光率

1. 关键词投放

笔记的关键词在标题、正文、标签、结尾等多次重复出现。

2. 结合周边抱大腿

找到区域特色景点/景区,可以有多个结合游记旅游攻略等热点,并在正文的开头,结尾重点重复出现。

3. 薯条投放

用于测试笔记内容,是否符合用户喜好。可以尝试性地投放薯条,并对内容以及反馈做监控,随时调整。

③ 直播。新冠疫情催生了旅游业的直播,也让民宿开始尝试直播。民宿这类非常强调体验感的旅游产品来说,直播可以非常直观的体现出产品的卖点和特性。疫情期间马蜂窝的"云住店"民宿直播、飞猪推出的民宿直播联盟、快手和 Airbnb 推出了"住进可爱中国"系列主题直播活动、途家民宿联合酷狗直播打造的"云度假"栏目等,都吸引了相当部分人群的观看,为民宿带来了较高的曝光率。

民宿直播作为一个非常好的载体,可以做民宿交易、品牌曝光、营销发券、积累粉丝,从过去的传统粗放式经营开始向精细化流量运营变革。民宿主可以抓住后疫情时代周边游、安全游的心情,带动客户完成线上种草,配合优惠券等转化方式,来锁定以后的线下消费;预算允许也可以在直播间嵌入预订链接,让客户以提前购买的条件换取大额优惠。

案例 12-6

木鸟民宿与快手达成战略合作,正式开启民宿领域短视频带货

近日,木鸟民宿与快手正式达成战略合作,成为快手上头家介入本地生活店的民宿预订平台,正式开启快手平台民宿领域的直播带货,实现各类特色民宿的房源展示和带货。未来,双方还将在供应链能力打造、品牌营销和数据能力共建等方面展开深入合作,丰富民宿销售场景和渠道,构建民宿短视频带货新生态。

据悉,木鸟民宿的快手本地生活店已上线网红民宿 600 余套,遍布不同城市,房源类型以特色民宿为主,涵盖滑梯、海洋球、泡泡屋、泳池等颇受年轻人喜爱的网红元素。

快手对木鸟民宿上线的特色房源给予一定的流量倾斜和曝光支持,通过短视频内容实现带货,拓展民宿新品类丰富快手用户的消费场景。同时,高品质民宿房源的输出和供给,增加快手用户对木鸟民宿的品牌认知和印象。

木鸟民宿负责人表示,快手作为国民级短视频直播平台,其庞大的用户规模和社区粘性,加上成熟的直播电商基础,成为木鸟民宿优秀合作伙伴。利用快手平台私域流量和公域流量的优势,触达精准目标用户,打开民宿领域"人、货、场"的新民宿营销能力,是一次大胆的创新与尝试,旨在共同拉动民宿市场消费增长。

目前,快手上各个垂直领域的视频内容数量都有较为明显的增长趋势,各个领域也出现越来越多的优质创作者,快手正在朝着创作者和垂类运营上向纵深挺进。快手官方数据显示,平台已有超过20万专业文旅创作者,旅游正逐渐成为快手较受用户欢迎的内容之一。

过去一年,快手文旅相关视频总时长超过80万小时,相当于40万部电影,用户为文旅内容点赞563亿次。目前,超过10家OTA、300家A级景区、1 500位持证导游、1.8万旅游商家已入驻快手,形成了蓬勃的行业生态。

快手负责人表示,木鸟民宿作为民宿市场的老牌玩家,拥有深厚的用户根基和良好的用户体验,在海内外拥有超90万套民宿。"我们希望通过直播带民宿的模式,可以把民宿的新消费方式带给快手用户,让她们感受不一样的出游和住宿体验,拓宽快手用户消费场景,打造更多元的直播带货平台。"

作为国内领先民宿预订平台,木鸟民宿深耕市场8年,平台主打特色网红民宿,以优质的产品和体验服务更多年轻用户,致力于为用户的美好住宿多一种选择。

(资料来源:站长之家 https://www.chinaz.com/2020/1231/1216187.shtml)

(2) 精准投放KOL和KOC。KOL(Key Opinion Leader)是关键意见领袖,在微博、互动社区、某个领域有非常强的专业知识,且有评论话语权的人,他们有比较高的粉丝量级。KOL发挥了社交媒体在覆盖面和影响力方面的优势,粉丝粘性很强,能影响比较大一群人的消费习惯,甚至影响一定的潮流,所以KOL不仅可以助力销售,还能凭借自身的舆论影响力强化品牌。虽说KOL输出的是专业内容、精心打磨包装的文案,却跟粉丝的沟通是单向的,导致曝光(公域流量)很好而无法刺激粉丝的购买热情(无法转化为私域流量)。

KOC(Key Opinion Consumer),即关键意见消费者,他不像KOL那样具备强大影响力和专业知识,一般指虽然知名度不高、粉丝量不大,但能影响自己的朋友、粉丝,产生消费行为的消费者。KOC自己就是消费者,分享的内容多为亲身体验;他们的短视频更受信任;他们距离消费者更近,更加注重和粉丝的互动,由此KOC和粉丝之间形成了更加信任的关系。虽然KOC的内容、文案不精致,甚至有时候还很粗糙,但是因为真实信任、互动热烈,可以将曝光(公域流量)实现高转化(私域流量),如表12-3所示。

表 12-3　　KOL 和 KOC 的区别

属性	KOL	KOC
中文属性	关键意见领袖	关键意见消费者
英文	Key Opinion Leader	Key Opinion Consumer
营销范围	公域流量	私域流量
角色定位	专家、名人、明星、网红等	朋友、普通消费者、转介绍着等
流量大小	大	小
转化比率	较低	较高
互动效果	弱	强
和消费者距离	远	近
报价	高	低
计费结算	CPM（按曝光付费）为主	CPS（按实际销售付费）为主

预算充足的民宿，可以考虑 KOL+KOC 组合式投放，头部 KOL 引爆话题，中腰部 KOL 持续发酵，KOC 深度渗透的方式，帮助民宿扩大传播范围，增加购买人群。在流量越来越少、越来越贵的前提下，KOC 以及私域流量等越来越流行，预算有限的民宿可以考虑投性价比更高、流量和影响力更真实的 KOC。

4. AI 赋能营销

大数据+人工智能在营销环节当中起到了提升广告投放效率的作用，使营销更精准，明显提高策略指导和创意生产的效率。

大数据和基于人工智能的用户画像技术可以帮助民宿快速找到营销推广最合适的用户群，将广告精准送达给有需求的客户。同时可以利用精准的广告投放和市场推广达到拉新会员的效果，通过强大的数据支撑精准评估维护已有顾客，并通过更为及时的服务补救挽回丢失客户。

（三）数字化服务

利用数字化智能设备以及数字化运营管理体系，客人在预订、办理入住、客房服务、退房等各个场景均可享受无接触式服务，在提升客户体验的同时，也可根据客人的消费行为和住店喜好为客人提供更精准、更人性化、更多元化的服务。

（1）智能前台服务。智能前台服务可以优化入住流程。引入无人化前台，利用刷脸的形式或者注册接受无钥匙入住服务，从登记身份信息、体温监测、健康码确认、VR 选房、入住办理、发卡、续住、退房、开发票、退押金等均可实现自助服务，前台人员仅在一旁进行操作指导即可，优化了客人入住流程，减少了客人等待时间，提高了办理入住的效率。

（2）智慧化客房服务。在客人入住时，客房环境便会时刻待命。民宿和客户控制的手机小程序可以调节客房的温度、灯光等，客房的娱乐系统会收集客人的喜好数据。如此一来，当客人人脸识别进入房间后，触动网络中央控制器，灯光亮起，窗帘自动拉开，电视显示个性化的欢迎界面，音乐调换成客人喜欢的。还有客房语音系统对话，客户可在手机端完成对客房设备的操控等。

另外,服务员可以通过系统数据准确的、实时的进入客房进行日常清理,提高工作效率及时响应客人的服务。

(3) 服务管理。在服务管理方面,民宿可以挖掘自身 PMS 数据,了解客户喜欢的楼层、房间号、房间位置以及客户的一些偏好等,更好的为客户提供个性化服务,提升客户入住体验。同时,在客人入住过程中,通过服务智能中枢的打造来收集员工服务过程中服务时长、服务总量、服务质量、满意率等数据,做好服务过程的全流程数据管控,提升酒店服务管理水平。

 项目小结

民宿可以搭借人们追求高质量的休闲度假方式以及乡村振兴的"潮流",打造有温度有故事的特色民宿。民宿在选址、装修、特色、运营推广以及监管方面存在问题,在前期筹备及实际运营过程中应结合自身定位,民宿主既要有情怀又要有商业头脑,深耕"内容",用恭敬心、良好的协作能力,为客群打造个性化服务。另外,民宿致胜的关键是营销推广,利用 OTA、社交媒体、短视频、直播等方式开拓新市场、挖掘新顾客并从顾客处获得利益回报。同时民宿应顺应时代的发展,通过数字化设计、数字化营销和数字化服务的方式积极进行数字化转型。

 复习思考题

1. 民宿与酒店、青旅、农家乐的区别?
2. 开一家城市民宿的流程?
3. 乡村民宿如何选址?
4. 什么是民宿定位,如何进行定位?
5. 如何进行民宿推广?
6. 什么是数字化转型?民宿如何进行数字化转型?

 思考案例

民宿项目从低调到丰满:裸心谷

裸心谷的大名,可能最早就来自上海外企的圈子里。如今,裸心谷越来越成熟,关于这个成功的案例还是值得好好研究一番。下面我们就针对裸心谷的市场定位、产品特色、运营模式等多个方面进行系统的解剖,看看这个著名的野奢度假品牌是如何炼成的。

独特的品牌定位,让其在众多产品中独树一帜

所有人初识裸心,一般都会被其独特的品牌名字所吸引。"裸心"意味着向内,回归自己,简单地生活。远离尘嚣的纷繁困扰,回归生命的纯净状态,与自然、环境和周围生灵融为一体,享受纯美自然的生活理念。

从产品形态上看，裸心的这种简单回归的状态就是通过农田、茶园、马场、山谷这几个要素完成了其对产品意境的勾勒。

裸心谷的项目创作之初，其总体规划就不同于常见的景区度假酒店的规划模式——度假酒店通过大体量的酒店客房与周边的度假别墅构成，而是分散式的规划。将山谷、池塘、溪流、树林等不同景观要素与居住体验进行充分融合，在不同的组团间创造出不同意境的景观。

不同于所有的度假酒店，裸心谷的产品客户群体从一开始就瞄准企业的高端会议旅游、接待旅游、员工拓展旅游和公司发布会等市场需求聚集地。

这些公司需要在以上活动中体现公司良好、高端的形象，而裸心谷周边优美的自然风景和高品质的服务及室内装修正符合这一点。

选址策略的三个原则

成功的房地产开发有三个要素：地段、地段还是地段。作为需要打造旅游目的地类的标杆项目，在地段选择上一方面要考虑接近目标客户群体，另一方面是其周边独特的旅游资源应与项目气质相吻合。

我们具体来看裸心自身归纳的三条选址原则：

（1）"Nobody can ruin my resort（没有人能破坏我的度假村）"。这是他们的首要原则。

（2）第二个原则是"要安静"，即旁边不能有公路等噪音源。

（3）离重要城市不超过2.5小时的车程。

产品特色——置身于自然

从产品结构上看，裸心谷由30栋树顶别墅、40栋夯土小屋、跑马场马厩、3个游泳池、3个餐厅、1个会议中心、一个SPA康体中心、一个有机农场和活动中心构成。除了餐饮住宿外，内设活动还包括了骑马、游泳、采摘、垂钓、体育运动等多种方式。

不同于所有的度假酒店，一进入大门，裸心谷映入眼帘的是长长的步道和洋派的跑马场。回归自然的舒畅与体育运动的节奏一下子奔涌而来。

沿着一段平缓的山路蜿蜒而上之后，才见到这个接待大厅。大厅门口的一整块绿地，配合这一泳池和周边木制栈道，形成了独有的宽阔草坪和泳池结合的派对空间。经过入口会所拾级而上，很快能看到一个有丰富层次感的空间，就是梯田酒吧区，把这种农耕文明的景象与时尚的派对结合在了一起。

谈到裸心谷的核心，还是其客房。客房总体分两种，一种是叫夯土小屋，一种是树顶别墅。一种是藏在树里的房子，一种是长在树梢上的别墅。

度假酒店的核心是住宿，住宿的核心是独特的景观体验。而裸心谷在产品营造之时，就极尽工匠之能事，将居住体验放在了首位。

利用国际先进的环保理念将度假屋种植在群山之中

其实裸心最大的一部分特色还是其绿色生态的工程设计理念。在裸心谷规划设计之初，就以美国绿色建筑协会的LEED标准去设计项目，后来获得该认证。如今，建成后的裸心谷把建筑工艺做一个完整的展示，反映出对产品的工匠精神。

这些特色小屋外形有非洲的粗犷气息，除屋顶就地取材以地道竹叶搭建，还运用具可持续建筑技术的夯土墙构建,这种专利的 SIRE 夯土墙身,混合水泥、钢筋、混凝土及隔热物料制成,不但富有浓烈色彩,更具备保温节能等环保效用。

最让我们吃惊的是其在建设过程中对植被的保护手法。为了尽可能不在山谷上施工,树顶别墅都采用保温隔热的拼接式材料,运至山顶后像组装宜家家具那样,把别墅搭建起来,很方便拆除或重新利用。施工团队为了小心不破坏地貌植被,不惊扰栖息的小动物,甚至想办法从外地运一些野猫、野兔之类的动物到这里放生。

为了节约材料,他们在周围村子里寻找旧家具。农民拆房子剩下的雕花木梁、石磙、马槽都成了他们的装修材料。最具创意的是对一个废弃马槽的使用,在下面凿个下水孔,成了一个双人使用的洗手盆。

当地盛产竹子,村民日常使用各种竹类编制的器皿,这些在他们眼里是天然的艺术品,被装点到房间里。随处可见竹子编制的吊顶、装饰墙壁的簸箕、竹匾和鱼篓,石质的洗脸盆、竹制的毛巾架、餐厅的麻绳吊顶。

从绿色交通来看,整个度假村都是不允许坐汽车的,都是要走路或者是电瓶车,这一点是确保整个度假村一个安静的环境和避免噪音。

对于水资源的利用方面,可以看到项目所有的雨水从建筑屋顶里面收集下来,然后成为中水,项目里的水库其实是中水库,然后这个中水是可以用来再建回以后是作为我们马桶冲厕的用途,也是可以作为地的灌溉作用,所有都是作为节水量来用。另外一点,其实水库不仅仅是一个调节作用,项目内部的空调也是通过水库里的水源热泵系统完成的。暖风是用了一个竹梢的系统,这种竹梢也是非常环保。

在裸心谷,游客找不到印象中度假村应有的 KTV、桑拿房、棋牌室,相反,它别出心裁地设置了马场、露天剧场、射箭、水疗中心、山间徒步等项目,都和自然非常亲近。

营销模式——如果你的客户靠别的渠道获得,你已经失败了

虽然裸心谷地处浙江德清,但其目标客群一直就集中在上海,而不是苏州和杭州这两个离裸心更近的地方。因此,公司一开始就聚焦在我们的客户群,把推广集中在能主动接触到他们的地方,把他们带到裸心,于是就是这样建立自己的客户库。而且,直到现在公司仍然不使用携程或艺龙这类在线旅游服务商平台所提供的预定。

1. 主要依靠口碑相传的营销秘籍

目前裸心谷的房间和各项娱乐设施的预订,只能通过其自有网站和预订电话,不与任何线上线下代理商建立代理合作关系,其营销不依靠渠道,而是直接针对目标客户。

2. 打造一支国际化视野的营销管理团队

除了老板高天成本身是南非人外,首席运营官林纲洋曾任澳大利亚普华永道会计师事务所经理,负责上海 W 酒店开发;裸心谷常务董事卢加宝是澳门人,负责高端活动和公共事务管理;销售总监韩天宁是荷兰人,为裸心谷带来大量国际大客户,包括联合利华和可口可乐;裸心谷总经理 Kurt Berman 来自南非,曾在马尔代夫第六感 Soneva Gili 担任驻店经理。

在这样的团队构成下,裸心谷的推广手法主要是采用国际化营销。裸心谷甚至在 ELLE 版的台湾版投广告,这些软文会被国内的媒体吹捧,从而带来国内媒体的争相报道,国外一分钱的推广花费,都会在国内媒体上带来一块钱的免费报道,其实反而会节省大量营销费用。

3. 线上新媒体营销

线上新媒体营销方面，主要针对的是现代人交往常用的私人信息传播途径，可分为三条：

一是依靠知名驴友的微博扩大信息传播的有效范围；

二是针对青年人追求高档消费的心理，在国内大型社交网站上建立裸心谷免费主页，扩大其在青年群体中的影响范围；

三是在去哪儿、携程等大型专业旅游网站上发布信息，提高其在全国的知名度。

（资料来源：浙鲤拾味，http://www.ebain.cn/1819.html 节选）

请思考并回答：

1. "裸心谷"成功的原因是什么？
2. "裸心谷"是如何进行营销的？

实训项目

1. 学生分组组成项目团队，调查学校所在地周边的民宿，并对其选址、客源、营销等进行分析，并编制民宿经营分析报告，以PPT格式完成，各项目团队选出一名代表，准备汇报。

2. 选择某一民宿并为其拍摄一条短视频或者写一篇推文。

参考文献

[1] 鲍勃·费福尔:《提高利润的78个方法》,聂传炎、张安毅译,四川科学技术出版社2018年版。

[2] 常晋:《知识管理与企业核心竞争力的关系初探》,《中小企业管理与科技》(上旬刊)2009年第9期。

[3] 陈姣:《科特勒营销全书》,中国华侨出版社2013年版。

[4] 陈威如、余卓轩:《平台战略:正在席卷全球的商业模式革命》,中信出版社2013年版。

[5] 大卫·佩克顿、阿曼达·布劳德里克:《整合营销传播》(第二版),王晓辉、霍春辉等译,经济管理出版社2009年版。

[6] 方金城、张秀梅、朱斌:《我国中小企业商业模式创新的途径分析与实证研究——以福建中小企业为例》,《长春工业大学学报》(社会科学版)2010年第4期。

[7] 何煜:《小企业柔性竞争策略研究》,武汉理工大学硕士学位论文,2003年。

[8] 黄伟祥Bob:《微型旅宿经营学》,广东经济出版社2019年版。

[9] 荆浩、贾建锋:《中小企业动态商业模式创新——基于创业板立思辰的案例研究》,《科学学与科学技术管理》2011年第1期。

[10] 李太辉:《高成长中小企业的商业模式研究——以东方园林为例》,北京交通大学硕士学位论文,2013年。

[11] 刘玥:《小微企业财务及管理制度问题浅谈》,《时代金融》2012年第36期。

[12] 聂桃:《中小企业财税一本通》(第3版),北京联合出版公司2018年版。

[13] 任静、冯鑫源:《小型微利企业财务制度存在的问题研究》,《纳税》2019年第21期。

[14] 王军:《开家射箭馆让我绝处逢生》,《现代营销》(创富信息版)2004年第8期。

[15] 王璐:《民营小微企业财务管理的现状与对策》,《纳税》2020年第4期。

[16] 魏炜、朱武祥、林桂平:《商业模式的经济解释:深度解构商业模式密码》,机械工业出版社2012年版。

[17] 镡玉:《蹒跚在民宿路上》,江苏人民出版社2019年版。

[18] 许琼娟:《小微企业人力资源管理的对策——留住核心员工》,《云南电大学报》2006年第2期。

[19] 亚历山大·奥斯特瓦德、伊夫·皮尼厄:《商业模式新生代》,王帅、毛心宇、严威译,机械工业出版社2011年版。

［20］杨勇岩:《小微企业新产品上市渠道物流制约因素分析及改进策略——以"大蒜宝"为例》,《物流技术》2014年第12期。

［21］张金宝、黄传伸、陈光:《老板财税规划100招》,中国经济出版社2020年版。

［22］张璠:《小微企业的"过冬"之道——以义乌、长沙、山东胶州三地小微企业为例》,《会计之友》2013年第11期。

［23］张燕:《企业财务管理中存在的问题与对策》,《中国集体经济》2021年第6期。

［24］赵磊:《激励理论在我国企业管理中的应用研究》,郑州大学硕士学位论文,2005年。

［25］郑欣、么娆:《浅谈小微企业财务管理存在的问题及处理对策》,《品牌》2015年第9期。

［26］仲崇文:《中小企业核心竞争力的构筑》,吉林大学硕士学位论文,2003年。

［27］周坤惠、余静:《团队冲突的原因及对策分析》,《市场周刊·理论研究》2012年第6期。

［28］朱晓明、陈为伟:《企业有效激励方式浅析》,《科学与管理》2006年第3期。

图书在版编目(CIP)数据

小微企业管理/杨波主编. —2 版. —上海：复旦大学出版社，2022.7(2023.7 重印)
(复旦卓越.21 世纪管理学系列)
ISBN 978-7-309-16281-3

Ⅰ.①小… Ⅱ.①杨… Ⅲ.①中小企业-企业管理-高等职业教育-教材 Ⅳ.①F276.3

中国版本图书馆 CIP 数据核字(2022)第 117565 号

小微企业管理(第二版)
XIAOWEI QIYE GUANLI (DI ER BAN)
杨 波 主编
责任编辑/谢同君

复旦大学出版社有限公司出版发行
上海市国权路 579 号 邮编：200433
网址：fupnet@fudanpress.com http://www.fudanpress.com
门市零售：86-21-65102580 团体订购：86-21-65104505
出版部电话：86-21-65642845
上海华业装璜印刷厂有限公司

开本 787×1092 1/16 印张 19.5 字数 451 千
2023 年 7 月第 2 版第 2 次印刷

ISBN 978-7-309-16281-3/F·2899
定价：68.00 元

如有印装质量问题,请向复旦大学出版社有限公司出版部调换。
版权所有 侵权必究